"十一五"国家重点图书出版规划项目

北京市社会科学理论著作出版基金重点资助项目

启 功 全 集

（修 订 版）

第 四 卷

随笔 杂记

北京师范大学出版集团
BEIJING NORMAL UNIVERSITY PUBLISHING GROUP
北京师范大学出版社

图书在版编目（CIP）数据

启功全集（修订版）. 第4卷, 随笔 杂记 / 启功著. —北京: 北京师范大学出版社, 2012.9
ISBN 978-7-303-14712-0

Ⅰ.①启… Ⅱ.①启… Ⅲ.①启功（1912—2005）—文集 ②随笔—作品集—中国—当代 ③杂文—作品集—中国—当代 Ⅳ.①C53 ②I267

中国版本图书馆CIP数据核字（2012）第 180967 号

营 销 中 心 电 话　　010–58802181　58805532
北师大出版社高等教育分社网　http://gaojiao.bnup.com.cn
电 子 信 箱　　beishida168@126.com

QIGONG　QUANJI

出版发行：北京师范大学出版社　www.bnup.com.cn
　　　　　北京新街口外大街 19 号
　　　　　邮政编码：100875
印　　刷：北京盛通印刷股份有限公司
经　　销：全国新华书店
开　　本：170 mm × 260 mm
印　　张：372.5
字　　数：5021千字
版　　次：2012 年 9 月第 1 版
印　　次：2012 年 9 月第 1 次印刷
总 定 价：2680.00 元（全二十卷）

策划编辑：李　强　　责任编辑：陶　虹　郭兴举　周雪梅
美术编辑：毛　佳　　装帧设计：李　强
责任校对：李　菡　　责任印制：李　啸

启功先生像

目 录

汇文高中商科 1931 级级史

惟岁在上章敦牂元英之际，汇文学校辛未年刊，剞劂在即，高级三年征记，爰为是文。曰：大哉庠序之教也！三代以还，虽时危世替，未见废弛。盖美俗之成，惟赖吉士表率；英才之育，尤为国政导源。然小学始教，要在广施；而大学专攻，非能遍及。是以进德之基，深造之本，舍中学其焉归？入学既久，效已可睹，成兹九仞之山，端为一篑之积，则高级三年，诚难忽视也。故于教则三育并施；于学则四维互励。教学相长，颇有可述者焉。若夫颐志典坟，驰情词赋，经史子集，追缅古人，沟通万国，迻译殊音，每有佳章妙制，莫不丰采彬彬，嘉名所系，首属乎文。至若新进文明，物质是尚，骎骎列强，恃此而振。藉彼流传，补我放失。执柯伐柯，取则不远。故今日穷理之学，尤为当世所望。至于商科，货殖是究。鸱夷用越，阳翟得秦。谁曰居积可鄙，庶与管仲同功。东西志士，强国有计。妙策所由，端为经济。功也不才，忝参一席。窃希孟子之言，通功易事；逃名域中，了无高冀。此三科中，数十百人，奇才杰出者，不可胜计，而成绩因之斐然可观矣。每见课余之暇，三五相聚于藏书之室，切磋琢磨，同德共勉，为五年率，攘攘熙熙。相观而善，暇则或为制陈当务之文，或作坚白纵横之辩，或出滑稽梯突之言，或好嬉笑怒骂之论，往往有微旨深意，寓于其间。凡此四者，求之刊志，高级三年，亦备之矣。而体育一端，尤甚精进，于此季中，报记口传，有碑载道，凡彼高才，众人共识，何劳鄙人再为缕赘哉！或曰：方今世之学校也，颓风陋习，多失教育之本旨者，子校其有之乎？予曰：何谓也？曰：予闻今之治学者，唯利是趋，唯弊是营。岁月忽忽，而泄泄以误少年；父兄谆谆，而藐藐以负重托。作怪民为先导，听众论如蝇声。遂过失而助之长，见善举而损其成。营饰其表，意在多金之获；支离其说，专蔽善性之明。教者吝延饱学，滥竽皆为奇货；学者不钦正道，纨绮犹是高风。甚者日高坚卧，谬托南阳之士；月明走马，公为濮上之行。酒食争逐以为长，歌舞唱和以为课。竞习顽强，雅名磊落。翻覆算权谋，阴险能蛊惑，群儿善讼，举国若狂，傲逸盘游，诟遗遰迤。教育之弊，乃若是乎？予笑而应之，曰：君将为今学之董狐耶？前所云云，亦或不谬，然吾校固无是也。惟勉钦明德，期我同人共奋图之。启功拜志。

一九三〇年冬

吴县戴绥之先生事略

丙子年夏正十月十六日，吾师吴县戴先生以疾卒于北平旅寓。门人启功谨述事略，以俟异日传儒林者之采览焉。

先生讳姜福，字向五，号绥之，别署山枝，系出休宁戴氏。其先于雍正间迁浙，再迁松江，复迁吴之木渎镇。曾大父讳文荣，大父讳运亨，父讳显仁，国学生。初经商于外，同治甲子，以江南乱定旋里，过陈墓镇，取于姜氏而居焉。遂为陈墓人。既生先生，以外家乏嗣，乃兼桃两氏。先生幼而颖异，强识过人。十二岁入邑庠，为廪膳生神童之目。受知于学使黄漱兰先生，携之进京，入国子监，遍读藏书。光绪乙酉，考选优贡，壬寅举于乡。宣统辛亥，官夔州通判。旋值鼎革，淡于仕进，教授以取馆穀，泊然自安。儒素为学，淹贯经史，更邃于小学。于经，必揆先圣立言之旨，不尚骈枝考据、性命空谈。尝谓：孔孟只言道义而不言理。宋贤之说，其一家言耳。著《大学直解》一卷、《论语类编》二十篇。复刺取群经分注之，以相发明，惜未竟焉。于史，必综核兴亡观其本末。谓郡县天下以来，法治已久，不必侈言三代制度。著《郡县史纲》三卷，《帝系》一卷。并自秦迄近代，《鉴纲》十卷。自上古迄有明，皆节缩史文，期便后学。尤留意地域沿革、山川形势，著《神州疆理》二卷，《地形》一卷。于小学，著《字原》一卷，《韵类》四卷。武林叶氏得张皋文、彦惟父子《谐声谱》遗稿二种，先生为校订异同，写为定本有校记一卷。长洲章式之先生序云：功在张力臣写定《音学五书》之上，非过誉也。记诵渊博，故发为词章，文质纵横，循规入矩。诗文稿十年前为人假读而失之，今辑残简及近年作得若干卷。

先生生于同治庚午年十月十六日，寿六十七岁。元配程安人吴县学训导讳绂之孙女，覆舟于蜀中云阳滩殁焉。继室王安人，同邑周庄人。妾李氏，早故。又周氏，无子女，一已嫁。临终，以遗稿付门人曹君孝标整理。身后，仅遗书一架、羊裘一袭、吴中薄田数亩而已。门人故旧为集资，具敛厝于永定门外苏太谊园。盖先生幼承庭训，以坚苦为立身之本，以俭用为治生之要，以不茹柔吐刚为应世之方。故平生耿介独行，取予不苟。每言读书人立身行道，贵识大义。且勉门人为有用之学。于是知先生远仕禄而勤教述，施于后学，正其所以致用也欤。

一九三六年

雍睦堂法书目录

陆机《平复帖》 机字士衡，吴人。入晋为平原内史。世传晋人墨迹，率出钩摹，惟《平复帖》字作章草，点画奇古。校以西陲所出汉晋简牍，若合符契，可证其非六朝以后人所能为。帖首称彦先，或谓即顾荣。荣与机、云兄弟同入洛，有三俊之目。然则宣和题为陆机，盖非无据也。

王羲之《快雪时晴帖》《此事帖》《三月帖》《丧乱帖》 羲之字逸少，晋临沂人。官至右将军。《石渠宝笈》收晋贤三帖，号曰"三希"，《快雪》居其首。原迹麻笺极黯，刻本多摹勒失神。得此真影，不啻亲炙山阴棐几。《此事》《三月》二帖，使转可寻，非《阁帖》之仅存肤廓者所能并论。《丧乱》诸帖，唐时传于海外，书法之妙，则有目共睹者也。

王献之《中秋帖》 献之字子敬，羲之子。官至中书令。《中秋帖》为"三希"之一。米元章《书史》云，运笔如火箸画灰，连属无端末，所谓一笔书。天下子敬第一帖也。此本或云即米临，或云米书所从出。

王珣《伯远帖》 珣字元琳，洽长子，晋临沂人。官至散骑常侍。《伯远帖》烜赫名迹，为"三希"之一。按，王方庆《万岁通天帖》，皆琅琊历代遗墨，传至南宋岳倦翁时，已脱轶不全。后入"石渠"，王虚舟曾见之。或谓此帖楮墨与虚舟所记相类，疑即"宝章集"中散出者，岂其然耶？

褚遂良《临兰亭》　遂良字登善，唐钱唐人。历官尚书右仆射，封河南郡公，卒于爱州。刺史书得王右军法，世于《禊帖》中神龙一派，皆号褚摹，此其一焉。今藏定海方药雨先生家。

颜真卿《自书告身》　真卿字清臣，唐临沂人。官至太子太师，封鲁郡公。此《自书告身》，纸墨稍敝，而神采如新。石刻诸本，莫能得其仿佛。因删其细字诸官衔名，从《戏鸿》《秋碧》之例也。

柳公权《临十三行》　公权字诚悬，唐华原人。官至太子少师。此临王子敬《十三行》，乔中山、袁清容、董香光跋，定为真迹。柳书小楷，传世颇鲜，以《玄秘》诸碑校之，笔法正有所受，乔董之鉴，诚为有识。

释怀素《苦笋帖》　素字藏真，唐长沙人。幼而出家，为沙门。米元章于唐人草书，多所訾议。虽张颠不免俗子之诮，独谓素师平淡天成。此《苦笋》两行，胜处恰合米论，允为草法之正宗也。

蔡襄《澄心堂纸帖》　襄字君谟，宋兴化人。官至端明殿学士，卒谥忠惠。书法为欧、苏诸贤所倾服。此帖妙有唐人风格，董香光谓其出于永禅师、虞伯施，观此益信。

欧阳修《华山碑跋》　修字永叔，宋庐陵人。官至参知政事，卒谥文忠。曾集金石拓本若干卷，名曰《集古录》，此《华山碑跋》即其一也。"华山"在汉碑中最负重名，欧公此迹，又为金石著录之祖，可不宝诸？

苏轼《诗稿》 轼字子瞻，宋眉山人。自号东坡居士，历官礼部尚书，终于提举玉局观，谥文忠。此诗稿真迹与集本异同，翁覃溪《复初斋集》曾详考之。谛玩勾乙处，可悟诗法。书亦天真烂漫，颜鲁公《争坐稿》不能专美于前矣。

黄庭坚《动静帖》 庭坚字鲁直，自号山谷道人，宋分宁人。官至吏部员外郎，私谥文节先生。书格宕逸，出于《瘗鹤铭》。此札骨力瘦硬，无意求工而动合法度。尾有柯九思进入之款，盖元文宗御府旧藏真迹也。

米芾《膸白帖》《五言律诗帖》 芾初署作黻，字元章，号海岳庵主，宋襄阳人。官至礼部员外郎。史称其书沈著飞翥，得王献之笔意，可谓实录。《膸白帖》骨肉得中，《玉虹鉴真》曾上石。《五律帖》，体近《蜀素卷》，原附东坡《枯木竹石图》后，近已流出海外矣。

薛绍彭《得告帖》 绍彭字道祖，宋万泉人。累官秘阁修撰，与米元章友善。宋高宗颇重其书，《翰墨志》中，尝以苏、黄、米、薛并举。此帖草书，似孙过庭。上款伯充，姓赵氏，亦元章之友也。

陆游《尺牍》 游字务观，号放翁，宋山阴人。官至宝章阁待制。诗推大家，不以书名。而朱子尝称其笔札精妙，意致高远。今观此札，格在苏、黄之间，与世行石刻，笔法无异，朱子之评，信而有征。

朱熹《论语注稿》 熹字元晦，一字仲晦，宋婺源人。官至焕章阁待制，谥曰文。《论语注稿》残本，"涵芬楼"影印本流传最多。此十六行真迹，王虚舟旧藏，为"涵芬楼"本所无，盖自一本分散者。《论语集注》，童蒙诵习，得见手稿，快何如耶！

赵孟頫《尺牍》 孟頫字子昂，号松雪道人，元吴兴人。官至翰林学士承旨，卒谥文敏。所书碑版，风神妍媚，似李北海书札，翩翩有二王矩矱。此二札曾刻于《三希堂帖》，豪芒转折、墨华流溢处，非氊蜡所克传也。

柯九思《宫词》 九思字敬仲，元仙居人。官至奎章阁学士。元人书，罕能脱赵氏藩篱，惟敬仲与倪云林不为吴兴所囿。柯宗欧体，最富唐风。此《宫词》，诗、翰之美，可称双绝。

倪瓒《诗札》 瓒字元镇，号云林，元无锡人。遁迹不仕，世称高士。楷法古隽清超，雅近六朝。论者咸推重，无异词。何元朗称其无一点俗尘气，最为知言。此帖十余行，不比寥寥题画之作，尤真迹中之精品也。

宋克《尺牍》 克字仲温，明长洲人。官凤翔同知。明初书家，推三宋二沈，仲温之书尤精。《七姬志》《急就章》石刻，久为世重。当时颇自闳肆，故遗墨罕传，书札尤少。此本为安麓村旧藏，希觏之迹也。

祝允明《后出师表》 允明字希哲，号枝山，明长洲人。官应天府通判。书学精工，诸体俱胜。此书《前后出师表》，绝似宋刻晋唐小楷，古拙疏宕，王雅宜之先河。《后表》尤精，因选印之。

文徵明《自书诗卷》 徵明初名壁，以字行，号衡山，明长洲人。官翰林待诏。书出吴兴，晚年喜效苏、黄。其会心处虽吴匏庵、沈石田或有未逮。此卷为玉雨堂故物，正晚岁合作也。

陈道复《严子陵祠堂记》 道复名淳，以字行，号白阳山人，明长洲人。从文徵明游，画入神品。此卷行草，导源颜米，神观飞动，虽出文门，实有见过于师之契。惜其书为画名所掩，因为表而出之。

王守仁《象祠记》 守仁字伯安，明余姚人。官至兵部尚书，封新建伯，谥文成。道学功业，千秋典型。虽文章翰墨之美，特其余事。而此卷草法超逸，不让文祝诸名家，雍睦堂主人之珍视之微，尚可窥。岂独赏其笔法之妙而已哉。

董其昌《平复帖跋》 其昌字玄宰，号香光居士，明华亭人。官至礼部尚书，谥文敏。行楷之妙跨绝一代。按，所书屏幛，多出率意酬应；惟古书画题跋，莫不精妙。盖真迹在前，遂尔兴会飚举。此《平复帖跋》正其返朴还淳，傲视吴兴之作也。

杨继盛《诗卷》 继盛字仲芳，号椒山，明容城人。官兵部员外郎。嘉靖中，谏与俺答互市，并劾严嵩十罪五奸。下诏狱，弃西市。穆宗即位，予谥忠愍。此诗卷，河北先哲祠藏，流传有绪之名迹也。

孙奇逢《杨忠愍诗卷跋》 奇逢字启泰，一字钟元，清容城人。讲学于苏门之夏峰，前后十一徵不起，学者称夏峰先生。此跋杨忠愍诗卷，笔致深醇，发人仰止之想。

顾炎武《书札》 炎武初名绛，字宁人，世称亭林先生，明昆山人。励节不仕。学术综贯古今，衣被后学，为一代大儒。此札犹署绛名，盖乙酉以前之笔也。

文彭《临兰亭序》 彭字寿丞，号三桥，明长洲人，徵明子。书画世其家学，篆刻负盛名。此临《禊帖》，法度无失，信推精品。

张瑞图《行书巨幛》 瑞图字长公，号二水，明晋江人。官至大学士，以附阉宦，名列逆案。书法雄伟，与董香光齐名。此书巨幛，字逾二尺，如写简牍，真奇作也。

王铎《自书诗卷》　铎字觉斯，孟津人。明天启进士，入清官至礼部尚书，谥文安。书宗二王，临米之功尤深。此卷自跋，谓可刻板，盖其得意之笔。

恽寿平《临枯树赋·题画草稿》　寿平初名格，以字行，号南田，清武进人。高隐不仕。画称一代宗匠，书尤秀逸。此临枯树赋及题画草稿，真得河南神韵也。

沈荃《临叶有道碑》　荃字贞蕤，号绎堂，清华亭人。官至礼部侍郎，卒谥文恪。书传董香光法。张得天跋其墨迹曰，仁皇帝名其帖，落纸云烟；尝云，沈荃教朕字；盖六十年弗衰。可知康雍之间董派鼎盛，沈氏之功为不少也。

刘墉《行书卷》　墉字崇如，号石庵，清诸城人。官至大学士，谥文清。书名满天下，临《阁帖》功力极深。论者称其形神俱肖，诚非过誉。此卷行书为其精意之作也。

铁保《与法梧门尺牍》　保字冶亭，号梅庵，姓栋鄂氏，满洲人。累官吏部尚书，以洗马致仕。书与成亲王、刘石庵、翁覃溪并称四大家。此札致法梧门者，论书与诗。孙过庭以神怡务闲为一合，此帖得之。

成亲王《行书册》　王名永瑆，清高宗第十一子，封和硕成亲王，谥曰哲。书法自松雪入手，晚入率更之室。此自书《用笔肤说》及《结字管见》，与《诒晋斋帖》摹刻者不同，盖所书非一本，此尤遒炼也。

翁方纲《杨忠愍诗卷跋》 方纲字正三，号覃溪，清大兴人。历官内阁学士，鸿胪寺卿。精于金石词章之学，书宗欧虞，尤好《化度寺碑》。此《杨忠愍诗卷跋》，是能传率更风度者。

郭棻《乐毅论跋》 棻字芝仙，号快庵，清清苑人。顺治进士，官至内阁学士。讲求经世之务，在词曹垂四十年。工诗善书，与沈绎堂齐名，有"南沈北郭"之号，卒谥文清。著有《学源堂集》等书。此小楷册，盖跋《快雪堂本乐毅论》，楷法极精，韵致不减"停云"，正恐绎堂不无逊色焉。

郭青垲书《像赞》 青垲，快庵之孙，字岱瞻，号香山老人，乾隆举人。工诗善画，书名尤著。此行书《文清像赞》，尤为聚精会神之作也。

雍睦堂主人影印古名人法书，俾作学者楷模。属为审定，辞不获已，因各略书管见。如右快庵小楷，岱瞻行书，皆清苑郭氏之先泽，而河北名贤之遗迹也。尤愿得斯帖者，共珍焉。壬午春日元白居士启功识。

此册辑印以来，屡有增益，故诸家序次不无出入，阅者鉴之，启功又识。

一九四二年

记《式古堂朱墨书画纪》

　　《式古堂朱墨书画纪》八十卷，卞永誉撰，原稿本北平图书馆藏。卷前有朴孙庚子以后所得长方钤记，完颜景氏故物也。向无刊本，近人龙游余氏著之于《书画书录解题》，谓其甚足为知人论世之助。予曾寓目，书分书、画二纪，自述凡例十二条。盖先取书画汇考已经著录之书画家千一百余人，又取题跋之家二千余人，复采他书所载能书画者三千七百余人。各编年表，自生至卒，逐年排比。某朝某帝某年若干岁，不书事迹，所历官阶，旁注于封授之年。每人后附传略，皆录《图绘宝鉴》等书，无甚考订。凡朝代帝王用朱笔，年号用蓝笔，余皆墨笔，颇醒眉目。凡例之末自云：或为知人论世之助。余氏之语，即取原文。顾其语殊空洞。书画家之生平，奚关论世，仅书年岁，又何有于知人。不惮烦琐，蒙有故焉。

　　夫鉴定书画之法多端，如辨纸素，校印章，证题跋，皆市贾持为秘诀者。具眼之士，则必审笔墨之精粗，神气之雅俗。且一人笔墨，幼而稚弱，壮而健劲，至于老境，或归平淡，或入苍茫，或成衰退，各有造诣。巧匠作伪。所难尽合。至于官阶升黜，居处南北，系于史实，皆可以岁月索骥。故鉴赏家得名迹，于纸素、印章、题跋之外，尤须考核岁月，以相印证。卞令之以达官好古，有力收藏，审辨书画，自当考其时代，以习见名家生卒列为年表，干支岁月一览可得，省推计之劳，莫便于此。而是书之作，即据是法，遍及诸家。试观先取汇考著录之家，其消息自见。然著作汇考，必取资于年表，则此千一百余家年表初稿之成，决不在汇考后。就中又以自藏其迹者为最先，可断言矣。汇考著录之迹，于卞氏自藏者外，尚及耳目见闻。此书于汇考著录诸家之外，又采他书，推而广之，取盈卷帙，正一例耳。窃意卞氏既欲以年表成书，又嫌体制未备，乃撮各家传略于后，以实之。余氏怪其征引别无僻书，且惜其未加剪裁，实未窥得卞氏之初衷。又持钱竹汀《疑年录》、吴荷屋《历代名人年谱》相较，不知立意不同，未可并论。鉴赏家善用其书，未尝不足为考订之助，至体例得失，则成事不说也。

宋 高 宗 书

自古帝王，虽荒懦如陈叔宝、李重光，后世议之，各有其分。惟宋高宗建中兴之业，享期颐之年，翰墨高古，入晋人之室，虽有一眚，宜若不足掩大德。而后人文字之间，冷嘲热讽，足使思陵抔土，千载蒙羞，盖有故也。所书徽宗文集序，刻于玉虹鉴真帖，胡身之、袁清容跋，皆有微词，然尚多含蓄。最隽快者，如王元美跋二体书《养生论》云："行草翩翩，二王堂庑间，而不脱蹊径，然要当于六代人求之。继文工八法，无俟余赘。余独叹中散之精于持论，而身不能免也。其微言奥旨，若遗丹之在藏，数百千年，尚能起痼离凡。中散所谓一怒足以侵性，一哀足以伤身。思陵深戒之，故德寿三十年，不减玉清上真，而五国之游魂不返矣！单豹食外，彭聃为夭，其思陵与中散之谓耶？"此墨迹刻于三希堂帖，余每临池见此，为之忍俊不禁。《珊瑚网》载元人赵岩题思陵书《洛神赋》诗云："花石纲开四海分，西湖日日雨芳（按其迹作"如"）春，孔明二表无人读，德寿宫中写洛神。"诒晋斋亦有诗云："龙章凤质冠群才，敕取河南禊帖来。家法教临三百本，中兴无将写云台。"至于板桥道人"金人欲送徽钦返，其奈中原不要何"之句，虽传诵名高，究未免于率直。辽阳赵氏傲俫山房藏思陵赐梁汝嘉敕四通，尾署花押。乃德寿二字合成，其状又如不匮二字之形。自标锡类，可为一笑。

我们的艺术宝藏不容掠夺

翻开近百年史来看看，帝国主义者对我国的侵略，真是"无所不用其极"。在文化方面，更是用尽心机，百般地从事破坏和掠夺。蒋介石卖国集团把各类珍贵的文物约七万件盗运到台湾，已经激起全国人民无比的愤怒；最近，美国费城艺术博物馆副馆长霍雷斯·杰尼——这个曾经盗窃过敦煌文物的罪犯，又提出什么"长期出借"的鬼话，企图从台湾把这些珍贵的文物都"送到美国去"。我们知道这些文物是我们祖先几千年来心血的结晶，是中华民族光辉历史的标志，是我们无价国宝的一部分，我们坚决不容许蒋介石卖国集团对它们的窃据，更不能容许美帝国主义者的劫夺。无论这群强盗把这批文物谋夺到什么地方去，今天在共产党和毛泽东领导下站起来了的中国人民，一定要和他们清算到底，全部追回来！

在这批文物里面，最容易受到损坏的是绘画。那些千年上下的古纸、古绢，在潮湿气候的地窖里沉埋不动，它的后果已经不难想象，这使人如何痛心！因此，我们不但绝对不许蒋介石卖国集团把它们断送给美帝国主义侵略者，同时也绝对不许这些珍贵文物受到丝毫损伤！

只就绘画而论，就能看出这批被劫夺的文物具有怎样的重要性。大家都知道，《石渠宝笈》（初二、三编，包括《秘殿珠林》）是清代封建统治者收藏历代书画的总账，其中著录的书画，后来大部分都归故宫博物院保存，尤其是最著名的宋、元屏幛画幅，几乎都在里边（同时也有很多重要的卷册画）。它们对于整个中国艺术发展史的关系，好比一个人的五官、四肢，正是一样也少不得的。

现在，就我在这批绘画里印象最深的几件山水画，如董源的《龙宿郊民图》、巨然的《秋山问道图》、范宽的《溪山行旅图》、郭熙的《早春图》和李唐的《万壑松风图》等来谈一谈它们的历史价值和艺术价值。

董源，这位十世纪后期的绘画宗师，他的遗作屏幛如《溪山行旅》等，都已流入日本。故宫所藏的两大幅《龙宿郊民图》和《寒林重汀》（此画已被盗往日本），又以《龙宿郊民图》最为重要。这幅画的整个布局，表现了江南旷远的江山；鲜丽的青绿设色，描画出江山的明媚风光。从远处的风帆，较近的渡船，和茂密而安静的树木，显出了江天如镜的境界。自山麓草坪到远处板桥上，络绎往来着许多人。近岸两只大船连成一条，上边间隔着竖起旗帜，二十余人在船上联臂跳舞，岸上和船上都有人击鼓伴奏。人物虽然画得极小，但每个人的不同神态都很清楚，他们的愉快表情，和秀丽江山的气氛是完全适应的。这究竟是什么主题呢？

此图传说原名《龙袖骄民》（见阮元《石渠随笔》）。明代詹景凤记成是《龙绣交鸣》。董其昌又题作今名《龙宿郊民图》，说是"宋艺祖下江南"当地人"箪壶迎师"之意。这说法的不通，自不待言；清高宗（弘历）驳了董说，又从龙字上揣想是求雨的事迹，也并没有根据。根据宋元人笔记、词、曲里关于"龙袖骄民"的记载[1]，并从这幅画的具体内容来看，这一作品是反映佳时令节人民愉快活动的。那么，倒真可能是描写南唐国都附近居民的节日生活，而不是什么"箪壶迎师"。因此，它不单纯是一件描写美丽山川的风景画，而且是一件具有历史意义的风俗画。可见我们古代现实主义的大画家是如何地忠实于现实生活，而这幅作品的价值也就清清楚楚摆在我们面前。

---

① 见关汉卿《包待制三勘蝴蝶梦》，张国宾《相国寺公孙合汗衫》杂剧，欧阳玄《圭斋集》《渔家傲》词，《武林旧事》"骄民"条。

《秋山问道图》是巨然的名作。巨然是董源画派的第一个继承和发展的人。

这幅画以深山邃谷里一区茅屋人家为中心，四周密密匝匝的丛树，重重叠叠的山岩，把画面完全填满，但是路径曲折，层次分明。令人只是感觉仿佛行走在深山之中，并不嫌它迫塞。布局方面：用一条小径分开两边高山，它显出往山里走进去的深度，而且愈显出主山的巍峨雄厚。古代论画山水，讲求"三远"，公认是不易表现，在这幅画里所要求的"高""深""远"，都能充分体现出来。笔墨技法方面：树木茂密，并不混乱。用了各种点叶法——如介字、胡椒等点，也并不成为公式化的符号。大山石中多间杂空白小石，这是描写日光照射的部分，并不是无故地留出许多小白石头。至于全幅的树干、山皴、水草等等长条笔画；以至树叶、石苔那些圆点或短带，调子都是和谐一致的。从这幅画的全面看来，绝不是一些线、点的堆积，而是可以走得进去的一个活生生的现实世界。从这里我们可以体会到，对于正确运用山水画的笔墨技法，正确表现对象是很重要的。巨然的创作，在笔墨运用方面对于后来的画家们影响是很大的，不幸也引起单纯从笔墨上进行模仿的流弊。

我们见过古来多少著名画家的多少山水画作品，都各有其优秀的成就；但是能够把山川的雄奇峻伟体现出来，使观者体会到古代诗人"高山仰止"是个什么感觉的，范宽的《溪山行旅图》应该是首先提出的一件了。

草树蒙茸的主山，几乎占去画面的五分之四，下边树木丛郁，溪涧曲折，山路平阔，又显出高旷的气氛。这是关中一带山川的真实形象，在范宽笔下典型地传写出来。这幅画不但在范宽的许多作品中推为杰作，即在北宋绘画史上也是属于极其重要的一个典范。

范宽是宋代画家中屡次大声疾呼"师诸造化"的一位大师，他曾毅然地"舍去旧习""卜居终南、太华，遍观奇胜"。所以我们相信郭若虚称他为"智妙入神，才高出类"，并不是空泛的恭维。宋人屡次提到他"峰峦浑厚，势状雄强"；说他的画"近视如千里之远""落笔雄伟老硬，得真山骨"；说他所画细节直到人物屋宇等，都极质朴，"后辈目为铁屋"①。我们在文献中习见关于他的种种评论，在没有见到这幅真迹以前是很难了解的，现在居然都在这里得到证明。这是多么重要的一件史料啊！

郭熙《早春图》，是北宋的一件重要作品。作者把树木仅仅萌芽和山谷云气蒸发的早春时节的景物，逼真地描写出来。《美术》一九五四年七月号于其灼同志对于这幅画的画境已作了详细分析，这里不再多谈。但是，还有全局的结构，也值得我们重视的。在一幅画面里，高耸的主山，遥远的层叠流泉，在深邃的岩谷里丛聚着的楼台，穿插在中间的旅客，又随处说明这些美丽山川和人们生活的密切关系。这些不可能一眼望去同时见到的种种景物，画家毫不牵强地把它们安置得恰如其分，使观者绝不感觉它们所占地位的不适当和可以任意增减。而通过浓淡的墨彩表现远近的方法，比起前面所谈的巨然的《秋山问道图》，分明又进了一步。这足以说明现实主义画家对于生活的观察是如何深入，如何善于处理题材和刻画形象。这是研究中国山水画结构特点，研究中国古典绘画现实主义手法的好材料之一。

从全画各方面来讲，都称得起是山水画发展道路上的一座巨大的里程碑，我们绝不容许敌人将它盗走！

李唐是身经国变从北宋画院到南宋画院的一位大手笔，他的作品在故宫保存的比较多。其中如《万壑松风图》，写在峻嶒山岩和重叠泉水的环境中一片丛密的松林，使人从画上似乎可以听到松涛的韵律，在今天这样炎暑的时节来看它，真觉得是一个避暑的胜地。款署"宣和甲辰"，还是汴都尚未沦陷时的作品。又《宝笈续编》著录的大幅"雪景"，用坚实的笔力写出风雪中的峭壁寒林，在凄冷的江波中渔樵行旅的生活，表现得非常动人。"江山小景"（卷）写沿江的美景，千岩万壑的内外，有云树、风帆、人家、楼阁，真足使人"应接不暇"。几乎卷

---

① 见刘道醇：《圣朝名画评》，郭若虚：《图画见闻志》，夏文彦：《图绘宝鉴》。

中每一小块景物都可以成为一个优美入胜的"镜头"。设色尤其美观。赵构（宋高宗）曾称"李唐可比李思训"，实际上和所传为李思训的作品比起来，李唐的作品更真实、更生动。

在小品中有一个无款的团扇，具有李唐的风格，这里提出谈谈。画面景物简单，只写山坡一角，在向背不同的几棵松树中间有一座茅棚小店，前边插着"望子"，一条小径经过店前，绕向远处山里去。几个遥峰，一抹远岸。我们面对画幅首先感到的是一个江南的薄阴天气，远处的山峰和江岸，只用淡墨平拖过去，就使我们感觉到这个环境里的空气湿度。我们从这幅册页小品中也可以看到古代画家的现实主义精神和成就。这仅仅是许多册页小品中的一幅罢了！

以上所谈的不过是被蒋贼盗走的"六千四百二十五幅图画"的末一个尾数，从七万件的总数来说，还不到万分之一。它们在我们的艺术史、文化史和劳动人民的创造史上是具有极其重要的关系的！不写下去了，我们只有把愤怒的心情化为力量，为收回和保护我们民族文化、民族利益而斗争到底！

一九五五年九月

唐末到宋初的几位山水画家

　　风景画到了唐末、五代和宋初，在过去原有的基础上又发展了一大步。出现了并不局限在作为人物布景、而是突出地描写美丽山川的"山水画"。在这个时期里的著名山水画家，应该首推荆浩。

　　荆浩字浩然，山西沁水人；生卒年无考。据宋代郭若虚《图画见闻志》所记，可以见得他主要活动的大概时间（刊在"唐末二十七"里）。他的身世，历史上的记载也比较简单。他自号"洪谷子"，据说是因为躲避当时军阀割据所造成的战乱，隐居太行山的"洪谷"而起的。那么这位大画家所以集中力量来歌颂伟大的山河的思想倾向，很可以从这一点上来推知。

　　他曾把画山水的方法写成了一卷《山水诀》教给后人。他很自负地说过："吴道子有笔而无墨，项容有墨而无笔。"他自己却要兼有二人的长处。我们可以理解他说这个话并不是专为菲薄老辈，而是强调绘画表现手法应该有最完美的要求。当然，创作的进步绝不仅仅限于笔墨的讲求；可是这一问题的提出，却反映了绘画艺术在理论和实践上在这时候已有相当高度的发展。

　　荆浩的遗迹流传到今天的，要数《匡庐图》。画上有宋人题记，审定为真迹。这幅画的构图，在中国山水画的历史上应该算是一种创造。他把从不同角度上观察来的山石、树木、人家、路径……曲折繁复的景物，巧妙地安排在一个长幅里；同时更具体地显示出主山的巍峨高耸，写出了庐山的秀拔。这种主题鲜明、效果显著的作品，不能不说是荆浩在古典艺术传统里更进一步的发展。

但是，究竟荆浩还是初期的山水画专家，这幅《匡庐图》在表现的技法上，还有一定程度的给人一种板滞的感觉。传为荆浩所作的《崆峒访道图》，也是一幅较古的山水画；此外，大抵都是元明以来的伪作了。

荆浩的徒弟关仝（又写作同、穜），长安人。他学习并且发展了荆浩的特长。宋人说他画的山水是"石体坚凝，杂木丰茂"，这说明他的作品对于对象的质感、量感是有所体现的。我们从保存下来的关仝作品《山溪待渡图》上看，那湿润厚重的山石和茂密的草树，觉得宋人的评论是很恰当的。这幅画全图不作细碎的写景，只作简括的开合；使观者如同站在深山大壑之中。《待渡图》比《山溪待渡图》取景更近些。宋人说关仝喜作"秋山寒林""村居野渡""渔市山驿""使见者悠然如在灞桥风雪中"。类似这样的真实感受，我们在《待渡图》中是完全可以体味到的。

关仝的成就，比起荆浩，是有显著进步的。我们从记载上知道他一方面学习荆浩，但并不受一家的成法所拘，同时还汲取了毕宏的长处。宋人说他的画"笔愈简而气愈壮，景愈少而意愈长"，这是指他作品中的概括性与构思而言的。

和关仝同时的江南的山水画家，首先数着董源。

董源（又作元），字叔达，钟陵人。曾作南唐的"后苑（北苑）副使"，所以被称为董北苑。历史记载他善于写"山水江湖、风雨溪谷、峰峦晦明、林霏烟云，与夫千岩万壑、重汀绝岸"。

流传下来的董源的许多作品中，以《潇湘图》较为著名（尤其是明清以来）。这个短卷，描写江岸洲渚之间的渔人、旅客的各项活动。这幅画，不画水纹，只用荡漾的船只和摇曳的芦苇，就衬托出江面的空阔；不勾云纹，多留山头空白，以碎点来表现朦胧的远树，云烟吐吞，远处山头，沉浸在一片迷茫中。

宋人说董源作画并不模仿别人，而能"出自胸臆""使览者得之，真若寓目于其处。"又说：至于"足以助骚客词人吟思，则有不可形容者"。实际上，他的作品不但是"足助吟思"，它的本身就是美丽的诗篇。关于这一点，绝不仅仅是董源一个人的特长，而是中国山水画的一种优秀传统。

李成，字咸熙，因为住在"营丘"地方，被称为"李营丘"。历史上说他"志尚冲寂，高谢荣进"。王公贵戚请他作画，他全都不答。在当时鄙视富贵，不肯同流合污，是个有相当骨气的人。他画山水，在北宋初期被推为"古今第一。"宣和画谱详尽地记载他擅长描写"山林薮泽，平远、险易，萦带、曲折，飞流、危栈，断桥、绝涧、水石、风雨、晦明，烟云、雪雾之状"。可见他所作的风景画内容是如何的广阔和丰富了。

李成的真迹流传绝少，在当时已经有很多的"仿品"。现在保存的宋画中有他和王晓合作的《读碑窠石图》，可以从而窥见他所画树石的风格。又有《小寒林图》，也能帮助我们了解李成的山水画作风。

范宽，原名中正，字中立；陕西华原人。因为性情宽缓，不拘世故，所以诨名为"宽"。常往来长安洛阳间，是北宋前期的山水画名家。

他最初曾经模仿李成的画法，后来自己叹息说：前人的画法，是从物象上直接画下来的，我与其模仿古人，何如直接描写大自然！因此便跑到终南山里住下，虽雪寒、月夜，都不能停止他观察自然、体验生活的活动。

宋人论到他的作品，说他不但能写山水的面貌，而且是"善于与山水传神"。又说李成的画"近视如千里之远"；范宽的画"远望不离坐外"。因为山水画遥远的距离固然难于表现；而那山川雄伟气势的"逼人"，也是很难表现的。我们从范宽的《溪山行旅图》《雪山图》和《临流独坐图》里，都可以看到这位大艺术家是怎样表现了关中一带的山川特点；怎样地为山水"传神"。

至于范宽的《临流独坐图》，不但写了突出的、坚实的山石，还更写了深邃的、虚空的溪谷和云气。这画比起《溪山行旅图》来，由于描写对象的不同，笔墨、构图和全部风格上都有一定的差别。使我们从这里认识到现实主义的艺术家是怎样用恰当的形式来表达不同的内容；也认识到范宽由于"师自然"所得到的艺术成就。

一九五六年四月

李唐、马远、夏圭

中国的风景画——山水画，在南宋初有了极大的发展。这时山水画的创作趋向，更注意从整个气氛里反映出对象的精神，使人从画面上更真实地领略山川的雄奇、秀丽。即使一丘、一壑的小景，也给人以充分的美的感受，把人和江山的关系更艺术地表现出来。

这时期比较具有创造性的画家，要推李唐、马远和夏圭为代表（也有称刘、李、马、夏为四家的，实际上刘松年的作风和他们并不太接近）。

李唐，字希古，河阳三城人。在北宋末年徽宗赵佶的时代，他已经进了画院（故宫旧藏的《万壑松风图》就是这时期的作品）。北方沦陷，高宗赵构南渡，李唐奔驰南来，过着艰苦的生活。后来一个内官发现他在街头卖画，荐到朝廷，李唐重入画院，受到很优的待遇。

从平生行谊上看，李唐是一个有民族思想的画家。

雪里烟村雨里滩，看之容易作之难。

早知不入时人眼，多买胭脂画牡丹。

从李唐写的这首诗里，可以看出他通过借喻来表达出他的抱负。他的遗作中著名的《采薇图》，刻画了几千年来被人公认在历史上"义不食周粟"的具有坚贞品格的伯夷、叔齐的形象。元人宋杞在图后题跋说：

意在箴规，表夷、齐不臣于周者，为南渡降臣发也。呜呼深哉！

这虽属推测，对于李唐的人品性格来说，应该是符合实际的。

李唐的名作流传下来的还不算太少，故宫旧藏的还有巨幅《雪图》

和《江山小景》横卷等。《江山小景》卷能把极其繁复的江山景物巧妙地安排在一段横卷内，不但不曾使观者感到景物的迫塞，相反的，它却具有一种特殊的魅力；仿佛能把人吸入画图，在极端绮丽的山川里行走，并深深地感到祖国山河的可爱。我想现实主义的艺术手法，达到了这样的表现效果，是应该得到崇高的艺术评价的。

宋高宗曾经在李唐的《长夏江寺图》卷（现藏故宫）上题道："李唐可比李思训"，所谓可比是指哪些方面，虽然没有具体的说明，宋高宗是从什么角度来欣赏这幅画也值得研究，但在当时对李唐作品就有很高的评价，是可以理解的。又如日本旧藏墨笔山水两幅，一向传为唐代吴道子所画，近年才发现有隐藏着的李唐款字。在以"古"代表"好"的旧时代批评观点下，会把李唐的作品当做吴道子的手笔，那么李唐的艺术造诣，在某些人的眼里可与唐代大师们媲美，是无疑的了。

我们从流传的真迹看，李唐的作品是有着崇高的思想内容，而一切表现技法又都有着新的创造；它影响了他后一辈的画家马远和夏圭等人，都成为绘画史上的重要人物。

马远，字遥父，号钦山；河中人，侨寓杭州。南宋光宗、宁宗朝他任画院待诏；善画山水、人物、花鸟等，画山水尤其著名。

他的山水画法是继承李唐而又有了发展。从流传的真迹和各种文献记录来看，他作画的题材是非常广阔的：历史人物故事和一般江湖、山野景物、农夫渔父的生活，都成为他歌颂的对象。

马远对于客观物象的性格观察得很深刻、表现得也很概括，他常用号称为"大斧劈皴"的坚实、爽朗有力的线条，来表现山石树木；但更主要的是他抓住了树石泉水的种种特征，删略次要的细节，表现它们的性格，写出它们生动的形象。

我们知道流动的水是很难描写的。现在看到故宫绘画馆所藏马远画水十二幅，用各种轻重不同的笔画来把朝夕风云长江大河等等不同情况下的水的状态都画了出来，而且画得非常动人；单从这些画上，我们也可以窥见马远在绘画艺术上的一部分才能。

马远画风景在体现景物的气氛、给人以真实美好的形象的感受上，都是很有创造性的成就的。即如我们常见的《深堂琴趣》《梅溪聚禽》《雕台望云》以及《雪景》四段小卷等小品，也能引导观者的精神进入一个诗一样的环境里去。清初人咏马远《松风水月》图有诗云：

由来笔墨宜高简，百顷风潭月一轮。

真能形容出马远作品的风格。

由于马远选景、构图最擅长从局部来表现全体，所以当时曾被人加上一个"马一角"的诨号。其实他也有所谓"大幅全境"描绘繁密景物的作品，不过这种作品也和前代一般的手法不同。如故宫所藏的《踏歌图》，写一个清和深秀的山湾里几个老农在那里快乐地歌舞，他用简括的线条、清秀的色彩，巧妙地把山环水抱的复杂景物写得那样远近分明，并没有多用花草点染陪衬，却十足表现出使人愉快的春山环境；这个环境和那几个人的欢愉情绪是完全适应的。从山石、树木、坡陀、泉水的形象描写和位置安排上，都可以看到他对景物如何的深入观察，技法是如何的精确熟练。我们看他任何一幅画上的笔触，大如山石轮廓，细至松针野草，以及人物衣纹、楼阁界划，虽然粗细不同，调子却都一致。

马远是一个多能的画家，他所画的人物故事如"四皓""老子""孝经"等图，无论从墨迹上、从记载上看，都有独创的风格和生动的效果。他画花卉也有很高的成就，流传的花卉画真迹不多，但从清初孙承泽所记"红梅一枝，茜艳如生"的话来看，这种画也是具有动人的艺术效果的。现在故宫博物院所藏的《梅石溪凫图》。正是马远创造的优美的花鸟画。

和马远同时代而略后的画家夏圭，在山水画的创作上，和马远的风格大致相似，但具体的又有所不同。历史上马、夏并称，这不仅说明他们的名声相等，而在事业上也都有巨大的成就的。

夏圭字禹玉，南宋首都临安人。宁宗朝的画院待诏。他的作品流传下来的也还不少。我们从作品上看，它比马远的山水画，又有了新的发展。

25

夏圭对于雄奇、广阔的可爱江山的歌颂，常常运用长篇的形式——就是用长卷的形式连续不断地尽情描写。这种长卷形式，原非夏圭所特创，但从马远一派笔墨更概括、物形更写实、结构更妙于剪裁的新作风来说，夏圭的长卷画还是新的创造。我们从他最著名的作品十二段长卷（今只存"遥山书雁、烟村归渡、渔笛清幽，烟堤晚泊"四段）中完全可以看到这种成就。明人题这卷后说："笔墨苍古，墨气明润；点染烟岚，恍若欲雨；树石浓淡，遐迩分明。"真说出了这卷的特点，也即是说出夏圭绘画风格的特点。又如《溪山清远》长卷，也和这十二段卷具有同样的艺术效果。

夏圭的画很少有复杂的设色。他用笔多变化，用墨的方法纯熟巧妙，随着客观物象挥洒自如，细看起来不仅外形准确，质感、空间感也表现得非常充分。他所以有这样高度的笔墨技巧，应该说是和他的深入生活，细致地观察自然、研究自然是分不开的。古代批评家热烈地说他"用墨如传粉"，想是指他善于掌握墨色的轻重厚薄并没有斧凿痕迹而言，它是不足形容夏圭的整个表现技巧的。

夏圭画树不用任何固定的夹叶形式（当然夹叶画法的形成，从绘画历史上讲，它曾有过积极作用），而用浓淡疏密大小不同而都富有血肉的点子写出它的性格和姿态。他的概括能力很强，对其他物象——繁复的如楼阁，活动的如人物，也都无一不是掌握住对象的特点而予以恰当地表现。我们在《西湖柳艇图》中，看到他用那种洗练的笔墨，概括地写出那么繁荣秀美的湖边景色，真不能不感叹夏圭艺术能力的高超。

明代董其昌是排斥"马夏"一派的绘画的，但他题夏圭的画时曾经写道："夏圭师李唐，更加简率，如塑工所谓灭塑。其意欲尽去模拟蹊径，而若灭若没，寓二米墨戏于笔端。"可见在事实面前，董其昌也不能不像他推崇二米（米芾、米友仁）一样，给夏圭以相当高的评价的。

马远和夏圭的绘画艺术在中国绘画史上曾发生很大的影响，而且也影响了日本的绘画，其艺术成就和历史意义，如其他重要的画家一样是值得作进一步研究的。

一九五六年六月

徐燕荪的《兵车行》图

以历史故事为题材的人物画，在我国绘画史上，会具有很光辉的传统。徐燕荪同志的近作《兵车行》，便是这一类作品中比较优秀的一件。

兵车行是怎么一回事呢？唐帝国发展到了玄宗（李隆基）时代，已经达到这个封建王朝的最高峰，于是皇帝和权臣们除了穷奢极侈追求享受外，还时时希图借着武力对外扩张，来巩固自己的统治势力。当天宝十一载（公元752年）的时候，奸臣杨国忠初任右相，发布命令，征讨吐蕃。官吏到处抓民丁，枷送到军营当兵，使得人民父子夫妇离散，和平生活遭到严重的破坏。伟大的、具有人道主义精神的诗人杜甫，便通过一个当时路旁行人的口吻描述了这次抓兵的苦难图景。这首诗开头写道：

> 车辚辚，马萧萧，行人弓箭各在腰，耶（爷）娘妻子走相送，尘埃不见咸阳桥，牵衣顿足拦道哭，哭声直上干云霄。

我们的画家就根据这几句诗画出了这个惊心动魄的悲惨场面。

画家选择了咸阳城外一片荒郊，用烟尘逐段隔断征夫的行列，表现了无从数计的被抓的民丁。又把骨肉分离那一短促时间里抱头痛哭的情景，集中地、突出地摆在画面最主要的地方，同时旁边加上如狼似虎的官吏，更加点明了这一事件的来源。我们从这里可以理解全诗篇中所叙述的那些十五岁从军、四十岁还没回家的战士们一生的命运，那千村万落都毫无人烟、生了荆棘，耕地里没有男人只剩下妇女的荒凉可怕景象，都是从此开始。直到那些无人收葬的雪白战骨，也正是这些民丁的最后收场。

画面不同于诗篇，除了连环图画的体裁以外，是不容易叙述一个故事的发展的，但是优秀的画家，如果把握了最典型的东西，也就能够表达深刻的内容，而使观者不难理解它的前因后果。

这幅画运用了中国绘画的传统形式，笔法主要的是单线勾勒，而所用的笔触的粗细刚柔，又随着物象的性质而变化。色彩浓厚鲜明，又分明的吸取了唐宋以来壁画的风格。在构图上，人物众多，但是层次分明，并不因此而感到迫塞。都是这幅画的一部分特点。我们知道，作者对于中国古典文学和历史都有相当丰富的知识，所以创作历史故事画，不但能掌握人物的思想状态，就是对于服装、兵器的样式，也都用过一定的考订工夫。这是值得我们重视的。

这画上另有一项特点，即是虽然没有明显的运用焦点透视法，但在人物远近比例上，却有显著的差别；又在色彩上虽没十分的注重光暗的差度，但在远处人马的色彩，确实比近处的灰一些，这一方面烘托出一些惨淡的气氛，一方面也表现了空间的距离。我个人觉得这是作者近年不断欣赏西洋有名绘画，吸取了某些方法，融化到中国民族绘画形式里来的一个证明，而毫无生搬硬套的痕迹，也不能不说是这种尝试的成绩。当然，吸取西洋画精华的方法，绝不是说如此即够，或只能如此；同时作者是否曾经有意吸取，还是不自觉的习染，那又不是在这里所能探讨的；但在画面效果上，却分明的摆着这样一些因素。

总之，《兵车行》是古典文学中一首具有相当高度人民性的诗篇，这幅画又是基本上能够表现诗篇中一部分典型形象的一件作品，并不是仅仅起着一种文学作品插图的作用而已。为了使广大群众更好地欣赏祖国文学美术的遗产，了解历史上人民斗争的经过，了解民族艺术的特点，我们希望画家们更多创作一些这一类的作品。

一九五六年十一月

名 词 解 释

"没骨""双勾""勾花点叶"

没骨　不用线条勾勒轮廓，直接用各种颜色涂成物体形象的一种画法。因为没有墨线骨干，所以叫做"没骨法"。宋郭若虚《图画见闻志》卷六记徐崇嗣的《没骨图》说："……画芍药五本……皆无笔墨，惟用五彩布成。"徐崇嗣是在他祖父徐熙善于染色的"写生"画法基础上，又发展了一步，完成"没骨"画派的，所以追溯这一派的渊源，又常上推到徐熙。后世更有将梁代张僧繇画"凹凸花"事算作没骨法的起源，未免接近附会。古代还有一派只用彩色描绘不用墨笔线条的山水画，也被称做"没骨"派。

双勾　用单线条描出物体形象的轮廓，术语叫做"勾"或"勾勒"。由于在进行描画时，基本上是用左右或上下两笔勾成物形，——如用两条近似平行的线勾出一枝树干或用两条弧线勾出一片树叶，所以又称为"双勾"。在技法上，这是对涂色，渲染各项用笔而言的；在风格、形式上是对"没骨"画法而言的。如宋代黄筌一派的花卉，画面所有物形，基本上都用线条勾出，再填染彩色。又如宋赵孟坚画水仙花，元张逊画竹，都只用墨笔单线勾出。这全属于"双勾"法。后一派——赵、张的画法因为不染任何颜色，所以又叫做"白描"。

勾花点叶　明代以来花卉画风的一种。因为一般花瓣比较单弱，颜色也多半娇嫩，所以用线条勾出；叶子比较厚，颜色也比较浓，所以用一两笔即全面抹、点而成。这一派，普通称它为"勾花点叶"。明代周之冕等是这一类画法的大量使用而有成就的人。

"青绿山水""浅绛山水"

青绿山水　画面彩色大量用浓重的"石青""石绿"颜料，以表现山石的厚重和苍翠，增加画面爽朗、富丽的效果。还有在青绿山石的轮廓上加勾金色来增加画面的光彩和装饰趣味的，叫做"金碧山水"。这种青绿颜料的运用，古代已有，到了隋代的展子虔、唐代的李思训又更加发展，达到成熟的地步。现在北京故宫博物院藏的展子虔《游春图》、北宋王希孟《千里江山图》、南宋赵伯驹的《江山秋色图》等，都是不同风格的古代"青绿山水"杰作。

浅绛山水　"浅绛"是一种运用色彩的方法。为了破除画面上只用墨笔的单调，为了使得某些部分的形象突出，或增加画面上某种气氛，只用淡赭色渲染人面、树皮以及部分山石。用"浅绛画法"的山水画叫做"浅绛山水"，后世有把一些彩色较多但赭色占主要部分的山水画也混称作"浅绛山水"。

季布骂阵词文之"潘"字

敦煌《捉季布传》有句云："九族潘遭违敕罪"，又云："将表呈时潘帝嗔。"两"潘"字俱不可解。冯沅君《季布骂阵词文补校》（《文史哲》一卷三期）云："潘疑是拌之借字。"王庆菽在《敦煌变文集》中校录此篇于"将表呈时"句下引周一良说云："周云：潘字似不误，盖是助词，犹言恐怕。上文'九族潘遭违敕罪'，亦应解为恐怕。"功按词文云："周氏见其言恳切，大夫请不下心神。一自相交如管鲍，宿素情深拔旧尘。今受困厄天地窄，更向何边投莽人？九族潘遭违敕罪，死生相为莫忧身。执手上堂相对坐，索饭同飡酒数巡。"以下周氏嘱妻不可泄露季布来奔之事，并将季布藏于复壁之内。则此处实是宁肯冒险获罪，亦须保全旧友之意。如作犹疑词之"恐怕"解，殊与此处口气及行动不合。至于呈表时侯璎云："仆便为君重奏去，将表呈时潘帝嗔。"以下即果将表文呈去，如作"恐怕"解，亦与侯璎此时勇敢态度不合。以语气论，冯说"拌"之借字者是。按拌字，字典引《唐韵》以下各书："并音潘，捐弃也。"《方言》："楚人凡挥弃物，谓之拌。"实即今北方话所谓"豁（平声）出去"。宋人《遯斋闲览》记谜语诗云："佳人佯醉索人扶，露出胸前玉雪肤，走入帐中寻不见，任他风水满江湖。"盖每句各隐一诗人姓名：首句假倒，即贾岛；次句里白，即李白；三句罗隐；四句拌浪，即潘阆。"江湖风水"扣浪字，"任他"扣拌字，亦足为一旁证。

（柴剑虹据启功一九五六年遗稿抄录整理）

31

一 字 之 贬

古人称孔子作《春秋》，一字之褒，荣于华衮；一字之贬，严于斧钺。这种说法，是说明一种有意识的表扬或挞伐的写作态度。在这文责有人自负的情况下写出来的议论，不管他的论点是否可被接受，总归有人负责，而信不信由得读者。比如在今天也不会有人因为《明史》把李自成列入"流寇传"就承认他是流寇。

误人最厉害的，却是一些"偷梁换柱"的错字。这种情况有几类：一类像陆游《老学庵笔记》所谈，有人误读麻沙坊本的《易经》，以致弄得考卷上"金"字"釜"字混淆，留下笑柄。这是书店粗制滥造、校勘不精的无心错误。第二类是旧社会的讼师、刑吏们舞弊，故意弄错了字，使得案情颠倒。这后一类，法律所关，也并不常见。而前一类经典书籍，旁证众多，即像《易经》一书，自古到南宋，抄本和刻本，恐怕绝不止数千百种，所以错误的发现也不太难。最麻烦的，要属下边谈到的第三类。

著名的校勘学家，翻刻宋元著名版本，或者由于粗枝大叶，或者由于自作聪明的妄加窜改，因为人和版本都太著名，所以使得后来的读者容易"信受奉行"。唐代"性颇暗劣"的"昌黎生"乱改"金根车"为"金银车"，不过自招耻笑；而名家的妄改，则不但今人受骗，也能使古人蒙冤。举个例子。

我因为搞唐诗，研究到韩偓，由于学问浅薄，史事不熟，只好现查诗人的事迹和旁人对他的评价。查了《唐书》，又看《资治通鉴》，念到昭宗天复元年，给事中韩偓对皇帝一片治国安邦的谏议，昭宗"深以为然"，还说："此事终以属卿。"往下，胡三省在注中有批评了。他说：

> 呜呼！世固有能知之言，而不能究于行者，韩偓其人也。（标点据新版校点本）

我从胡三省的说法里看到韩偓原来不过是一个"能言不能行"的人物罢了。但是我又怀疑，难道《唐书》所说的那种"腕可断，麻不可草"的精神，还够不上胡三省所悬的标准吗？再翻翻陈垣先生《通鉴胡注表微》看怎样说，《校勘篇》里说：

> 据此注是身之有憾于韩偓，此鄱阳胡氏覆刻元本臆改注文之误也。王深宁晚岁自撰志铭曰："其仕其止，如偓如图。"图者司空图，偓即韩偓。吾始疑深宁与身之同境遇，深宁以偓自况，而身之对偓独有微词，苦思不得其解，固不疑注之被妄改也。

原来陈先生也早有此疑。但怎样才发现是胡刻臆改呢？再看：

> 偶阅丰城熊氏校记，云："元本'而不能'作'而不行'，'行'字绝句，校者误连下读，故臆改'行'字为'能'，而不知其义大反矣。胡注岂詈偓，偓岂有可詈哉？如此校书，真是粗心浮气"云云。乃恍然注之被改，而非身之果有憾于偓也。

我赶紧查查有句读的本子，是否有所纠正。通行的胡刻和翻本，固然都没有句读，我手里所用的是一部涵芬楼的排印本，正文加了句读，注文却没有加。再查最近新版校点的《资治通鉴》，即如前所引虽然加上了叹号、逗号和句号，而"能"字仍依胡刻，似未查原书。原来元刻的注文和它的读法是这样：

> 呜呼！世固有能知之、言之，而不能行，究其行者，韩偓其人也。

这个"能"字究竟是哪位自作聪明的人改的呢？《表微》说：

鄱阳胡氏覆刻《通鉴》，主其事者为顾千里，著名之校勘者也。而纰缪若此。夫无心之失，人所不免，惟此则有心校改，以不误为误，而与原旨大相背驰。熊氏诋之，不亦宜乎！且陈仁锡评本不误，而覆刻元本乃误，不睹元刻，岂不以陈本为误耶？顾氏讥身之望文生义，不知望文生义，只著其说于注中，未尝妄改原文也，顾君覆刻古籍，乃任意将原文臆改，以误后学，何耶？事关尚论古人，不第校勘而已，故不惜详为之辩。（《表微》原文所称"身之"是元初的胡三省，"鄱阳胡氏"是清代胡克家，"王深宁"是元初的王应麟，"丰城熊氏"是清代熊泽元，"顾千里"是清代顾广圻。）

那么顾广圻的错误是怎样造成的？原因不外乎两个：（一）念不通注文；（二）妄改注文来凑合主观的念法。有人反问：安知不是胡刻底本这里有残缺而补错了呢？回答是：如果真有残缺，现放着明代陈仁锡刻本，为什么不去对一对？

《通鉴》自胡刻本行世后，又有很多翻胡刻本。明刻本数量既少，不久胡本原刻和翻刻也感到不敷用，而各种排印本又陆续大量出现，但多数是胡本系统。于是二百年来，像韩偓这位称得起是个爱国的诗人就跟着蒙了这些年的不白之冤，宋遗民大史学家胡三省也成了不公正的批评家。这不能不说是顾广圻懒惰的后果。更可惜的是后来校勘学家章钰先生汇聚许多珍本来校勘，只校了宋本正文，没有带手校一校注文。熊泽元校记较早于章校，也兼顾了注文，但未被人注意。可见胡刻之虚名夺人，而耽误事也在这里。而我呢，懒惰得更可恨！得到《表微》这本书，已经整整的十年了，今天才第一次参考，可是就从这一次里，不但得到古人关于韩偓评价的真相，而且受到治学应该如何谨严的一次教训。我这里也引王伯厚的一句话并引申来说，便是：只要"开卷"，就会"有得"！

一九五六年十二月二十一日

宋赵佶摹唐张萱《捣练图》

此卷画原无款识，金章宗完颜璟在"隔水"边上用"瘦金体"题"天水摹张萱捣练图"，在元代有张绅题诗，清初为高士奇所藏，不知何时流出国外，现在美国波士顿博物馆。

张萱是唐代开元时的人物画家，尤其擅画仕女婴儿。这卷画中描写一些妇女做缝纫手工的活动，从捶捣、缝接到熨的一段过程。这些妇女的装饰，我们并不眼生，敦煌壁上的许多"供养人"正足以印证。而卷轴上的作品，自然比较容易更加精细。可惜的是流传影印本都是黑白版，读者常常以看不到著录上所记的"大设色"是什么情况为遗憾，现在从谢稚柳同志处得到一份外国原色印片，亟为复制，以供同好。

这卷画的特点很多，据我粗浅的理解，首先要属他描绘这些在劳动中妇女们各个的动态和她们之间的关系。每个人的动作都是那么生动，尤其常从细微的地方传神。例如自右第四人挽着袖子若有所思的准备捣练，往后绕线的、缝纫的同是聚精会神，而她们较动、较静的神情又各不相同。最末四个人，绷绢、熨绢和从旁扶绢的工作性质不同，她们的身体姿态也都表现出用力各有轻重。扇火的女孩歪着头用袖子半挡着脸，使人看到炭火轻烟从她的右侧侵袭；小孩调皮，从绢下反看，点明了绢的洁白透光，而全场的空气，也因有这个小孩而活泼了。我们还从这卷画上得见唐代妇女的一部分生活，至于妆饰色彩的讲求绚丽，也反映了当时的社会风尚。

"画人难画手"这句名谚，在这卷里却不适用了。只看全画中各个

35

不同动作着的手，都那么真实、那么美，不但表现了那一只手的动作，而且还表现了全身甚至内心的活动。例如第四人挽袖下垂的手指，有意无意的松张，和她脸上的神情是有着密切呼应的。

游丝描笔法的精练运用，可以说是人物画发展成熟的一种表现。细细一线，恰当的画出物体与空间最主要的分界，那么准确、谨严，若不是经过辛勤劳动而具有高度技能的画家是无从措手的。我们看张萱所画的《唐后行从图》，还不是这样，这是否宋人摹画时有所加工就不得而知了。

东北博物馆藏宋徽宗摹张萱《虢国夫人游春图》，也是金章宗标题，画法风格和这卷完全一类。这漂流异国的名画，不知何时才能和安居祖国的姊妹卷共享聚首之乐！

有人对于这两卷上金章宗所题"天水"二字的含义提出过疑问，"天水"是赵氏的"郡望"，所以宋代称"赵宋"，行文涉笔也有称"天水之世"的。这里的"天水"是因敌国君王不愿称名呢？还是指其为宋国人所画呢？如是徽宗，何以又无押字？即属徽宗，是出亲笔还是出院人？都是有待再深研究的。但是无论如何，并无碍于它是一卷宋摹唐人具有高度艺术性的古代现实主义的精美作品。

一九五七年五月

赵松雪行书《千文》

赵松雪行书《千文》一卷，绢本织就乌丝竖栏，而天地横栏则抽去二丝，自成横道。首题"行书千文"，尾题"子昂书"，押"赵氏子昂"朱文印。其书法乍看去平正无奇，细观之，精深厚重，于赵书诸迹中，允推巨擘。尾有元明名家二十二人题。张伯雨题云："智永书《千文》八百本，散江南诸寺，今无一二存。吴兴书，尝患其多，去世几何年，若此本者，霜晓长庚，无与并其光采。□□展对惘然。老生张雨记。"下押"勾曲外史"朱文印。黄子久题云："经进仁皇全五体，千文篆隶草真行。当年亲见公挥洒，松雪斋中小学生。黄公望稽首谨题。至正七年夏五，书于龙德通仙宫松声楼，时年七十九。"下押"黄公望印""一峰道人"朱文二印。王国器题云："呜呼，公今往矣，生而文登琬琰，珍藏内秘；没而篆记玉楼，游宴清都。其流落人间者，一波一戈，偶尔见之，不觉老泪凄落。王国器拜题。"莫云卿题云："昔人谓方员一万里，上下数百年，绝无承旨书法，观此本信然。吾不辨其师匠何代，而若此本之沉着稳便，非其指腕间得书家三昧，未易能也。此公《千文》卷，余所见亦不下数十种，而独此为尤妙。郭亨父善八法，故得藏之。后学莫云卿题。"书画题跋每多捧场溢美之言，而遇神逸精能之品时，又见其口门苦窄，形容难尽。云卿此跋，字字由衷，其"沉着稳便"四字，知出于深思熟虑，以平实之语赞之，确胜于铺张扬厉万万也。

元人誊录《赵府君阡表》赵孟頫改削本

赵孟頫书其先人《赵府君阡表》，最初刻于《戏鸿堂帖》，后刻于《壮陶阁帖》，后文明书局影印墨迹，始见庐山真面。此表真伪，颇有聚讼。余谛观墨迹，见其正文与添注之字，实出二手。正文用笔稍弱，结构亦欠谨严，于子昂书法，实具体而微。其添注之字，则用笔遒劲，结体方阔，正是子昂中年之体，与《三希堂帖》刻其与田师孟手札相似。前数年见绍兴周氏旧藏赵孟頫书《莲华经》，未完，孟頫之子补书之，有僧溥光跋尾，共七卷，装为七册。其父子书法俱似子昂，亦皆具体而微，与此《阡表》正文相类。乃悟此表殆为子昂兄弟子侄辈所书，而子昂自为改削者。

全表计添注二四字，其中又涂去三字，计存完字二一字。而第三行"系"字，第四七行"合"字是否抄者所注尚可疑。呜呼！此真看透牛皮之病，当为药山所诃者。子昂杂书一帖云："常州张治中收虞世南《枕卧帖》"云云，按此表载其姊妹有孟艮者，适奉政大夫庆元路总管府治中张伯淳，当即其人。必也正名乎，此表应题曰：元人誊录《赵府君阡表》赵孟頫改削本，庶几得之。

黄子久《秋山图》之真伪

书画之鉴别与评赏，有精确与粗率之别。人于早岁，所见名作不广，有时好恶任心，判断真伪优劣，往往与晚岁有所不同。亦有年髦目昏，记忆衰减，所鉴所评，转不如壮年之敏锐者，此又当分别论之也。

艺苑久传黄子久《秋山图》公案，扑朔迷离，几疑名画真有幻化，其实不过王烟客早岁所见与晚岁不同而已。

恽南田《瓯香馆集画跋》中有《记秋山图始末》一文，笔致生动，俨然唐人传奇。大意谓：王烟客受董香光之教，得知《秋山图》为黄子久画第一，非《浮岚》《夏山》诸图所堪伯仲。其图藏于京口张修羽家，烟客持香光书往访，主人张乐治具，备宾主之礼，乃出其图。烟客骇心洞目，观乐忘声，当食忘味，神色无主。欲以金币相易，主人不许。烟客旋入都，后出使还，路过京口，再求观之，主人拒而不纳。复求香光作书，遣人往求，终不可得。入清后，烟客与王石谷言之，嘱为物色。事为贵戚王长安所闻，使人购求，其时张氏已更三世，其孙某以所藏彝鼎法书及《秋山图》售于长安。长安在苏州招烟客、石谷往观，见其图虽是子久真迹，但不如曩时烟客所言之奇妙。长安见彼神色犹豫，恐其非真。后王圆照至，石谷先为喻意，遂赞叹不绝口，长安始为释然。南田于篇末曰："嗟夫！奉尝（按指烟客，南田书"常"为"尝"，避明讳也）曩所观者岂梦耶？神物变化耶？抑尚埋藏耶？或有龟玉之毁耶？其家无他本，人间无流传，天下事颠错不可知。"又曰："王郎（按指石谷）为予述此，且订异日同访《秋山》真本，或当有如萧翼之遇辩才者。"

此文原稿曾刻于《宝恽室帖》。墨迹近年复经影印流传，非独书法精妙，谛观其删改之迹，实足见当时结撰之匠心。其中文词修润甚多，略举其重要关节数处：（一）记烟客再访《秋山》而主人不纳之事曰："因知向所殷勤，在推宗伯（按指香光）之余也。"改为"奉尝徘徊淹久而去"，意在不欲见人轻烟客也。（二）记王长安得画事曰："王氏果欲得之，客知指，亟闻于藏画之家。于是京口张氏悉取所藏并持一峰（子久别号）《秋山图》来，王氏大悦，与值去。"改为："王氏果欲得之，并命客渡江物色之。于是张之孙某悉取所藏彝鼎法书并一峰《秋山图》来，王氏大悦，延置上座，出家姬合乐享之，尽获张氏彝鼎法书名迹，以千金为寿。"以见王氏得图之郑重也。（三）记烟客、石谷之相会也，曰："会奉尝与石谷要期同会于金阊（按即指苏州），石谷先至。"改为："王氏挟图趋金阊，遣使招娄东二王公来会，时石谷先至。"以见烟客、圆照之来，非由自至，实出于王氏之招也。（四）记烟客之至苏州也，曰"先呼石谷与语"，上增"奉尝舟中"四字，以见非至王氏之门始相晤语，此与前条俱增高烟客之身份也。（五）记石谷之预示圆照也，曰："又顷王圆照郡伯亦至，石谷亟先谕意郡伯，郡伯诺，乃入。大呼《秋山图》来，披指灵妙，赞叹缕缕不绝口，谓王氏非厚福不能得奇宝。"其中涂去"石谷"至"乃入"十三字，而于"谓"字上增一"戏"字，既省赘笔，且免平浅率直之病。（六）篇末记王氏之不寤也，曰"王氏诸人至死不寤"，涂去"死"字，旁注"今"字。此皆足见南田选词命意之精细也。

至于烟客初见《秋山图》之年月，文中并未确记，但云："抵京师，亡何出使，南还道京口。"按《王烟客先生集》中《自述》及程穆衡《娄东耆旧传》等所记，烟客平生屡使诸藩，不易定此事为何年。惟烟客于崇祯四年（公元一六三一）以服阕赴京补官，北行舟中访《秋山图》题云："往在京口张修羽家见大痴设色《秋山》云云，见《王奉尝题跋》。"则知初见必在是年之前。估计距此时最近之一次出使，则在天启七年（一六二七），烟客以尚宝卿使闽，是年仅三十六岁，其赴京途中见画，又前于此。如在更早之某次出使，则烟客之年更稚矣。王长安名永宁，为吴三桂婿。撤藩事在康熙十二年（一六七三），此后则王长安死矣。南田云："奉尝亦阅沧桑，且三十年，未知此图存否？""三十年"者，自顺治元年至康熙十二年也。"且三十年"者，不足三十年也。观画殆在撤藩前一二年乎？原稿初作"且五六十年"，点去"六"字，改"五"成"三"，亦见南田笔下之精密。张修羽名觐宸字仲钦，丹徒人，修羽其别号也。所藏法书名画甚富。其子名孝思，字则之，世传古书画常见其藏印。其孙何名，不可得详。

又阮葵生《茶余客话》卷八，记吴门拙政园为平西王婿王永宁所有。又云："滇黔逆作，永宁惧而先死。"知观画在拙政园，王长安乃闻变而死者也。

综观此事，烟客初见图不晚于三十六岁，人之见地，早晚年易有不同。且先入香光之言，藏者乍示旋收，求而不得，弥增向慕。及晚年再见，遂同嚼蜡。事理如此，无足怪者。南田以传奇之笔，宛转书之，实以藉寓沧桑之感，非专为记图而作也。第论其图，则是真非伪，原稿记烟客之问石谷曰："王氏已得《秋山》乎？石谷诧曰未也。奉尝曰赝耶？曰是真一峰物。曰得矣，何诧为？曰昔者先生所说，历历不忘，今否否，乌睹所谓《秋山》哉！"南田于"是真一峰物"句改为"是亦一峰也"，语意偏轻，以副其篇末疑辞，且不显烟客昔言之夸。以文章论，固见无限烟波，而以笃实言，似有未至，固不能为贤者讳也。

文徵明之风谊

　　文徵仲笃于风谊，何元朗《四友斋丛说》卷二十六有一条云："余至姑苏，在衡山斋中坐，清谈尽日，见衡山常称我家吴先生，我家李先生，我家沈先生。盖即匏庵、范庵、石田，其平生师事者，此三人也。"功尝见石田为赵文美画《溪山晚照图》条幅，乃洒金笺，仿倪云林墨笔山水，有文徵仲题云："石翁胸次王摩诘，到处云山放杖行。白发门生今老矣，却看遗墨感平生。徵明奉题。"（故宫博物院藏）又见石田墨笔山水立幅，亦拟云林画法，而未题款识。徵仲题云："不见石翁今几年，断铅残墨故依然。白头无地酬知己，欲向图中唤恕先。右石田先生仿云林笔意，偶无题识，漫赋数语。徵明。"（四川大学藏）余获徵仲诗迹一段，亦题石田画者，惜画已轶。诗云："石翁诗律号精成，老去还怜画掩名。世论悠悠遗钵在，白头惭愧老门生。嘉靖癸卯三月六日，题于闻德斋。文徵明。"盖徵仲于石田之诗，亦所服膺者。何元朗《丛说》同条又云："一日论及石田之诗，曰：我家沈先生诗，但不经意写出，意象俱新，可谓妙绝，一经改削，便不能佳。今有刻集，往往不满人意。因口诵其率意者二三十首，亹亹不休，即余所见石田题画诗甚多，皆可传咏，与集中者如出二手，乃知衡山之论不虚也。"此条可与文氏之诗相印证。

董香光《云山图》

尝见董香光墨笔云山小卷，绢本，高六寸余，长四尺余。自题云："九峰春斋图，仿米家山，玄宰。"后有陈眉公跋云："米家画在似山非山之间，玄宰画在似米非米之间。此中三昧，唯余与李长蘅解之，玄宰亦以为然。眉公记。"

又见绢本云山大卷，水墨淋漓。小行书题云："春山欲雨。七十二高峰，微茫或见之。南宫与北苑，都在卷帘时。乙卯春禊，董玄宰写。"余和之云："此是董香光，抑是赵行之？从军诸火伴，初见木兰时。"赵行之名洞，曾为香光代笔，在赵文度之后。香光云："米元晖作《潇湘白云图》，自题云：'夜雨初霁，晓烟欲出，其状若此。'此卷予从项晦伯购之，携以自随，至洞庭湖舟次，斜阳蓬底，一望空阔。长天云物，怪怪奇奇，一幅米家墨戏也。自此每将暮辄卷帘看画卷，觉所持米卷，为剩物矣。"见《容台别集》。前诗语意本此。

香光有《满庭芳》词，题所作米家山云："宿雨初收，晓烟未泮，散云都逐飞龙。文君眉黛，一霎变髻容。多少风鬟雾鬓，青螺髻，飘堕空濛。烦骋望，征帆灭处，远霭与俱穷。

合古来画手，谁如庄叟，笔底描风。有江南一派，北苑南宫。我亦烟霞骨相，闲点染，懞懂难工。但记取，维摩诘语，山色有无中。"见《书种堂帖》，可知香光自负，端在于此也。"宿雨初收，晓烟未泮，其状若此"数语乃小米《潇湘白云图》卷后长题之首数句，《容台别集》一段所引有误。此卷今在上海博物馆。

黄石斋《墨池偶谈》卷

绢本小行楷书七十五行，尾款行书较大三行。前有迎首小印二字不可辨，下有"藏晖书屋"朱文印。后有"谭印观成"白文印，"海潮""澹盦"朱文印。其文曰（《花随人圣盦摭忆》曾摘录二段，略有异文，各注于下）：

墨池偶谈：

作书是学问中第七八乘事，幸勿以此留心（《摭忆》引作"关心"）。王逸少品格在茂弘安石之间，为雅好临池，声实俱掩。余素不喜此业，只谓钓弋余能，少贱所赅（《摭忆》引作"少贱所鄙"），投壶骑射，反非所宜。若使心手余闲，不妨旁及。赵松雪（按原误倒为"雪松"）身为宗藩，希禄索虏，但以书画，邀价艺林。后生少年，进取不高，往往以是脍炙前哲，犹循五鼎以啜残羹，入千门（《摭忆》引作"间门"）而愚苴屦也。余自还山来（《摭忆》引作"归山以来"），作书不逮往时，而泛应益众，犹君山之笛，安道之琴，时时不拒耳。然自是著述意倦，讲论期疏，风日气调，笔研俱采。属致及之，似有波澜，每遇败素恶楮，逻列当前，泼墨涂鸦，真为朝市（《摭忆》引作"市朝"）之抶。又自古俊流，笔墨所存，皆可垂训。如右军书（《摭忆》引无"书"字）《乐毅论》《周府君碑》；颜鲁公《坐右帖》（《摭忆》引作"坐位帖"）；尚有意义可寻。其余悠悠，岂可传播。去年初得（《摭忆》引作"去年曾得"）一帖，极是佳本。入手便临子敬《洛神》、右军《曹娥》，至十数帖，甚无要紧。何尝见刀剑窗几、圣迹神铭，留至今日！近来子弟，间有雅好，只看（《撼忆》引作"只求"）标题，不辨意（"意"字上下脱一字），间谈法意，不寻文义，虽把笔握管，俛仰可观，自反身心（《撼忆》引"而身心"），有何干涉？某廷试时，亦尝竭力字规（《撼忆》引作"守规"），剸心墨矩。撤榜之后，阁中寻卷，全篇之中，分为数段，或亦嗜痂以文义见私，大约风尘，何关出处。人读书先要问他所学何学（《撼忆》引无"何学"二字），次要定他所志何志，然后渊澜经史，波及百氏。如写字画绢，乃鸿都小生，孟浪所为，岂宜以此涠于长者？必不得已，如今日新诗初成，抑如曩时长篇间就，倩手无人，滥草难读，笔精墨（"笔精墨"句原脱一字，《撼忆》引"墨"下有"良"字），值于几案，如逢山水时重游之（《撼忆》引无"之"字）耳。雅尚之伦，便当寻其意义，别其体况，安能阇然食汁（《撼忆》引作"含计"）腐毫，与梁鹄、皇象之俦比□（比下似是"驱"字，《撼忆》引作"比骊"）齐辙乎！

老大（《撼忆》引作"老大人"）著些子清课，便与孩子一般，学问人著些子伎俩，便与工匠无别。然就此中有可引人（《撼忆》引作"别人"）入道处，亦不妨间说一二，正是遇小物时通大道也（《撼忆》引作"通得大路也"。《撼忆》引至此）。

凡辨书法，以苍颉大篆第一，籀书次之，小篆为下。隶书石经，三经劫灰，今所存者，皆唐人补作，无复古法。

孔庙祀碑，亦籀首所书，不出钟手。楷法初带八分，以章草《急就》中端的者为准。《曹孝女碑》有一二处似《急就》，只此通于古今，余或远于同文耳。真楷只有右军《宣示》《季（按原误作"李"）直》《墓田》诸（"诸"下原脱一字），俱不可法，但要得其大意，足汰诸纤靡也。

草书以欧阳询初集右军《千文》为第一，怀素最下。大要少年长者都不可作草书，司马君实、程伯子最得大意。

章草晋魏以下无复佳者，张旟、陆云所存不多。时人惟有云间周思兼备臻玅诣，今久不可得。吾乡谢光彝章草亦足名家，晋江黄大司马时亦为之，然多葛龚，不尽公手。

八分以文徵君第一，王百穀学《鹰福》，备得大旨，惜其态多爸于八分，却清截道媚，亦不易得。今时唯南太史中干，意度极佳，能加篆损小，自为行幅。

行草近推王觉斯，觉方盛年，看其五十自化。如欲骨力嶙峋，筋肉辅茂，俛仰操纵，俱不由人。抹蔡掩苏，望王逾羊，宜无如倪鸿宝者。但今时力正掉，著气太浑，人从未解其妙耳。

刘殿撰书圆秀，与董宗伯同风，此是秋河家果庭所玩。前辈盛推黄平倩、邢子愿两公，不作真楷，不得备论。刘渔仲诸体备有源澜，近颇泛滥，然在法乘中骨相行藏，只有肥瘦。肥者右军之师李卫，瘦者率更之变右军。除此两途，前无正法，不旁及也。

古者男子四射六御，则弓矢轮辕，轻重曲直，皆须别识，使其微至。今既无射御，以专作书，则笔墨研楮，势难辍论。某生平书不择笔，则楮墨研素，都所不辨。然值人求书，怀诸（"怀诸"疑"怀楮"之误）薄劣，亦大苦人。今别书诸条，以示来者。纸以延汀藤角极清坚者第一，铅山本纸称毛边中有罗纹者第二，会稽藤料公文纸第三，然难得。易得者，杭细领绢第四。余不中书。四川薛笺无色者颇中书，高丽纸粗硬；糊窗较本之用，不可书也。大书以会稽藤料纸方丈成幅者为佳。

笔法极难齐，如唐人虞、薛、欧、褚，所用异笔，大率不出右军之旧。须圆健尖齐，束胶甚坚，握管甚小。比来缙绅不书小楷，长安贵人，四行一札。黄平而下至米友石，皆用白羊毫。王百穀用白羊毫，间以麻苎。董宗伯时亦用之。此皆大书寸咫而上，古人天子书与群公一札十行，如此笔墨，岂足贵乎！

陈雪滩书仿赵松雪，笔亦用白羊毫，殊不称也。近湖州有大小纯毫，皆裁狐兔俱佳，但多难致耳。

时墨仿古多佳，无甚坚者。南中旧藏，时有坚墨。爸于京师，括风凝寒，动成龟坼。要其大体，以玄亮清坚为本。叶林里旧匠叶玄卿第一，程君房精绽纫墨第二。方于鲁旧墨色陈，新墨浓脆，贵人所需，要当见其佳耳。

研材自以端坑子石第一。坑中子石，勿别上下，或以水底久濡，出而反燥。或以上岩函土，出而反润。但是子石，则含孕最固，光细发墨，便足收矣。严材亦多佳者，而子石殊少。近楚随以西，亦多琢朴，徒取星晕，无关玄理。大约此翁耐久，久则难变也，无须探讨耳。

吾生平不料理此事，在翰苑中□（按当是"十"字）余年，未尝收人一砚。壬戌岁，予初选馆，莆中林湖长贻予一砚。莆为砚数，林为名士，将行识别，予竟以无故取人所珍，追至章义还之。甲子既散馆，有清客朱振渠来贻一砚，外环青石，撰为海燕葡萄，中涵马汗，周如镜许，欲还之，而其人已去，比归山，竟封付长班，不携也。数月前入郡，值周岩父乃郎过顾，持一研，作两环，肉好相亚，文如玄中，背倒勒"万岁"两字，云是宣和内物，岩父所遗，存识故知，然亦心载，未敢终领也。凡自身外，悉为长道，如我心中宝藏无量，用其长者不光，非其宝者不良。不过随人携带笔楮研墨，因彼自得，君不惮贱吾为之役耳。阅物渐多，所识非浅，聊复广此，以证来人。

偶尔纵笔疾书，不知其琐。似尊光诸同学发粲。石斋幼玄氏（下押"道周"白文印，"幼玄"朱文印）。

功按此卷不见《漳浦集》，盖乘兴随笔所记。其中时有误笔之字，想见纵笔疾书之致。"作书是学问中第七八乘事，幸勿以此留心"，乃勉励后诣之言，指明"德成而上，艺成而下"之理耳。详读全卷，知公于此道，兴殊不浅，结习难忘，贤者不免也。所论古碑帖，有时不免隔膜，如谓草书以欧集右军《千文》为第一者，殆为古董客所欺。所记当时书家风尚，颇资异闻。《花随人圣盒摭忆》曾考其年月，为崇祯七年甲戌。今按此卷中未著年月，黄氏所见，或属另外一本，亦或据文中还山云云所推也。至于作书之事，今在老夫手中，饮食之外，重于男女。起居与共，实已无乘可分。盖潜神对弈，必求敌手；乐志垂纶，总需水次。作书则病能画被，狂可书空，旧叶漆盆，富同恒产。且坐书可以养气，立书可以健身。余初好绘画，今只好书，以绘画尚需丹青，作书有手便得。偶逢笔砚精良，不啻分外之获。简则易足，无欲而刚。书之时义大矣哉，何只七八乘事！

伪八大山人画册

八大山人名字失传已久，《画史》传记多书"朱耷"，而山人真迹署款，"八大山人"之外，或署"驴"，或署"屋驴"等，未尝有作"耷"者。如云是其谱名，则明代宗室名固多怪字，然皆五行递生，"耷"字偏旁，于五行并无所属。后见阎尔梅自号"白耷山人"，因忆及仙人骑白驴故事，乃悟"耷"盖"驴"之俗字。阎氏后人为其家传云其自幼耳白而大，故号白耷，则臆说也。《集韵》："耷，德盍切，大耳曰耷。"此是宋时之解，与明末俗字借之作"驴"者无涉也。正如"荣"，唐人以之为"策"，今人以之为"荣"；"夯"，《西游记》及脂砚斋本《石头记》中以之为拙笨之"笨"，今人以之为筑土之"夯"。作画史传记者殆嫌驴名未雅，因变体书之，不知山人自署固不作"耷"也。近年江西得朱氏谱牒，知山人谱名实为"统𨨗"。至其"传綮"之名，则为僧时之法名也。近百余年来流传杂画一册，其中山水作王原祁体，颇似王昱一路，末有年月款识一行，名署"由桵"，绢地年久，面沾油泽，字浮油上，与树石之墨沈渗入者不同。后有王芑孙跋，以为八大山人早年笔，世遂有据此以为山人谱名"由桵"者。今按此册既非明末人笔，"由桵"更非山人之名，甚至有无由桵其人犹属疑问。此直估人妄题，以影射山人，王氏不察，适为所欺耳。

49

金圣叹文

金圣叹文名奇著，在后世，实以批小说、戏曲之通行；在当时，则以所批制艺最为风靡也。而余近三十年搜罗八股文，略盈箱箧，竟不得金批一字。其他诗文，更无论已。偶于北京中国美术馆观所藏名画，见明文从简画《潇湘八景图》册，后有圣叹跋语。其文思剔透，与所批才子书呼吸相通；而笔调开阖，则俨然大家时文，亦足慰积时悬想矣。其文曰：

> 皇舆纵横万里，其中名山大川，指不可胜屈。而相传乃有《潇湘八景图》，独盛行于世。创之者，吾不知其为何人，大约负旷绝之才，而不见知于世，如古者屈灵均之徒，于无端歌啸之后，托毫素抒其不平者也。顾后世手轻面厚之夫，既非旷绝之才，又无不平之叹，于是□（此字残，只存右旁"页"字）笔□（此字残，只有下半"心"字）纸，处处涂抹，容易落腕，唐突纱题。天下滔滔，胡可胜悼。此册出于彦翁先生手，仆从圣点法师许观之，又何其袅袅秋风，渺渺愁余也。上有屈夫子，下有文先生，必如是，庶几不负中间作潇湘八景题者。江淹有云：仆本恨人，对此佳构，不免百端交集。又未知圣师将转何法轮，超拔一切有情，不落帝子夫人队里耶？书罢为之怅然。崇祯甲申冬十一月几望，学人圣叹题。

下押白文"金采之印"、朱文"圣叹"二印。

此虽画跋，犹每见忍俊不禁处，与才子书批语正是同一机栝。"上有屈夫子"四句，综古今画史，以结此题，最见制艺之法，非名手不能。而两间作者，正前文所谓"手轻面厚之夫"，声东击西，可称妙谛。读至"帝子夫人队里"之说，尤属顶门针砭。此时余方将为友人题《二姚图》，不觉嗒然笔落，急毁其稿。

宋徽宗书画师承

余尝谓宋徽宗于书画之道，堪称专门名家，瘦金字体，尤为特出，古人向重师承，以徽宗贵为帝王，当时遂无敢言其渊源者。偶阅《铁围山丛谈》卷一，见一条云："国朝诸王弟，多嗜富贵，独祐陵在藩时，玩好不凡，所事者惟笔研丹青图史射御而已……初与王晋卿诜、宗室大年令穰往来，二人者皆喜作文词，妙图画，而大年又善黄庭坚，故祐陵作黄庭坚书体，后自成一法也。时亦就端邸内知客吴元瑜弄丹青，元瑜者，画学崔白，书学薛稷，而青出于蓝者也。后人不知，往往谓祐陵画本崔白，书学薛稷，凡斯失其源派矣。"此事殆非蔡家人不能详知，在当时亦非蔡氏子不敢如此著笔也。徽宗瘦金书亦有数种，有肉较多而行笔自然者，极近薛曜石淙诗。至于笔画刀斩斧齐，起止俱成钩距者，殆后期之作，变本加厉，不但全无薛氏笔法，直无毛笔趣味矣。可惜其学黄一派之字，竟无传本。宋高宗早年亦学黄庭坚，所书《戒石铭》可证，后因刘豫遣间谍作黄体书，乃改学右军。今知其初学黄书，亦由父教耳。

一九六二年八月五日

记汪容甫书札

余于有清学者，最佩服汪容甫，盖自来经师多墨守，文士多浮夸；经师多头巾气，文士多江湖气。例如阎潜邱揭疑古之大旗，似若开通，实以执著拘墟破执著拘墟，别有迂腐者在；如袁随园任达诡谲，久为礼法之士所攻，而剔透玲珑，亦自有其坦率者在。至于汪容甫，学极精，才极妙，遭遇最苦，而气味最纯；著述不炫博，文章不炫富，立言常自肺腑流出，对面骂人，亦自天真可喜。余褓褓失怙，备历迍邅，十七岁新春时，初涉琉璃厂书摊，买回《述学》二册，读至"与剑潭书"，泪滴行间，盖于容甫先生，又别有感会敬慕者也。

容甫先生书学怀仁《圣教序》，无赵、董气，更无馆阁气。余于励耘书屋中见数札，札多致刘端临者。又余于李豫丈斋中见一联。其所藏"定武兰亭"，世有影本，前有小像，后有跋语。此外见影印屏札数事、文稿数段而已。余于前贤笔迹，夙所留心，墨缘眼福，亦不为不富，而先生书迹，所见寥寥可数，亦以见其不妄落笔也。兹记励耘书屋所藏致刘端临手札一通云：

二月朔日汪中谨致，端临足下。去岁冯百史来，得书并星图，甚慰。中于九月间已将"唐石经"全帙由宝应寄都中，计此日想已久达，如有考订，幸为示我也。成裕发解，今已北上，相见时其乐可想。程易田料必赴南宫，不可失此人也。外此如湖州丁君之伦，能读书好古者，亦望以名氏见告。比年以来，于学问之道，最为荒落，古所谓家贫亲老，妻子软弱者，中正其人也。中年以后，务蓄聚以娱老，则可耳；著书以传后，果可必乎？即可必矣，又于我何益乎？即如顾亭林者，其《音学五书》，求之江浙之市，已不可得。而其版之漫漶也已甚，足下度有人能复刻以传后乎？况其他又非意所及乎？不宁惟是，《世本》至唐犹存，《战国策》至宋几亡，而《尚书》十六篇，《逸礼》三十九篇，其书出于孔壁淹中者，亦同归于尽。经典且然，况在后人之著作乎？中固悲其不足恃也。然馆刻有马总《意林》，翁学士许为我致一本，今以累之足下。又《九章算术》亦乞一本，此所谓悲之而不鉴之者也。中近状问之成裕自能详之。阳湖有洪礼吉者，妄人也，倘得交于足下，幸勿为其所欺可耳。老伯得选靖江，此时署常州为冯康斋，若属其加礼甚易，惜冯之不久于其任耳。群疑满腹，无从就正，念念何已！笔此奉致，不尽欲言。汪中顿首。外附致麦多、柏子、霜白芍、当归四品，以供摄生，湖笔十支，以供著书，幸纳为望。又拜。枣仁性燥，于血少之人不宜。此四味皆南品，想北土必贵，故以奉致。都中如遇旧拓《石鼓》，其中"何以橐之，维杨及柳"文未损，或与今本多数字者示知。

观此札，有足深悲者，读书人一生精力，惟赖文字以传，而辛勤著述，又常率尔湮没。札中所云"悲之而不鉴之者"，政以果真鉴而戒之，不读不写，则并此徼幸而传之机会亦无之，真将与草木同腐，宁不重可悲哉！故读至"湖笔十支，以供著书"，不禁为之啼笑皆非矣。

一九六二年十月二十六日

54

郑板桥一剪梅词

文人一生心血，只在故纸一堆，其幸者获传，不幸则湮没。更有虽得流传，而横遭窜改，后生嗤点，沉冤莫雪，其不幸则有甚于湮没者。故文人常珍重其稿，不啻第二生命者，诚有以也。太史公欲藏之名山，传之其人；白乐天欲分存诸寺，其情亦可悲矣。

有清文人，如王渔洋有"爱好"之评，其《精华录》实为自订之本，而托名门下士所选，久成公开之秘密。最奇者惟郑板桥，既自写刻其集，复于自序之后，郑重声明："死后如有托名翻版，将平生无聊应酬之作改窜烂入，吾必为厉鬼以击其脑。"读之令人发笑。夫改窜固可恨，但应酬之作果出己手，又何至如此可怕。且吾所见其题画之诗，尽有佳作，非尽无聊也。颇疑必于惧遭窜改之外，尚或别有故焉。

偶翻《壮陶阁书画录》，见有板桥题所画兰竹菊花帐额词，调寄《一剪梅》。词曰："一幅齐纨七尺长，不画春芳，不画秋芳，写来蕙草意飘扬，恍在潇湘，又在沅江。红罗斗帐挂深堂，月夜流光，雨气新凉，薄衾翠簟拥韦娘，帐里花香，帐外花香。"因大笑而录之。自此见板桥佳什，辄随手抄存，他日成册，当颜之曰"击脑集"。拌出我的天灵盖，为板桥收拾其当时一切不能不吐、而又不便自存之作，以安其心魂，板桥果自有知而能来击脑，或亦将放下敲棒而会心默许乎？

一九六二年十二月三十日

55

玛瑙寺行者

《辍耕录》载赵子昂遗事云:

> 吴兴之水晶宫不载图经,子昂有"水晶宫道人"印,周草窗以"玛瑙寺行者"对之,赵遂不用。后见草窗同郡崔进之药肆一牌曰"养生主药室",乃以"敢死军医人"为对,进之亦不用此牌,子昂曰:吾今日才为水晶宫吐气。

余每疑玛瑙寺行者有何可耻,遽至不复用可作对文之印?后阅《遂昌杂录》记温日观遗事云:

> 宋僧温日观,居葛岭玛瑙寺,人但知其画蒲桃,不知其善书。今世传蒲桃皆假,其真者,枝叶须梗皆草书法。酷嗜酒,杨总统以名酒啖之,终不一濡唇,见辄怒詈曰:"掘坟贼,掘坟贼!"惟鲜于伯机爱之,温时至其家,袖瓜啖其大龟,抱轩前支离叟,或歌或笑,每索汤沐浴,鲜于公必亲进澡豆,彼法所谓散圣者,其人也。

乃知玛瑙寺行者,即僧子温也。子温号日观,为宋遗民,佯狂自晦,元明人记其事者尚多。赵七司户久与掘坟贼同朝,见此唇不濡杨总统酒者,自有愧色。草窗亦宋遗民,特举此对文,殆亦有阳秋之意也。支离叟者,鲜于家一老松之名,《佩文韵府》"叟"字下引《研庄杂记》云:"鲜于伯机尝于废圃中得怪松一株,移植斋前,呼为支离叟。"又陆心源刻《穰黎馆帖》卷七有鲜于伯机书"支离叟序并诗"草稿,首云"支离叟者,鲜于氏虎林新居之怪松也"云云。可见伯机虽仕元,而敬重子温,其心亦略可得而见矣。

一九六三年七月二十八日

蓝瑛题画诗

明代文人画家每以诗文压职业画家,董其昌论画曾云:"不行万里路,不读万卷书,看不得杜诗,画道亦尔。马远、夏圭辈不及元季四大家,观王叔明、倪云林'姑苏怀古'诗,可知矣。沈朝焕曰:'吴中以诗字装点画品,务以清丽媚人,而不臻古妙。'至姗笑戴文进诸君为浙气。"(《顾氏画谱·戴进画对题》)实道著真际。

若蓝瑛者,既为职业画家,又属浙派,自明末至晚清,宗四王者,尚多诋之,秦祖永"桐阴谕画"所评,其较著者也。然余曾见蓝氏十二钗图卷,画法似南宋院体,人物衣纹方重,似马远画女孝经图。后有自题古诗一首云:

洛阳原北望龙门,西开大苑百花源,参天碧树千寻起,濯锦红泉百道翻。玲珑石骨移天巧,下有云根秀瑶草,不独林塘净九华,争看水谷浮三岛。堪将林谷度芳年,座有金钗间玉钿,娇姿贯骑春风面,弱骨难胜夜月筵。春风夜月笙歌响,妖姬十二俱堪赏,绮罗丛里斗娇妍,紫绶朱衣寄玄想。相国当年吐凤章,玉阶三尺侍明光,丝纶织就君王衮,馆客犹传带珮香。自喜风流躭艳色,西邻北里琼瑶集,绰约仙姝锦绣乡,翩翩宛若明珰出。若个佳人不解颜,谁人陌上不追欢,林梅点额迎风笑,岩桂分香带月还。可怜丰乐年华早,可怜化国风光好,丽景无如此景良,追欢莫待他时老。己酉孟春日,偶写牛奇章十二钗图,漫为赋此。田叔蓝瑛。

图前押引首"十郎"，后有名字印二方。己酉为万历三十七年，故"洛"字不讳。其诗虽沿七子余风，究亦当行出色。四王中若石谷，尚未见有此等篇章。观此益觉田叔不多题诗，实非不能，而见吴人之以诗字装点画品者，正为自掩画法之短弱耳。

一九六三年十二月二十二日

商衍鎏 "科举考试的八股文"

经义虽为论体，而亦间用对偶行文，故八股之法，可以说始于宋。定于明初的洪武时，而盛于成化以后及清代。

起二股、中二股，后二大股，末二小股。起股（提股）每股约四五句至七八句。中二股与起股略长或略短。后二股每股多为十余二十句，末二小股，每股二三句或三四句。破二句、承三四句，起讲十句上下，讲后有领题三数句。

变格或中二股长于后二股，或废去末二小股而改为六股者。

起二股完有出题，中二股完有过接，后二股完有落下。

谈伪吴历画册

　　"作伪心劳日拙"这句名言，对于伪作书画的事说，更为确切。因为法书名画，从书者、画者的手法习惯、风格特点，至于年月、题跋、印章等等，随处都能表现它的真，或泄露它的伪。以伪吴历画册一件事来看，一伪再伪，弥缝隙漏，在作伪者觉得可以掩人耳目了，但是还有绝大的漏洞摆在那里。这是一桩曲折有趣的伪画公案。

　　在清代中叶以后，出现了一本吴历的山水画册，册共八页，画法细密，相当精彩。末款是"丙戌年冬至摹古八帧"（公元 1706 年），每页有清初人对题，是：王时敏、恽寿平、张远、钱朝鼎、金道安、许箕、许旭、王澍，共八人。王澍一页是临米帖，其他七人都是写的题画诗，有年月的三页：王时敏题"时年八十有七"（公元 1678 年）、张远题"壬戌"（公元 1682 年）、金道安题"丙寅"（公元 1686 年），各家题中也都没说到是题吴历的画。

　　册后有陈德大长跋，说明当时"四王吴恽"画中，吴画最少，因而特别被人重视，并叙述了这一册的发现流传的情况。纪年丁巳，大约是咸丰七年（公元 1857 年），他说：

　　　　此摹古八帧，乃七十五岁笔……对叶诗七幅，率壬戌、丙寅间物，先于画二十年，必原册无题，后人取他册俪之，要离古烈士，可近梁伯鸾，更为颠播前后，益娓娓有情，惟虚舟一帖不伦，当访求以易之耳。

他看出了对题与画款年月不符。

这一册在一九三三年由上海传到北京，为某鉴藏家所得，当时有人怀疑不真，理由侧重对题的拼配。于是藏者请人挖改款字，把"丙戌"的"戌"字上做了一虫蛀的圆孔，旁边笔画，略加修改，成了"丙辰"（公元 1676 年），这便提早了三十年，对题的年月可以没有矛盾了。重写陈德大的跋，把"七十五岁"改为"四十五岁"又删去"对叶诗七幅"一段，于是拼配对题的痕迹可以泯灭无余了。

其实这一册的漏洞，并不在于对题的年月，况古代名画拼配题跋的事很多，都无损于名画的真确性，而这册的问题，实有以下六点。

一、吴历画法，用笔、布局、渲染等等，都有他自己的特殊风格，与这册的面目全不相同。而这册却极像武丹的画法。

二、吴历书法虽学苏轼，但起笔、住笔、行笔、结构等等，都有他自己的特色，与这册题字笔法全不一样。只要拿吴画真迹按他书画笔踪对看，是非常清楚易见的。

三、印章不符。

四、每页款字墨色较浮，与画上的浓墨处轻重不同。

五、末页题"枯槎竹石、非倪非黄"一段，见《瓯香馆集·补遗诗》，原是恽寿平的题画语。

六、册中仿李成一页题云："李营邱秋渡图。"清代避孔子讳，"丘"字一律用从"邑"的"邱"字代替，是雍正四年的规定，吴历死在康熙五十七年（公元 1718 年），不可能预先避写。以上两事俱经陈励耘师考出，见《吴渔山先生年谱》。

这册似是用一本武丹的画册来伪造的。武丹字衷白，清初人，大约是一位职业画家，所见他的画上题字都不多，这册可能不止八页，款在末幅，作伪的人，撤去有款之页，又在每页空处写上吴历的题语。我还疑这册的对题各页，即是武丹画册原有的对题也未可知。总之画法、书法、题语、讳字，处处都是露出的马脚，并不止年月不符一端。并且这一册在一九一七年文明书局已影印出版，至挖改时，早已重版多次了。

藏者所请挖改题字的人是画家祁井西先生，一日祁谈挖改的经过，说那时正在夏天，摹写完陈德大跋，汗流浃背。他还说："画法不对，改了字，仍然不真。"我把影印本给他看，他不禁地说："呦！那么我更白费劲了。"井西名崐，北京人，长于摹古，并善刻印，卒时四十余岁。这一册现印在《爽籁馆欣赏》第二辑中。

一九六四年

王石谷临黄子久《富春山居图》残卷

纸本，长一丈四尺二寸五分，高一尺一寸，画仅占一丈一尺二寸，余纸皆写题跋。卷曾经水，纸多糜烂处，未损处墨彩仍存。以焚余子久原图校之，仅有其半。必前半烂损过多，遂加剪削耳。石谷自题云：

> 一峰老人富春长卷，海内流传名迹中称为第一。沈征君、董宗伯先后鉴藏，炬赫绘林。曩从毗陵半园唐氏借摹粉本，后凡再四临仿，始略有所得。丙寅秋，在玉峰池馆重摹。仰钻先匠，拟议神明，犹深望洋之慨。王翚。（下押"王翚之印"白文印，"石谷子"朱文印。）

此跋笔意妍媚，是恽南田所书，王翚二字乃石谷亲笔。曾见石谷仿范华原卷，其标题一行即南田书，年款一行则石谷书，后复有南田跋尾。想见当日商榷笔墨之乐。

后有"复庄鉴定"白文印；"臣阮元私印"朱文印；"奉敕编定内府书画"白文，亦阮氏印；天津徐世纲藏印三方。

石谷屡临《富春山图》，初读南田"瓯香馆画跋"中所记，每为神往。及见石谷真迹，实复平平，视子久真迹固不如，且亦不及读南田之文之精彩动人也。石谷临《富春山居图》，余曾见四卷，皆真迹，以高丽笺本长卷为最著，其后南田数跋之外，以翁覃溪跋为最精，字作庙堂碑体。上海孙伯渊兄弟自北京购得，余曾匆匆一观。笔墨一律，殊少变化，盖石谷笔墨于范宽、王蒙诸家最契，于子久、云林柔韵之笔，性颇不近，故觉此等临本之笔无余味耳。

又子久此图，乾隆内府先收一伪本，御题若干次，后得真迹，不便自翻前案，乃命梁诗正题称真迹为临本。此桩公案，近人考辨甚多，兹不复及。惟《石渠》所藏两卷，余皆尝寓目，且俱有印本。御题之本，实亦石谷临本之最率意者，为人割去王款，伪题黄款。不见石谷此等临本；其覆终无从发。而言斯图者，于御题本之笔者为谁，亦鲜论及，因拈出之。

一九六四年十二月二十七日

白香山集外文

冬候斗寒，不审动止何似？居易蒙免，韦杨子、递中（"递中"二字旁注）、李宗直、陈清等至，连奉三问，并慰驰心。洛下今年旱损至甚，蠲放太半，经费不充，建议停减料钱。公私之况可见，盖天灾流行也。承贵部大稔，流亡悉归，既遇丰年，又加仁政，否极则泰，物数之常。且使君之心，得以与众同乐，即宴游酬咏，当随日来。前月廿六日，崔家送终事毕，执绋之时，长恸而已！况见所示祭文及祭微哀辞，岂胜凄咽！来使到迟，不及发引。及虞之明日中奠，亦足以及哀。因睹二文，并录祭敦并微志文同往，览之当一恻恻耳！平生相识虽多，深者盖寡。就中与梦得同厚者，深、敦、微而已。今相次而去，奈老心何！以此思之，遂有奉寄长句。长句而下，或感事，或遣怀，共十篇。今又录往，公事之暇，为遍览之，亦可悲，亦可哂也。微既往矣，知音兼劾敌者，非梦而谁？故来示有脱膊毒拳，脑门起倒之戏，如此之乐，谁复知之？从报白君甗榴裙之逸句，少有登高称，岂人之远思，惟余两仆射之叹词？乃至金环翠羽之凄韵，每吟皆数四，如清光在前。或复命酒延宾，与之同咏，不觉便醉便卧。即不知拙句到彼，有何人同讽耶？向前两度修状寄诗，皆酒酣操简，或书不成字，或言涉无端，此病固蒙素知，终在希君恕醉人耳。所报男有艺，雌无容，少嘉宾，多乞客，其来尚矣。幸有家园渭城，岂假外物乎？昨问李宗直，知是久亲事，常在左右，引於青毡帐前，饮之数杯，隔坐与语。先问贵体，次问高墙，略得而知，聊用为慰，即瞻恋饥渴之深浅可知也，复何言哉！沃洲僧往，又蒙与书，便是数百年盛事，可谓头头结缘耳。宗直还，奉状，不宣。居易再拜，梦得阁下。十一月日，谨空。

右札刻于"淳熙秘阁续帖"。余从张勺圃丈家藏明金坛翻刻本录出。此为"白氏长庆集"外之文，于白氏交游聚散之踪，论艺谈谐之趣，俱可考见。此札乃与刘禹锡者，寄书之人为韦杨子。其中涉及之友朋，禹锡之外，有深、敦、微。深者李绛，敦者崔群，微者元稹。札谓前月崔家送终执绋，按群卒于大和六年壬子，则札盖作于是年冬。禹锡于大和六年冬除苏州刺史，过洛留十五日，而札中首言连奉三问，又报洛下今年旱损，当是禹锡尚未过洛之时，所谓贵部大稔，殆指刘在和州之任也。李绛遇害于大和四年，元稹卒于大和五年，故历叙深敦微相次而去也。

孙光宪《北梦琐言》卷六云："白太傅与元相国友善，以诗道著名，时号元白。其集内有诗挽元相云……洎自撰墓志云：'与彭城刘梦得为诗友'，'殊不言元公，时人疑其隙终也。'汪立名注本'白香山诗集'附录宋人所撰'白氏年谱'，于开成三年条辩此事，首言与彭城刘梦得为诗友之语为'醉吟先生传'中句，非墓志之文。又谓当时元亡久矣，正如白举酒友之时，不及死者，此举诗友，亦同其例。其说甚明。如读此札，观其拳拳于故友之情，自可更增显证。"

札言："脱膊毒拳，脑门起倒之戏"，又云："黻榴裙之逸句""金环翠羽之凄韵"，虽不知原句如何，而当时挚友，脱略形骸，戏谑吟咏之乐，俱跃然纸上矣。是年白氏六十一岁。

"续帖"中尚有一札云：

居易顿首启，久违符采，绝疏记问，伏惟视履采集休祉，尚赊申款，切冀保理，不宣。居易状上，运使郎中阁下。

此则不知与谁氏者。

宋钱易《南部新书》戊卷："白乐天任杭州刺史，携妓还洛，后却遣回钱塘。故刘禹锡有诗答曰：其那钱塘苏小小，忆君泪染石榴裙。"即所谓靛榴裙之逸句。此诗见《刘宾客集》卷二，题为"乐天寄忆旧因作报白君以答"，结尾即此二句，自注云："白君有妓近自洛归钱塘，"且"泪染"正作"泪靛"也。

又明人杂集旧帖，翻成丛帖一部，后又经屡换标题，或题曰"绛帖"，或题曰"星凤楼帖"等，亦不知何帖名为最初翻集时所标者，钱泳《履园丛话》中曾记之。然其所据之底本，固非全无来历者。其中有白氏一札，字体与"续帖"二札正同，其文曰：

> 违奉渐久，瞻恋弥深，伏承比小乖和，仰计今已痊复。居易到杭州已逾岁时，公私稍暇，守愚养拙，聊以遣时。在掖垣时，每承欢眷，分拘官守，拜谒未期，瞻望光尘，但增诚恋。孙幼复到此物故，余具回使咨报，惟昭悉。居易再拜。（此从题为"星凤楼帖"之本录出）

札言"到杭州已逾岁时"，白除杭州刺史在长庆二年七月，转苏州刺史在长庆四年五月。此殆作于长庆三年，年五十一岁。

一九六五年二月二十一日

67

无　　题

　　缪荃荪人品无足道，此故老口碑所载者。版本之学颇负盛名，顾其著录，尚不如厂估孙殿起之《贩书偶记》为有用。观其所著云《自在龛随笔》鄙陋可见。曾辑黄丕烈题跋，独力又不能赡，乃嘱章式之、吴印臣两先生为助，及成之，又不肯明著二公之劳绩，遂有往还争议之札。及其辞穷，遂以刻板之费相要挟。诸札俱自署名，惟诈财一札，独不具名，其心迹已昭然若揭矣。及其书刻成，后附小跋，首云："丙辰冬，向式之印臣两兄取回此稿。"夫稿何从而去，自送求正耶？二公借阅耶？取回二字，含混兀突，遁辞知其所穷，此之谓也。虽然章、吴二公，亦可谓羿亦有过者。黄丕烈版本题跋，只是古董家言，于学术无预。而搜剔补辑辛苦如斯，复与市侩争著作权，讵非枉抛心力乎？此册之粘存，出吴公手。"尧跋案件"四字，亦其所题。辗转流传，今为行云先生所得。重装见示，因为志其颠末，俾后之观缪氏书者，知其人书俱秽也。

一九七七年

记齐白石先生轶事

　　齐白石先生的名望，可以说是举世周知的，不但中国人都熟悉，在世界各国中，也不是陌生人。他的篆刻、绘画、书法、诗句，都各有特点，用不着在这里多加重复叙述。现在要写的，只是我个人接触到的几件轶事，也就是老先生生活中的几个侧面，从这里可以看到他的生活、风趣，对于从旁印证他的性格和艺术的特点，大概也不是没有点滴的帮助吧！

　　我有一位远房的叔祖，是个封建官僚，曾买了一批松柏木材，就开起棺材铺来。齐先生有一口"寿材"，是他从家乡带到北京来的，摆在跨车胡同住宅正房西间窗户外的廊子上，棺上盖着些防雨的油布，来的客人常认为是个长案子或大箱子之类的东西。一天老先生与客人谈起棺材问题，说道"我这一个……"如何如何，便领着客人到廊子上揭开油布来看，我才吃惊地知道了那是一口棺材。这时他已经委托我的这位叔祖另做好木料的新寿材，尚未做成，这旧的也还没有换掉。后来新的做成，也没放在廊上，廊上摆着的还是那个旧的。客人对于此事，有种种不同的评论，有人认为老先生好奇，有人认为是一种引人注意的"噱头"，有人认为是"达观"的表现。后来我到过了湖南的农村，才知道这本是先生家乡的习惯，人家有老人，预制寿材，有的做出板来，有的做成棺材，往往放在户外窗下，并没什么稀奇。那时我以一个生长在北京城的青年，自然不会不"少见多怪"了。

　　我认识齐先生，即是由我这位叔祖的介绍，当时我年龄只有十七八岁。我自幼喜爱画画，这时已向贾羲民先生学画，并由贾先生介绍向吴镜汀先生请教。对于齐先生的画，只听说是好，至于怎么好，应该怎么学，则是茫然无所知的。我那个叔祖因为看见齐先生的画大量卖钱，就以为只要画齐先生那样的画便能卖钱，他却没想，他自己做的棺材能卖钱，是因为它是木头做的，如果是纸糊的即使样式丝毫不差，也不会有人买去做秘器。即使是用澄心堂、金粟山纸糊的也没什么好看，如果用金银铸造，也没人抬得动啊！

齐先生大我整整五十岁，对我很优待，大约老年人没有不喜爱孩子的。我有较长一段时间没去看他，他向胡佩衡先生说："那个小孩怎么好久不来了？"我现在的年龄已经超过了齐先生初次接见我时的年龄，回顾我在艺术上无论应得多少分，从齐先生学了没有，即由于先生这一句殷勤的垂问，也使我永远不能不称他老先生是我的一位老师！

齐先生早年刻苦学习的事，大家已经传述很多，在这里我想谈两件重要的文物，也就是齐先生刻苦用功的两件"物证"：一件是用油竹纸描的《芥子园画谱》，一件是用油竹纸描的《二金蝶堂印谱》。那本画谱，没画上颜色，可见当时根据的底本并不是套版设色的善本。即那一种多次重翻的印本，先生描写的也一丝不苟，连那些枯笔破锋，都不"走样"。这本，可惜当时已残缺不全。尤其令人惊叹的是那本赵之谦的印谱，我那时虽没见过许多印谱，但常看蘸印泥打印出来的印章，它们与用笔描成的有显著的差异，而宋元人用的墨印，却完全没有见过。当我打开先生手描的那本印谱时，惊奇地、脱口而出地问了一句话："怎么？还有黑色印泥呀？"及至我得知是用笔描成的，再仔细去看，仍然看不出笔描的痕迹。惭愧啊！我少年时学习的条件不算不苦，但我竟自有两部《芥子园画谱》，一部是巢勋重摹的石印本，一部是翻刻的木板本，我从来没有从头至尾临仿过一次。今天齐先生的艺术创作，保存在国内外各个博物馆中，而我在中年青年时也曾有些绘画作品，即使现在偶然有所存留，将来也必然与我的骨头同归腐朽。诸位青年朋友啊，这个客观的真理，无情的事例，是多么值得深思熟虑的啊！这里我也要附带说明，艺术的成就，绝不是单靠照猫画虎地描摹，我也不是在这里提倡描摹，我只是要说明齐老先生在青年时得到参考书的困难，偶然借到了，又是如何仔细地复制下来，以备随时翻阅借鉴，在艰难的条件下是如何刻苦用功的。他那种看去横涂竖抹的笔画，又是怎样走过精雕细琢的道路的。我也不是说这种精神只有齐先生在清代末年才有，即如在浩劫中，我们学校里有不少同学偷偷地借到几本参考书，没日没夜地抄成小册后，还订成硬皮包脊的精装小册，这岂能不说是那些罪人们灭绝民族文化罪恶企图意外的相反后果呢！

　　齐先生送给过我一册影印手写的《借山吟馆诗草》，有樊樊山先生的题签，还有樊氏手写的序。册中齐先生抄诗的字体扁扁的，点画肥肥的，和有正书局影印的金冬心自书诗稿的字迹风格完全一样。那时王壬秋先生已逝，齐先生正和樊山先生往来，诗草也是樊山选定的。齐先生说：“我的画，樊山说像金冬心，还劝我也学冬心的字，这册即是我学冬心字体所写的。”其实先生学金冬心还不止抄诗稿的字体，金有许多别号，齐先生也曾一一仿效。金号“三百砚田富翁”，齐号“三百石印富翁”，金号“心出家庵粥饭僧”，齐号“心出家庵僧”，亦步亦趋，极见“相如慕蔺”之意。但微欠考虑的是：田多为富，印多为贵，兼官多的人，当然俸禄多，但自古官僚们却都讳言因官致富，大概是怕有贪污的嫌疑。如果称“三百石印贵人”，岂不更为恰当。又粥饭僧是寺院中的服务人员，熬粥做饭，在和尚中地位是最为卑下的。去了“粥饭”二字，地位立刻提高了。老先生自称木匠，而不甘作粥饭僧，似尚未达一间。金冬心又有“稽留山民”的别号，齐先生则有“杏子坞老民”之号，就无从知是模拟还是另起的了。金冬心别号中最怪的是“苏伐罗吉苏伐罗”，因冬心又名“金吉金”，“苏伐罗”是外来语“金”的音译，把两个译音字夹着一个汉字“吉”字来用，竟使得齐老先生束手无策。胆大如斗的齐先生，还没敢用“齐怀特斯动”（“怀特斯动”是英语“白石”二字音译）。我还记得，当年我双手捧过先生面赐的那本《借山吟馆诗草》后，又听先生讲了如何学金冬心的画和字，我就问了一句：

"先生的诗也必学金冬心了。"先生说："金冬心的诗并不好，他的词好。"我当时只有一小套石印的《金冬心集》，里边没有词，我忙向先生请教到哪里去找冬心的词。先生回答说："他是博学鸿词啊！"

齐先生对于写字，是不主张临帖的。他说字就那么写去，爱怎么写就怎么写。他又说碑帖里只有李邕的《云麾李思训碑》最好。他家里挂着一副宋代陈抟写的对联拓本："开张天岸马，奇逸人中龙。抟（下有"图南"印章）。"这联的字体是北魏《石门铭》的样子，这十个字也见于《石门铭》里。但是扩大临写的，远看去，很似康南海写的。老先生每每对人夸奖这副对联写得怎么好，还说自己学过多次总是学不好，以说明这联上字的水平之高。我还看见过齐先生中年时用篆书写的一副联："老树著花偏有态，春蚕食叶例抽丝。"笔画圆润饱满，转折处交代分明，一个个字，都像老先生中年时刻的印章，又很像吴让之刻的印章，也像吴昌硕中年学吴让之的印章。又曾见到他四十多岁时画的山水，题字完全是何子贞样。我才知道老先生曾用过什么功夫。他教人爱怎么写就怎么写的理论，是他老先生自己晚年想要融化从前所学的，也可以说是想摆脱从前所学的，是他内心对自己的希望。当他对学生说出时，漏掉了前半。好比一个人消化不佳时，服用药物，帮助消化。但吃得并不甚多，甚至还没吃饱的人，随便服用强烈的助消化剂，是会发生营养不良症的。

有一次我向老先生请教刻印的问题，先生到后边屋中拿出一块寿山石章，印面已经磨平，放在画案上。又从案面下面的一层支架上掏出一本翻得很旧的《六书通》，查了一个"迟"字，然后拿起墨笔在印面上写起反的印文来，是"齐良迟"三个字。写成了，对着案上立着的一面小镜子照了一下，镜中的字都是正的，用笔修改了几处，即持刀刻起来。一边刻一边向我说："人家刻印，用刀这么一来，还那么一来，我只用刀这么一来。"讲说时，用刀在空中比画。即是每一笔画，只用刀在笔的一侧刻下去，刀刃随着笔画的轨道走去就完了。刻成后的笔画，一侧是光光溜溜的，另一侧是剥剥落落的。即是所谓的"单刀法"。

所说的"还那么一来"，是指每笔画下刀的对面一边也刻上一刀。这方印刻完了，又在镜中照了一下，修改几处，然后才蘸印泥打出来看，这时已不再作修改了。然后刻"边款"，是"长儿求宝"，下落自己的别号。我自幼听说过：刻印熟练的人，常把印面用墨涂满，就用刀在黑面上刻字，如同用笔写字一般。这个说法，流行很广，我却没有亲眼见过。我在未见齐先生刻印前，我想象中必应是幼年听到的那类刻法，又见齐先生所刻的那种大刀阔斧的作风，更使我预料将会看到那种"铁笔"在黑色石面上写字的奇迹。谁知看到了，结果却完全两样，他那种小心的态度，反而使我失望，遗憾没有看到那样铁笔写字的把戏。这是我青年时的幼稚想法，如今渐渐老了，才懂得：精心用意地做事，尚且未必都能成功；而鲁莽灭裂地做事，则绝对没有能够成功的。这又岂但刻印一艺是如此呢？

　　齐先生画的特点，人所共见，亲见过先生作画的，就不如只见到先生作品的那么多了。一次我看到先生正在作画，画一个渔翁，手提竹篮，肩荷钓竿，身披蓑衣，头戴箬笠，赤着脚，站在那里，原是先生常画的一幅稿本。那天先生铺开纸，拿起炭条，向纸上仔细端详。然后一一画去。我当时的感想正和初见先生刻印时一样，惊讶的是先生画笔那样毫无拘束，造型又那么不求形似，满以为临纸都是信手一挥，没想到起草时，却是如此精心！当用炭条画到膝下小腿到脚趾部分时，只见画了一条长勾短股的九十度的线条，又和这条线平行着另画一个勾股。这时忽然抬头问我："你知道什么是大家，什么是名家吗？"我当时只曾在《桐阴论画》上见到秦祖永评论明清画家时分过这两类，但不知怎么讲，以什么为标准。既然说不出具体答案来，只好回答："不知道。"先生说："大家画，画脚，不画踝骨，就这么一来，名家就要画出骨形了。"说罢，然后在这两道平行的勾股线勾的一端画上四个小短笔，果然是五个脚趾的一只脚。我从这时以后，大约二十多年，才从八股文的选本上见到大家、名家的分类，见到八股选本上的眉批和夹批，才了然《桐阴论画》中不但分大家、名家是从八股选本中来的，即眉批夹批也是从那里学来的。齐先生虽然生在晚清，但没听说学做过八股，那么无疑也是看了《桐阴论画》的。

一次谈到画山水，我请教学哪一家好，还问老先生自己学哪一家。老先生说："山水只有大涤子（即石涛）画得好。"我请教好在哪里？老先生说："大涤子画的树最直，我画不到他那样。"我听着有些不明白，就问："一点都没有弯曲处吗？"先生肯定地回答说："一点都没有的。"我又问当今还有谁画得好？先生说："有一个瑞光和尚，一个吴熙曾（吴镜汀先生名熙曾），这两个人我最怕。瑞光画的树比我画的直，吴熙曾学大涤子的画我买过一张。"后来我问起吴先生，先生说确有一张画，是仿石涛的，在展览会上为齐先生买去。从这里可见齐先生如何认为"后生可畏"而加以鼓励的。但我自那时以后，很长时间，看到石涛的画，无论在人家壁上的，还是在印本画册上的，我都怀疑是假的。旁人问我的理由，我即提出"树不直"。

齐先生最佩服吴昌硕先生，一次屋内墙上用图钉钉着一张吴昌硕的小幅，画的是紫藤花。齐先生跨车胡同住宅的正房南边有一道屏风门，门外是一个小院，院中有一架紫藤，那时正在开花。先生指着墙上的画说："你看，哪里是他画的像葡萄藤（先生称紫藤为葡萄藤，大约是先生家乡的话），分明是葡萄藤像它呀！"姑且不管葡萄藤与画谁像谁，但可见到齐先生对吴昌硕是如何地推重的。我们问起齐先生是否见过吴昌硕，齐先生说两次到上海，都没有见着。齐先生曾把石涛的"老夫也在皮毛类"一句诗刻成印章，还加跋说明，是吴昌硕有一次说当时学他自己的一些皮毛就能成名。当然吴所说的并不会是专指齐先生，而齐先生也未必因此便多疑是指自己，我们可以理解，大约也和郑板桥刻"青藤门下牛马走"印是同一自谦和服善吧！

齐先生在出处上是正义凛然的，抗日战争后，伪政权的"国立艺专"送给他聘书，请他继续当艺专的教授，他老先生即在信封上写了五个字"齐白石死了"，原封退回。又一次伪警察挨户要出人，要出钱，说是为了什么事。他和齐先生表白他没叫齐家出人出钱，因此便提出要齐先生一幅画，先生大怒，对家里人说："找我的拐杖来，我去打他。"那人听到，也就跑了。

齐先生有时也有些旧文人自造"佳话"的兴趣。从前北京每到冬天有菜商推着手推独轮车，卖大白菜，用户选购，作过冬的储存菜，每一车菜最多值不到十元钱。一次菜车走过先生家门，先生向卖菜人说明自己的画能值多少钱，自己愿意给他画一幅白菜，换他一车白菜。不料这个"卖菜佣"并没有"六朝烟水气"，也不懂一幅画确可以抵一车菜而有馀，他竟自说："这个老头儿真没道理，要拿他的假白菜换我的真白菜。"如果这次交易成功，于是"画换白菜"，"画代钞票"等等佳话，即可不胫而走。没想到这方面的佳话并未留成，而卖菜商这两句煞风景的话，却被人传为谈资。从语言上看，这话真堪入《世说新语》；从哲理上看，画是假白菜，也足发人深思。明代收藏《清明上河图》的人如果参透这个道理，也就不致有那场祸患了。可惜的是这次佳话，没能属于齐先生，却无意中为卖菜人所享有了。

会文山房刻子弟书等三种

吾友吴君晓铃藏同治间奉天会文山房刻子弟书等三种一函，一曰《蝴蝶梦》，二曰《谤可笑》，三曰《金石语》。吾友张君政烺亦藏有抄本，曾有文记之，余未见其本。

吴藏刻本中封面、封里亦有可记者，想抄本未必过录也。《蝴蝶梦》共四回，其封面作：

同治甲戌花朝日梓镌

蝴蝶梦

清音子弟书　会文山房

其封里有跋云：

爱新觉罗春树斋先生，都门优贡生。宦游奉省年久，与余笔墨中最为知己。所著各种书词，向蒙指示。公寿逾古稀，精神健壮。临终先时，敬呈楹联十四字云：公正廉明真学问，嬉笑怒骂尽文章。夫子赏鉴遂以此书稿相赠。梓付手民，以志不忘云尔。二凌居士谨跋。

《谤可笑》封面作：

同治甲戌荷夏梓镌

谤可笑

影卷单出又名犯相　会文山房藏板

《金石语》封面作：

　　　　同治庚午年元宵节剞劂

　　　　金石语

　　　　一名打灶单出影卷　　会文山房藏板

《金石语》封里为"上场人物表"，末行作《二凌居士未儒流编辑》。

新 名 词

清末号称"西学东渐"，盖指自然科技之学也。社会科学若法律、教育，乃至文学、艺术，实多借鉴日本。则可谓"东学西渐"矣。

无论文理诸科，各有其应用之术语，国内学人夙所未闻者，乃名之曰"新名词"。相传某达官幕僚拟稿，偶用一新名词。某批曰："某某二字，乃日本名词，阅之深为可厌。"其幕僚复批曰："名词二字，亦日本名词，阅之尤为可厌。"以憎厌新名词者，乃竟自用新名词而不觉，亦足见新名词之影响深广矣。

樊樊山于光绪间曾以新名词嵌入诗句，为七律一首，题曰"俳谐语"，诗云：

> 静观物象叩昭融，扞格还凭理想通。风力完全搓柳绿，花光膨胀出墙红。莺黄燕紫文明化，蜂蜜蚕丝智育功。昨见梨园陈百戏，几多现象舞台中。

诗中理想、完全、膨胀、文明、智育、现象，皆所谓新名词也。惟"文明"二字，《周易·大有》《尚书·舜典》皆有之，不独非新名词，且出经籍，不知樊山翁何以失诸眉睫也。此诗见其手书《闲乐集》，有影印本。

高且园先生诗

高且园翁以指画得名，其诗其书，俱为画掩。曾见其在松潘作画题诗，隐约当时军政之窳，可知其政绩不传者更多矣。

每见其诗多郁勃有奇气，顾生平事迹，卒不可详。余每病其后人但辑指头画说，而不撰事状，殆有所讳忌者耳。

近见自书一帧，为绝句一首云：

> 云色一家吞海岳，雨声百万走雄兵。客途此际谁安意，秃干无风鸟不惊。

尾书"题画"，款署"且园"。可见此绝盖其得意之作也。味此诗意，似仍是讽捍边大吏之贪墨而败者。秃干之鸟，岂其自况耶？

79

捅马蜂窝

　　昔余撰《诗文声律论稿》成，唐立庵先生曾见之，谬蒙称赏，余因申求教之意。立老曰："以北人而谈声律，信不易矣。"盖谓北人不知入声，甚至不明上去清浊也。既阅之后，乃指数端，问功何以不加辨述，乃诸多争议无休之问题，例如：诗词应否讲求四声，拗字何以常在第五，等等。功对曰："此稿只能说其当然，不能说其所以然。倘必勉强说之，将如捅马蜂窝，招致无数辩论而不能休止，是以不复涉及。"立老曰："马蜂窝亦须一捅。"功对曰："公去捅，我不去捅。"相与大笑。其后立老屡以长笺见教，俱申其所欲捅之马蜂窝，竟或前书所论，后书又改，盖亦不能自必马蜂之不螫也。功因呈五律一首曰：

　　　　伧父谈诗律，其难定若何？平平平仄仄，差差差多多。待我从头讲，由人顿足呵。欲偕唐立老，一捅马蜂窝。

立老得诗大笑，翌日见和云：

　　　　声律天然在，随时巧琢磨。待开长庆体，早唱《大风歌》。箫管宫商换，诗篇平仄和。良工心独苦，无奈马蜂窝。（自注云："蜂房压倒一切工程师。"）

款书："元白诗人惠示五言，依韵奉酬博一笑，开即启也。一九七六唐兰。"按功字元伯，又作元白，因镌小印曰长庆，以唐诗人元氏、白氏俱有《长庆集》，其诗格世号"长庆体"。立老借开为启，以谓启元白也。今立老久归道山，偶检书箧，见诗笺遗墨，泫然记之。

又有人以宋人法书册至故宫博物院求售，院方邀余与院中诸鉴家同审定。先是院中诸家所见略有分歧，及余申述管见后，诸家以为可采。立老戏曰："公之一言，定则定矣。"功曰："公何以遗漏'我辈数人'四字耶?"立老大笑。不意一时笑谑，倏成畴古矣!

景贤买物券

家叔德甫公于隆福寺书肆中得旧券一纸，八行笺，边刊"异趣萧斋"四字。券云：

今将旧藏宋板《礼记》四十本，黄、苏合璧《寒食帖》一卷，元人字册一十页，刁光胤《牡丹图》轴，及《礼堂图》一轴，情愿卖与景朴孙，价洋一万二千元正，绝无反悔。日后倘有亲友欲收回各件，必须倍价方能认可。恐口无凭，立此为据。善宝（押）。旧历壬子年五月二十日。

善宝字寿彝，盛意园祭酒之侄，嗣为之后。诸物皆祭酒旧藏，煌煌剧迹，莫非国宝。即在当时，所值亦不止此。景氏故后，遗物骤散。《礼记》初归袁寒云，辗转入粤人潘明训手。《寒食帖》则归日人菊池惺堂。《牡丹图》初为蒋孟蘋所得，近闻亦归潘明训。元人字册闻在赵叔彦先生家，乃杨铁崖、虞伯生、张伯雨诸家之迹。烟云散尽，独留戈戈寸笺于天壤，无乃造物示人以深意乎！梁武帝《异趣帖》中有"永堕异趣"之语，因而得名。其语乃沉沦恶道之义。景氏得帖，遂以名其斋，亦见其不学也。此券后为廉南湖先生索去，装潢题识，影印流传，以志深慨。复集梦东禅师句成绝句四首，记其二云：

原来却是主人翁，活水干柴用不穷。一自毫端轻漏泄，稳教千古错流通。

从来一物却原无，拟涉毫端便染污。如是来还如是去，徒劳水上按葫芦。

杆　儿

明冯梦龙《三言》中《金玉奴棒打薄情郎》篇记乞丐头目有其集团之标志，号曰"杆儿"。当有徒众加入其集团时，必先拜此杆，始为众丐所承认。其头目，人称之曰"杆儿上的"。

金玉奴故事又演为戏剧，脍炙人口，市人习知乞丐集团号曰"杆儿上"。何以谓之杆儿，形状如何，乃至其物之果有与否，俱无从究诘。余幼年观此剧即曾以杆儿事询诸长辈，莫能得其要领。

及年长，知在当日社会中秘密集团甚多，非其集团中人，罕有能知底蕴者。况乞丐日日挣扎于生死线上，其自存之道，何等艰难？苟有结集，则其标志之物，又安能轻襮于人！无论仕宦子弟如吾辈不可得知、得见，恐即一般市人亦必莫之能详焉。

廿年前傅晋生丈以拓片一纸见示，曰："此杆儿也，紫檀木质，径约寸余，长约七寸，首端向下约寸余处有横穿一孔，盖为击绳之用者。曾为尊古斋黄百川所得，今已归文物局。黄氏摹拓数本，此其一也。"

拓本乃圆棍围纸所拓，平铺而观之，其状如下：

上端正中为篆文方形御玺，文曰"洪武元年受命之宝御笔亲临"。

其下为小楷书直行题字十二行，每行十三字，有抬头之行十四字。文曰："明太祖元年夏四月丁卯为/君之期，闲时思已往，扶持患难间。/幸亏张与李，恩情重如山。龙楼传/圣旨，宣进二老年。当初曾患难，今朝/要封官。二老忙摆手，贤弟慢降宣。/我无安邦策，无有定国贤。朝/臣寒代（待）漏，将军夜渡关。日高曾未起，/名利不如闲。封官不爱坐（做），绫罗懒代（怠）/穿。无功若受禄，我等不安然。二老/不受赠，/

天子到为难。恩赐紫金梁，辈辈往/下传。行梁皆拜参。/"（标点为余所加，下端斜线处表示行末。"圣旨""天子"皆抬头起。）

下有二小方印，左右并列。其右者文曰"含经味道"，惟"经"字合于篆法，其他三字无一合；其左一印第一字为"右"，第三字为"冐"，余二字乖谬不可识。

伴随此杆有一传说，谓明太祖微时，与同为乞丐之二人结为兄弟，明祖其季也。及为天子，二丐来谒，间其所需，对以但望行乞之处，无不施予者。明祖即以此杖赐之，命天下凡见持此杖者，必加施予，不得拒绝。其后二人各分一半。更后，其徒众繁衍，各成宗派，每一宗门，各取一截。今此戋戋七寸短杆，已莫知其属于何宗何派矣。此黄百川得杆时所闻，以语傅晋生丈者。

民间传说，固不可加之考证；可考证者，即不成其为民间传说。如此杖，明祖赐予时，何能在木棍上钤玺印？如另纸作诏谕，钤玺印，何以此段韵语全出第三者口气，绝非敕令之语？如本出丐者所述，其玺印又何自来？且苟出当时承赐之后所刻，又何以首书"明太祖元年"？明代宝玺，钤本流传尚多，既无杆首一玺之文，"亲临"二字更属不辞。至其篆文讹谬，更不足论矣。此其所以不可究诘，亦不必究诘者也。惟民间传说，常限于口头，而此竟以实物之面目出现，但视为"伍髭须""杜十姨"之塑像，又何不可？

其理既无，其事其时则未可轻易抹煞：此段五言韵语，与《凤阳皇陵碑》之四言夹杂七言韵语大有异曲同工之致。至少造此五言韵语者，曾得知见凤阳碑之文词。又黄氏得诸京师乞丐头目，且获亲闻其口耳相传之事。无论此杆造于何朝何人，其曾为乞丐集团秘密组织中之信物，则确凿无疑也。今观此杆韵语末句曰"行梁皆拜参"，"拜参"当即"拜杆儿"之事。顾全篇韵语，悉属偶句为韵，独此句畸零，且词义不显。或疑原杖早失，或截而分者屡加传刻，末句之上，时久残失。吾却疑"行梁"为其行邦语，或即"加入集团"之特定术语，亦未可知也。又闻之傅丈云：黄氏得此杖，曾仿制数品，以为友好传玩之资，然其拓本，则拓自原件者，今予所录者是。

记《杜家立成杂书要略》

日本流传其圣武天皇之后藤原光明子所书《杜家立成杂书要略》一卷,《东大寺献物账》云:"头陁寺碑并杜家立成杂书要略一卷,皇太后御书。"盖圣武天皇殂后,后以遗物献东大寺庐舍那佛前,以充供养。造账时,后已称皇太后矣。头陁寺碑文不知何时缺失,独存此卷,实为其原写一卷之半也。

其文为拟往来尺牍之文,极类《月仪》之体,但逐事为题,不以月分耳。卷用五色笺联缀而成,字体行书,笔力遒劲,行间茂密,较后所临《乐毅论》笔势稍纵,以其出于自运,非同临写,而点画结字,固出一手。《乐毅论》后自署"藤三娘",此卷后钤"积善藤家"朱文一印,传称真迹,当属不虚。

卷首题"杜家立成杂书要略一卷",以下一往一答,共计书札七十二通。首一札末有"姓名呈"三字,即《月仪》札末"君白"之例,惟此卷只首札有之耳。

近代携归书影,著之于录,以杨惺吾先生守敬为最早,所辑《留真谱》节摹此卷卷首数行,又数行则只摹每行首尾数字,以见一斑,亦未有所考订。有正书局影印《宋拓秘阁续帖本索靖月仪帖》,有杨氏跋,略云:

米南宫自言钟、索之迹,一字未见,当哲、徽时,南宫未必不见此帖,想不以为索书。姬传先生所议,自不诬也。(按姚鼐别有《索靖月仪帖跋》论其非索书,而是唐人书)然至今日言章草者,

《淳化》数帖以外，惟此与史孝山《出师颂》，即出唐人，亦无上奇迹也。余于日本得《杜家立成书》，亦拟尺牍者，当亦唐人作，见余辑《留真谱》。

藤原后生存于日本天平时代，于中土正当唐世。卷中"世"字，俱缺笔作"卋"，知所据录之本，实出唐人所书。然谓文为唐人所作，则实出于悬揣也。

其后日本学者内藤虎次郎氏撰《关于正仓院尊藏二旧钞本》一文，载入《研几小录》文集，曾著意于作者之考索。所谓二旧钞本，其一指《宸翰集》，其二指此。其论此书，首谓"即当时作日常应酬书牍之轨范者，如后世之《尺牍双鱼》、《应酬汇选》等书"。继从《隋书·经籍志》中举《谢元内外书仪》等十一目；又从《唐书·艺文志》中举其与《隋书》不重者七目；复从宋《崇文总目》中举其与《唐志》不重者一目；再从《日本国见在书目》中举九目。并谓"诸书尽佚，现仅存宋司马光作之《司马氏书仪》一部分，犹见公私书牍体式"。继论明清以来汇帖传刻之《索靖月仪帖》及《唐人月仪帖》，以相比较。最后云："此书冠以杜家二字，甚可能即为《唐志》所载之《杜有晋书仪》。可遗憾者，缺乏肯定之文字材料。"于是其考索仍归悬揣焉。

功按《隋书》卷七十六《文学》杜正玄附弟正藏传曰：

> 杜正玄，字慎徽，其先本京兆人，八世祖曼，为石赵从事中郎，因家于邺。自曼至正玄，世以文学相授。正玄尤聪敏，博涉多通。兄弟数人，俱未弱冠，并以文学才辩，籍甚三河之间。开皇末举秀才，尚书试方略，正玄应对如响，下笔成章。仆射杨素，负才傲物，正玄抗辞酬对，无所屈挠，素甚不悦。久之，会林邑献白鹦鹉，素促召正玄，使者相望。及至即令作赋。正玄仓卒之际，援笔立成。素见文不加点，始异之。因令更拟诸杂文笔十余条，又皆立成，而辞理华赡，素乃叹曰："此真秀才，吾不及也。"授晋王行参军，转豫章王记室，卒官。弟正藏。

其弟传曰：

> 正藏，字为善，尤好学，善属文。弱冠举秀才，授纯州行参
> 军，历下邑正。大业中，学业该通，应诏举秀才，兄弟三人，俱以
> 文章一时诣阙，论者荣之。著碑诔铭颂诗赋百余篇。又著《文章体
> 式》，大为后进所宝，时人号为文轨。乃至海外高丽、百济，亦共
> 传习，称为《杜家新书》。

读此，知所谓"杜家"，所谓"立成"，字字有据。既非唐人所撰，
亦非杜有晋所撰者也。"杜家新书"者，其兄弟撰著之总称也。"文章体
式"者，杜正藏所撰之各体文式也。"杂书要略"者，"文章体式"中之
一摘抄部分也。昔人于域外诸国，称谓每多含混，传至日本，而概之以
高丽、百济，亦或自两国转至日本者。

卷中有《相唤募讨凶奴书》，云："无情猃狁，许欲忤侵。秦王自率
之军，亲行薄罚。正是壮士立功之日，丈夫建节之秋。今已备粮，寻当
北讨。故今咨报，伫听嘉音，若欲同行，即希动驾。"按此秦王是隋之
秦王杨俊，指为唐人之作者，或见此以为唐之秦王李世民也。考《隋
书》卷四十五秦王俊传："开皇元年立为秦王……年十二，加右武卫大
将军领关东兵。三年，迁秦州总管，陇右诸州尽隶焉……六年，迁山南
道行台尚书令。伐陈之役，为山南道行军元帅，督三十总管，水陆十余
万，屯汉口，为上流节度……授扬州总管四十四州诸军事，镇广陵。岁
余转并州总管二十四州诸军事。"又据《本纪》："开皇十七年七月丁亥，
上柱国并州总管秦王俊坐事免，以王就第。"可知此卷撰写时，必在秦
王俊任并州总管时，其下限不能在俊罢职以后。正藏举秀才在大业中，
盖先以文章腾誉者。

今世有补严可均辑《全隋文》者，得此可立成一卷焉。

此卷文笔骈俪，微多俗套之语，盖应酬笺启，有其必然者。顾亦未
尝无委婉之词，有趣之事，藉可见当时社会生活之一斑者。如：

> 旧是田家，先无史籍。仰知有传，计应少闲。（就知故借传书）

鞍下若在，蹔借乘行。当自惜（原误作"借"）看，不令饥瘦。（就人借马书）

其疹屑少理，咨叙未由，瞻望风云，但增搔首。（与知故别久书）

今有一片枯鱼，数升浊酒。谙贤并集，惟少明公。（唤知故饮书）

方验投泥素玉，得水还明。隐雾恒娥，云披转照。（问知故遭官得雪书）

此皆措语巧妙，不即不离。而"投泥"数句，尤见丰采。至此书答语云：

幸得家停扫墓，狱气还沈。首领重存，亲朋再叙。

则读之不能不为捧腹矣，至于鸡鹅称贷，堪征市远。一席两味，丰俭难言。当世文人生活于斯可见一斑。其书云：

袁郑连镳，崔庐结驷，并期明旦，同顾贫家。酒得数杯，脯无一片。鸡鹅两色，各贷二头。恃眷既深，辄事干（原误作"忏"）请。寻当备送，不敢延时。所愿恩光，救之短乏。（辱名客就知故贷鸡鹅书）

又有"知故成礼不得往看与书"，此今世所谓"补贺"者，其答书云：

不能免俗，共某氏成亲。先是寒门，家涂短狭。衣被粗弊，似债（此字有误，非"侪"即"续"）五章，燋齿黑容，真疑可外。忽今对此，翻恨夜长；引漏峻倾，犹嫌难曙。蒙访羞愧，还此无申。

成亲而云"不能免俗"，几与阮公之晒犊鼻同科，已属奇谈。至于自谦家贫妻丑，亦未免过甚其辞。如此立成，稍远大雅矣。又"与知故在京书"：

兄追从胜地，游赏上京。出与公子连镳，入共王侯结驷。仕侣既众，益友如云，见弃若遗，顿断音访。欲论倾恨，非易可申。春暮逝暄，故丰佳赏。某沉沦鄙里，守贱一隅。加以叙会尚赊，益增叹满，所愿珍重，念存人信，勿悋音符。

答书云：

> 忽作孤飞，俄为只翼，非但清言顿隔，亦自云雁无由。忽辱芳菲，实惊凄苦（原误作"悟"）。季春景丽，随物愿佳。某既苦离居，九回易断，连翩失侣，寸抱难寻。并以路阻关山，无由展迁。兴言长叹，即满襟怀。深愿敬宜，行人有信，念存微细。

贵贱势殊，故交垂隔。责者见愤悱之情，解者尽委曲之意，乃知寻常世态，今古无殊。而贫贱骄人，未始不足披胸一快。乃知杜氏于斯，殆有深慨。以文笔论，在全卷中，亦当首推此二札也。更有"知故相嗔作书并责"云：

> 两竞长短，不足应见，早让有余，故非近说。公等各当朝达士，在世之人，妙识是非，盛贤礼则。何乃不怀逊让，各遣凶粗，骂及古人，詈忤先世。遂使乡闾老幼，见者惊嗟，道路行人，谁不怪望。备与公等，交游在昔，轻简此诚，幸并思寻，各怀追悔。若也同守前者，共执旧迷，朝廷并与绝交，言谶故成长隔。谨因往使，附此苦言，甚为进退，各任高意。

答书云：

> 某等礼教罕闻，诗书无识，发言失中，并是下愚。各觅己长，咸皆讳短，计无所竞，浪事纷纭。理下声高，致惊闾巷。遂使亲朋遗弃，知旧见疎，宇宙虽宽，欲逃无路。昨来耻媿，分息追随，忽荷慈流，提撕耳目。谨当克念，稽首归惩（同"惩"），口诵来符，永为身戒。克以某日，愿集诸贤，谨备清酌十瓶，肥羊二口。并希迎报，愿勿参差。某束手膝行，请罪陈谢。

世事多端，拟议及此，但自命题取材观之，已足瞻文思之广。愿排难解纷，片言折狱，能使两造倾心，检讨若此深刻，并甘具清酒肥羊之物质惩罚。文字有灵，至于斯极，又不独以速为异矣！

札记二十二则

无　题

余性昧宫商，拙于按拍。幼年在小学校唱歌，同学以猪嘶相谥，余并不以为忤。以其深符古诗之谊，所谓识曲听其真也。曩闻王蚓庐先生精于曲律，并能谱曲。今见此稿，始信昔闻之匪诬。惟此曲文秽恶，尚劳先生一一点拍，譬如莳珍花于粪壤，虽扶疏畅茂，其奈枉抛心力何？余昔曾见先生于牛肥酒白醉饱之余引吭长歌，声如铁釜，知于此道固有深癖。宜其谱曲若不见其文词也。

程千帆寿聂绀弩八旬联集杜句

忍能对面为盗贼

但觉高歌有鬼神

边跋云："刀锯鼎镬之余，八旬故在；宋雅唐风之外，三草挺生。酒怀容减，诗兴犹浓。杜句遥呈，周婆共赏。"

按聂有诗集三卷，各以草名，为《北荒草》《赠答草》《南山草》也。后复合刊，总标曰《三草集》。周婆者，聂夫人周颖，聂翁呼之曰周婆。

虚字句脚诗

句脚押虚字，诗中所忌，而故意作谐谑者，又成别调。

曾见陈老莲书绝句条幅云："既好游山矣，兼之贪酒焉。暂时此际悔，不觉复如前。"此玩世之句，不以诗论，或竟为醉中之笔。惟其言好酒病酒人之心，实极深至也。

无 题

千文律召调阳，唐宋写本多改为律吕调阳，曾见陈兰甫先生与友人书论千文，谓惟律召句不易解。近见清人娄东王开沃子良撰千字文注云：唐人《律吕相召赋》云："将以律而召吕，明自阴而应阳。"其解始得。然此赋为唐何人所撰，仍未注明，待查。

……

唐王起《律吕相召赋》起首云："昔者圣人稽天地之本，达造化之方，将以律而召吕，明自阴而应阳。"

担当书禅语

顿宗之禅，尤重机锋，一言之契，可以彻悟，此固非门外汉所能领略。然其机锋语句，则常有可喜者。禅灯诸书中，有可喜可解可以会心者，亦有不知所云无理取闹者。

诗文中用禅语，机趣得宜者，每为增色。而古德法书中，有时摘书一二语，尤多隽妙精练者，惟出处则殊难考耳。

近见担当禅师普荷书条幅云："一下被他搔著后，半生痒处一时消。"惜前此所见尚多，未即记录，后有所遇，当续书此后。

字 括

"大观四年正月九日登仕郎新授潭州长沙县丞朱克明言：'伏见许氏说文，其间字画形声多与王文公字说相戾，辄于许氏说文部中撮其尤乖义理者，凡四百余字，名《字括》。'诏克明除书学教谕。"见《宋会要辑稿》引自大典一七四二。按《字括》今已不传，惟括字乃唐宋公文用语，所谓检点、根括，实即查究之义。书名如易今言，则为《许氏说文批判》也。

戴明说画上大印

戴明说，字道默，号严荦，沧州人。擅画，不仅长于山水，墨竹亦不减夏仲昭。流传遗笔，绫本较多。每见其画幅上端当中处钤宽边大印一方，文多模糊不可辨。按其印乃有清世祖所赐，文曰："米芾画禅，烟岚如滴，明说克传，图章永锡。"故画上钤此印者，皆其得意笔也。

无 独 有 偶

《夷坚志》甲志卷六载黄子方事，略云：黄琼字子方，莆田人。宣和初为福州闽清令。为人方严，不畏强御。内臣为廉访使者数千以私，皆拒不答，常切齿思报。会奏事京师，每见朝士，必以溢恶之言诋琼。尝入侍，徽庙问："汝在闽时，知属县有贤令否？"其人出不意，错愕失对，惟忆琼一人姓名，极口称赞之。即日有旨，改京官通判漳州。

乾隆时和珅当国，一日在朝房，有属员趋前请安，和年老腰偻，朝珠下垂。此人趋近躬身曳足半跪，及起身肃立时，不意其头已入朝珠圈套之内。遂拉断朝珠，和几仆地。怒问其人姓名，乃默记之，惟恐遗忘。旋叫起上对，帝询某缺宜付何人，和此时惟记此人之名，脱口而出，帝遽笔之于牍，和虽欲陈其短，已不及矣。退下至朝房，此人亟趋前再致歉请罪，和顿足曰："便宜你。"此人以为只是宽恕之意，不日得旨骤膺升迁之命，方感和之大度秉公，不计前愆，久而始悉其因祸得福也。古今事有相同者如此。

慕 陵 碑

自古帝王陵墓之碑，不出喧寂二途：铺陈帝业，歌颂神功，鬼而有知，亦当增愧。盖谀墓之文，登峰造极者，数千年来，比比皆是，一也；或竟不著一字，如唐高宗乾陵之碑，与岱顶秦碑，后先比洁。此无他，怕妇汉既死，有待于武后之合葬，及后之死，权势已移。功无可书，罪堪隐讳，于是便成没字碑矣。金石史中，殆成孤例，二也。

有清宣宗道光皇帝之陵曰慕陵，在今易县。碑阳只慕陵二字，满汉文合璧。碑阴宣宗自记曰："敬瞻东北，永慕无穷，云山密迩。呜呼其慕欤，慕也！"情深语重，不独开碑铭未有之例，亦文苑中未有之作也。且自题墓碑，前所未闻，使谀者讳者，两无可施，事类所归，宜称曰快！

郑苏堪评近世书人

昔蒋孟蘋先生（汝藻）曾闻郑苏堪评近世书人云："邓石如气俗，何子贞笔骄，赵扐叔江湖游客，张廉卿枪棒师，吴昌硕市侩。"此余闻诸唐长孺教授者，唐为蒋之表侄，言必有据，但不知郑氏自评当何如也。

无　　题

唐武后时，大臣王方庆是王导一族的后裔。他家藏有他历代祖先的遗墨。武后向他索看，他便把那些人的手迹汇集装裱成十卷，进呈给武后，这时是武后的万岁通天二年。武后看过了，又在武成殿给群臣看，"仍令中书舍人崔融为《宝章集》，以叙其事"。后又把原件还给王方庆。（见唐史）

窦泊《述书赋》说：当复赐时，后命尽拓本留内，更加珍饰锦背，归还王氏。

案史书所说有欠分明处，大概所谓《宝章集》，未必是一本纯粹纪事的文章，很可能即是这种十卷真迹的摹拓本，加上序跋的一个总称。

这十卷真迹的摹拓本，在唐代是分装是合装，已不可考。看来现存这卷仅仅七人，已然这样粗了。当时即使裱背纸薄，即便有所合并也不见得二十八全在一卷，所以今存这一卷，可能是当时几卷中之一。这种推断不是毫无依据的，因为倦翁指出所缺的，都是王方庆的直系祖先，而这一卷所存都是王方庆的几代叔祖或几代从祖。

汪容甫先生手札

《万岁通天帖》以项子京所刻为佳。此乃停云馆本，不足道也。孔宙碑须早晚间过我自携去方可，全儿恐其与他人看之，致有损失，不便付之。中爱此碑，如获头目也。恕便。（淡红格稿纸一小条，故宫博物院藏）

说旗下人之姓名

居常遇人见问曰："您贵姓？"余辄对以"姓启。"又问曰："百家姓无启姓。"余又权对以"满人之姓耳。"于是有层层疑问，纷至沓来。

又或有人知满人自有满姓，因以见叩者，对以"姓爱新觉罗。"于是"满人是否俱姓爱新觉罗？""称您应否连满姓？""应称启功先生，称启先生，称爱新觉罗启先生，称爱新觉罗先生……究以何者为是？"于是又有层层疑问，纷至沓来。

更有读清代史料之人，见人名繁缛，或一字名，或数字名，连续以书者，何从断逗，每有不易措手者。曾见某宿学前辈点读之《清史稿》，此老先生于经、史、小学素养深粹，著述传世，久为后学所习诵。于《清史稿》中所记史事舛讹，所文之疵款，一一批注眉端。我辈于十年前作标点时，曾多所取资。惟《忠义传》中，历叙殉难人名，甲乙丙丁，联缀而书，此老先生于旗下人名之程式有所未谙，乃于眉端批谓：此卷人名须查档案。卷中遂不加朱。我辈深服此老之治学态度谨严，绝不肯强不知以为知，抑又见旗下人取名之不同于汉习也。

打　　令

唐宋人酒筵间行令歌唱，称为打令，近人叶玉华曾著《打令考》一文专论之。偶读米芾《画史》"关中小孟"条，有云："吴生画，其手多异，然本非用意，各执一物，理自不同。（武）宗元乃为过海天王二十余身，个个高呈似其手，各作一样。一披之，犹一群打令鬼神，不觉大笑。"是打令亦做手势，今之"划拳"（一称"拇战"），岂古时打令之一部分欤？

罟罟头

北京话，鸡头上有毛隆起者，称为"顾顾头儿"，（顾顾二字，只记其音，未有定字。）亦不晓其取义。后见元代有罟罟冠，始悟顾顾之音即罟罟，此元代语词之流传今日口头者。沈德符《顾曲杂言》（"今乐器有四弦长项圆鼙者"条）云："罟字作平声"，盖译音不但无定字，四声亦极易混，不足异也。

金元玉书

明人金琮，字元玉，号赤松山农，书法专宗赵松雪，挺拔有力。文衡山好其书，搜罗盈箧，题曰积玉。

曾见其于赵临《兰亭》卷尾跋云：

> 此卷松雪晚年笔，笔力精神，清劲飘逸，似之早年，如出二手。笔随人老，斯言也，岂欺我哉。成化十六年庚子六月大热，偶观此卷，挥汗书之。

又于末行左右缝中以淡墨加注云：

> 仿松雪书几三十年，未能入室。懊恼懊恼。书法必见多则进，得眼入心，乃应之于手也。

其书极似赵，然筋距时现，盖注意在笔力，必不免捉笔行笔俱用力耳。故其赵法，仍是明人之赵，非俞紫芝等元人之赵也。最后拈出多见之说，实自甘苦中来者。

驴有四声

《世说》载好闻驴鸣者有二人，一为王仲宣，一为王武子，俱于死后，有吊者在灵前效驴鸣以慰其魂。二人同姓王，只名字不同，吊者姓名不同而已。余颇疑此为一事之两种传说，民间故事此类极多，固不必为之详辨。

此事之可异处在何以魏晋间人喜听驴鸣？余尝推论之，四声之发现，正当此时，有人以驴鸣具四声，遂成一好。恰如双声反语亦于此时发现，于是流行一时，处处用之。

驴之初鸣时，其声由平衍而渐趋高亢，如阴平而至阳平。渐复由高亢转沉重再升扬，遂成上声。有时一再重复阳平至上、阳平至上。及其气衰，则下降而成去。以其反复高低气溢于喉鼻，致成喷嚏，遂作嚏嚏之声，是归于入。以文字拟驴鸣，势有未能。所幸时非唐世，地异黔中，但举驴鸣，人无不喻者也。

曾以此事语王了一先生，先生曰昔陆志韦先生亦曾有此说。余亟叩以其说见于何书，王曰，陆先生只曾与人谈及，未著于文，与子所谈，偶相暗合耳。

有　泰

自古官僚，每有不学无术之辈，而例蒙委以重任，遂常见腾笑一时之事。清季有泰，字梦琴，任驻藏大臣。当时英吉利已觊觎西藏，而达赖喇嘛又为其左右所挟持，于中朝政令，时见扞格。有泰不识其事体缘由，遽入奏欲革却达赖。遂致传为笑柄。有人以其名字嵌为联语云：

梦死醉生，虚有其表；
琴焚鹤煮，不泰而骄。

论语云："君子泰而不骄，小人骄而不泰。"故下联用之。又有联嘲之云：

无法无天无二鬼，
有灵有验有三爷。

有泰行第三，人称有三爷。灵验谐铃艳，乃其二姿名。无二鬼，当时市井无赖之别称也。

元人以曲取士之说

元代戏曲之盛，或谓由于当时朝廷曾以曲取士，其说不见于典籍；臧懋循《元曲选叙》中曾言之，世遂疑为臧氏杜撰者。余偶读沈德符《顾曲杂言》，"涵虚子所记杂剧名家"条有云："元人未灭南宋时，以此（按指戏曲）定士子优劣。每出一题，任人填曲，如宋宣和画学出唐诗一句，恣其渲染。"沈与臧同时相友善，或俱得自古老传闻也。

徐　桐

徐桐，字荫轩，汉军。翰林出身，遂登宰辅，愚昧不达世务，则衰世所趋，亦不容责一二人。曾见谭延闿手书琐记一册，世有石印本，多记乾隆以来宫闱传闻，实得自乃翁钟麟及其乡人王湘绮者居多，信否亦毋庸深考。惟记徐氏一条，出其亲历者，于徐氏之知识见地为近，疑略近真，姑录之：

> 徐荫轩相国丈，戊戌夏，余谒之东交民巷。坐定，询数语，即大骂洋鬼子。又曰世安得有许多鬼子，全是汉奸造的。今日某国，明日又某一国，不过这几个鬼子，翻来覆去，如变戏法。余忍笑不敢置对。出，于车中狂笑不已，明年遂有庚子之乱。

记徐铉书

徐铉书，真迹罕传。临《峄石颂》等，只传钩摹之本，篆书千文，未见刻本。自温仁朗墓志出土，其盖为徐所篆，笔势圆润，刻工精美，不啻墨迹。行书只见一札，石渠旧藏，用笔结字俱似李建中，盖亦当时一种风气。札尾押字亦与李押者相类。札云：

> 铉今有私诚特兹拜托为。先有祗承人刘氏，其骨肉元在贵藩醴陵门里居住。所有刘氏先已嫁，事得衡州茶陵县大户张八郎，见在本处居住。今有信物并书，都作一角封记，全托新都监何舍人附

去，转拜托吾兄郎中，候到，望差人于醴陵门里面勾唤姓刘人当面问当，却令寄信与茶陵县张八郎者，令到贵蕃取领上件书信，所贵不至失坠，及得的达也。傥遂所托，惟涕铭荷。虔切虔切。专具片简，诺闻不宣。（押字）再拜。

文壁论于谦

文徵明《甫田》集有"过张秋追怀武功先生遗迹"诗，一联云："当时物论轻文士，千载行人仰壮猷。"自注云："武功治张秋，猝未有功。于肃愍笑曰：'徐元玉五墨匠也，顾令脱土墼。'然卒以成功。"按徐有贞夺门，于谦被祸，未必不由此一语之怨毒。文壁徒以桑梓之私谊，文士之气类，党有贞而讥肃愍，吾所不取也。

五墨者，营造彩画之术语，有所谓雅五墨、大点金者。有贞或曾鼓煽兴造，故肃愍以谐语调之。脱土墼者，指造甓建闸，盖景泰三年河决沙湾后，有贞建堰闸于张秋镇。夫屡塞屡决，河之常态。决而复塞，则工之所期。有贞此役，阅五百五十日而工成，亦非当机奏效者比。肃愍此语，当在最后工竣之前，其工之反复张皇，言外正可想见。

或谓截流造闸，多用栅木夯土，以至沉箱而不需烧砖。此语盖为比喻：如云以木工作瓦工之事，宜其无成耳。

夫堵塞之功，纵或全归有贞，而其行险侥幸，贼害善类之恶，远不能相抵折也。又祝允明为有贞外孙，而为文壁之好友，壁之评论有乖大公，其由盖非一端焉。

论 书 散 札

（一）

刘墉于人无称谓，上款每书某某嘱，不得已而有称谓者，又无求正之语。曾见其为果益亭书联，上款题"益亭前辈"四字为识；冶亭书册上款，题"冶亭尚书鉴"五字。故余于刘宦，但呼其名。

（二）

北魏官职有"羽真"一称，史籍及金石中皆见之。《高贞碑》记"贞字羽真"，则又非官名。余尝疑其为"乌珠"之译音，如特勤台吉太极，亦官职，亦名号耳。又"单于"，余亦疑其为"达乌珠"之缩音，单之音禅，则后人妄注也。

（三）

趣真则滞，涉俗则流。此裴休撰《僧端甫塔铭》中语。塔铭谀墓、谀僧、谀阉，殊无足取，惟此八字通于书道。

（四）

尝或歌从军以出塞，曒兮极关山明月之思。萧兮得易水寒风之声。传之乐章，布在人口。

《王之涣墓志》，西河靳能撰此数语。盖记其诗篇流布之盛，可证旗亭画壁遗事之不诬，明人曾疑之，得此可正其误。

（五）

圆姿替月，润脸呈花。唐沙门大雅集右军书兴福寺碑，不知何人撰文，其功德主为宦官某，碑述其妻，作此二语。每展卷临池，常为绝倒。

此阉名文，碑断失其姓氏。

（六）

洛神赋十三行：叹炮娲之无匹兮。以炮娲为女娲耶？抑谓炮羲、女娲分别而无匹耶？且伏、炮同声，互借用字，亦首见于此。

世行十三行有两种，玉版为一类，柳跋为一类。以笔意论，玉版却有柳法。玉版有所谓碧玉、白玉之分，谛审之，白玉盖属复刻，碧玉原石黝黑，既不碧，更非玉也。

（七）

曹娥殉父，故曰孝女。其碑云："哀姜哭市，杞崩城隅。"又云："克面引镜，剺耳用刀。"又云："坐台待水，抱树而烧。"继之云："於戏孝女，德茂此俦。何者大国，防礼自修。"皆拟非其伦。盖古之名媛，殉死从夫者多，以身殉父无事可征。故牵附缀辞，勉成骈语。最可怪者，蔡中郎黄绢之题，直似未读碑文者，乃知附会蔡题者，做贼心虚，设为夜暗手摸之言，以防人问难，可代中郎答之曰："未能看清耳。"

（八）

曹娥碑云："抚节安歌，婆娑乐神。"《后汉书》云："迎婆娑神。"未知为范蔚宗偶误，抑传写之讹也。世习称碑志证史，讵知法帖亦足证史耶！

（九）

昔新悲故，今故悲新。馀心留想，有念无人。

志墓之文多滥调。隋蜀王秀为其美人董氏撰墓志有此四句，语妙得未曾有，余尝一再书之。

（十）

写今人的字容易似，因为是墨迹，他用的工具与我用的也相差不远，如果再看见他实际操作，就更易像了。但我奉告：这办法有利有弊，利在可速成，入门快，见效快。但坏处在一像了谁，常常一辈子脱不掉他的习气（无论好习气或坏习气）。所以我希望你要多临古帖，不要直接写我的字。这绝对不是客气，是极不客气，因为我觉得你写的字大可有成，基础不可太浅，所以说这个话……楷书要注意它的笔画的来去顾盼，不宜一笔只当一个死道去写。

写帖主要抓结构。这是主要的。每笔什么姿势，如颜字捺笔有个权，褚字下笔有个弯，等等，最易迷住眼睛，使人把注意力放在这里，丢失了它的主要矛盾。如果结构对了，点画的姿态即使全都删除，人家也会说像某家，似某帖。

（一九七五年十月七日给徐利明的信）

临拙书甚似，但千万不要再临了。"取法乎上，仅得乎中；取法乎中，斯为下矣。"也不知是谁的话，因为他有理，就得听他的。这并不是我自己谦逊，因为咱们如果共同学习一些古代高手，岂不更好。学现在人最容易像，但一像了，一辈子脱不掉，以后悔之晚矣。我也常教一些最初入门的青少年，索性把我的字让他临，只一有些"得劲"了，立刻停止。看来你已并不是为入门，只是喜爱这一路字，所以更不可再写，千万千万！

……我认为什么都可以写。譬如一个人吃饭，什么主食副食都要吃，因为这时想吃菠菜，当然是他需要铁质了，想吃……都是一理。米面固然是主食，但只吃米饭，也不行。鱼肝油是大补品，但吃几天就腻了。学书固然要专，也要相对的稳定，但吃饭总要保持胃口开着的时候吃，如胃口不开，宁可饿些分钟，写字也是这样。看哪种字、哪个帖好，有"会心"处，何妨拿起笔来写它一气！不管用什么废纸，也可以大写一下，不要太拘泥。又我常劝人写楷书要当行书写，写行书要当楷书写。怎讲呢？楷书各笔有映带，才活。如每笔只"单打一"地写，便死，于结构也无益。当行书写是说每笔有顾盼，于是一个字便是生动的。行书譬如公共汽车或电车的"快车"，并不是从另一条路走，更不是从房上越过，仍然是慢车所走的路线，每站它也经过，只是有些站不停罢了。楷书在结构上的一些重点（或说据点、车站），行书必须经过。如果行书不经车站，便不好看。所以，你写写行书（甚至草书），都于楷书有益；写写楷书，也于行书有益。从前人（如清代人）看不见影印本，谁有一本帖，视如秘宝，写一辈子，是条件使然。咱们的眼界大开，条件方便，所以切不要听那些"保守派"的旧说……

执笔要松，自指尖、手腕、肘、肩，无一处用力才好。当然松到拿不住笔，使不开笔也不行，但不要有半分"僵劲"……悬腕、悬肘等说也不必管，手无僵劲，写熟了，自己也忘了手在悬着没有。古代有一个大胡子的人，有人问他睡觉时胡子在被里还是被外，他原来并没注意过，经这一问，注意答案，一夜没睡着觉。用笔也是如此。

（一九七五年十一月十八日给徐利明的信）

……总之多临帖，少看今人书迹，尤不宜心追目想某近人趣味（无论何人），多看古人墨迹（包括墨迹印本），则血脉俱活。

（一九七六年×月十一日给徐利明的信）

……我总想写石刻本要看出未刻时的墨迹应该是怎样的，哪些地方是刻走了样的。当时的原迹虽已无从看到，但拿其他墨迹来比较，总有一个"理"，有一个规律，譬如人走路，到了转弯时，脸必随着方向转，如果遇到一个人身已左转而脸尚向右，必然是右边有事物，他在回顾。如无可回顾，那必然是他的脖子坏了。石刻亦宜如此看去。

（一九七七年一月二十八日给徐利明的信）

汉人书，今有木简；六朝人书，有高昌墓砖；唐人书有写经及其他字迹；宋以来书，更有许多墨迹。字的间架和行笔的"用意"，都可自石刻上看出，但已隔了一层了。这是我很久的固执想法……

（一九七七年二月二十二日给徐利明的信）

……仍宜多写些楷书、行书，多临帖，多临古名家墨迹，此是营养要素，少看今人的字，少想今人的字……如写隶书，务必多看影印的竹简墨迹……

（一九七八年九月九日给徐利明的信）

记查、王合作二幅

　　查二瞻墨笔山水直幅，仿米家云山，系为笪在辛画者。题云："鹤林名胜自年年，一宿春波画老颠。颠老重来应大笑，何人窃我小乘禅。某壑道人查士标为江上先生图，并系以诗。"此画经王石谷再加点染，题云："江上先生为余言，读书鹤林之杜鹃楼，每从雨后对磨笄鸿鹤山色，正是米家粉本。先生携示二瞻此图，复为指点峦岫回合，云烟吞吐之状，属余重加渲染，如幼霞善长商榷作狮子林图故事，他日二瞻见之，应笑我颠更甚也。壬子九月廿六日，乌目山中人石谷王翚。"又有恽南田题云："润州江山，南宫所谓画材者，此鹤林烟雨，江上翁位置，属二瞻图之，复属石谷重加点染，遂成妙本，堪与海岳相敌，查、王合作，墨林佳话也。十月朔，毗陵恽寿平题。"又有笪氏自题云："安时堂珍藏鹤林烟雨图，郁冈居士笪在辛自记。"

　　又查画墨笔山水直幅，亦为笪在辛作者，题云："名山访胜图拟北苑笔法，为郁冈居士画于丹徒之砚山楼，时积雪凝寒，未克竣事，实为康熙庚戌之十二月也。越次年辛亥五月，居士过访竹西，携之行笥，复命重加点染，始为成之，并识岁月云。士标。"此画亦经石谷再加点染，题云："江上先生与余论画，必以董、巨为宗，时同在毗陵，于庄太史家观龙宿郊民大帧，赞慕不辍，因出示所属查梅壑用北苑法作此一图，为言梅壑笔墨清新，长于云林淡寂一派，此乃其变法者，复命余乘醉灯下重加点染，林峦石势，略为增置，北苑遗意，顿还旧观。始知古人商确（按当做"榷"）作图，未欲草草，江上翁可谓深于鉴古矣。时壬子孟冬既望。乌目山中人王翚识。"按鹤林一图，梅壑所画，云烟淡宕，墨点淋漓，实为佳构。石谷所加笔墨，望而可见。以精能论，固足为梅壑原作平添许多层次，然即无王笔，查画亦非有所不足，而必欲虢国浓妆，飞燕广袖，已未免枉抛心力。然广袖浓妆，尚未致即使虢燕由此而媸。至于访胜一图，椒点墨痕重渍，山皴彼此异格，胜处无多，只觉全幅稠塞而已。查、王精诣，两败俱伤。既请梅壑添毫，复倩石谷加墨，徒彰买菜求益之心，不见澄怀真赏之识。吾于是知笪重光其人之不雅也。

音 布 墨 迹

吾乡书家，康熙时推闻远先生音布。郑板桥有诗纪之，而遗墨罕传。板桥长歌，题曰《音布》，首云：

> 昔予老友音五哥，书法峭崛含阿那。笔锋下插九地裂，精气上与云霄摩。陶颜铸柳近欧薛，排黄铄蔡凌颠坡。墨汁长倾四五斗，残毫可载数骆驼。时时作草恣怪变，江翻龙怒鱼腾梭。

又云：

> 乡里小儿暴得志，好论家世谈甲科。音生不顾辄嚏唾，至亲戚属相矛戈。逾老逾穷逾怫郁，屡颠屡仆成蹉跎。革去秀才充骑卒，老兵健校相遮罗。群呼先生拜于地，塞酒大肉排青莎。音生瞠目大欢笑，狂鲸一吸空千波。醉来索笔索纸墨，一挥百幅成江河。群争众夺若拱璧，无知反得珍爱多。昨遇老兵剧穷饿，颇以卖字温釜锅。谈及音生旧时事，顿足叹恨双涕沱。天与才人好花样，如此行状应不磨。

云云。其绝句题云《音布》，注云："字闻远，长白山人，善书。"诗云：

> 柳板棺材盖破祛，纸钱萧淡挂辆车。森罗未是无情地，只恐人知就索书。

描摹生动，其人其书，不啻跃然纸上。每读此诗，更以不见遗迹为憾。

前年偶得康熙六十一年京师兴隆寺僧通才所书《付法源流》一卷，

盖写付其弟子同铠者。字法拟怀仁《圣教序》，文作骈体，亦清雅无语录气。前有闻远书"授受有本"四字引首。笔势顿挫有骨气，似何义门而略肥，似杨大瓢而略纵，盖书体总关时代，虽豪杰不能超于风气之外也。前钤"赫奢礼"三字椭圆印，后钤"音布之印""闻远"二方印。知先生姓赫奢礼也。赫奢礼，亦作"赫舍里"，金源作"屹石烈"，译音无定字也。

又见故宫所收听帆楼旧藏石涛山水长卷题曰"搜尽奇峰打草稿"者，亦有闻远题识云："禅关寄迹是前因，潇洒风流绝点尘。欲识老僧真笔墨，群山万壑见精神。叶河音布题。"首押"古愚"二字引首，后押"音布之印"、"闻远"两印。字大如李北海《麓山寺碑》，行草磊落，格在前段陈奕禧跋之上。观者自知，非余之私言，且知先生为叶赫地方之赫舍里氏也。

至于有清八旗子弟，全属军籍。虽官爵显达，其籍仍属佐领下。故有官职时则出而任职，无官职时则归于部伍。其后此制度有名无实，以至有势者骄奢，无势者游惰，而清初直至乾隆时，原意固尚未失。故闻远之"充骑卒"，非古代配军之比也。

记《楝亭图咏》卷

《红楼梦》作者曹雪芹的祖父曹寅，字子清，号荔轩。他的别号楝亭，更是人所习知的。他刻的书常以"楝亭"标题，也是他这一别号传播的一个有利条件。若问他这别号的来源，便觉得不够十分具体。近年看到《楝亭图咏》，不但可以印证楝亭别号的来源，还从中看到若干历史痕迹。若从曹雪芹和他的著作方面看，虽不能得到直接的资料，但可以看到他的家世、生活和当时曹家的政治地位及社会地位。所以这份图咏不仅是名人书画真迹，更是重要的文献资料。

《楝亭图咏》现存四卷，内容是清初许多名家所画的《楝亭图》和题咏楝亭的诗、词和赋。各段都是纸本方块，纸色并不一致，可知原来是若干本册页，不知何时被拆开，各自搭配，改装成卷。每卷大致都是前边装几页画，后接若干家题写的诗文。

清陆时化《吴越所见书画录》著录《国朝恽南田诸名贤楝亭诗画卷》一卷，内容是：尤侗的《楝亭赋》，禹之鼎、恽寿平、程义、严绳孙的《楝亭图》，徐乾学、韩菼、徐秉义、尤侗、杨雍建、王鸿绪、宋荦、王士禛题诗。现在这些段有的在这卷中，有的在那卷中。如果陆时化著录的不是摹本，便是陆时化著录那一卷后，又有人续得其他若干段，重新搭配改装。卷中常见有"廙轩"收藏印章，廙轩是清末湖南巡抚俞明镇的号，是否即是俞氏所装不可知。卷中绘画的人，多是当时的大名家，题咏的尤其多是当时的大名人、大官僚。当时各本册页的总数必不止于此，改装成卷时，也不知共装多少卷，但看这仅存的四卷，已

107

足使人惊诧了。

四卷共有图十幅，画者计有：黄瓒、张淑、禹之鼎（两幅）、沈宗敬、陆潒、戴本孝、严绳孙、恽寿平、程义。题咏者计四十五家，计有成德、潘江、吴暻、邓汉仪、王方岐、唐孙华、陈恭尹、吴文源、方仲舒、顾彩、张渊懿、方嵩年、林文卿、袁瑝、姜宸英、毛奇龄、张芳、杜浚、余怀、梁佩兰、秦松龄、严绳孙、金依尧、顾图河、王丹林、姚廷恺、吴农祥、黄文伟、王霭、何焯、徐乾学、韩菼、徐秉义、尤侗（两篇）、杨雍建、王鸿绪、宋荦、王士禛、徐林鸿、冯经世、田时发、邵陵、许孙荺、潘秉义、石经。

这里边有明朝的遗民，有清朝的新贵，也有明臣入清的人物。有诗人，有学者，有画家，更有当时"炙手可热"的大官僚。也有比较冷的名头，我自愧谫陋，一时还没有查出他们的事迹。

各家所题的上款，有题曹寅的字或号的，也有子清（或荔轩）、筠石并题的。筠石是曹寅的胞弟曹宜。

四卷中有纪年的七段，计有甲子（康熙二十三年，公元一六八四）、乙丑（康熙二十四年）、丁卯（康熙二十六年）、庚午（康熙二十九年）、辛未（康熙三十年，四卷中共有这一年纪年的三段）。

图咏的缘起是这样：曹寅的父亲曹玺在江宁任织造时，曾手植一棵楝树，这种树俗名金铃子。曹寅后来继承他父亲也在江宁任织造，为了宣扬他父亲的"遗爱"，所以起这一个亭名，并用作别号。请人作画、作诗、作文来做纪念。在许多诗文中，姜宸英的《楝亭记》一篇说得最概括。逐录于下（段落是我分的）：

本朝设织造，江宁、苏、杭凡三开府。故工部侍郎完璧曹公以康熙初年出苏州督理府事，继改江宁。省工缩费，民以不扰，而上供无阙。公暇，退休读书，除隙地作亭，相羊其中。今户部公时尚幼，朝夕侍侧，知其亭而不能记其亭之所以名也。比奉命来吴门，篡先职，以事先抵金陵，周览旧署，惜亭就圮坏，出资重作，而以公手植之楝扶疏其旁也，遂名之为楝亭。攀条执枝，忾有余慕。远近士大夫闻之，皆用文辞称述，比于甘棠之茇舍焉。

余惟织造之职，设自前朝，咸领之中官，穷极纤巧。竭民脂膏，期于取当上旨，东南民力，不免有杼轴其空之叹。及于季世，大珰柄政，中外连结，钩党构衅，至于众正销亡，邦国殄瘁，斯一代得失之由，非细故矣。

今天子亲御澣濯，后宫皆衣弋绨，为天下节俭先。两省织造，俱用亲近大臣廉静知大体者为之，而曹氏父子，后先继美。及是亭之复，搢绅大夫，闻先侍郎之风，追慕兴感，与户部公特诗歌唱酬而已。则夫生长太平无事，所以养斯世于和平之福者何如！而是亭之有无兴废，可以不论也。辛未五月，与见阳张司马并舟而南，司马出是帖，令记而书之。舟居累月，精力刌敝，文体书格，俱不足观，聊应好友之命，为荔翁先生家藏故事耳。慈溪姜宸英并记于梁溪舟次。

我们知道清代特别是前期，鉴于明代太监干预政事的弊病，对于太监的抑制是非常尽力的。但是有许多的事，是统治者不能一律交给外廷官员办的，于是那些事便落到内务府旗籍人的身上。按内务府人，满语称为"包（家）衣（的）尼阿勒麻（人）"。原来清初各旗都由王公贵爵为旗主，各旗也都有"包衣人"。而镶黄、正黄、正白三旗，是由最高统治者自领，也即是皇室的亲军。号称上三旗，后来这三旗的"包衣人"便成了专管皇帝家政的内务府旗籍。其他五旗，号称下五旗，其"包衣人"便成为各王公贵爵府中的"包衣人"。在汉语中，"内务府"和一般"包衣"有高低之别，而在最初的满语中，都只是"包衣"一词。简单地说，"内务府"籍，即是皇帝的"家人"，从广义说，封建时代，一切被统治者都被认为是皇帝的"臣"或"奴才"，但内务府籍更具体地是给皇帝办理私事的。因此清代有许多"差使"的缺额成为内务府旗人专利品，除了京中的内务府各司等等职务之外，像外任的各海关和织造等，也是这般人的专缺。大家习知，清代皇帝宫廷的用费收入和用物采购，是靠税关和织造的。而这种官职又是最"肥"的缺。于是凡得一任这类"差使"的人，便顿时成为"暴发户"，何况像曹家这样蝉联几任、递传几代呢？清前期的皇帝也很"机灵"，鸭子肥了，可以烹食；奴才肥了，可以抄家。于是这些人也就常见被籍没的。

这些人，得任这些差事，当然是因为可被皇帝亲信的，而清初时期，江南地方，对清朝皇帝来说，更是非常重视的。所以皇帝在当时有许多不能公开的事，也很自然地由他们承担起来。例如置办什么"以荡上心"的"奇技淫巧"，伺察什么官僚们的行动，以至拉拢什么在当时有声望有地位的人物等等。于是这般人的开支，也就必然有绝大的活动余地，而有形的职权和无形的势力，也就不难想象了。所以他们的富可以超乎一般贪污的范围，而他们的贵也另有"三公不易"的。至于曹锡远一家，在清朝统治集团中，虽是"内务府汉军"，但他们从辽东即属基本的队伍，并不同于某些后来编入旗籍的"汉军"，而且清初有许多内务府汉军被编入满洲旗下（大约在乾隆的时候又有许多改编汉军）。所以他们受到清代皇帝的特殊信任，是有由来的。

从这四卷中初步看到许多对于研究当时历史情况有关的迹象。例如：当时大官僚，特别是隐持实力的像徐乾学，后来直到被攻击下台时，皇帝还赐给他"光焰万丈"的匾额，可谓炙手可热的了。再像王鸿绪也是具有特殊的政治势力的人，举一小例说，他可以不费一文钱一下子吃没了高士奇全部的古董，其他可想而见。但这些人对于曹寅，却一一恭恭敬敬地赋诗，亲笔小楷缮写，难道完全出于尊敬曹玺、佩服曹寅吗？还有明遗民像恽寿平、陈恭尹、杜浚、余怀等，在当时"故国之思"是非常明显的，操行也相当坚定的，但也不能不敷衍曹寅。恽寿平尽管画得非常潦草、不题上款，从画上几乎听到他说"爱要不要！"，但究竟还得写上"楝亭图"三个字。陈恭尹等，不管他的诗是否收入集子，也仍然要赋咏那个楝亭的题目。这些可以见到曹寅的势力，如果深一步推测，这些书画的背后，也即透露着曹寅拉拢这般人的痕迹。

再看成德和汉军张纯修是莫逆之交，今传世有他给张的二十九札，可以看到他们的友谊深厚。成德死后，张曾为他刻《饮水诗词》。又传世有《楝亭夜话图》是张纯修所画。内容是画他和曹寅、施世纶同在楝亭中夜话的纪念图。后有曹、施的诗跋。大家知道,施世纶即是小说《施公案》中的施公,也是当时皇帝的亲信爪牙之一。知道他们四人之间是往来密切的,这四卷中姜宸英和戴本孝画题中都提到张司马,即是张纯修。而今四卷中并没有张、施的笔迹,且从当时各家诗文集中常见有题楝亭的作品,而不见于这四卷的,可知当时题咏书画,绝不止这些段。

最可笑的是王士禛,他曾累次在他著作的笔记中说明他不善写字,他的字都是他的门人林佶、陈奕禧代笔。但我们看到许多他的亲笔手札、诗稿等,字写得并不坏,又见到他为周亮工、陈其年等人题画册、画卷的字,都和手札、诗稿一样是亲笔,便觉得奇怪,他为什么在当时很流行的著作中宣布代笔人呢?后来见到这幅《楝亭诗》,知道他果有用代笔的时候,后又见曹寅藏董其昌字册,和当时内府籍的官僚卞永誉所藏康熙御笔字卷,都有王士禛题字,都是这个代笔人写的,非林非陈,写的都不高明。因此认为王士禛大概是不愿应酬像曹寅这样的人,甚至在著作中宣布代笔人,说明自己不善书,是为免得人家对他不满。但是再看各家的题咏中,露出另一消息,即是尤侗在诗序中说:"予在京师,于王阮亭祭酒座中得识曹子荔轩",原来曹寅早是王士禛的座上客。那么私室谦谈是一种"交情",赋诗题字又是一种面目。他恐怕没想到这个两重人格无意中被尤侗给透露了。

还有邓汉仪的作品在这四卷中也惹人注意。我们知道《红楼梦》中在袭人嫁给蒋玉菡时引"千古艰难惟一死,伤心岂独息夫人"二句,即是邓汉仪的诗。而这段情节,恰在后四十回里。如果说后四十回是高鹗一手续造的,那么即是高鹗熟习邓诗。且从一些记载中知道,这首诗曾经传诵一时,高氏引用,是并不足异的。但曹雪芹熟习他先人朋友的诗,也很可能,那么后四十回是否曾有曹雪芹遗笔在其中呢?这只是当做一个问题提出,绝不敢据此便这么引申下去以至作出结论来。

刘墉跋唐人写经

刘墉书以官传，其论书之见，又在其书之下也。有清中叶，流传唐人写经残本数段，南海叶氏旧藏二段，割裂为册。其一为《法华经》五十六行，其二为《善见律》二十四行。其后有刘墉及吴荷屋诸人跋。曾影印于《神州国光集》。刘墉跋云："唐人写经，有经生书，有士大夫书。香光谓宋思陵于经生书不收入内府，亦不取院画之意耳。然经生书亦各有师承，此卷乃学钟绍京者。灵文密语，在在当有吉祥云涌现护持，满字半字，固无异也。"按元明以来所见唐人写经，如《西升经》号称褚遂良，《灵飞经》号称钟绍京，绫本《道德经》上卷号称徐浩，实皆经生书也。李唐画院人也，宋高宗题其《长夏江寺图》卷云："李唐可比李思训。"推挹极高，初不以院画而贬斥之。《善见律》元明以来流传尚有一卷，有赵子昂、倪云林、冯海粟诸家跋，经尾有款识，乃贞观中经生国诠所写，卷中正有绍兴藏印，可证曾收入南宋内府。其笔迹与叶氏所藏此残本丝毫无异，殆同帙中散开者。刘墉所谓钟绍京，盖指《灵飞经》。无论《灵飞》之非绍京，藉使果属钟书，而贞观时人何从预学之？以字迹风格言，此本与《灵飞》亦并不似。或谓刘跋原应在《法华经》残本之后，见耕霞溪馆、山海仙馆诸帖，后世与《善见律》残本合装，故刘跋遂次于册后。然《法华》五十六行亦初唐人书，字体与《灵飞》亦不类也。又佛家称灵文密语，盖谓真言，故译者不翻，非谓经论，尤与律藏无关。而满字半字，乃佛家借喻大乘小乘者，更非谓卷册之完缺。董香光语见《灵飞经》跋，已属无据，而刘墉此跋，竟无一语不误，亦云奇已！

记《艺舟双楫》

包慎伯《艺舟双楫·历下笔谈》云:"北朝人书,万毫齐力,故能峻;五指齐力,故能涩。长史之观于担夫争道,东坡喻上水撑船,皆悟到此也。"按汉景帝为太子时,吴太子贤侍博争道不恭,太子引博局提贤杀之。事见《史记·吴王濞传》。所博盖围棋、双陆一类之物,所争,局上行道耳。其博法至唐犹存。张旭观公主与担夫争道而悟笔法事,见《唐书》本传。慎伯不知争道之说,以为相逢狭路,攘臂而争之走道也,竟以"齐力"解之。又怪公主何能与担夫角力,遂删去"公主"二字,便成担夫互争,以与东坡之喻为偶,读之足以解颐。或曰唐人固有攘臂而争走道者,《西阳杂俎》卷十二:"黄翩儿,矮陋机惠,玄宗常凭之行,问外间事,动有锡赏,号曰肉杌。一日入迟,上怪之,对曰:今日雨淖,向逢捕贼官,与臣争道,臣掀之坠马。因下阶叩头。上曰:外无奏,汝无惧,复凭之。有顷京尹上表论,上即叱出,令杖杀焉。"按公主担夫所争,藉使果为驰道,然公主出行,必有导从,骤遇担夫,无待手自对搏。然则其为争博局之道,更可无疑矣。

包慎伯《论书绝句》自注云:"伯英变章为草,历大令而至长史,始能穷奇尽势。然惟《千文》二百余字是真迹,他帖皆米、赵以后俗手所为。"按《绛帖》有长史千文残字,重摹于《筠清馆帖》,仅数十字。惟宋嘉祐时李丕绪刻有草书《千文》残本二百三十五字,其石今在陕西碑林。然其字乃朱梁乾化中僧彦修所书,见于李丕绪跋。慎伯所见,殆失去李跋之本耳。

包慎伯云："用笔之法，见于画之两端，而古人雄厚恣肆，今人断不可企及者，则在画之中截。"又云："试取古帖横直画蒙其两端而玩其中截，则人人共见矣。"充此说也，则板凳、门闩、房梁、树干，无不胜于古帖之横直画，若铁轨绵延，累千万里而不见两端，惜慎伯之不及见也。

记《广艺舟双楫》

康南海志在变法，撰《新学伪经考》，意欲托古改制。作一时一家之政论观，自无不可，其于科学考古，固无关也。所著《广艺舟双楫》，亦颇烜赫有名，以其词辨可喜也。学者或案其说以学书，又未有不生茫然之叹者。所述书法宗派，某出于某，更凭兴会所至，信手拈来。包慎伯已骋舌锋于前，此更变本加厉焉。最可笑者，今文家斥古文经为刘歆伪造，指其书籍而言也。康氏则云："古文为刘歆伪造，杂采钟鼎为之。"又云："若钟鼎所采，自是春秋战国时各国书体，故诡形奇制，与《仓颉篇》不同。"又云："若论笔墨，则钟鼎虽伪，自不能废。"又云："钟鼎虽为伪文，然刘歆所采甚古，考古则当辨之。"其所言，自相矛盾。第一条似谓刘歆采钟鼎之文以伪造经书。第二条似谓钟鼎之文不古。第三条则直谓凡钟鼎文皆伪。第四条则似谓钟鼎文为刘歆采更古之文字以造者。综而观之，其逻辑当如下：古文字体，为刘歆杂采各国文字所伪造，钟鼎器物铭文为春秋战国字体，故钟鼎亦俱为刘歆所伪造。康氏继云："戊子再游京师，见潘尚书伯寅、盛祭酒柏羲所藏钟鼎文以千计，烂若云锦，天下之大观也。"今姑不论后出铜器几千几万，即以此千件而言，其为刘歆一手伪造乎，抑为造器之人一禀刘氏之说，专以刘氏伪造之字体书写铸刻乎？可见此老于何为古文，似尚瞢瞢也。

盛祭酒《郁华阁诗集》卷三有《戏作俳谐体同云门》诗二首，有句云："艺舟单橹姓名扬。"自注云："某君续《艺舟双楫》只有书法，胡石查司马谓为艺舟单橹。"按《广艺舟双楫》后更名《书镜》，殆为此耳。又闻苍虬老人言，昔南海寓青岛，游古董肆，肆主出古画，率为顾、陆、荆、关之类名头，价俱若干千若干万。南海阅之，必叹赏不止，且为评其甲乙，曰某神品，某逸品；某第一，某第二。肆主亦喜形于色，请其留购，南海曰，贬价始可。肆主请其数，南海郑重答之，某三元，某五元。肆主竟允售焉。当时在旁者未尝不以忍笑为难，而南海则昂然持画归。其万木草堂中藏品，大率此等物也。

苍虬老人又云，曾有人求南海题古画，南海首书曰："未开卷即知为真迹。"见者莫不捧腹。

汉《华山碑》之书人

汉碑少有书者姓名，西岳华山庙碑后云：

> 京兆尹敕监都水掾霸陵杜迁市石，遣书佐新丰郭香察书，刻者颍川邯郸公脩、苏张工、郭君迁。

于是聚讼纷纭，从兹以起。约而言之，盖有六类。

第一类，承认是姓"郭"名"香察"之人所书者：如明郭宗昌及其友人跋此碑华阴本后，每称"新丰郭香察书西岳华山庙碑"，甚至直称之为"香察碑"。

第二类，认为碑是蔡邕所书，郭香为审察他人之书者：唐徐浩《古迹记》称此碑为蔡邕所书。既以为蔡书，则碑上明标"郭香察书"字样，遂无处安顿。故必须挤掉郭香察之书碑权，始可以树立蔡邕书碑之名。宋洪适《隶释》曾举三点以论其非郭香察书，而为蔡书，一为"丰"字形体，二为东汉无二名，三为汉碑无书人名。其无二名说，最为诸家所沿袭。洪氏云："东汉循王莽禁，无双名，郭香察书者，察莅他人之书。"此说附和者最多，不详举，而再提旁证起捧场之作用者为翁方纲。翁跋此碑长垣本云："汉碑惟郙阁颂有书者姓名耳。是碑察字，犹钟鼎篆文某官某省之省也。"明赵崡《石墨镌华》云："市石、察书为二事，则洪公言，亦似有据。"

第三类，对第二类说法持怀疑态度者：宋荦题长垣本诗云："郭香察书义莫辨，徐洪考究终茫然。"同本吴士玉题诗云："古碑谓不署姓名，或云中郎亦罕据。"同本成亲王题诗云："察书市石无了期，小儒舌敝决以臆。"同本铁保题诗亦云："郭香察书辨者多，臆说纷纭互嘲侮。"虽不主其说，但亦未提出正面论证。

第四类，对第二类说法再申反对理由者：郭宗昌跋华阴本驳东汉二名之说云："碑建于延熹，而谓以莽制，东京无二名，察书者，监书也。夫莽，汉贼也……安有世祖正位二百年尚尊莽制不衰邪？"下文又举莽孙本名"会宗"，改为"宗"，复名"会宗"之事，谓"是当莽世亦自有二名也。况即往牒一按，二名不可胜纪，则瞽说无据，益可笑也。"盖郭宗昌为确信碑为郭香察所书者。

第五类，论证不足，进退失据，终以"不可晓"之说了之者：赵崡既为洪适寻出注脚矣，又觉蔡邕与郭香察发生矛盾。《石墨镌华》同条又云："但书虽遒劲，殊不类中郎。郭香何人，乃莅中郎书耶？且市石、察书、刻者皆著其名，而独无中郎名，何也？徐浩生唐盛时，去汉近，其人又深于字学，不应谬妄至此，皆不可晓。"舍近求远，自取纠缠，只得以"不可晓"三字了之。

第六类，附会史传人名以圆其说者：长垣本冯景跋，以洪适"察书"之说为是，且附和东汉无二名之说，但自于史书中见东汉二名者，皆汉宗姓，如广陵侯元寿，广川王常保，清河王延平，齐王无忌之属。又其他刘姓如刘骍騟、刘能卿、刘侠卿、刘文河等。并谓若庶姓，则十而九为单名。又云："或曰：必其时实有郭香其人，明见汉史，乃可信耳。予初睹郭香姓名甚熟，恍惚如曾寓目者，因穷旬日之力，遍雠《后汉书》，得之《律历志》。灵帝熹平四年，五官郎中冯光等言，历元不正，太史治历郎中郭香、刘固，意造妄说云云。此非即察书其人耶？以灵帝熹平四年，上距桓帝延熹八年，第十年耳。十年之间，由书佐迁郎中，仕宦常理，讵不可信耶？"

所谓东汉无二名之说，殊属无稽，郭宗昌所举之外，其例尚多，亦非如冯景所指限于汉室宗姓也。宋人张淏《云谷杂记》补编卷二，"后汉亦有二字名"条："当莽时故有明禁，暨光武即位以来，士大夫相循袭，复名者极少，但不可谓无也。苏不韦，字公先，有传附于《苏章传》后；孔僖二子，曰长彦、秀彦；又有刘騊骎，尝与刘珍校定东观书；谢承《汉书》有云中丘季智，名灵举；《郭泰传》有张孝仲、范时祖、召公子、许伟康、司马子威。此数人者，出于刍牧置邮屠沽卒伍，决非以字行者，其为名无可疑。如此之类，见于书传中，今可考也。"又明沈德符《万历野获编》卷十，"词林单名"条："后汉人无复名，向以为王莽禁之，然而无据，况有马日䃅诸人，则仍复名也。"

近代欧阳辅《集古求真》卷三于洪氏所持三项理由（一、丰字之写法，二、东汉无二名，三、汉碑无书者名），一一驳斥。其于二名问题，先引王世贞所举如：邓广德、梁不疑、成翊世、邓万世、王延寿，又举郑小同、苏不韦、谢夷吾。又举汉碑中晁汉彊字产伯、严子修字仲容，金恭□字子肃。又举本碑内证，有邯郸公脩、郭君迁等。又列举汉碑有书碑人诸例。且更举察书说之反证云："请问汉碑尚别有署察书者乎?"其说至辨。

综观以上诸说，所以使"小儒舌敝"者，其故有二：

（一）蔡中郎名头高大，天下碑版之名皆归之。蔡撰碑文多巨作，集中累见，遂因撰碑，讹及书碑。又熹平中鸿都门立石经碑，董其事者，蔡邕之外，尚有马日䃅、堂谿典等，残石中可考见者，不下二十五人。自《后汉书·蔡邕传》专以书石之功归蔡，于是蔡邕遂成为书碑专家，近人马叔平先生（衡）撰《汉石经集存》，提出驳议，谓石经碑石既多，制作时间又短，不可能为蔡一手所书，其言极为近理。徐浩虽生于唐，而考古讵尽精密? 不信碑石，而信徐说，正如韩非所记郑人市履，"宁信度，无自信也"（《外储说》左上）。

（二）郭香察失去书碑权，半由被蔡邕所挤，半由其职衔过卑。论贵诛心，实以轻其为书佐耳。盖自唐宋以来，伐石谀墓，撰文书丹，必以达官显宦。遂觉区区书佐，岂可书碑! 不知书佐下僚，不乏英俊，如《范滂传》中，书佐朱零，不肯诬证范滂，节义炳然，固无忝于中郎。其以无二名之说轻轻抹煞郭香察之名者，其意深，其术巧。至于赵崡，遂有"郭香何人，乃莅中郎书"之语，郭氏至此，于仅存之察书权亦几乎又被挤去，其故胥由官卑职小，而洪氏之心，亦正在于是也。

明乎此，乃知唐代待诏、令史所书告身，俱化为徐浩、颜真卿；经生、书手所书释道经，俱化为褚遂良、钟绍京，其故一也。

吾读此碑诸跋，最不能忍笑者，厥为冯景一篇。苦搜范书，居然得一姓郭名香之人，此尚不足奇。所妙者，其人居然官为郎中，竟使寒微之书佐，前程远大，有官可升，于是得以保留察书之资格。所惜其时赵崡已死，不及见此中郎郎中，衣冠赫赫，聚于一碑之下也！

此碑所见印本六种，（一）长垣本；（二）华阴本；（三）四明本（以上三本端氏影印）；（四）小玲珑馆本（东莞容氏影印）；（五）欧阳辅藏本（欧阳氏影印）；（六）章薆藏本（涵芬楼影印）。其未经影印流传者，尚不知多少也。

武则天所造经

曾见残本唐写《法华经》尾题一段，存十八行，首行只有"子太师"三字，上下俱残。次行以下无损。自次行起，文曰："疏英。赞纽地之宏图，翊经天之景运。先妣忠烈夫人太原王妃，蹈礼居谦，韫七诚而垂裕；依仁践义，总四德以申规。柔训溢于丹闱，芳徽映乎彤管。资忠奉国，尽孝承家。媛范光于九区，母仪冠于千古。弟子早违严荫，已缠风树之哀；重夺慈颜，倍切寒泉之慕。霜露之感，随日月而逾深；荼蓼之悲，终天地而弥痛。爰凭法镜，庶展荒矜。奉为二亲，敬造《妙法莲华经》三千部。豪分露彩，还符甘露之门；纸散花编，遽叶贯花之典。半字满字，同开六度之因；大枝小枝，并契三明之果。伏愿先慈传辉慧炬，托荫禅云。百福庄严，万灵扶护。临玉池而濯想，践金地以游神。永步祇园，长乘轮座。傍周法界，广币真空。俱登十善之缘，共叶一乘之道。"功按：此武则天为其父母所造经也。《旧唐书·高宗纪》："咸亨元年九月甲申，卫国夫人杨氏薨，赠鲁国夫人，谥曰忠烈。闰月壬子，故赠司徒周忠孝公士矱赠太尉太子太师太原郡王。赠鲁国忠烈夫人赠太原王妃。"此经即是时所写，字体精严，雅近欧书《皇甫诞》、《温大雅》诸碑，而血脉腴润，故非石刻所能及。其识语，文词巧丽，与书相称，俱当时之首选。《法华经》每部七卷，三千部计有二万一千卷，而今日所存，只此跋尾半段。乃知文字寿世，别有其故，初不在多也。

121

李白《上阳台帖》墨迹

我们每逢读到一个可敬可爱作家的作品时，总想见到他的风采，得不到肖像，也想见到他的笔迹。真迹得不到，即使是屡经翻刻，甚至明知是伪托的，也会引起向往的心情。

伟大诗人李白的字迹，流传不多，在碑刻方面，如《天门山铭》、《象耳山留题》等，见于宋王象之《舆地纪胜·碑目》。游泰山六诗，见于明陈鉴《碑薮》。《象耳山留题》明杨慎还曾见到拓本，现在这些石刻的拓本俱无流传，原石可能早已亡佚。清代乾隆时所搜集到的，有题安期生诗石刻和隐静寺诗，俱见孙星衍《寰宇访碑录》卷三，原石今亦不知存亡，拓本也俱罕见。但题安期生诗石刻下注"李白撰"，未著书人，是否李白自书还成问题。隐静寺诗，叶昌炽《语石》卷二说它是"以人重"，"未必真迹"。那么要从碑刻中看李白亲笔的字迹，实在很不容易了。许多明显伪托，加题"太白"的石刻不详举。

其次是法帖所摹，我所见到的有宋《淳熙秘阁续帖》（明金坛翻刻本、清海山仙馆摹古本）、宋《甲秀堂帖》、明《玉兰堂帖》、明人凑集翻摹宋刻杂帖（题以《绛帖》《星凤楼帖》等名）、清《翰香馆》《式古堂》《泼墨斋》《玉虹鉴真续帖》《朴园》等帖。各帖互相重复，归纳共有六段：一、"天若不爱酒"诗；二、"处世若大梦"诗；三、"镜湖流水春始波"诗；四、"官身有吏责"诗；五、玉兰堂刻"孟夏草木长"诗；六、翰香馆刻二十七字。这二十七字词义不属，当出摹凑；"孟夏"一帖系失名帖误排于李白帖后；"官身"一首五言绝句是宋王安石的诗，这帖当然不是李白写的；俱可不论。此外三诗帖，亦累经翻刻（《玉虹》虽据墨迹，而摹刻不精，底本今亦失传），但若干年来，从书法上借以想象诗人风采的，仅赖这几个刻本的流传。

至于《宣和书谱》卷九著录的李白字迹，行书有《太华峰》《乘兴帖》。草书有《岁时文》《咏酒诗》《醉中帖》。其中《咏酒》《醉中》二帖，疑即"天若""处世"二段，其余三帖更连疑似的踪迹皆无。所以在这《上阳台帖》真迹从《石渠宝笈》流出以前，要见李白字迹的真面目，是绝对不可得的。现在我们居然亲见到这一卷，不但不是摹刻之本，而且还是诗人亲笔的真迹（有人称墨迹为"肉迹"，也很恰当），怎能不使人为之雀跃呢！

《上阳台帖》，纸本，前绫隔水上宋徽宗瘦金书标题"唐李太白上阳台"。本帖字五行，云："山高水长，物象万千，非有老笔，清壮何穷！十八日，上阳台书。太白。"帖后纸拖尾又有瘦金书跋一段。帖前骑缝处有旧圆印，帖左下角有旧连珠印，俱已剥落模糊，是否宣和玺印不可知。南宋时曾经赵孟坚、贾似道收藏，有"子固"白文印和"秋壑图书"朱文印。入元为张晏所藏，有张晏、杜本、欧阳玄题。又有王余庆、危素、驺鲁题。明代曾经项元汴收藏，清初归梁清标，又归安岐，各有藏印，安岐还著录于《墨缘汇观》的"法书续录"中。后入乾隆内府，著录于《石渠宝笈初编》卷十三。后又流出，今归故宫博物院。它的流传经过，是历历可考的。

据什么说它是李白的真迹呢？首先是据宋徽宗的鉴定。宋徽宗上距李白的时间，以宣和末年（1125 年）上溯到李白卒年，即唐肃宗宝应元年（762 年），仅仅三百六十多年，这和我们今天鉴定晚明人的笔迹一样，是并不困难的。这卷上的瘦金书标题、跋尾既和宋徽宗其他真迹相符，则他所鉴定的内容，自然是可信赖的。至于南宋以来的收藏者、题跋者，也多是鉴赏大家，他们的鉴定，也多是精确的。其次是从笔迹的时代风格上看，这帖和张旭的《肚痛帖》、颜真卿的《刘中使帖》（又名《瀛州帖》）都极相近。当然每一家还有自己的个人风格，但是同一段时间的风格，常有其共同之点，可以互相印证。再次，这帖上有"太白"款字，而字迹笔画又的确不是钩摹的。

另外有两个问题，即是卷内虽有宋徽宗的题字，但不见于《宣和书谱》（玺印又不可见）；且瘦金跋中只说到《乘兴帖》，没有说到《上阳台帖》；都不免容易引起人的怀疑。这可以从其他宣和旧藏法书来说明。现在所见的宣和旧藏法书，多是帖前有宋徽宗题签，签下押双龙圆玺；帖的左上角、左下角、右下角分钤"政和""宣和"小玺；后隔水与拖尾接缝处钤以"政和"小玺，尾纸上钤以"内府图书之印"九叠文大印。这是一般的格式。但如王羲之《奉橘帖》即题在前绫隔水，钤印亦不拘此式。钟繇《荐季直表》虽有"宣和"小玺，但不见于《宣和书谱》。王献之《送梨帖》附柳公权跋，米芾《书史》记载，认为是王献之的字，而《宣和书谱》却收在王羲之名下，今见墨迹卷中并无政、宣玺印。可知例外仍是很多的。宣和藏品，在靖康之乱以后，流散出来，多被割去玺印，以泯灭官府旧物的证据，这在前代人记载中提到的非常之多。也有贵戚藏品，曾经皇帝赏鉴，但未收入宫廷的。还有其他种种的可能，现在不必一一揣测。而且今本《宣和书谱》是否有由于传写的脱讹？其与原本有多少差异？也都无从得知。总之，帖字是唐代中期风格，上有"太白"款，字迹不是钩摹，瘦金鉴题可信。在这四项条件之下，所以我们敢于断定它是李白的真迹。

至于瘦金跋中牵涉《乘兴帖》的问题，这并不能说是文不对题，因为前边标题已经明言"上阳台"了，后跋不过是借《乘兴帖》的话来描写诗人的形象，兼论他的书风罢了。《乘兴帖》的词句，恐怕是宋徽宗所特别欣赏的，所以《宣和书谱》卷九李白的小传里，在叙述诗人的种种事迹之后，还特别提出他"尝作行书，有'乘兴踏月，西入酒家，不觉人物两忘，身在世外'。字画飘逸，乃知白不特以诗名也"。这段话正与现在这《上阳台帖》后的跋语相合，可见是把《乘兴帖》中的话当做诗人的生活史料看的。并且可见篆录《宣和书谱》时是曾根据这段"御书"的。再看跋语首先说"尝作行书"云云，分明是引证另外一帖的口气，不能因跋中提到《乘兴帖》即疑它是从《乘兴帖》后移来的。

李白这一帖，不但字迹磊落，词句也非常可喜。我们知道，诗人这类简洁隽妙的题语，还不止此。像眉州象耳山留题云："夜来月下卧醒，花影零乱，满人襟袖，疑如濯魄于冰壶也。李白书。"（《舆地纪胜》卷一三九碑记条、杨慎《升庵文集》卷六十二）又一帖云："楼虚月白，秋宇物化，于斯凭阑，身势飞动。非把酒忘意，此兴何极！"（见《佩文斋书画谱》卷七十三引明唐锦《龙江梦余录》）都可以与这《上阳台帖》语并观互证。

或问这卷既曾藏《石渠宝笈》中，何以《三希堂帖》《墨妙轩帖》俱不曾摹刻呢？这只要看看帖字的磨损剥落的情形，便能了然。在近代影印技术没有发明以前，仅凭钩摹刻石，遇到纸敝墨渝的字迹，便无法表现了。现在影印精工，几乎不隔一尘，我们捧读起来，真足共庆眼福！

宋拓薛绍彭刻唐摹《兰亭帖》

　　宋代鉴定家薛绍彭翻刻"定武《兰亭》"一事在宋桑世昌《兰亭考》卷六、卷七和曾宏父《石刻铺叙》卷下，都有所记载，因此大家多知道薛绍彭与定武石刻的关系，至于他所摹刻的唐摹本，因拓本流传太少，宋以后研究《兰亭》的人，极少提到它。

　　这卷是薛绍彭据自己所藏的唐拓硬黄本摹刻入石的，唐人用黄色蜡纸钩摹复制古代法书，称为硬黄向拓，这种复制本在当时是比较能够传真的。薛绍彭在帖后还题了一首诗，大意说：《兰亭》真迹既已殉葬，古石刻的笔画锋芒已失，好似拙笔所书，它误了许多学习书法的人。只有贞观时的向拓本还具有原迹的形象，它与古石刻本虽然像是两派，但出自同一来源，王羲之原迹的妙处，在这里已然没有隐藏地表露出来，可算是还了《兰亭》的本来面目了。今按这卷拓本发现后，看到了宋代书法名家薛绍彭为什么对于唐摹本有这样高的评价。

　　这卷从笔法、结字等各方来看，和唐摹"神龙本"极为相似，使我们对于现存的唐摹墨迹和王羲之的书法面貌，有了进一步的了解，这卷摹刻得相当精致，笔法姿态，大体都能看到，因此它不但是研究书法沿革方面的一件历史资料，还是学习书法艺术方面的一件借鉴资料。

　　薛绍彭字道祖，是米芾的朋友，在书法艺术成就上二人也是齐名的，但薛的字迹流传较少，现存只有几件行草书，这卷中的楷书题字，师法钟繇，也是新的发现。

　　古代鉴定或收藏书画的人，常在书画上签名，称为"押署"，又称

"押字"。这卷内"僧"字、"察"字即是梁代徐僧权和隋代姚察在《兰亭》原迹上所签，被摹拓人一同摹下。薛绍彭也在卷中签名，表示他曾鉴藏。

这卷石刻拓本，在南宋时曾为游似收藏。游似字景仁，好收集《兰亭》拓本，各加标题，这卷有他题"右潼川宪司本"六字。他的藏本多由赵孟林装潢，常钤有"赵氏孟林"印章。游似曾做宰相，所以他藏的《兰亭》世称"游相本"。至于清代周寿昌根据另一种题为"潼川宪司本"的《兰亭》说这卷不是"潼川本"，这究竟是游似误题、后世误裱、周寿昌误考，还是潼川曾有两石，还有待于再考，但这对于本卷的研究和借鉴上，关系是不大的。

薛氏题跋第六行、七行之间，空处较大，曾刻有两行字迹，又被磨去。薛诗载在《兰亭考》卷十，句数与本卷相符，可知薛诗并无残缺。

这卷自南宋游似藏后，明、清两代，曾经晋王朱棡、项元汴、安岐、张若蔼、英和、吴荣光、孙尔准、崇恩、毛昶熙、周寿昌鉴定或收藏，各有他们的印鉴或题跋。现藏故宫博物院。

颜书《竹山堂联句》

昔年曾于张葱玉先生家见颜鲁公《竹山堂联句诗》墨迹册。即《秋碧堂帖》所刻之底本。绢本。原为挂幅，裁割成册。后有米友仁奉宋高宗命跋尾二行。确是绍兴御府故物。米跋在册后，知其裁剪最迟不晚于绍兴时也。近人岑仲勉《贞石证史》据《秋碧堂帖》谓颜公结衔，各碑俱为"鲁郡开国公"，此帖独作"鲁郡公"，指为伪作。功按原迹"郡公"二字之间，绢地无缝，知非剪失"开国"二字，似岑说不为无据。然小米跋则千真万确，颜书笔法虽与《颜氏家庙碑》等不近，而与《李元静碑》相似。且自此墨迹观之，绝非南宋人笔，其故究何在乎？偶读欧阳修《集古录跋尾》，卷七有云："《大唐中兴颂》，元结撰，颜真卿书。书字尤怪伟，而文辞古雅。世多模以黄绢为图障。碑在永州，摩崖石而刻之。"乃悟此《联句诗》殆亦北宋时以黄绢摹作屏障之物，其有遗字脱文，殊不足异。剪装为册，或由于屏幛残缺，或为便翻阅弄藏，今已不可得知。惟以为颜书真迹，固未可凭；斥为臆造，亦非定论耳。

柳公权《蒙诏帖》

　　柳公权《蒙诏帖》一幅，黄纸，行书，字大者二寸余，共七行，文曰：

　　　　公权蒙诏，出守翰林，职在闲冷，情亲嘱托，谁肯响应？深察感幸！公权呈。

　　此帖明末在冯铨家，刻入《快雪堂帖》。后入乾隆内府，刻入《三希堂帖》。今在故宫博物院，有影印本（在《法书大观》册内）。笔势奔放，中多燥墨，不似双钩廓填，但体势与《阁帖》卷四所收《圣慈》等帖不类，且首三句行文殊不辞，"守"字如为守某官之守，上文何以加"出"字？如为出守外郡之守，则翰林并非州郡。且所谓"闲冷"，指翰林乎？指郡守乎？张勺圃丈（伯英）曾谓帖文与宋刻《兰亭续帖》所刻不同，而定此为赝本。《兰亭续帖》果何如？萦梦寐者十余年。丁酉春在上海博物馆获见之，盖即勺丈所见之本。其后又于友人家见《续帖》，中有柳帖，更完整胜上海本。柳帖字大寸许，与《圣慈》等帖笔势结体俱相似，宋代蔡京兄弟行书正学此种。乃知今传墨迹本是他人放笔临写者，且删节文字，以致不辞。《续帖》刻本之文云：

　　　　公权年衰才劣，昨蒙恩放出翰林，守以闲冷。亲情嘱托，谁肯响应？惟深察！公权敬白。

唐《苏君墓志》

　　潍县陈氏旧藏唐《苏君墓志》残石，右边及右上角残失。以铭辞首云"于嗟苏君"，知其姓苏。小楷书如指甲大，甚精。且只有竖行，而无横行，与一般方格者不同。中云："建中二年（下缺）政里之私第，春秋历一百八十六甲子矣。"又云："以贞元二年五月六日，迁窆于终南，祔之旧茔，礼也。询时之制，以塔代封，略述斯文，刊于贞石。"盖亦《王居士砖塔铭》之类也。一百八十六甲子，盖一万一千一百六十日，以三百六十日除之，实三十一周岁耳。钱竹汀《十驾斋养新录》卷十五"茹守福墓志"条云："守福卒于开元十一年八月。志云享年三百三甲子四旬又二日。盖用绛县纪年之法，其寿当不盈五十也。"按此与苏氏志纪年同法。茹氏之年盖五十周岁又二百二十二日也。

李后主《临江仙》词

李后主有亡国一事，于是其一举一动，皆遭附会与亡国有关。又不幸而书佳词妙，亡国之事，乃更有可傅丽而渲染者焉。"樱桃落尽春归去"一词，流传草稿数纸，后人各就其所见者以骋臆说，于是此词在后主诸诗词中，又成聚讼之端。综观宋人所记，当时此稿流传盖有二本，其甲本阙末三句；其乙本为全首并附录太白诗。

关于甲本。胡仔《苕溪渔隐丛话》前集卷五十九引蔡绦《西清诗话》云："南唐后主围城中作长短句，未就而城破。'樱桃落尽春归去……望残烟草低迷。'余尝见残稿，点染晦昧，心方危窘，不在书耳。艺祖云：李煜若以作诗工夫治国事，岂为吾虏也！"其后苕溪渔隐考证以为伐江南城破在十一月，此词咏春景，则蔡言未就而城破者非是。但又谓金陵围城凡一年，此乃城围而未破时作。

《诗话总龟》云："自古文人虽在艰危困黯之中，亦不忘述作，盖性之所嗜，虽鼎镬在前不恤也，况下于此者乎？李后主在围城中，可谓危矣，犹作长短句，所谓'樱桃落尽春归去'云云，文未就而城破，蔡约之尝见其遗稿。"此则信城破之说，但谓"性之所嗜，鼎镬不恤"。较之所谓"心方危窘"则略撑门面耳。

关于乙本。陈鹄《耆旧续闻》卷三云："蔡绦作《西清诗话》，载江南李后主围城中书，其尾不全。以予考之，殆不然。余家藏李后主《七佛戒经》，又杂书二本，皆梵叶，中有《临江仙》，涂注数字，未尝不全。后则书太白诗数章，是平日学书也。本江南中书舍人王克正家物，归陈魏公之孙世功（君懋），予陈氏壻（功按此"壻"字或误）也。其词云：'樱桃落尽春归去……回首恨依依。'后有苏子由题云：'凄凉怨慕，真亡国之音也。'"据此可知甲本乃一未全之稿，或由最初起草，后三句尚未撰出；或由其他原因写至此而弃置，但总非城破时最后之笔也。

至于蔡绦何以断为城破时书，亦非毫无因素。按《墨庄漫录》云："宣和间蔡宝臣（致君）收南唐后主书数轴来京师，以献蔡绦（约之），其一乃王师攻金陵，城垂破时，仓皇中作一疏祷于释氏，愿兵退之后，许造佛像若干身，菩萨若干身，斋僧若干员，建殿宇若干所，其数皆甚多，字画潦草，然皆遒劲可爱，盖危窘急迫中所书也。又有《看经发愿文》，自称莲峰居士李煜。又有长短句《临江仙》云：'樱桃落尽春归去……望残烟草低迷'，而无尾句。刘延仲为补之曰……"可见蔡宝臣同时收得墨迹三件，城破危窘时所书者，乃《祈退兵疏》也。《发愿文》与"长短句"只是同时收来之物而已。蔡绦张冠李戴，牵连附会，遂生出许多纷纠。

乙本后入宣和御府，《宣和书谱》载之。宋代又曾刻入法帖。宋帖今不得见，董其昌曾有临本，刻入《剑合斋帖》。此词之后，又有五言古诗："好鸟巢珍木""月色不可扫""涉江弄秋水"三首。《剑合斋帖》为董氏生时其戚友陈巨昌字懿卜所刻，定非赝作。惟董自跋称"临自《淳熙秘阁续帖》"，按《淳熙续帖》十卷，今传世有金坛翻刻八卷，亦出陈巨昌手，其中未有李书，不知是否在其他二卷中。但以《石刻铺叙》考之，此十卷中俱无李书，不知《铺叙》有遗漏，抑董氏误认其他宋帖为《淳熙》也。总之，董临宋帖之底本，即陈鹄所见之本，殆无疑议。惟董临本第七句作"望残烟衰草低迷"，多一字，当即添改之字，按起草添改，如写后补改，则添注于旁，如写时即改，则随写于本行，而点去其前之误字，此句原删何字，殊费研寻。按本集各刊本及诸书引文，此句俱不见"衰"字，以"衰"字位置言，如为原在行中删去而董未加点者，但不应改者在上而删者在下。如原为旁注而董临移入行中者，而普通旁注者常为改正之字，则所删应非"衰"字也。再按此七字中删一字，实可有三种句法：

> 望残烟草低迷
>
> 残烟衰草低迷
>
> 望残衰草低迷

余尝以为"残烟""衰草"为偶文，且此烟草即望中所见，不必特提望而始知其有此景物也，如云"望"字俯贯下文，则"残烟草"亦颇累赘；至于"望残"如以"望断""望尽"之例解之，则于义可通。然俱未能确证耳。

后主词今以唐圭璋、王仲闻两家校本最称完备，具载此词各字异同，兹不详引。惟二家俱未见董临帖本，因录于后：

> 樱桃落尽春归去，蝶翻轻粉双飞。子规啼月小楼西。玉钩谁卷，惆怅暮霞霏。门巷寂寥人散后，望残烟衰草低迷。炉香闲袅凤凰儿。空持裙带，回首恨依依。

又临帖与摹刻不同，摹刻在于存真，其涂改之迹亦必照样摹出，如宋人刻颜书《争坐位帖》是也。临帖则可择完好之字临之，其涂抹处可不必尽临也。董临此帖，只有"望残"句多一字，必是添改诸字中之清晰者，其他涂而又注之字，在临本中则不易见矣。或谓宣和所藏，俱为金人载去，南宋刻帖，何从收之？不知権场贸易及遣闲信物，刻入南宋法帖者，盖数见不鲜焉。

董元《龙袖骄民图》

　　《石渠宝笈》藏宋画大幅，赙池上明董其昌标题云："董北苑《龙宿郊民图》真迹。"画既无款，又无宋、元旧题。明詹景凤《东图玄览编》卷一云："相传为董源《龙绣交鸣图》，图名亦不知所谓。"又云："见于成国公家。"詹略早于董，知作者与图名并非始自董其昌也。惟无论"龙绣交鸣"，抑为"龙宿郊民"，究何所取义？又何以知作者为董元？画上人物是何本事？三百余年来，久成悬案。

　　按画为四拼绢大幅，着色山水。山作圆厚峦头，无崚嶒险峻之势。水面空阔，是依山俯江之景，盖江左名胜之境也。山麓人家，树悬巨灯。近处水边，二大船相衔接，上竖彩旗，数十人白衣联臂，自岸上列立，直满二船，似歌舞状。船头及岸上各有奋臂捶鼓者。径路上亦有游人，与船上人俱细小仅数分。

　　赙池上又有董其昌题云：

　　　　《龙宿郊民图》，不知所取何义，大都箪壶迎师之意，盖艺祖下江南时所进御者，名虽诡，而画甚奇古。

又题云：

　　　　丁酉典试江右归，复得《龙秀（功按：此处原写又误为"秀"）郊民图》于上海潘光禄，自此稍稍满志……天启甲子九月晦日。

又有清王鸿绪题，入清内府后，有乾隆御题诗、跋，以不得命名之故，遂以"龙见而雩"之义当之，谓是雩祭、祷雨之事。厉鹗《樊榭山房文集》卷八《龙宿郊民图跋》亦指为雩祭。文繁不具引。

　　按宋平江南，非艺祖亲征。明张丑《清河书画舫》已集云："乃写宋太祖登极事者。"其误俱明显，乾隆御题中并已辨之。惟图名四字，詹、董所记之外，尚有其他音同字异者。清阮元《石渠随笔》卷二自注云："收藏家有题为《笼袖骄民》者。"其记此图人物形状以为裸人，并云："究不知何故？"足见此图之名，旧为口耳相传，故有音同字异之事。惟其义为何？最难索解。考之古籍，《汉书·郊祀志》上虽有"夏得木德，青龙止于郊，草木邑茂"之语，但与图景无关。惟阮元所云"笼袖骄民"之名，颇堪注意。按明陈继儒《太平清话》云：

　　　　钱塘男女尚妩媚，号为笼袖骄民。

其语源于元杨维桢。《东维子文集》卷六《送朱女士桂英演史序》云：

　　　　钱塘为宋行都，男女痈峭尚妩媚，号笼袖骄民。

又元欧阳玄《圭斋集》卷四《渔家傲南词》中亦曾及之。其序云：

　　　　余读欧阳公李太尉席上作十二月《渔家傲》鼓子词……每欲仿此作十二阕，以道京师两城人物之富，四时节令之华……山林之士，未尝至京师者，欲有所考焉。此亦可见其大略矣。

其词云：

　　　　七月都城争乞巧，荷花旖旎新棚笊，龙袖骄民儿女姣，偏相搅，穿针月下浓妆佼。

吾又读元人杂剧，曾三见"龙袖骄民"之语。《元曲选·合汗衫》第一折云：

　　　　俺是凤城中士庶，龙袖里骄民。

又《元曲选·蝴蝶梦》第四折云：

　　　　你本是龙袖骄民，堪可为报国贤臣。

又《孤本元明杂剧·刘弘嫁婢》第四折云：

你本是龙袖里娇民，堪可为朝中宰相。

在戏剧中，直至清代，此语尚存。姚燮《复道人今乐考证》载柳庄居士《龙袖娇民杂剧》一目，次于王文治撰剧之后，殆乾、嘉时人。惟余未见剧本，不知其词云何耳。

观此诸条，可证"龙袖娇民"四字，实为民间俗语，惟其义何在，明清士夫已不甚了了。清梁清远《雕丘杂录》卷七云：

陆文裕公《玉堂漫笔》中言："龙袖娇民是元时方言，不知其何等。"余在都下，常见都人与人相竞，必自矜曰："我龙凤娇民也。"盖言为近帝后之民耳。义取如此，似无别说。

按陆深谥文裕，明中叶华亭人。于董其昌为乡先辈。已不知"龙袖娇民"是何等（语），无怪董之不解矣。

元周密《武林旧事》卷三："辇下骄民，无日不在春风鼓舞中，而游手末技为尤甚也。"又卷六"骄民"条云：

都民素骄，非惟风俗所致，盖生长辇下，势使之然。若住屋，则动蠲公私房赁，或终岁不偿一镮。诸务税息，亦多蠲放，有连年不收一孔者，皆朝廷自行抱认。诸项窠名恩赏则有黄榜钱，雪降则有雪寒钱，久雨则又有赈恤钱米。大家富室则又随时有所资给。大官拜命则有所谓抢节钱；病者则有施药局，童幼不能自育者则有慈幼局，贫而无依者则有养济院，死而无殓者，则有漏泽园。民生何其幸欤！

近代沈曾植先生《海日楼札丛》卷三"笼袖骄民"条云："董元有《笼袖骄民图》，向来不得其解。今按元曲《公孙汗衫记》……《武林旧事》卷三……《武林旧事》卷六有《骄民》一门，次《游手》。"乃知所谓"龙袖"者，犹"天子脚下"、"辇毂之下"之义；所谓"骄民"者，犹"幸福之民"、"骄养之民"之义。"龙"字加竹头作"笼"者，殆从娇媚之义着想。且口语易讹，用字不定耳。至"骄"字或用从马之字，或用从女之字，此盖古尝通用。晋左思《娇女诗》作从女者，唐李商隐《骄儿诗》作从马者，所写俱为儿女骄养、骄惯之态，非有娇媚、骄傲之义也。可知元人之语，实指太平时代、首都居住、生活幸福之民耳。

回顾此图所写，正是节日嬉娱之景。连舟捶鼓，一似竞渡一类之戏（阮元谓为裸人，亦非），但图中有丹红夹叶树，乃秋日景物，非端阳耳。综而观之，其名之为"龙袖骄民"，盖无疑义。董其昌题，或为传闻之误。亦或因不解其义，改字从雅，而又曲为之说者。至此图名何时所起？其为作画时之原名，抑为后人所命，则不可知矣。惟既可知其图名口耳相传已久，则非明代某一藏家偶然杜撰者可比。纵非作画时之原名，殆亦宋元旧传者焉。画上所写既为江边山麓居人之生活，其人又为龙袖中之骄民，则其地必为首都也。江城建都之朝代，史固多有，然以江左风景言之，最著者惟南唐都建业，临扬子；南宋都杭州，临钱塘而已。南宋名手遗作中，未见此种风格者，传为南唐董元之笔，殆非无故。古画无款字者，往往为人妄指作者，妄加图名。然亦有其来有自者，则未可概以附会目之，如此图是已。

米 元 章 帖

米元章一帖云："余始兴公故为僚宦，仆与叔晦为代雅。以文艺同好，甚相得。于其别也，故以秘玩相赠之。题以示两姓子孙异日相值者。襄阳米黻元章记。叔晦之子：道奴、德奴、庆奴。仆之子：鳌儿、洞阳、三雄。"此帖首行之前，旧经割失，其文不全。余始兴者，余靖也。靖韶州曲江人，曲江古为始兴郡，故称始兴公。"代雅"犹言"世交"也。元章之父佐，字公辅，曾官右武卫将军，见蔡天启撰元章之墓志，或曾与靖同僚也。

元章之母为产媪事，屡见宋人笔记。《鸡肋编》云："米元章母，或云本产媪，出入禁内。"又《诚斋诗话》云："润州大火，惟留李卫公塔、米元章庵。米题云：'神护卫公塔，天留米老庵。'有轻薄子于塔、庵二字上添注爷娘二字，元章见之大骂。轻薄子又于塔庵二字之下添飒、糟二字，盖元章之母尝乳哺宫内，故云。"按元章见添注娘字而大骂者，以其言"米老娘"也。塔飒，今言多索，即颤抖不稳状；庵糟，今言肮脏，即不洁也。《轩渠录》亦记此事，并云："元章母乃入内祇应老娘。"余幼时见京城人称收生婆为"姥姥"，读为"老老"，亦曰"老娘"，或"老娘婆"，可见产媪之称老娘，由来久矣。产媪亦云"乳医"，诚斋谓"乳哺宫内"，殆由乳医之称致误者。

米 芾 画

米元章《珊瑚》、《复官》二帖，为历来著录有名之迹。《快雪堂帖》曾入石，多年临玩，梦想真迹之妙，定有远胜石本者。继见《壮陶阁帖》，附刻珊瑚笔架之图及各家跋尾，始知《快雪》删削之失。盖笔架为珊瑚三枝，下承以金坐，其状似三枝朱草出自金沙中，故题诗云："三枝朱草出金沙"，不见此图，诗句竟不可解。惟《壮陶》刻工，远逊《快雪》，于是向往真迹之心愈切。

近年获见真迹，不但笔势雄奇，其墨彩浓淡之际，更见挥洒淋漓之趣，石刻中固不能传，即珂罗版印本，其字迹浓淡差异较微处，亦不尽能传出，故每观墨迹，常徘徊不忍去。

米老号称能画，世又常以扁圆点一派山水画之创始人归之米老，自《芥子园画传》以大混点、小混点分属大小米，于是米老又与大混点牢不可分，而米老之冤，遂不可雪！亦此老自诩画法有以自取也。何以言之？《画史》言尝与李伯时言分布次第，又言所画《子敬书练裙图》归于权要，宜若大有可观者，而进呈皇帝御览之作，却为儿子友仁之《楚山清晓图》，已殊可异。世传所谓米画者若干，可信为宋画者无几，可定为米氏者又无几，可辨为大米者，竟无一焉。今此珊瑚笔架之图，应是今存米老画之确切真迹矣。但观其行笔潦草，写笔架及插座之形，并不能似，倘非依附帖文，殆不可识为何物。即其笔画起落处，亦缺交代，此虽戏作，而一脔知味，其画法技能，不难推测。《画史》所言"山水古今相师，少有出尘之格者，因信笔作之"等语，但可作颠语观。

再观其"树石不取细，意似便已"云者，实自预为解嘲之地也。不作当行画家，固无损于米老，而大混点竟得与米老长辞，亦自兹始！讵非米老之幸也哉？

此帖后各家跋，次序粘连有颠倒处，今排比如下：

米友仁，绍兴间。

谢在存，丁丑（1277年），宋端宗景炎二年，蒙古世祖至元十四年。

郭天锡，乙酉（1285年），至元二十二年。

杨肯堂，无年月，言与郭同行留题，盖同时书。

季宗元，丙戌（1286年），至元二十三年。

施光远，己丑（1289年），至元二十六年。

焦源溥，丁巳（1617年），万历四十五年。

成亲王，庚申（1800年），嘉庆五年。

郭天锡字祐之，号北山，元代鉴赏家，今传古法书多有其题跋。又画家郭畀，字天锡，非一人。此帖中祐之跋，与其所书其他法书题跋，笔法一致，真迹也。而日月干支，有不可解者。郭跋云"四月初七日戊申"，则四月朔当为壬寅，与史不合。汪曰桢《历代长术辑要》卷九，谓《元史》至元二十二年"八月有庚子，不合"。汪氏所排，本年各月朔如下：

> 正甲戌，二甲辰，三癸酉，四癸卯，五癸酉，六壬寅，七辛未，八辛丑，九庚午，十己亥，十一己巳，十二戊戌。

按《元史·世祖本纪》本年八月有庚子者，盖朔日也。此跋又是四月壬寅朔，则当时颁行之历，本年四月、八月朔皆较长术所推上窜一日，盖四月前必有一月为小尽。昔人推历有差，本属常见，而大小尽之置，尤多出入。以此跋与《元史》本纪合观，皆足以说明当时所颁之历如此，非不合也。世习称金石足以考史证史，自近代发现古简牍及写本以来，又知出土文物足以考史证史，不知世所视为美术古董之法书墨迹，固为未摹刻之金石，未入土之文物也，又岂独书法可赏已哉！

米元章书《智慧清净经》

《般若波罗蜜多心经》，今世传译本，盖有七种。己未（1919 年）夏，北京刻经处曾汇刊之，其目如下：

《摩诃般若波罗蜜大明咒经》大藏翔字函

　　姚秦天竺三藏鸠摩罗什译

《般若波罗蜜多心经》大藏翔字函

　　唐三藏法师玄奘译

《般若波罗蜜多心经》敦煌石室本

　　唐三藏法师沙门法成译

《般若波罗蜜多心经》丽藏桓字函

　　唐罽宾国三藏般若共利言等译

《普遍智藏般若波罗蜜多心经》丽藏磻字函

　　唐摩羯提国三藏法师沙门法月重译

《般若波罗蜜多心经》日本藏经书院续藏本

　　唐三藏沙门智慧轮译

《佛说圣佛母般若波罗蜜多心经》大藏薄字函

　　宋西天译经三藏施护译

《世说新语·文学篇》"支道林造即色论"，刘孝标注云："故曰色即为空，空复异色。"按其语当出《心经》，盖又一古译本，今已不传。

至于唐不空译本、宋契丹慈贤译本，明代以来又佚，而此七种中，敦煌一本，未著藏处，意日本大正藏古佚部中亦必收录，容当检对之。

丁酉（一九五七）春，于上海文物保管委员会见绍兴米帖第九卷，中有米芾隶书《智慧清净经》，未书译者，经文支离，倒诵咒亦殊不经，疑是宋人伪造，米老好奇书之耳。其文曰：

《智慧清净经》

观自在菩萨行深智慧清净时，照见五蕴皆空，度一切苦厄。舍利子，是诸法空相。色不异空，空不异色，受想行识，亦复如是。舍利子，不生不灭，不垢不净，不增不减，是如来实相，是故空中无色受想四相六尘。无智亦无得，以无所得，故无挂碍恐怖，远离颠倒梦想，究竟（竟字缺末笔）涅槃。三世诸佛，悉皆如是。故说是大神无上咒，一切解脱。倒文诵之，毒螫不害，网罟无获。咒曰：揭谛揭谛，波罗揭谛，波罗僧揭谛，菩提萨婆诃。

此册米帖，俱篆隶书，尾题："绍兴辛酉奉圣旨模勒上石。"

米老另有《倒念揭谛咒帖》，文云："倒念揭谛咒，诃婆莎提菩，谛揭僧罗波，谛揭罗波，谛揭谛揭。早起至心念数十遍。"此帖明代时前联三帖，计：

一、《余始兴公帖》；二、《李太师帖》；三、《秋深帖》；四、《倒念揭谛咒》。

汪砢玉《珊瑚网》著录如此，而真迹卷后，项元汴跋，已称三帖。汪、项同时，或即项氏所拆。清初刘光旸刻《翰香馆帖》收《倒念揭谛咒》，题曰"倒念揭谛咒"，咒文自"诃摩娑提菩"起至"谛揭谛揭"止。自笔法观之，前三帖体势相近，殆同时书。而《倒念咒》笔意与前三帖不同，纵非赝迹，亦非同时所书，当时离析，殆非无故。

倒念揭谛咒事，宋人尚有言之者。《遁斋闲览》（此录《类说》卷四十七所引）云："渔人以猕猴毛置网四角，则多得鱼。云鱼见之如人见锦绣也。有人见垂钓布网，但志心默倒诵揭谛咒七遍，可使终日无获。"此即自经文中"网罟无获"之语演出者，可知此经在北宋时固甚流行也。

　　至于真言，贵在秘密，自来止译音，不译义。《安素轩石刻》刻唐人书《心经》三本，经文俱是玄奘译本：其一有注，卷首残阙，自"菩萨行深"起，遂失注者名氏。卷末咒语之后出注云"此是梵音秘密之语，翻经三藏竟不译之，后代诸师，惟知仰信，讽诵胡本，顶受施行。近有罗将军远涉中天，咨询此义，谨承口诀，翻此梵音，准义思之，亦应无失。请诸后学，详而用之。"以下大书云："究竟究竟，到彼究竟，到彼齐究竟，菩提之毕竟。"此下又有寸余小佛像一尊，似刻为戳记所印者，与敦煌所出《佛名经》上所印者相似。按罗将军不知何人，所译亦未知信然否。写本笔势是晚唐风格，敦煌《佛名经》，五代写本多有戳印小佛像，此卷书写，当在晚唐五代之际，此义译咒语之出，亦或不远于此时也。《安素轩》所刻其他二本，俱无注，其一即通行本，至梵咒止，其一梵咒后平行书义译之咒四句，字迹风格相同，盖亦同时写本或出同一写手。知此义译咒，亦尝流行一时焉。

我和荣宝斋

荣宝斋这个商店的字号，近百年中，和文化、艺术、教育、出版事业几乎是牢不可分的。它所经营的，文具纸笔外，从价值千金的名人字画，到小孩描红的字模，无不尽有。

我尚在刚刚识字的时候，看见习字用的铜镇尺上两行刻字之下有"荣宝斋"字样，问我的祖父，得知是一个南纸店的名字。约在十四岁时，我自己第一次到琉璃厂买纸笔，看到荣宝斋墙壁上以及通道的较高处都挂满了名人字画。我虽不全懂得好在哪里，但那时的惊奇和喜爱的心情今天还记忆犹新。回来不时地向长辈夸说我这次的见闻，也提出我的问题，才知道琉璃厂一条街都是"文化用品"的商店。清代各地来京应科举考试的人，都从这里得到参考书和笔墨文具。南纸店所挂的字画，有一般书画家的作品，也有大官僚，老翰林的笔迹。后者这些人当然不是专为卖钱，实在因为他们和这些文化商店打的交道太久了，感情太深了，并且以自己的笔迹能在这里挂出为荣。"荣名为宝"的荣宝斋，就光荣地掌握着这样权威过了近百年！

我青年时从上学到辍学；年长后过着边教书边卖画的生涯时，直到今天，都从来没有和琉璃厂中断过联系。如果说书店是我的"开架图书馆"，那么荣宝斋便是我的"艺术博物馆"。我从它的墙壁上学到多少有关书画方面的知识和技能，又在它的座位间见到多少前辈名家，听到他们多少教导和鼓励。

从我开始到荣宝斋来，至今已五十四年了。这中间荣宝斋也经历了无限沧桑：社会动乱，民族灾难，纷至沓来，而它却屹然未垮。在旧社会固然有资本家为利润而努力经营的因素，更重要的是广大人民对文化艺术的客观要求，撑着它生存下来。

解放后，荣宝斋的事业也获得新的生命。由私营到合营再到国营，由三间门面到一大排陈列室和营业室。木版水印品，由小块花笺到长卷的《夜宴图》、《簪花图》和巨幅挂轴《踏歌图》。书画用品，由每天售出无多的纸笔，到时常脱销和好宣纸供不应求。它的声望，由琉璃厂中的一家南纸店，到世界知名几乎和各地古迹相等的文化名胜。在这里不但可以看到国营企业的成就和气魄，也更可以听到拨乱反正以来文化事业发展的脉搏。

我自己，从当年在荣宝斋拿了几元钱卖画的所谓"润笔"，出门来又送进书店，抱着几本书回家去的情形，到今天亲眼见到我的笔迹赫然挂在中堂之上。这怎能不感谢人民给我的荣誉，怎能不感谢这个曾起过导师作用的"艺术博物馆"！

今当新生的荣宝斋三十周年纪念时，我对这有三十年新交谊，又曾有二十四年旧交谊的荣宝斋，岂可无一言为祝！因此写出回忆中的片段和说不尽的感受，聊当我的颂词。还想借此一寸的纸面，敬告爱好艺术的青年，今天的学习条件是多么的方便，又是多么的珍贵啊！

一九八〇年六月十六日

记《恽、王合璧册》

　　我在七八年前，初次登虚白斋，会晤刘均量（作筹）先生。久慕他的大名，不仅因为他的收藏丰富，更佩服的是他鉴赏眼力高超，具有独到的识力。这时初次把晤，给我的印象是他器度平和，谈论艺术，总是在安详乐观中饶有天真的趣味。我在这次晤面之前，曾仔细看过《虚白斋藏书画选》，给我的主要印象是：求真求精，求欣赏的合乎脾胃；不求绝大名头，不求宋元名迹，不炫耀尖端巨作。世人常言"书如其人，画如其人"，我觉得在刘先生可以说"藏品趣味如其人"！

　　晤谈后，当然要拜观他的宝藏了，首先给我看的是一本册页，打开一看，首先是"亘古无双"四个铁线篆书，王澍的手笔，里边是王翚的山水四开、恽寿平的花卉四开。这一册在民国初年的文明书局有珂罗版黑白色的影印本，我在六十多年前就得到过，几十年中，经过多少次的折腾，竟自没有离开过我。但不免遗憾的是，明白意识到山水部分可能设色不重，甚或会是水墨的，而花卉部分，必有彩翠辉煌，不知要如何地漂亮，这在黑白版中，是无法见到的，而原迹渺茫，不知何时何地才能一遇。现在赫然出现在我眼前，几乎使我要高声大叫，如在梦中。

　　王画四开，两开有纪年，一是乙丑，一是丙寅；恽画四开，只有一开画桂花题看桂诗一首，题"丙寅中秋玉峰北园看桂十首之一"，又一开题王画之后记"南田草衣题于玉峰精舍"。而王画乙丑一开题"乙丑端阳前二日金陵客舍剪灯戏笔"，可见不但不是同地所画，恽氏录看桂诗所说"丙寅中秋玉峰看桂"也可理解为说明那首诗是丙寅所作，未必即是丙寅所书。但可知的是王画在前，恽画在后。藏王画的人，不但再求恽画凑成合璧，在王画上还求恽题，可见这两位宗师在当时的鉴赏收藏家的心目中具有何等地位！无怪三百年后，他们的作品与宋元名画等价，是有充分道理的。

至于这八开妙迹的风格，更是使我惊诧。在影印本中，王画山水只是墨笔的精作，谁知出人意表的是，竟每开都有些极淡的颜色，仿佛是在有意无意之间轻轻点抹，当然一笔颜色不加，也绝不见得画面有何不足，而在画成收场后，顺手抹它几笔，恰到好处，便觉得天造地设，早就应有那么几笔。可以想象，这时在场的画者是如何得意，观者是如何叫绝，当时没有录音录像，即在这册纸上，竟可想见画案周围人们的音容笑貌，似乎都一一从纸上折射出来。旁人观感如何，我不知道，至少虚白斋主人会和我莫逆于心，任人笑我们在说梦话。

在印本中看到恽画花卉，当然只剩黑白二色，及至目见真迹，纸上的颜色却都那么淡雅。可异处在淡而不薄，浓而不艳。最奇的是红白二色洋菊，花瓣碎，花叶密，一般情理，应该出现繁花似锦的状况，而这幅画却愈发显得清疏磊落。这种画品画境，在恽画真迹中本属他个人独有的特征，从这里也可以得到鉴赏恽画的标准。那些脂稠粉腻的作品，如非代笔，定是伪作。这册中恽画里也并不是毫无纯红正色，有一幅腊梅天竹，有一枝疏疏落落的天竹红豆，看上去得到的感觉，绝不是丹唇外朗、宝石腾辉，而似白鹤的丹顶，仙翁的朱履，唤起人的超然物外之想。没见过这些真迹的人，必以为我在以主观意识，推测古人。也不足怪，说食不饱，没见真迹，怎能轻信。看完八开妙迹之后，才心服王澍所题"亘古无双"四字，是如何确切了。又想到他是在什么感受，怎样心情，如何选辞而得此四字的。不过这四个字却又不是毫无语病，因为八开画是二人所画，已是一双，加上他篆字所书的这句评语，便是三绝，如果令我加题，必要写"亘古无四"了。

关于这本妙迹，还有一个动人的故事，我听许礼平先生告诉我，有一次刘先生和饶宗颐先生相约在西岛慎一先生（日本二玄社）下榻的希

147

尔顿酒店晤面，商谈编纂《虚白斋藏画选》事宜，并携藏品二件前往。刘先生的车从九龙走到海底隧道出口时，被疾驶而失控的大型巴士迎面撞个正着，刘先生从车的后座飞起，头部撞破车头挡风玻璃，抛出车外，掉在天桥底的石柱与铁栏之间，虽大难不死，已头破血流、昏厥过去，醒来第一件事，即拟回身往车中探取藏品，途人见刘先生血流披面，立即劝止勿动，有一青年自破车中帮刘先生取出宝物，首要的就是这一册宝贝。挟了宝贝才肯赴院就医，结果缝了十几针，止了血，出医院时，还是紧紧挟着这册宝贝。随着扶他的人，无不失笑，而刘先生自从从车中取出画册后一直是喜形于色，庆幸宝贝没受损伤。这事既可以证明刘先生如何的"痴"，也可证明宝贝如何的"重"了。

南宋赵孟坚新买到定武《兰亭》真本一卷，船行途中，风大船翻，行李落水。他自己捞起《兰亭》，站在水中大叫着说《兰亭》在这里，后来自己在卷前题了八个字，是"性命可轻，至宝是宝"。这件事，千年以来传为艺苑佳话。赵孟坚虽然落水，而没受伤，比起头伤流血，缝了十几针的刘均量先生，岂不轻松许多，从而可说这时这册恽、王合璧画的价值高于那时那卷定武《兰亭》若干倍，应是毫不夸张的吧！

夫子循循然善诱人

——陈垣先生诞生百年纪念

陈垣先生是近百年的一位学者，这是人所共知的。他在史学上的贡献，更是国内国外久有定评的。我既没有能力一一叙述，事实上他的著作具在，也不待这里多加介绍。现在当先生降诞百年，又是先生逝世第十年之际，我以亲受业者心丧之馀，回忆一些当年受到的教导，谨追述一些侧面，对于今天教育工作者来说，仍会有所启发的。

我是一个中学生，同时从一位苏州的老学者戴姜福先生读书，学习"经史辞章"范围的东西，作古典诗文的基本训练。因为生活困难，等不得逐步升学，一九三三年由我祖父辈的老世交傅增湘先生拿着我的作业去介绍给陈垣先生，当然意在给我找一点谋生的机会。傅老先生回来告诉我说："援庵说你写作俱佳。他的印象不错，可以去见他。无论能否得到工作安排，你总要勤向陈先生请教。学到做学问的门径，这比得到一个职业还重要，一生受用不尽的。"我谨记着这个嘱咐，去见陈先生。初见他眉棱眼角肃穆威严，未免有些害怕。但他开口说："我的叔父陈简墀和你祖父是同年翰林，我们还是世交呢！"其实陈先生早就参加资产阶级革命，对于封建的科举关系焉能那样讲求？但从我听了这句话，我和先生之间，像先拆了一堵生疏的墙壁。此后随着漫长的岁月，每次见面，都给我换去旧思想，灌注新营养。在今天如果说予小子对文化教育事业有一滴贡献，那就是这位老园丁辛勤灌溉时的汗珠。

149

一、怎样教书

我见了陈老师之后不久，老师推荐我在辅仁大学附属中学教一班"国文"。在交派我工作时，详细问我教过学生没有，多大年龄的，教什么，怎么教。我把教过家馆的情形述说了，老师在点点头之后，说了几条"注意事项"。过了两年，有人认为我不够中学教员的资格，把我解聘。老师后便派我在大学教一年级的"国文"。老师一贯的教学理论，多少年从来未间断地对我提醒。今天回想，记忆犹新，现在综合写在这里。老师说：

（一）教一班中学生与在私塾屋里教几个小孩不同，一个人站在讲台上要有一个样子。人脸是对立的，但感情不可对立。

（二）万不可有偏爱、偏恶，万不许讥诮学生。

（三）以鼓励夸奖为主。不好的学生，包括淘气的或成绩不好的，都要尽力找他们一小点好处，加以夸奖。

（四）不要发脾气。你发一次，即使有效，以后再有更坏的事件发生，又怎么发更大的脾气？万一发了脾气之后无效，又怎么下场？你还年轻，但在讲台上即是师表，要取得学生的佩服。

（五）教一课书要把这一课的各方面都预备到，设想学生会问什么。陈老师还多次说过，自己研究几个月的一项结果，有时并不够一堂时间讲的。

（六）批改作文，不要多改，多改了不如你替他作一篇。改多了他们也不看。要改重要的关键处。

（七）要有教课日记。自己和学生有某些优缺点，都记下来，包括作文中的问题，记下以备比较。

（八）发作文时，要举例讲解。缺点尽力在堂下个别谈；缺点改好了，有所进步的，尽力在堂上表扬。

（九）要疏通课堂空气，你总在台上坐着，学生总在台下听着，成了套子。学生打呵欠，或者在抄别人的作业，或看小说，你讲的多么用力也是白费。不但作文课要在学生座位行间走走。讲课时，写了板书之后，也可下台看看。既回头看看自己板书的效果如何，也看看学生会记不会记。有不会写的或写错了的字，在他们座位上给他们指点，对于被指点的人，会有较深的印象，旁边的人也会感觉兴趣，不怕来问了。

这些"上课须知"，老师不止一次地向我反复说明，唯恐听不明，记不住。

老师又在楼道挂了许多玻璃框子，里边随时装入一些各班学生的优秀作业。要求有顶批，有总批，有加圈的地方，有加点的地方，都是为了标志出优点所在。这固然是为了学生观摩的大检阅、大比赛，后来我才明白也是教师教学效果、批改水平的大检阅。

我知道老师并没搞过什么教学法、教育心理学，但他这些原则和方法，实在符合许多教育理论，这是从多年的实践经验中辛勤总结得出来的。

二、对后学的诱导

陈老师对后学因材施教，在课堂上对学生用种种方法提高他们的学习兴趣，在堂下对后学无论是否自己教过的人，也都抱有一团热情去加以诱导。当然也有正面出题目、指范围、定期限、提要求的时候，但这是一般师长、前辈所常有的、共有的，不待详谈。这里要谈的是陈老师一些自身表率和"谈言微中"的诱导情况。

陈老师对各班"国文"课一向不但是亲自过问，每年总还自己教一班课。各班的课本是统一的，选哪些作品，哪篇是为何而选，哪篇中讲什么要点，通过这篇要使学生受到哪方面的教育，都经过仔细考虑，并向任课的人加以说明。学年末全校的一年级"国文"课总是"会考"，由陈老师自己出题，统一评定分数。现在我才明白，这不但是学生的会考，也是教师们的会考。

我们这些教"国文"的教员，当然绝大多数是陈老师的学生或后辈，他经常要我们去见他。如果时间隔久了不去，他遇到就问："你忙什么呢？怎么好久没见？"见面后并不考察读什么书，写什么文等，总是在闲谈中抓住一两个小问题进行指点，指点的往往是因小见大。我们每见老师总有新鲜的收获，或发现自己的不足。

我很不用功，看书少，笔懒，发现不了问题，老师在谈话中遇到某些问题，也并不尽关史学方面的，总是细致地指出，这个问题可以从什么角度去研究探索，有什么题目可作，但不硬出题目，而是引导人发生兴趣。有时评论一篇作品或评论某一种书，说它有什么好处，但还有什么不足处，常说："我们今天来作，会比它要好。"说到这里就止住。好处在哪里，不足处在哪里，怎样作就比它好？如果我们不问，并不往下说。我就错过了许多次往下请教的机会。因为绝大多数是我没读过的书，或者没有兴趣的问题。假如听了之后随时请教，或回去赶紧补读，下次接着上次的问题尾巴再请教，岂不收获更多？当然我也不是没有继续请教过，最可悔恨的是请教过的比放过去的少得多！

陈老师的客厅、书房以及住室内，总挂些名人字画，最多的是清代学者的字，有时也挂些古代学者字迹的拓片。客厅案头或沙发前的桌上，总有些字画卷册或书籍，这常是宾主谈话的资料，也是对后学的教材。他曾用三十元买了一开章学诚的手札，在三十年代买清代学者手札墨迹，这是很高价钱了。但章学诚的字，写得非常拙劣，老师把它挂在那里，既备一家学者的笔迹，又常当做劣书的例子来警告我们。我们去了，老师常指着某件字画问："这个人你知道吗？"如果知道，并且还说得出一些有关的问题，老师必大为高兴，连带地引出关于这位学者和他的学问、著述种种评价和介绍。如果不知道，则又指引一点头绪后就不往下多说，例如说："他是一个史学家。"就完了。我们因自愧没趣，或者想知道个究竟，只好去查有关这个人的资料。明白了一些，下次再向老师表现一番，老师必很高兴。但又常在我的棱缝中再点一下，如果还知道，必大笑点头，我也像考了个满分，感觉自傲。如果词穷了，也必再告诉一点头绪，容回去再查。

老师最喜欢收学者的草稿，细细寻绎他们的修改过程。客厅桌上常摆着这类东西。当见我们看得发生兴趣时，便提出问题说："你说他为什么改那个字？"

老师常把自己研究的问题向我们说，什么问题，怎么研究起的。在我们的疑问中，如果有老师还没有想到的，必高兴地肯定我们的提问，然后再进一步地发挥给我们听。老师常说，一篇论文或专著，作完了不要忙着发表。好比刚蒸出的馒头，须要把热气放完了，才能去吃。蒸得透不透，熟不熟，才能知道。还常说，作品要给三类人看：一是水平高于自己的人；二是和自己平行的人；三是不如自己的人。因为这可以从不同角度得到反映，以便修改。所以老师的著作稿，我们也常以第三类读者的关系，而得到先睹。我们提出的意见或问题，当然并非全无启发性，但也有些是很可笑的。一次稿中引了两句诗，一位先生看了，误以为是长短二句散文，说稿上的断句有误。老师因而告诉我们要注意学诗，不可闹笑柄。但又郑重嘱咐我们，不要向那位先生说，并说将由自己劝他学诗。我们同从老师受业的人很多，但许多并非同校、同班，以下只好借用"同门"这个旧词。那么那位先生也可称为"同门"的。

老师常常驳斥我们说"不是"，"不对"，听着不免扫兴。但这种驳斥都是有代价的，当驳斥之后，必然使我们知道什么是"是"的，什么是"对"的。后来我们又常恐怕听不到这样的驳斥。

三、对中华民族历史文化的一片丹诚

历史证明，中国几千年来各地方的各民族从矛盾到交融，最后团结成为一体，构成了伟大的中华民族和它的灿烂文化。陈老师曾从一部分历史时期来论证这个问题，即是他精心而且得意的著作之一《元西域人华化考》。

在抗战时期，老师身处沦陷区中，和革命抗敌的后方完全隔绝，手无寸铁的老学者，发奋以教导学生为职志。环境日渐恶劣，生活日渐艰难，老师和几位志同道合的老先生著书、教书越发勤奋。学校经费不足，《辅仁学志》将要停刊，几位老先生相约在《学志》上发表文章，

153

不收稿费。这时期他们发表的文章比收稿费时还要多。老师曾语重心长地说："从来敌人消灭一个民族，必从消灭它的民族历史文化着手。中华民族文化不被消灭，也是抗敌根本措施之一。"

辅仁大学是天主教的西洋教会所办的，当然是有传教的目的。陈老师的家庭是有基督教信仰的，他在二十年代做教育部次长时，因为在孔庙行礼迹近拜偶像，对"祀孔"典礼，曾"辞不预也"。但他对教会，则不言而喻是愿"自立"的。二十年代有些基督教会也曾经提出过"自立自养"，并曾进行过募捐。当时天主教会则未曾提过这个口号，这又岂是一位老学者所能独力实现的呢？于是老师不放过任何机会，大力向神甫们宣传中华民族文化，曾为他们讲佛教在中国所以能传播的原因。看当时的记录，并未谈佛教的思想，而是列举中华民族的文化艺术对佛教存在有什么好处，可供天主教借鉴。吴历，号渔山，是清初时一位深通文学的大画家，他是第一个国产神甫，老师对他一再撰文表彰。又在旧恭王府花园建立"司铎书院"，专对年轻的中国神甫进行历史文化基本知识的教育。这个花园中有几棵西府海棠，从前每年花开时旧主人必宴客赋诗，老师这时也在这里宴客赋诗，以"司铎书院海棠"为题，自己也作了许多首。还让那些年轻神甫参加观光，意在造成中国司铎团体的名声。

这种种往事，有人不尽理解，以为陈老师"为人谋"了。若干年后，想起老师常常口诵《论语》中两句："施于有政，是亦为政。"才懂得他的"苦心孤诣"！还记得老师有一次和一位华籍大主教拍案争辩，成为全校震动的一件事情。辩的是什么，一直没有人知道。现在明白，辩的是什么，也就不问可知了。

一次我拿一卷友人收藏找我题跋的纳兰成德手札卷，去给老师看。说起成德的汉文化修养之高。我说："您作《元西域人华化考》举了若干人，如果我作'清东域人华化考'，成容若应该列在前茅。"老师指着我的题跋说："后边是启元伯。"相对大笑。中华民族的历史文化是民族的生命和灵魂，更是各兄弟民族团结融合的重要纽带，也是陈老师学术思想中的一个重要组成部分，甚至可以说是一个中心。

四、竭泽而渔地搜集材料

老师研究某一个问题，特别是作历史考证，最重视占有材料。所谓占有材料，并不是指专门挖掘什么新奇的材料，更不是主张找人所未见的什么珍秘材料，而是说要了解这一问题各个方面有关的材料。尽量搜集，加以考查。在人所共见的平凡书中，发现问题，提出见解。自己常说，在准备材料阶段，要"竭泽而渔"，意思即是要不漏掉每一条材料。至于用几条，怎么用，那是第二步的事。

问题来了，材料到哪里找？这是我最苦恼的事。而老师常常指出范围，上哪方面去查。我曾向老师问起："您能知道哪里有哪方面的材料，好比能知道某处陆地下面有伏流，刨开三尺，居然跳出鱼来，这是怎么回事？"后来逐渐知道老师有深广的知识面，不管多么大部头的书，他总要逐一过目。好比对于地理、地质、水道、动物等等调查档案都曾过目的人，哪里有伏流，哪里有鱼，总会掌握线索的。

他曾藏有三部佛教的《大藏经》和一部道教的《道藏经》，曾说笑话："唐三藏不稀奇，我有四藏。"这些"大块文章"老师都曾阅览过吗？我脑中时常泛出这种疑问。一次老师在古物陈列所发现了一部嘉兴地方刻的《大藏经》，立刻知道里边有哪些种是别处没有的，并且有什么用处。即带着人去抄出许多本，摘录若干条。怎么比较而知哪些种是别处没有的呢？当然熟悉目录是首要的，但仅仅查目录，怎能知道哪些有什么用处呢？我这才"考证"出老师藏的"四藏"并不是陈列品，而是都曾一一过目、心中有数的。

老师自己曾说年轻时看清代的《十朝圣训》《朱批谕旨》《上谕内阁》等书，把各书按条剪开，分类归并。称它为《柱下备忘录》。整理出的问题，即是已发表的《宁远堂丛录》。可惜只发表了几条，仅是全份分类材料的几百分之一。又曾说年轻时为应科举考试，把许多八股文的书全都拆开，逐篇看去，分出优劣等级，重新分册装订，以备精读或略读。后来还能背诵许多八股文的名篇给我们听。这种干法，有谁肯干！又有几人能做得到？

解放前，老师对于马列主义的书还未曾接触过。解放初，才找到大量的小册子，即不舍昼夜地看。眼睛不好，册上的字又很小，用放大镜照着一册册看。那时已是七十岁的老人了，结果累得大病一场，医生制止看书，这才暂停下来。

老师还极注意工具书，二十年代时《丛书子目索引》一类的书还没出版，老师带了一班学生，编了一套各种丛书的索引，这些册清稿，一直在自己书案旁边书架上，后来虽有出版的，自己还是习惯查这份稿本。

另外还有其他书籍，本身并非工具书，但由于善于利用，而收到工具书的效果。例如一次有人拿来一副王引之写的对联，是集唐人诗句。一句知道作者，一句不知道。老师走到藏书的房间，不久出来，说了作者是谁。大家都很惊奇地问怎么知道的，原来有一种小本子的书，叫《诗句题解汇编》，是把唐宋著名诗人的名作每句按韵分编，查者按某句末字所属的韵部去查即知。科举考试除了考八股文外，还考"试帖诗"。这种诗绝大多数是以一句古代诗为题，应考者要知道这句诗的作者和全诗的内容，然后才好着笔，这种小册子即是当时的"夹带"，也就是今天所谓的"小抄"。现在试帖诗没有人再作了，而这种"小抄"到了陈老师手中，却成了查古人诗句的索引。这不过是一个例，其余不难类推。

胸中先有鱼类分布的地图，同时烂绳破布又都可拿来作网，何患不能竭泽而渔呢？

五、一指的批评和一字的考证

老师在谈话时，时常风趣地用手向人一指。这无言的一指，有时是肯定的，有时是否定的。使被指者自己领会，得出结论。一位"同门"满脸连鬓胡须，又常懒得刮，老师曾明白告诉他，不刮属于不礼貌。并且上课也要整齐严肃，"不修边幅"去上课，给学生的印象不好，但这位"同门"还常常忘了刮。当忘刮胡子见到老师时，老师总是看看他的脸，用手一指，他便踟蹰不安。有一次我们一同去见老师，快到门前了，忽然发觉没有刮胡子，便跑到附近一位"同门"的家中借刀具来刮。附近的这位"同门"的父亲，也是我们的一位师长，看见后说："你真成了子贡。"大家以为是说他算大师的门徒。这位老先生又说："入马厩而修容!"这个故事是这样：子贡去到一个贵人家，因为容貌不整洁，被守门人拦住，不许入门。子贡临时钻进门外的马棚"修容"。大家听了后一句无不大笑。这次这位"同门"才免于一指。

一次作司铎书院海棠诗，我用了"西府"一词，另一位"同门"说："恭王府当时称西府呀?"老师笑着用手一指，然后说："西府海棠啊!"这位"同门"说："我想远了。"又谈到当时的美术系主任溥忻先生，他在清代的封爵是"贝子"。我说："他是孛堇"，老师点点头。这位"同门"又说："什么孛堇?"老师不禁一愣，"哎"了一声，用手一指，没再说什么。我赶紧接着说："就是贝子，《金史》作孛堇。"这位"同门"研究史学，偶然忘了金源官职。老师这无言的一指，不啻开了一次"必读书目"。

老师读书，从来不放过一个字，作历史考证，有时一个很大的问题，都从一个字上突破、解决。以下举三个例。

北京图书馆影印一册于敏中的信札，都是从热河行宫寄给在北京的陆锡熊的。陆锡熊那时正在编辑《四库全书》，于的信札是指示编书问题的。全册各信札绝大部分只写日子，既少有月份，更没有年份。里边一札偶然记了大雨，老师即从它所在地区和下雨的情况勾稽得知是某年某月，因而解决了这批信札大部分写寄的时间，而为《四库全书》编辑经过和进程得到许多旁证资料。这是从一个"雨"字解决的。

又在考顺治是否真曾出家的问题时，在蒋良骐编的《东华录》中看到顺治卒后若干日内，称灵柩为"梓宫"，从某日以后称灵柩为"宝宫"，再印证其他资料，证明"梓宫"是指木制的棺材，"宝宫"是指"宝瓶"，即是骨灰坛。于是证明顺治是用火葬的。清代《实录》屡经删削修改，蒋良骐在乾隆时所摘录的底本，还是没太删削的本子，还存留"宝宫"的字样。《实录》是官修的书，可见早期并没讳言火葬。这是从一个"宝"字解决的。

又当撰写纪念吴渔山的文章时，搜集了许多吴氏的书画影印本。老师对于画法的鉴定，未曾做专门研究，时常叫我去看。我虽曾学画，但那时鉴定能力还很幼稚，老师依然是垂询参考的。一次看到一册，画的水平不坏，题，"仿李营邱"，老师直截了当地告诉我说："这册是假的！"我赶紧问什么原因，老师详谈：孔子的名字，历代都不避讳，到了清代雍正四年，才下令避讳"丘"字，凡写"丘"字时，都加"邑"旁作"邱"，在这年以前，并没有把"孔丘""营丘"写成"孔邱"、"营邱"的。吴渔山卒于雍正以前，怎能预先避讳？我真奇怪，老师对历史事件连年份都记得这样清，提出这样快！在这问题上，当然和作《史讳举例》曾下的工夫有关，更重要的是亲手剪裁分类编订过那部《柱下备忘录》。所以清代史事，不难如数家珍，唾手而得。伪画的马脚，立刻揭露。这是从一个"邱"字解决的。

这类情况还多，凭此三例，也可以概见其余。

六、严格的文风和精密的逻辑

陈老师对于文风的要求，一向是极端严格的。字句的精简，逻辑的周密，从来一丝不苟。旧文风，散文多半是学"桐城派"，兼学些半骈半散的"公牍文"。遇到陈老师，却常被问得一无是处。怎样问？例如用些漂亮的语调，古奥的辞藻时，老师总问："这些怎么讲?"那些语调和辞藻当然不易明确翻成现在语言，答不出时，老师便说："那你为什么用它？"一次我用了"旧年"二字，是从唐人诗"江春入旧年"套用来的。老师问："旧年指什么？是旧历年，是去年，还是以往哪年？"我不能具体说，就被改了。老师说："桐城派做文章如果肯定一个人，必要否定一个人来做陪衬。语气总要摇曳多姿，其实里边有许多没用的话。"三十年代流行一种论文题目，像"某某作家及其作品"，老师见到我辈如果写出这类题目，必要把那个"其"字删去，宁可使念着不太顺嘴，也绝不容许多费一个字。陈老师的母亲去世，老师发讣闻，一般成例，孤哀子名下都写"泣血稽颡"，老师认为"血"字并不诚实，就把它去掉。在旧社会的"服制"上，什么"服"的亲属，名下写什么字样。"泣血稽颡"是比儿子较疏的亲属名下所用的，但老师宁可不合世俗旧服制的习惯用语，也不肯向人撒谎，说自己泣了血。

唐代刘知几作的《史通》，里边有一篇《点烦》，是举出前代文中啰唆的例子，把他所认为应删去的字用"点"标在旁边。流传的《史通》刻本，字旁的点都被刻板者省略，后世读者便无法看出刘知几要删去哪些字。刘氏的原则是删去没用的字，而语义毫无损伤、改变。并且只往下删，绝不增加任何一字。这种精神，是陈老师最为赞成的。屡次把这《点烦》篇中的例文印出来，让学生自己学着去删。结果常把有用的字删去，而留下的却是废字废话。老师的秘书都怕起草文件，常常为了一两字的推敲，能经历许多时间。

老师常说，人能在没有什么理由，没有什么具体事迹，也就是没有什么内容的条件下，作出一篇骈体文，但不能作出一篇散文。老师六十岁寿辰时，老师的几位老朋友领头送一堂寿屏，内容是要全面叙述老师在学术上的成就和贡献，但用什么文体呢？如果用散文，万一遇到措辞不恰当，不周延，不确切，挂在那里徒然使陈老师看着别扭，岂不反为不美？于是公推高步瀛先生用骈体文作寿序，请余嘉锡先生用隶书来写。陈老师得到这份贵重寿礼，极其满意。自己把它影印成一小册，送给朋友，认为这才不是空洞堆砌的骈文。还告诉我们，只有高先生那样富的学问和那样高的手笔，才能写出那样的骈文，不是初学的人所能"摇笔即来"的。才知老师并不是单纯反对骈体文，而是反对那种空洞无物的。

老师对于行文，最不喜"见下文"。说，先后次序，不可颠倒。前边没有说明，令读者等待看后边，那么前边说的话根据何在？又很不喜在自己文中加注释。说，正文原来就是说明问题的，为什么不在正文中

159

即把问题说清楚？既有正文，再补以注释，就说明正文没说全或没说清。除了特定的规格、特定的条件必须用小注的形式外，应该锻炼在正文中就把应说的都说清。所以老师的著作中除《元典章校补》是随着《元典章》的体例有小注外，《元秘史译音用字考》在木板刻成后又发现应加的内容，不得已刊改板面，出现一段双行小字外，一般文中连加括弧的插话都不肯用，更不用说那些"注一""注二"的小注。但看那些一字一板的考据文章中，并没有使人觉得缺什么该交代的材料出处，因为已都消化在正文中了。另外，也不喜用删节号。认为引文不会抄全篇，当然都是删节的。不衔接的引文，应该分开引用。引诗如果仅三句有用，那不成联的单句必然另引，绝不使它成为瘸腿诗。

用比喻来说老师的考证文风，既像古代"老吏断狱"的爱书，又像现代科学发明的报告。

七、诗情和书趣

陈老师的考证文章，精密严格，世所习见。许多人有时发生错觉，以为这位史学家不解诗赋。这里先举一联来看："百年史学推瓯北，万首诗篇爱剑南"，这是老师带有"自况"性质的"宣言"，即以本联的对偶工巧，平仄和谐，已足看出是一位老行家。其实不难理解，曾经应过科举考试的人，这些基本训练，不可能不深厚的。曾详细教导我关于骈文中"仄顶仄，平顶平"等等韵律的规格，我作的那本《诗文声律论稿》中的论点，谁知道许多是这位庄严谨饬的史学考据家所传授的呢？

抗战前他曾说过，自己六十岁后，将卸去行政职务，用一段较长时间，补游未到过的名山大川，丰富一下诗料，多积累一些作品，使诗集和文集分量相称。不料战争突起，都成了虚愿。

现在存留的诗稿有多少，我不知道，一时也无从寻找。最近只遇到《司铎书院海棠》诗的手稿残本绝句七首，摘录二首，以见一斑：

十年树木成诗谶，劝学深心仰万松。

今日海棠花独早，料因桃李与争秋。

自注：万松野人著《劝学罪言》，为今日司铎书院之先声。"十年树木"楹帖，今存书院。

功按：万松野人为英华先生的别号。先生字敛之，姓赫舍里氏，满族人，创"补仁社"，即是辅仁大学的前身。陈垣先生每谈到他时，总称他为"英老师"。

西堂曾作竹枝吟，玫瑰花开玛窦林。

幸有海棠能嗣响，会当击木震仁音。

自注：尤西堂《外图竹枝词》："阜成门外玫瑰发，杯酒还浇利泰西。""击木震仁惠之音"，见《景教碑》。

功按：利玛窦，明人以"泰西"作地望称之，又或称之为"利子"。《景教碑》即唐代《景教流行中国碑》，今在西安碑林。

又在一九六七年时，空气正紧张之际，我偷着去看老师，老师口诵他最近给一位朋友题什么图的诗共两首。我没有时间抄录，匆匆辞出，只记得老师手捋胡须念："老夫也是农家子，书屋于今号励耘。"抑扬的声调，至今如在。

清末学术界有一种风气，即经学讲《公羊》，书法学北碑。陈老师平生不讲经学，但偶然谈到经学问题时，还不免流露公羊学的观点；对于书法，则非常反对学北碑。理由是刀刃所刻的效果与毛笔所写的效果不同，勉强用毛锥去模拟刀刃的效果，必致矫揉造作，毫不自然。我有些首《论书绝句》，其中二首云："题记龙门字势雄，就中尤属《始平公》。学书别有观碑法，透过刀锋看笔锋。""少谈汉魏怕徒劳，简牍摩挲未儿遭。岂独甘卑爱唐宋，半生师笔不师刀。"曾谬蒙朋友称赏，其实这只是陈老师艺术思想的韵语化罢了。

还有两件事可以看到老师对于书法的态度：有一位退位的大总统，好临《淳化阁帖》，笔法学包世臣。有人拿着他的字来问写得如何，老师答说写得好。问好在何处，回答是"连枣木纹都写出来了"。宋代刻《淳化阁帖》是用枣木板子，后世屡经翻刻，越发失真。可见老师不是对北碑有什么偏恶，对学翻版的《阁帖》，也同样不赞成的。另一事是解放前故宫博物院影印古代书画，常由一位院长题签，写得字体歪斜，看着不太美观。陈老师是博物院的理事，一次院中的工作人员拿来印本征求意见，老师说："你们的书签贴得好。"问好在何处，回答是："一揭便掉。"原来老师所存的故宫影印本上所贴的书签，都被揭掉了。

八、无价的奖金和宝贵的墨迹

辅仁大学有一位教授，在抗战胜利后出任北平市的某一局长，从辅仁的教师中找他的帮手，想让我去管一个科室。我去向陈老师请教，老师问："你母亲愿意不愿意？"我说："我母亲自己不懂得，教我请示老师。"又问："你自己觉得怎样？"我说："我'少无宦情'。"老师哈哈大笑说："既然你无宦情，我可以告诉你：学校送给你的是聘书，你是教师，是宾客；衙门发给你的是委任状，你是属员，是官吏。"我明白了，立刻告辞回来，用花笺纸写了一封信，表示感谢那位教授对我的重视，又婉言辞谢了他的委派。拿着这封信去请老师过目。老师看了没有别的话，只说："值三十元。"这"三十元"到了我的耳朵里，就不是银元，而是金元了。

一九六三年，我有一篇发表过的旧论文，由于读者反映较好，修改补充后，将由出版单位作专书出版，去请陈老师题签。老师非常高兴，问我："你曾有专书出版过吗？"我说："这是第一本。"又问了这册的一些方面后，忽然问我："你今年多大岁数了？"我说："五十一岁。"老师即历数戴东原只五十四，全谢山五十岁，然后说："你好好努力啊！"我突然听到这几句上言不搭下语而又比拟不恰的话，立刻懵住了，稍微一想，几乎掉下泪来。老人这时竟像一个小孩，看到自己浇过水的一棵小草，结了籽粒，便喊人来看，说要结桃李了。现在又过了十七年，我学无寸进，辜负了老师夸张性的鼓励。

陈老师对于作文史教育工作的后学，要求常常既广且严。他常说作文史工作必须懂诗文，懂金石，否则怎能广泛运用各方面的史料。又说作为一个学者必须能懂民族文化的各个方面；作为一个教育工作者，常识更须广博。还常说，字写不好，学问再大，也不免减色。一个教师板书写得难看，学生先看不起。

老师写信都用花笺纸，一笔似米芾又似董其昌的小行书，永远那么匀称，绝不潦草。看来每下笔时，都提防着人家收藏装裱。藏书上的眉批和学生作业上的批语字迹是一样的。黑板上的字，也是那样。板书每行四五字，绝不写到黑板下框处，怕后边坐的学生看不见。写哪些字，好像都曾计划过的，但我却不敢问："您的板书还打草稿吗？"后来无意中谈到"备课"问题，老师说："备课不但要准备教什么，还要思考怎样教。哪些话写黑板，哪些话不用写。易懂的写了是浪费，不易懂的不写则学生不明白。"啊！原来黑板写什么，怎样写，老师确是都经过考虑的。

老师在名人字画上写题跋，看去潇洒自然，毫不矜持费力，原来也一一精打细算，行款位置，都要恰当合适。给人写扇面，好写自己作的小条笔记，我就求写过两次，都写的小考证。写到最后，不多不少，加上年月款识、印章，真是天衣无缝。后来得知是先数好扇骨的行格，再算好文词的字数，哪行长，哪行短。看去一气呵成，谁知曾费如此匠心呢？

我在一九六四、一九六五年间，起草了一本小册子，带着稿子去请老师题签。这时老师已经病了，禁不得劳累。见我这一叠稿子，非看不可。但我知道他老人家如看完那几万字，身体必然支持不住，只好托词说还须修改，改后再拿来，先只留下书名。我心里知道老师以后恐连这样书签也不易多写了，但又难于先给自己订出题目，请老师预写。于是想出"启功丛稿"四字，准备将来作为"大题"，分别用在各篇名下。就说还有一本杂文，也求题签。老师这时已不太能多谈话，我就到旁的房间去坐。不多时间，秘书同志举着一叠墨笔写的小书签来了，我真喜出望外，怎能这样快呢？原来老师凡见到学生有一点点"成绩"，都是异常兴奋的。最痛心的是这个小册，从那年起，整整修改了十年，才得出版，而他老人家已不及见了！

现在我把回忆老师教导的千百分之一写出来，如果能对今后的教育工作者有所帮助，也算我报了师恩的千百分之一！我现在也将近七十岁了，记忆力锐减，但"学问门径""受用无穷""不对""不是""教师""官吏""三十元""五十岁"种种声音，却永远鲜明地在我的耳边。

老师逝世时，是一九七一年，那时还祸害横行，纵有千言万语，谁又敢见诸文字？当时私撰了一副挽联，曾向朋友述说，都劝我不要写出。现在补写在这里，以当"回向"吧！

依函丈卅九年，信有师生同父子；

刊习作二三册，痛余文字答陶甄！

一九八〇年六月十六日

孔子是法家

七年前群凶喧闹"儒法斗争"，尊法家而贬儒家。继而以孔子与林彪并加批判，谓之"批林批孔"。举世之未尝读孔氏之书者，亦得知孔子为儒家之首焉。孰知孔子在唐代却曾为人推为法家者流。《北梦琐言》云：

> 大中时，工部尚书陈商，立汉文帝废丧议，立春秋左传学议，以孔圣修经，褒贬善恶，类例分明，法家流也。

当日群凶倘得见此，必于林彪之外，再加陈商焉。

题山东掖县所制笔

仆自幼年，即好书画。而功浅腕弱，必待佳毫以助笔力。顾近岁制笔，多重管饰，百金之笔，甚至书不成字。手腕苶弱，足贻大方之笑。去年忽得掖县制笔厂之制，柔中有健，管轻适手。使余秋蚓，顿化春龙。因赘小言，敬告于拙书有痂嗜者，请念纸上之迹，非关我手，实出掖县笔师之功也！

一九八三年春

关于《卢疏斋集》样本的意见

卢疏斋是元代作家中一个有影响的人物，由于作品流传不多，所以被人忽略很久了。

这本稿子，从多方面搜集而成，费的工力相当大，是一本有用的辑本。

"辑佚"是古籍整理中一个重要环节，清代四库馆从《永乐大典》等书辑出不少已佚的古书，但元人著作，尤其是词曲方面，却不被重视。这稿从残存的《永乐大典》中辑出不少卢氏作品，想见清代如果着手辑它，更会比现在还要丰富。定稿问世，也可以使读者注意到《永乐大典》中还存留许多材料，应该整理。那么定稿除了它本身的价值之外，还有示范的作用。

这稿不但辑了作品，还编订了许多有关卢氏的资料。如年谱中不仅编排年岁，还考订了卢氏生平、交游等资料，作了传记。作品不但加了标点，还加了注释，考了曲子的正字衬字，也是一般"曲集"中所少见的。

总之，我觉得本稿值得出版。它也是师大整理古籍、学术研究方面的一个有分量的成绩。

一九八三年五月四日

蓝玉崧书法艺术的解剖

蓝玉崧同志不但是一位老革命者，也是一位艺术上的多面手。他在中央音乐学院执教，是著名的二胡演奏家和音乐理论家。

他还擅长书法和篆刻，听说也擅长绘画。我从小就爱好书画，虽然自己写、画都不成熟，但看到古今作品，还能分得出个高下。苏东坡的诗句说："我虽不善书，晓书莫如我。苟能通其意，常谓不学可。"诚然，写字的人能通古代名家创作时的"意"，便可得其貌，以至得其神；欣赏书法的人也要能通写者的"意"，才能看出他的作品中得失甘苦的紧要关键处。

我最先看到玉崧同志用小真书写的几页花笺纸，那时还不认识他，只觉得他是用笔自然地写出来的，而不是什么"万毫齐力"地用傻劲，觉得纸上的字是活的，不是以翻版石刻为标准，追求那种半吞半吐的迟钝笔画。

后来陆续见到他的一些草书作品，回旋飞舞，而又有节有奏。他的书作，催促我不能不深入打听这位写者是个什么人，对他的人，所知逐渐增多，对他的字的理解也就日益加深了。

音乐与书法的道理当然不应两样。我姑以音乐外行来妄论二者的关系：大约草书如演奏"快板"，无论快到什么程度，其中每一个音符并不因快而漏掉。所以"急管繁弦"和"雍容雅奏"实质上是没有差别的。人在短距离中听到丰富的音节，譬如前人论画所谓"咫尺有千里之势"的，必然是一件佳作。那么蓝玉崧同志的草书，所以引人入胜的，恐怕即在这里吧！

　　最近见到玉崧同志的新作品，又发现了新情况，他已在原有基础上提高了一步。他从前写的，还不免有古人帖上已成的艺术效果，或者说是古人已有的局面。这次看到的，则是另一种现象，仔细推敲起来，处处细节，包括字中的节奏，都是用古人已有的办法写出来的。另从全局来看，则是古人帖上所不曾见过的效果。这种又是又不是，又像又不像的效果，究竟是怎么出来的呢？当然并不足怪，凡曾用功临帖，揣摩古人的笔法、结构，都能得到百分之多少的像；但像中的不像，不像中的像，则是全靠消化，全靠见识。我也曾遇到不少人，用功不算不勤，临写不算不像，清代翁方纲即属这种典型；可是又有谁见到翁方纲消化了古人的碑帖？不难理解，必须要有见识，这见识即是主要的催化剂。有了见识，才能知道向何处消化，怎么消化，要化成什么样子。

　　更使我钦佩的，是玉崧同志也是一位印人。无疑，那些刀锋、剥痕，金石家认为"古朴"的效果，必然深深地渗入印人的脑中。试看许多篆刻家中年以前的字，也都是笔画清朗的，到了后来，为了追求金石趣味，故意专用逆笔，似乎是在向观者说："宁可你看着不舒服，我也不能省力气。"当然我绝不是否定那些篆刻家的创作精神和艺术效果，而是姑且借这个比喻来说明用笔的顺逆问题。坦率地说，我不会用逆笔，所以也就喜爱顺笔，因此更喜爱玉崧同志的用笔。尤其佩服他，用了若干年的刀，写起字来，还能刀是刀，笔是笔，如果没有真见识，大本领，又有谁能做得到呢？

　　总之，玉崧同志的书法，是从用功来的，但又能不受成法束缚。以天真的兴会冲破旧有框框，而又并不"荒腔走板"。当然，玉崧同志的书法，还在发展，还蕴涵着无限的潜力，这是我们这一班和他往还的朋友共同的感觉。

一九八三年十二月七日

我教古典文学"唐宋段"的失败

我现在所写的这篇小稿,既够不上什么"心得体会",也不是"书面检讨"。我的意图,是想说明古典文学,尤其是"唐宋段"的问题之多,阐明之难。我说"失败",不是要哗众取宠,更不是鼓吹灰心丧志。知难而进,应是我们今天做各项工作共同坚持的精神。怎样知难,似应从认识"难"、解剖"难"、不讳失败开始。

在今天,无论是搞教学或研究,也无论是文学方面或史学方面,都流行着"分段"的问题。当然,一切工作的分工,都是客观的需要。文、史教学研究上的分工,也是必要的或不得已的一项办法。但这分"段"之难,却是显而易见的。

文学发展,常常随着历史的标志为标志,什么朝,什么代,什么初盛中晚,什么前期后期。历史可以拿宣布政权到手的那天,甚至那时那刻为段落。虽然这未免专从外形上立论,因为改朝换代的交替时,政策措施等还会有许多因袭关系,似不能那么一刀切。但究竟有个新统治者上台为标志,有个"元年"为数据。文学和历史,似乎是平行的双轨,却又各不相同的时快时慢,时先时后。文学家们,并非全在"开国"时一齐"下凡",亡国时一齐"殉节"。清代袁枚最反对把唐诗分为"初中晚"或"初盛中晚",他屡次提出,被分定为某一期的作家,也许生在这期之前,死在这期之后,又当如何去分,根据什么去分?

这种辩论,只是理论上深入细致的探讨,不是事务上处理解决应急采取的办法。譬如烹鱼,烧头尾和烧中段,从来也没法子规定从第几片鳞为界限去切。所以文学史也只有凭"我辈数人，定则定矣"（《切韵序》）的办法，把这个历史长河，硬切几段。

然而教书毕竟与烧鱼不同，烧鱼可以裹上面糊，用油一炸，断处的剖面，都被掩盖，更不需要它的血脉相通。教文学，则既要在纵的方面讲透它的继承发展关系，又不能侵犯上段和下段。在横的方面它常常关连着兄弟艺术品种，不说清左邻右舍，定不出"主楼"位置；稍为加强说明"邻居"，则又成了罗列现象、侵犯其他门类、重点不突出等等过失。其实一个作家、一个作品的上下、前后、左右都不是孤立的，也不是那么容易说明的，那需要丰富的知识，深切的探索，精练的选择，扼要的表达。真要说得"简要清通"，并非容易的事。反而如按上面所说的那样要求，只把主楼的高度宽度、体积面积、门窗颜色、里边住的是什么人加以形容，角度各不相同，语言绝无重复，一定就像观剧人所说的"一出好戏"那样，博得听课者说是"一堂好课"。

问题是学生求学，是求"好课"的艺术享受，还是求鉴古知今，闻一知十，获得政治思想上、科学知识上的真凭实证呢？

这是在分段和教法上的难处。

段既分了，我分得了"唐宋段"，于是一连串的问题便陆续被我遇到。当时的口号是"以论带史"，所以各种文学都要以论当先，而所举的"史实"，当然要符合所论。于是在各段的课程中，论、史交融的课，当然当先了。这不待言，自是需要理论水平高的教师来主讲，我只能讲一些"作品"（现在我所说的"唐宋段"还太笼统，实际应说"唐宋段作品"才较确切）。

我究竟遇到哪些问题呢？下面不妨"罗列"地谈一谈：

（一）古代作家并不止一人，作品并不止一篇，规定的大纲也分明开列若干人、若干篇。我顺序讲下去后，向"同行"的同事请教，得到的指教，总是说"重点不突出"、"罗列现象"、"平列材料"，及至请教怎么就不罗列，怎么就能突出，这位同事也没有传授心法。我后来见到宋朝人作《圜坛八陛赋》的事，写道："圜坛八陛，八陛圜坛，既圜坛而八陛，又八陛以圜坛。"这样反复若干句。阅卷者批道："可惜文中不见题。"我才略有启发，可惜那位先生已作古，无从"重与细论文"了。

（二）古典文学课程所讲的各位作家，当然都是古代人，在唐宋段中当然都是唐宋人。首先遇到的是他们各自是什么出身。这还较好办，去听讲"史"的教师讲他属于大中小哪类的地主，我便随着去讲，总算有些根据。但有些人、有些作品，在大纲中应该讲，而史中却没讲到，就特别感到困难。又有时虽按着史的口径讲了，但一遇到有人问我这一作品中反映的思想意识和他出身经历的关系，又是如何体现的，这时又不能说"等我听完下一堂史课再回答你"。假如"自作聪明"，另编一套，即使我有我的理由，如与史课不相符时，其效果自然可以不言而喻了。

（三）唐代诗人重点，当然李白、杜甫、白居易是足概全唐的代表诗人了。尤其白居易，有他的成套的讽喻诗，理所当然的比李、杜要高得多、重得多。但他却不知为什么自己给自己留一个漏洞：即是他为什么满腔热血一次吐完，以后便只是些闲情逸致的作品。封建文人，情有冷热，并不稀奇，奇在那么"齐"，戛然而止，岂不可怪？我也私下想过：封建帝王不管行的是哪种"政"，他也希望臣民恭维他是"仁政"，如果再想扮演几个节目，当然"纳谏"也是他们常演的节目之一。谏到纳不了的时候，谏官命运便常发生各样悲剧。什么杀头、远贬、降官等等，元、明时还加上打板子。当皇帝纳谏的节目演好了，聪明的诗人，又何敢追着找那些悲剧呢？因此不难了然，白的讽喻诗中，正有符合皇帝需要的作用，也可说是那段节目中的一章伴奏的音乐。必须郑重说明，我这只是想解释讽喻诗为什么戛然而止这个问题中的一些因素，并非妄图贬低讽喻诗那些光焰万丈作品的本身。而当我讲这课时，这类"分析"，又岂能出口呢？

（四）我讲的是古代人（唐宋人）的作品，所选的当然是大纲上提到的，作家的经历思想不可能相同；一个作家的几首作品，内容情调也不可能相同。一次遇到一篇内容积极、情调健康的作品，我讲起来也觉

172

得颇有生龙活虎的力量，也会蒙得听者鼓励性的赞许。可惜作品并不是"作诗必此诗"（苏轼句），于是要求就来了，还要讲成"那样"。然而，古代诗文不能像唐三彩的战马，可以重制若干啊！

（五）在讲思想性之后，当然无所逃其责地要讲艺术性，我自恨并没学过文艺理论，篇章结构、语言辞藻之类的评论，似乎还在旧文论中略闻一二，但一到结构，更常堕入"起承转合"的旧套子，纵然听者不一定看透是哪里来的，而我自己倒受到良心谴责，这不是八股圈子吗？于是虚心地翻翻一些旧印本的评注，奇怪的是这篇评是"刚健清新"，那篇评是"清新刚健"，这篇评是"情景交融"，那篇评是"交融情景"。一个旧本之中，并不觉重叠，几个旧本子之间，就不免同声相应。我若参用（或抄用），便成了鹦鹉学舌；不参用，我也没有新鲜的、独出心裁的评语。只落得"讲艺术性部分太贫乏"的舆论。

（六）讲唐诗，必然关系到四声平仄，讲宋词，又涉及清浊阴阳。我这北方人从小时硬记四声，还较容易，至于清浊阴阳，虽有好心的师友表演给我听，我还是如牛听琴，宫商莫辨。只有从小时受过训练的听平仄、念平仄，习惯一些，似乎应说好办了，但也不是毫无新问题。现在规定的普通话，是"以北方话为基础、以北京音为标准"的。北京音"入派三声"，许多古典诗词中的入声字，在用普通话读起来便成了别的声，如变上、去声的还好，因为上、去同属仄声。如变平声的，那个句子整体的声调就全发生了变化。我不知道听者的感觉如何，只在我自己口中，常像嚼着沙砾一般。有一次讲一首古体诗，篇中有几个律调句，我一时"忘其所以"地按着古韵去诵读，抑扬顿挫，摇头摆尾地高声念了。没想到课间休息时，走廊里竟响起学着我那样抑扬顿挫的声调来朗诵的声音。我才大吃一惊，原来这种传染性有这么大。赶紧在第二堂课上自己郑重声明，以消"毒素"，不意得的反应，却是一阵笑声。我想，愈描愈黑，不要再说了，幸而铃响了，才算解围。

（七）还有令我最难处理的，是前面略提过的"侵犯"旁的段的问题。讲唐诗，当然要讲它的师承，或说来源，才能比较出它的进步和创

173

造。但当我说一些有关六朝的东西，就"侵犯"了"六朝段"的领域，自然成为错误。讲宋词，也需要讲到它的发展和对后世的影响，于是又"侵犯"了"元明清段"的领域。那么既有勾挽钓渡，而又要界限分明，真使我得到过几次的严格训练，可惜训练虽然严格，如果判分数，恐怕还不见得及格。

在水平高的人，不管哪段，当然都能把古代作家作品阐发精详，分析深刻，而在我却是捉襟见肘，狼狈不堪。略举几例，以为自讼；并向当时听过我讲唐、宋文学作品的同志们表示非常的歉意！

一九八四年

喜观二玄社影印宋许道宁（传）《渔舟唱晚图》卷

这是一卷北宋人的名作，今人好说"力作"一词，对这卷来说，这二字已不够分量了。应说"剧作""绝作"，才算稍为符合实际情况。

这卷是流传有绪的著名宋画，曾见许多明清人的"著录"，有的题为《渔父图》、《渔乐图》，等等，一般手卷上下的幅度不大，多数是一尺来高，凡比一般尺度较高的，常被称为"高头大卷"，因这卷横度虽不到七尺长，但高度却比一般的画卷较高，竟将及一尺又半，所以又常被称为《高头渔父卷》。

原卷不知何时流入美国，今藏在堪萨斯州的纳尔逊博物馆。装在玻璃柜里，柜中装设特制的照明灯，开一次灯只很短时间就灭掉，说是对原件的保护，固然十分尽责，但看画人的眼睛和脑子哪有那么快的观察力和记忆力呢？也不知道宋代那位画家画成时的心情，是愿意多有人仔细看呢，还是不愿意人多看？他如得知千年以后，他的作品在观者面前获得的是观者都在用这样一开一闭闪电式的眼睛去欣赏，他的心里是什么滋味，恐怕是不问可知的吧！

因此我感谢二玄社的丰功伟绩！把这件著名剧迹原样无讹地呈现在如饥似渴的观者面前，使观者不受那种霎开霎闭的灯火限制，得以洞察秋毫，一丝不隔地进行欣赏、研究、比较、玩味。为画者、观者、学者创造下无穷的便利，其功德之大，应该借用《金刚经》中的两句话："福聚海无量，是故应顶礼。"来做称赞，至少我的心情确实如此的！

前边说"剧作""绝作"，有人问剧在何处、绝在何处？现在我试表达"管窥之见"：剧是剧烈，常是出于意料之外的、超出通常负荷能力的事物，才被人用这个词来称说。例如说"剧变"、"剧痛"之类。这卷画总的艺术气氛，和各局部分的艺术效果，不但使观者感到出乎意外，设想画者在落笔时也没有完全想到所有各部分的效果都符合自己预期的计划。先从全面看，今天画上的全面，可能少于原作，因为古代的长卷常有被人分割的损伤。现在这个不算太长的画卷，是否首尾毫无损缺，已不可知，但可以推测是曾有所残损。纵使未经人有意割截，但在累次重裱时，残损也是常有的事。仅就这一卷的现状看，江山雄伟，远近分明。在实际的游览中，人的肉眼有不可能一目了然到的地方，而画中竟自一一指点明白，这种指点明白，又不同于画鸟瞰地图，而是画风景画。雄伟的江山给人的第一观感，山是高峻的，水是辽阔的。而山后有山，水外有景，却难于一眼兼收。伟大的艺术家，竟能够在一幅图中同时给予观者如此全面的领略，岂不是出人意料的"剧"吗？上边是从构图方面立论，这种构图方法，并不仅限这一卷，其他宋人名画也常见如此的情况。这又不仅是构图设想所能完全解释的，若没有笔下精妙的技巧，也是不足以充分体现的。

笔墨技巧上，处处都看到画家用笔用墨的精熟程度。例如在大山的坡面，像是用一支肥大的毛笔，饱蘸墨水，劈面抹去，这一抹之中，有浓有淡，有干有湿，这种不期然而然的效果，恐怕画者在蘸墨落笔时，也未必完全想到竟自达到这个样子。但这种效果又必然是画者在千次万次的创作实践中锻炼出来的超人技能。这是谈笔中的墨。再看墨中的笔：这卷总长不到七尺，有的一笔画去，竟自几乎能到一尺多长，并没有迟疑、停顿、颤抖、曲折的任何情状，好像在桌上拿东西，有时眼并不用看，手一伸就拿起，准确到了极点，轻易也到了极点。《庄子》有郢人运斤（斧）的故事，譬喻技巧的精熟准确。虽然未免夸张，而道理却最透彻。他说一个人运斧熟练，把一片白灰抹在另一人的鼻头。这人手持斧子，抢动如风，向那人鼻头砍去，那片白灰被砍掉，而鼻头丝毫不伤。我们看一切在精熟准确的技术手法下创作出来的艺术品，凡是令人惊叹叫绝处，没有不具有这种比喻所说的境界的。又例如山上山下许多树，都似在有意无意地信手画去，只是画许多直道子，并无枝叶，无论懂画理画法的，或完全外行的人，见这画时，我没遇到任何一个人说"山上为什么立栅栏"的，那些光秃秃的棍子，在山上、在绢上、在观者心上，都那么妥帖自然，没有丝毫不合情理、不合逻辑之感，好比人都长眉毛，一边一条，即使刚刚懂事的小孩，也从来不觉得是把小猫尾巴贴上的。可知伟大的艺术创作（包括文学创作），出奇制胜到了不合情理、不合逻辑处。创作者不自知，观者、读者不感觉，反而有人会大叫"出人意表"，这样的作品，能不说是"绝作"吗？

再往画中的远方看，山重水复、山环水抱的地方，是肉眼看不着的，即使有望远镜，它也不会跳过近山曲折地看到远山啊！这处效果是怎么出来的？也是几个有意无意的笔道，一层层地拖去，便成了层层的远山、叠叠的远岸，模糊中有清晰，不分明中有交代。这都是出自精熟笔墨之下的出人意表的效果。可以说：构图的设想，笔墨的实施，总括起来，原来都出自画者的设计意图，而画成以后，又超出画者的意图，如果说画者曾以某处真风景为依据，而现在的艺术里，肯定有超出并且高于这段真风景的引人入胜处。所以古人评画有"神品"一称。如要给"神品"一称加以说明，我想上边所说的，至少应是一部分重要注解。如果有人说它是"妄论"，我还可接受，如说是"谬论"，我就坚决不服了。

从前人称晋代索靖的草书是"笔短意长"，这四字最耐人寻味。好画何独不然！"笔简意繁"即"笔少意多"，这卷《渔舟唱晚图》，不用说比一般的宋画，即以范宽的《溪山行旅图》巨幅相比，笔墨"以少少许胜多多许"。恐怕范宽大师也不会不允许这位渔舟的画家出人头地吧！

这卷画者旧题为许道宁，而许氏的作品流传绝少。《石渠宝笈》旧藏还有一幅《关山密雪图》也被称为许道宁的笔迹，但相比来看，异多同少。许道宁的作品究竟应是什么样，今天恐已难于求证了。其实也不必每件古代艺术品都必要有作者的姓名才算可宝。殷周的精铸青铜器，良渚的精雕古玉器，有谁能确知出于某姓某名的良工之手，这并丝毫无碍于它们成为中国古代的文化瑰宝，又何以对古画偏要苛求作者姓名呢！

这卷旧题什么渔父、渔乐等图名，也并不错，只是失于单调。如果一幅画上，只画一个渔翁，拿着钓来的鱼，自得其乐地走回家中，这个画面上题上渔父、渔乐的图名，也无不可，又和这卷有什么区别？二玄社这次印本，签条是经江兆申先生重题的，选用了唐初王勃的《滕王阁序》的句子，"渔舟唱晚"，立时赋予这卷山川人物以新鲜的、生动的生活情趣，原文说："渔舟唱晚，响穷彭蠡之滨"，那么这卷以此为题，又使这一段江山立即扩大，包括了彭蠡之滨。再细看许多渔舟中有一个双手各持一片铙钹，在作敲打，这不分明画出打渔完毕，收工时的共同娱乐吗？所以书画鉴赏，不仅仅是要懂得"真的""假的"而已，更贵乎对艺术有真知灼见，对艺术家能气味相通，对民族艺术的各个方面又都能了解它们共同的是什么、相通的是什么、相异的又是什么。就像这卷名画，得此四字标题，而内容立刻活跃起来，这才使人看出鉴赏一道，学问广博，不是那么轻易好作的啊！

178

参观日本宇野雪村先生
和前卫派书法作品展

汉字书法，有一种魅力，识字的人固然容易喜爱，奇怪的是识字不多、或对书法并无素养、甚至是文盲的人，也常知道喜爱。例证很多，不待详举。

以我个人说，对古文字实不能算完全不认识，但随便拿一片甲骨，一段金文，让我来读，我不认识的字，要占绝大多数。问我对它们的美好书风是否喜爱，我的回答自是十分肯定的。可见对文字的认识与否和对它的艺术性欣赏与否，并不是一回事。

宇野雪村先生是我们的友好人士之一，我们曾由朋友介绍，联合举办过书法展览，他的大名在我国的书法界是相当响亮的。许多书法爱好者，尤其在青年当中，对书法前途都很关心。最常触到的问题中，如何才"新"？如何表现"现代"精神，探讨的更多、更集中。每当宇野先生的作品展出时，都会发出热烈的反响，受到很大的启发。

我对宇野先生写的字，并不完全认识，但参考释文、推敲点画，总比认甲骨金文容易多了。我虽认识不多，而对他笔下的雄壮气魄和勇敢的胆量，都使我心向往之。

明代书画家董其昌，在书画理论上也有极大的影响。他每用佛教的"禅"来比喻书画，他推重禅宗"南宗"的"顿悟"，而反对"北宗"的"渐修"。他说顿悟可以"一超直入如来地"也就是说明"成佛"的容易。我从宇野先生的作品中想到"新"和"现代"并不是远隔千山万水的。因为与旧不同谓之新，古代所无谓之现代，立地成佛，一超直入，在先生的笔下是可以得到实证的！

这次宇野先生领导着他这一流派的日本书法家×××人，在北京故宫开盛大的展览，我在此执笔撰文之际，虽还没见到作品的全貌，但宇野先生的笔法墨法，气魄气氛，我所熟悉，可以说如在目前的。预献一偈，以申祝颂：

故宫花发正春回，墨点腾飞四壁开。

寄语求新探现代，一超于此看如来！

台北故宫博物院珍藏书画精品
复制品展览观后感言

　　"观后感言"这样的题目太旧了吧？不然，字字落实，都有意义。因为我看了这个展览（按，指"中国台北故宫博物院珍藏书画复制品展览"），真是"百感交集"！

　　我现在说的感，则是比较复杂多样，有悲有喜，有谢有盼。不避罗列条文之嫌，分别说说我之所感，呈给尊敬的读者，看看与我有几条"同感"，或还有什么"新感"。

　　（一）感旧。"感旧"在古代诗集中是个常见的题目，多半是追忆旧游，感怀往事。今天我在展览会场上首先鲜明浮现在脑中的，是五十多年前一幕幕的情景。

　　那时的故宫博物院曾在院内开放好几个陈列书画的展览室，除了钟粹宫有些玻璃陈列柜外，其他展室有的就把画幅直接挂在墙上，卷册摊在桌案上。有些卷册盖上一层玻璃，有的连玻璃也没有。后来才逐渐只在钟粹宫中展览书画。

　　当时每张门票是"大洋"一元，但在每月初的一、二、三号，减收为三角。这在我这穷学生不但是异常优惠，此外还有极大好处。每月月初时展品必更换几件，撤去已展多时的，换上还未展过的。这三天内不但可省七角钱，还能看到新东西。重要名作展出的时间较长，往往不轻易撤换，像这次最引人注目的范宽的《溪山行旅图》、郭熙的《早春图》，当时是每次总能看到的。

我现在也忝在"鉴定家"行列中算一名小卒，姑不论我的眼力、学识够上多少分，即使在及格限下，也是来之不易的。这应该归功于当时经常的陈列和每月的更换，更难得的是我的许多师长和前辈们的品评议论。有时师友约定同去参观，有时在场临时相遇，我们这些年轻的后学，总是成群结队地追随在老辈之后。最得益处是听他们对某件书画的评论，有时他们发生不同的意见，互相辩驳，这对我们是异常难得的宝贵机会，可以从中得知许多千金难买的学问。如果还有自己不能理解的问题，或几位的论点有矛盾处，不得已，找片刻的空闲，向老辈问一下。得到的答案即使是淡淡的一句，例如说"甲某处是，乙某处非"，在我脑中至今往往还起着"无等等咒"的作用。

回想当年我在钟粹宫一同参观的老辈已无一存，同学同好，至多只剩两三人。我曾直接受到的教导和从旁得到的见闻，今天在我身上已成了一担分量很重的责任，我应当把它交给后来者，但是又"谈何容易"呢！

（二）感谢。我首先感谢的是各项伟大科学技术的发明，若没有现代先进的摄影、印刷种种技术，也就不会有这些"下真迹一等"、逼真活现的复制品。从文物"价格"上来看，复制品究竟不是原迹，但从它们的艺术效果上讲，应该说是"与真迹平等"的。我也曾见到过西洋的复制技术，例如所印的油画、水彩画作品，使我不但感觉那幅画的内容现于眼前，并且对那件名作的各个组成部分无论用的什么油色、什么水彩、什么布、什么纸，都可一一了然。更妙的是觉得那件作品，可以摸着触手，擎着费力，其实还只是薄薄的一张纸，这样的印刷技术不为不高了吧，但未见印刷中国古代书画有什么杰出的成品。

今天我所见到的日本所做的复制品，从卷册装帧的设计，到书画印刷效果的要求，都做得恰到好处，或说"搔着痒处"。不奇怪，由于文化传统以及对艺术的爱好标准和趣味，我们两个民族之间确实具有极其珍贵的共同基础。在这个基础上所做出的成果之优，自是不言而喻的。相反，违反了它，效果也是不言可知的。

高明的印刷术还能提高现在文物上所存的效果，例如王羲之的《快雪时晴帖》，年代太久了，纸色十分昏暗，已成了酱油颜色，在展览柜中我从来没看清过"时晴"二字，曾猜想快雪堂帖勾摹刻石时大概是"以意为之"的，现在从印本上才看清了它的笔画。又如范宽画的右下部分树林楼阁，我也从来没看清楚过。记得古人记载说范画屋宇笔力凝重，可称"铁屋"，我却说这部分是"铁板"一块黑黑地分辨不清。现在我站在复制品前，欣然自觉和宋代人所见一样了。除了要化验纸质、绢丝等无法解决外，其他部分中即使细微差别，无不可以使人"豁然心胸"的。因此，从利用价值上讲，它的方便处，已足称"上真迹一等"（乃至若干倍）了！

二玄社把这么些中国古书画加以复制，使它们化身千万，二玄社的同仁付出的辛劳，怎能不令人由衷地感谢！日本中华书店、中国国际图书贸易总公司和北京故宫博物院的协作，在故宫绘画馆中展出这些复制品，给广大艺术文物爱好者极大的眼福，又怎能不令人由衷地感谢呢！

（三）感想。好端端的一块陆地，因有一条洼陷处，无情的海水，乘低流过，使得这海峡两岸的家人父子夫妇兄弟互不相聚，已若干年了。我们全家祖先的光辉文化，最集中、最突出的标志，莫过于历代文物。这些年来，在中原各省新出土的几乎近于"算数譬喻所不能及"了，以古书画论，也发现了五十年前从来没人见过的许多"重宝"。

现在二玄社已把海峡彼岸的部分古书画精品复制出来，饱了此岸人的眼福，大家看了这次展览之后，彼此交谈，不约而同地想到如何把我们此岸的精品，也给彼岸的同胞、同好们看看。我们都从童年过来的，回忆童年时得到一件好玩具，总想给小朋友看，互相比较、夸耀，中心目的还是共赏。小孩儿如此，我们今天虽早成了"大孩儿""老孩儿"，可以说，我们还是童心尚在、天真未泯的。我设想一旦大大小小的天真孩童相见，心中的酸甜苦辣，谁能不抱头倾诉呢？互有的玩具，共同拿出来比较夸耀一番，岂不是弥天之乐吗？

我个人也可算文物界的一个"成员"，我敢于代表，也确有把握地代表此岸有童心的大小老少诸童们"发愿","愿文"一大篇，这里只先说最小的一项：我们愿虚心学习先进的印刷技术；向日本二玄社引进先进的技术，或合作复制此岸的古书画精品，尽快给彼岸的骨肉们瞧；进一步创造条件，使两岸的原迹有并肩展出的机会；再进一步，使两岸骨肉有并肩观看展品的机会。这些机会，有！我相信有。我还相信这机会实现时，大家的眼睛一定都已看不见展品，而是被眼泪迷住了。

一九八五年七月八日

"上大学"

提起上大学，无疑的都是指到大学读书，以至毕业取得学位。我这里所说的"上大学"则是双关语，含意是在大学里做工作，学到怎样教学、怎样治学。尤其重要的是怎样去思考学术上的问题。

我一周岁时失去父亲，十周岁时失去祖父，不到三十岁的寡母和一位没出嫁的姑姑抚养我这个孤儿。我的曾祖和祖父都是科举考试出身的，生平所做的官，绝大多数是主考、学政之类，因而并无财产遗留。我们母子的生活，只靠祖父的"门生"，特别是邵明叔、唐子秦两位先生为之募集经营，邵老伯还每一二周要看我的作业。如果一个月没去呈教，他老先生就自己到我家来了。唐老伯有一次看见我作的诗，意兴衰飒，竟流下眼泪，加以教导。

小学毕业考上了中学，这时已从贾羲民先生学画，从戴绥之先生读书，学"古文辞"之学。由于对算术、外语不用功，没兴趣，终至不及格，也无法再往下念了。生活用费是不等待人的，我原无"大志"，只想做个小职员，能够奉养母亲、姑姑，也就过得去了。原指望求一位企业家的老世交为我安置一个小位置而终不可得。

老世交傅沅叔先生把我介绍给恩师陈援庵先生。特别要说明，这个"恩"字，不是普通恩惠之恩，而是再造我的思想、知识的恩谊之恩！陈老师把我派在辅仁大学附属中学，教初中一年级的"国文"，我很满足了，总算有了一个职业，还可有暇念书学画，结果中学负责人说我没有大学文凭，就来教中学，不合格，终被停止续聘了。陈老师又把我调到辅仁大学美术系做助教，但还是在那位中学负责人统治之下，托故把我又刷了。陈老师最后派我教大学一年级的"普通国文"，这课是陈老师自己带头并掌握全部课程的。老师自己选课文，自己随时召集这课的教员指示教法，自己也教一班来示范。这项工作，延续好多年。我们这些"普通国文"班底中所有的教员，无论还教其他什么专门课程，而这门"普通国文"课，总是"必教课"，事实上是我们的"必修课"。因为教这课，就必须随时和老师见面，所指示的，并不总是课内的问题，上下纵横，无所不谈。从一篇文章的讲法，常常引到文派学派的问题，从一个字句的改法，也会引到文章的做法、文格的新旧问题。遇到一个可研究的问题，老师总是从多方面启发我们的兴趣，引导我们写文章。如果有篇草稿了，老师的喜悦表情，总是使我如同得了什么奖品。但过不了两天，"发落"这篇"作业"时，就不好受了。一个字眼的不合逻辑，一个意思雷同而表面两样的句子，常被严格挑出来，问得我哑口无言。哑口无言还不算，常常被问要怎么改。哎呀！我如果知道怎么改，岂不早就不那么写了吗？吃瘪之后，老师慢慢说出应该怎么改。这样耳提面命的基本训练，哪个大学里、哪个课程中、哪位教授的班上能够得到呢？试问我教书以来，对我教的学生，是否也这样费过心力呢？想起来，真如芒刺在背，不配算这位伟大教育家的门徒！如果我的一篇文章发表了，老师每每提醒旁人去看，如果有人夸奖几句，其实很明显是夸奖给老师听的，那时老师的得意笑容，我至今都可以蘸着眼泪画出来！

解放后，凡我参加什么书的编写，写了什么学术的讨论文章，领导上以为可鼓励处，都向老师去说。老师都向人表示"理所当然"似的说："本来吗，他如何如何……（的好）。"这些事和话老师从来不告诉我，这是我从旁人得知的。一次一项有争论的学术问题，我勉强仓促地写了文章，幸而合格。领导去向老师夸奖，老师虽仍然表示了"理所当然"似的态度，但这次并未事先见到原稿。事后把我叫去说："以后你们写文章，务必先给我看！"这时已是浩劫的前夕，老师已然有病了。对一个学生每走一步，还要如此关心。我还想，我的工作、文章，人家

186

为什么都向老师去说，不言而喻，老师平日揄扬的深广，岂不可想、可知、可见了吗！

另一个场合，即是辅仁大学的教员休息室。当时一个大学的总人数，还不及今天一个系的人那么多。各系的教师，上课前、下课后都必到这里来。几位老学者，更是经常到这个休息室来。以文史这方面的先生说，像沈兼士先生、余嘉锡先生、于省吾先生、容庚先生、唐兰先生、郭家声先生、张效彬先生、戴君仁先生、缪金源先生，有专任的也有兼课的。陈老师虽有校长办公室，但仍然经常到这里来。这间大屋子里总是学术空气浓浓的。抗战了，大家讨论无不慷慨激昂。敌人反动高压加强后，这个屋中还潜流着天地正气。

这个屋子并不是"俱乐部"，而是个大讲堂。可以说，这里边有任何讲堂中学不到的东西。对当时社会上、学术中变节事敌的人的批评自不待言，学术上有某人的一篇文章在报纸杂志上刊出，一本著作，以至什么书籍的出版，都可以听到很重要的评论。那些评论。哪怕片语只词，往往有深重的意义。"顺藤摸瓜"，回去自己再找那文、那书来看，真收获"问一得三"之益，实际是"听一得三"的。

古书版本，哪家注释好，哪本错字多，哪家诗文如何，哪种"名著""不值一看"。哪个字怎么讲，怎么写，是"木"旁、是"手"旁。诸如此类，从大到小，小到偏旁点画的问题，都总会使我有"虚往实归"之感。

一首诗、一张字，常见老先生们自己拿着图钉按在墙上展览，一件小古董、一张拓片、一本书，也常有人拿来共赏。摩尔根·本论古代社会的书，有人新译成中文，几位老先生互相传观赞叹。值得注意的是这些老先生特别是陈、沈、余诸位都是纯读古书的，他们未曾接触西洋文化，即使接触过一些，也是间接的或科技的常识。但他们这时是如此的虚心，立刻联想到治中国古史的种种问题。解放初期，陈老师拿了许多马列主义的通俗宣传小册子，手持放大镜．没日没夜地看。结果病倒了，护士把小册子给收起来，才去休息。这样如饥似渴地接受新鲜事物，在学术上无成见，不怕人说"你连摩尔根的书都没瞧过？"我觉得如果有说这样话的人，他才是真没知识的。

沈先生是文字音韵学的大家，一次有人问某一个字究竟应念什么音，先生说："大家怎么念，就念什么。"我刚听了，不觉一愕。问者正是要得到最标准、最"正"的读音，怎么这位大权威却说出这个答案？后来逐渐懂了，语音本来是客观上各不相同的，陆法言"我辈数人定则定矣"的话，说明了多么大的问题。沈先生这句话是陆法言的一个"转语"（借用禅宗的术语）。一千几百年来，古今音韵学中，前后有这两句话，就都包括进去了。一位学者之通、之大，就在这里！"定"有功于语音统一；音从大众，实际音是来自大众，这句话是如何的尊重事实，是如何的透彻古今。

沈先生最重要的学术主张，是声训、意符。我不曾深入学过文字声韵之学，但每每听到先生的议论，使我得知学问不是死的。后来我每逢和人谈到我对许多问题的理解时，常用个比喻说，盘子不是永远向上盛东西的，立起来也可当小车轮子用。"学"与"思"相辅相成，体味诸老辈的言行，从中可以增加无穷的智力。

沈先生平生最慕朱筠，提拔寒畯，乐道后学之长，甚至于不避夸张。具体事例，这里来不及多举了。当时我这个学无一长的青年，也在先生揄扬、提拔、鼓励、鞭策之中，向旁人说到我时，语气总是那样肯定。我去年得到一副朱笥河先生的亲笔对联，每挂在墙上，必心酸一次。

我还曾"亲炙"余嘉锡先生。先生的学问深邃，人所共仰。而人品的方严，取予之不苟，若非亲受过教诲的人，是不易知道的。先生学问之博，用力之勤，治学态度的严肃，恐怕现在说给后学听，可能并不会相信。先生平生用力最大的是《四库提要辨证》，繁征博引，目的是"归于一是"。他的底稿都是自己用极其工整的小楷写成的，极少涂抹。可见起草过程也就是构思过程，也是誊清过程。我没有资格仰赞先生学问的涯涘，我只举一点体会。我们试翻一条提要辨证，即使不是专为看对某一古书的结论，只看这篇考辨过程，所得的收获，除这一古书的结论外，还会知道许多怎样探索、怎样分析判断的方法。一段段地引，一段段地阐述，好像很"笨"地专跟提要"过不去"。事实上，这时提要已成了先生学术总体的一个货架子，而这架子却没有档格，互相流通的。从这里认识到先生对古书、古学说，都在极扎实的根据上，驳倒前人那些率尔作出的误说。受到最深刻的教导，是懂得对古人的成说，不可盲从，不可轻信。

先生病重时，我去看望，那时已经患了"中风"，说话不太利落。见面后，从抽屉中拿出新写的提要辨证一些条，字迹虽然颤抖，但依然没有涂抹。虽不能知这几页是否是最后的绝笔，但我知道这时离先生逝世并不太远。我觉得应该把这些页遗墨珍重地影印出来，教后学得知什么是"死而后已"！

当我二十一岁初出茅庐时的第一个朋友是牟润孙先生，接着认识台静农、储皖峰、赵荫棠诸先生，都是在附中教书的时候。后来认识余逊、柴德赓几位先生。我比他们都年小，比台小十岁，比柴小四岁。周祖谟先生来了，才有比我小两岁的。这些朋友对我的"益"，又常有诸师长所起不到的作用。因为首先可以没有礼法可拘。我向他们任何人请教什么问题，绝没有吞吞吐吐考虑成熟才说的必要，都是单刀直入。他们的答案，有时是夹杂着开玩笑而说出的。这样声入心通，有哪个课堂上所讲的东西能够相比呢？

现在牟润孙先生在香港，前几年他初次来京，我们相对痛哭，后来虽有较多见面的机会，但究竟是难共晨夕的。台静农先生远在台北，今年已经八十四岁了。周祖谟先生虽在北京，但远隔重闉，我又牵于俗冗，见面还是很少的。

我近年常有最刺心的事，就是学术上每有疑问，或遇小小心得，总感到无处请益。有时刊出了一篇拙稿，印成了一本小册，明知是极不成熟的，但想到热切期望我有所成就的，坚定预言我可以造就的恩师们已看不见了。古人对亡亲"焚黄祭告"的心理，是何等痛苦，就不难明白了。

辅仁大学校友会要出一本书，教我写一篇我的经历和回忆。现在仓促写了这篇，姑且标题为《上大学》。这个题目，开始处已略交代，这里再补充几句：我上这个大学，没有年限，没有文凭。但也可以说有的，这张文凭，奇怪的是我自己用笔写出来的。

如要开列职务经历：真贫乏得很了，即是附中教员、大学助教、大学普通课教员、讲师、副教授。解放了，院系调整，成为新师大，一九五六年被评选为教授，次年取消，一九七六年以后重算教授了。

回忆这五十多年，我总是在"失"中获"得"，使我"得"的固然有恩；使我"失"的实起了促进、激励作用，其恩亦何可泯！陈老师去世后，我曾私撰一副挽联，那时浩劫未完，不敢写出。后来在一篇纪念老师的文章题为《夫子循循然善诱人》的文章中录出过，现在重写在这里：

依函丈卅九年，信有师生同父子；
刊习作二三册，痛余文字答陶甄！

一九八五年五月十五日

汪容甫先生遗文

周叔弢丈藏有汪容甫先生墨迹小立轴，长约三尺，阔约一尺。小行书八行，字不盈寸。其文不见于《述学》。《述学》裒集于先生身后，编次杂乱，所标内篇、外篇，体例本相矛盾，而补遗、别录，更分明为随手续编者焉。今见此文，无逊集中诸作，乃知非先生不自存稿，而属编者所见未及者也。其文曰：

> 太史公为《庄周列传》，称其为书，畏累、亢桑子，皆空言无事实。今世有《亢桑子》书，其首篇出《庄子》，而益以庸言，盖周所云者，尚不能有事实，又况取其语而益之者为空言尤也。刘向、班固录书无《亢仓子》，而今之为术者乃始为之传注以教于世，不亦惑乎。余读贾谊《鵩赋》嘉其词，而学者以为尽出《鹖冠子》。余往来京师，求《鹖冠子》无所见。至长沙，始得其书。读之，尽鄙浅言也。惟谊所引用为美，余无可者。吾意好事者伪为其书，反用《鵩赋》以文饰之，非谊有所取之，决矣。太史公称（称字误衍，自点去）《伯夷列传》称："贾子曰，贪夫徇财，列士徇名，夸者死权"，不称《鹖冠子》。迁号为博极群书，假令当时有其书，迁岂不见耶？假令真有《鹖冠子》书，亦必不取《鵩赋》以充入之者。何以知其然耶？曰不类。

款署"汪中"二字，下钤小印（失记）。

按此幅所书，实为二节。首辨世传《亢仓子》一书之伪，次辨世传

《鹖冠子》一书之伪。殆先生平日读书札记两条，连类而书者耳。如强为之标题，似宜作"子书二种辨伪"，或直书"《亢仓子》，《鹖冠子》辨伪"，未知于义安否？

先秦学术，师生相传，竹帛难得，多凭口授。或师有其本，弟子承学，受而传之，有所记录，往往即书简册之后。非如今人之有著作权，虽一言片语，必加标注者。诸子与儒书，莫不皆然。杂见错出，往往而是。只可以其时之言论辨精粗，不易以其书之体例辨真伪。今长沙马王堆西汉轪侯夫人墓中所出《易经》、《老子》，与今本即不相同。侧闻其他汉墓尚出《鹖冠子》书中之文，则今《鹖冠子》其书纵伪，亦必成于西汉以前者。

容甫先生，吾最景慕，所谓恨不顶而戴之者。然大德一眚，固不敢曲为之讳。盖先生既见其文之不类，遂忘其论之未周也。何以言之？先生自云："往来京师，求《鹖冠子》无所见。"以先生之博极群书，于乾嘉间，何减史迁之于汉世。而《鹖冠子》一书，必待身至长沙而后得见。长沙之本，固非乾嘉以后始有者，而先生曰："迁号博极群书，假令真有《鹖冠子》书，迁岂不见耶？"夫先生未见其书时，与史迁之未见何异？故惜此下少一转语，倘曰："迁纵见之，而不一加援引者，是见其了无可取耳。"庶几乎无漏义也。

谊 深 学 海

——张裕钊、宫岛大八师生纪念碑

张先生讳裕钊，字廉卿，号濂亭，湖北武昌人，道光二十六年举人，授内阁中书，学通经史，文承桐城之嫡传，益以汉赋之气体，诗专宗杜，尤精于书，悟得北碑笔法之秘，论者以为集碑体之大成，千古绝诣，信无愧也。历主直隶莲花池书院、湖北汉江书院、鹿门书院，得其造就者，多有闻于世。光绪二十年卒于西安旅寓，是为公元一八九四年也。所著有《濂亭文集》、《濂亭遗诗》、《尺牍》等，所书碑版以《南宫县学记》为最著，学者得之，与唐宋名碑齐珍焉。

宫岛先生幼讳吉美，长讳大八，字咏士，号勖斋，日本国米泽市人。父栗香先生笃学工诗，与黎莼斋、张廉卿诸先生友善，自以善邻为职志。光绪十三年，命咏士先生赴中国，从廉卿先生学于莲池书院。咏士先生颖敏好学，深为廉卿先生所器重，追陪函丈，时历八年。张先生病笃于西安旅寓时，宫岛先生护理医药，以至殡葬诸端，莫不尽力，师友之谊其笃如此，是可风者。咏士东归后，创善邻书院，专力于中国语之教育，人才辈出，于友好事业多所建树。其书法深得廉卿先生之妙，复能入奥蕴，沉厚潇洒，盖有禅家所谓见过于师之悟者焉。卒于日本国昭和十八年，是为公元一九四三年。著有《急就篇》《官话字典》等书。所书碑版以《内阁总理大臣犬养公之碑》为最著。铭曰：

一衣带水，双系华瀛。文化友谊，松柏长青。诗文书道，无间淄渑。师生之谊，骨肉之情。艺方江海，名昭日星。敢告百世，视此先型。

一九八六年八月廿日立

无　　题

　　存稿。此汪容父先生手札七通，藏园老人所收。陈援庵先生借阅时，详加考订其具书年代以及发寄之地，记于小笺，以便检索。老人遂并原札七通共存之于斯，具见援庵先生于学者遗文，虽往还笺牍，莫不究其原委。而藏园老人笃于朋旧即片纸只字亦必粘存。况此攸关掌故足与七札并重者乎；功获捧读，敬识册尾，以告后之揽者，俾知所服膺焉。时一九八六年岁暮。

记我的几位恩师

我在十岁以前，受家塾的教育，看到祖父案边墙上挂着一大幅山水，是先叔祖画的，又常见祖父拿过我的手头小扇，画上竹石花卉，几笔而成，感觉非常奇妙。从此就有"做一个画家"的愿望。十五岁时经一位长亲带领，拜贾羲民先生为师学画。贾先生一家都是老塾师，贾先生也做过北洋政府时期的部曹小官，但博通书史，对于书画鉴赏也极有素养。论作画的技术，虽不甚精，但见解却具有非常的卓识。常带着我去故宫博物院看陈列的古书画，有时和些朋友随看随加评论，我懂得一些鉴定知识，实受贾老师的启迪教诲。

我想进一步多学些画法技巧，先生看出我的意向，就把我介绍给吴镜汀先生。吴先生那时专学王石谷，贾先生则一向反对王石谷画法的那样琐碎刻露的风格，而二位先生的交谊却非常融洽。吴先生教画法，极为耐心，如果我们求教的人画了一幅有进步的作品，先生总是喜形于色地说："这回是真塌下心去画出的啊！"先生教人，绝不笼统空谈，而是专门把极关重要的窍门提出，使学生不但听了顿悟，而且一定行之有效。先生如说到某家某派的画法，随手表演一下，无不确切地表现出那一家、那一派的特点。我自悔恨的是先生盛年时精力过人，所画长卷巨幛，胜境不穷，但我只临习一鳞半爪，是由于不能勤恳；后来迫于工作的性质不同，教书要求"专业思想"，无力兼顾学画，青年时所学的，也成了半途而废。

我在高中读书时，由于基础不好，许多功课常不及格，因而厌倦学校所学，恰好一家老世交介绍我从戴绥之先生攻读经、史、文学，我大感兴趣，这中间的原因，是多方面的，这里不及详细解剖，只说我遇到戴先生，真可说顿开茅塞。那时我在十八岁左右，先生说："你已这么大年纪，不易再从头诵读基本的经书了，只好用这个途径。"什么办法呢？即拿没标点的木版古书，先从唐宋古文读起，自己点句。每天留的作业，厚厚的一叠，灯下点读，理解上既吃力，分量上又沉重。我又常想："这些句没经老师讲授，我怎能懂呢？"老师看我的点句，顺文念去，点错的地方才加以解释，这样"追赶"式地读了一部《古文辞类纂》，又读《文选》，返回来读《五经》。至今对当时那种似懂非懂的味道，还有深刻的印象。但从此懂得几项道理：不懂的向哪里查；加读一遍有深一步的理解；先跑过几条街道，再逐门去认店铺，也就是先了解概貌，再逐步求细节。此后又买了一部《二十二子》，选读了《老子》《列子》《庄子》《韩非子》《吕览》《淮南子》等，老师最不喜《墨子》，只让我看《备城门》诸篇，实在难懂，也就罢了。老师喜《说文》、地理、音韵诸学，给我们选常用字若干，逐字讲它在"六书"中的性质和原理，真使我如获至宝。但至今还只有常识阶段的知识，并未深入研究。先生的地理、音韵之学，我根本没提出请教。先生谆谆嘱咐要常翻《四库简明目录》，又教我们用《历代帝王年表》作纲领，来了解古代历史的概貌，再逐事件去看《资治通鉴》。这粗略的回忆，可以得知戴老师是如何教一个青年掌握这方面知识的有效办法。先生还出题令学作文，常教我们在行文上要先能"连"。听老师讲解连的道理，用现在的话说，就是要求语言的逻辑性；其次要求我们懂得"搭架子"，听讲它的道理，也就是要文章有主题有层次。旁及作诗填词，只要拿出习作，老师无不给予修改。

回忆自我二十二岁到中学教书以来直到今日，中间也卖过画（那只是"副业"），主要都在教古典文学，从一个字到一首诗、一篇文，哪个又不是从戴老师栽培的土壤中生出的幼芽呢？我这小小的一间房屋基础，又哪一筐土不是经过戴老师用夯夯过的呢？

最后一位恩师是陈援庵先生，自从见到陈先生，对知识的面，才懂得有那么宽，学问的流派、门径，有那么多，初次看到学术界的"世面"是那么广。恩师对我的爱护，也就是许多老学者大都具有的一种高度的热情和期望，是多么至深且厚！陈老师千古了，许多细节中可见大节处，这里不及详写。也有只有老师知，我心知，而文字形容难尽的，我这拙笔又怎能表达出来呢？我作过一篇《夫子循循然善诱人》，写过陈老师的几点侧面，和我的仰止之私。这里的篇幅，也容不下再作重述了。

一九八六年四月廿九日

孙大光同志偕夫人张刚同志捐资兴学记

　　寿春孙大光同志，艰辛革命数十年，无他嗜好，惟以书画自怡。与夫人张刚同志偕搜明清名家真迹，于纷放之余，积百数十件。一九八七年夏，举以捐赠安徽省博物馆，奖金悉数为寿县兴学之资，县人选石勒铭以志盛事，属功为之记铭曰：

笔精墨妙推前修　　法书名画垂千秋　　历经劫火稀传流
寿州伉俪勤搜求　　朝披暮卷欣忘忧　　盈箱溢箧何胜叹
不甘自秘韫匮留　　遥为桑梓琼瑶投　　树人之资贻远谋
与众同赏诚嘉猷　　昔人妙迹幸有托　　贤无今古堪相俦

一九八七年秋日

恽南田的书髓文心

——记恽南田赠王石谷杂书册

江南从来是人文荟萃之乡，书画艺术历史上，更出现过不少的杰出名家。即明清两代特别著名的书画家，绝大多数生于江浙。书画名作，三百年来，当然以乾隆内府所收为最富，但自鸦片战争以后，陆续散失迁徙，解放后各博物馆大力收集，才逐渐得到妥善地保存和系统的整理。全国博物馆虽不少，论收存最富的，不过三四个单位，而江南名迹，无疑以上海博物馆征集起来，最具优越条件。

我个人到上海博物馆参观，包括参加鉴定工作，已有若干次，在馆里获见的书画珍品，从晋唐到明清，真可说是"目不暇接"。如果从头记述，即千百张纸，也未必能够记全。现在为了建馆三十五周年的庆典，特把我今年年初在馆中所见的一件绝妙之品，略加阐述。对馆中藏品来说，清初名家这一小册，几乎要算长江的尾闾；对恽南田（寿平）的艺术来说，我的阐述只是管中的豹斑，勉为写出，以求馆内馆外的专家和读者指教。

恽南田杂书一册，共十七开，道光间人跋一开。计七言、五言古诗各一首，七言绝句题王石谷（翚）画四首，又赠石谷六首，散语八段，《记秋山图始末》一篇。其中纪年二处一为庚戌，南田三十八岁；一为壬子，南田四十岁。各条散语，亦多记与石谷谈论之事，记秋山图，更是听了石谷述说那件往事而加以记载的。诗和几条散语都特别提出与石谷的交谊，以及对石谷画的赞扬。论书画的见解，更是异常透彻。最后记元代黄子久所画秋山图事，借一幅画的流传鉴定故事，发抒自己沧桑之感，措辞无不平易晓畅，而一唱三叹，足使读者为之回肠荡气。这一册的书法，当然是南田的精品，只要打开册页，便可有目共见，而他的文章议论，就非详读细玩，是不易进一步剖析的。

南田的书法风格，大约可分三类：常见所作没骨花卉，彩翠绚烂，题字亦必作极其妍媚之体，用笔结字在褚登善、赵子昂之间，但绝没有丝毫忸怩之态，大大方方的。另一类是书札中常见的字体，取办于仓促之间，无意求工，却有自然流动的风致。至于他最经意的字迹，则是一种接近黄山谷（庭坚）、倪云林（瓒）风格的，字的中心紧密、四外伸张，如吴带当风，在庄重之中，有潇洒之致。所见只有在他得意的山水画题跋中和一些比较郑重的文章上，才用这类字体。现在这一册即是用这种风格写出的。不见这册，不知南田书法的真造诣。

从前常听到有人指着南田自题没骨花卉那一体说这是"画家字"，也就是说南田的字只是画面的附庸，不配算"书家"的字，变相说他缺少书家的专门修养。我觉得此类评论很不公道，并未全面了解南田的书法，因此作过一首小诗说：

头面顶礼南田翁，"画家字"说殊不公。

千金宝刀十五女，极妍尽利将无同。

古乐府有一首是："千金买宝刀，悬著中梁柱，一日三摩挲，剧于十五女。"宝刀与美女的特点，是妍和利，岂不正是南田的书格吗？妍而且利的书风，在这册杂书中，是看得最清楚的。

南田的画，每构一图，每落一笔，都是经过匠心思考的，这在画面上处处可见。而题画之语，也无不极意经营。我见过几叶他的手稿，都是题画的底稿，即使是四字标题，一、二行年月名款，都经过起草，常常调整更换它的位置，这种稿本，听说在江南有数册之多，可见南田这种一丝不苟的精神是一贯的。其实这册中无论是诗，是散语，是长篇的文章，都是在这个精神指导下写的。不但写哪首、写哪段经过精心选择，写时的谨慎，写前的打磨，也是随处可见的，而南田"文心"之妙，又为书画所掩，表而出之，实是后学无可旁贷的职责。

南田与石谷交谊敦笃，无论在此册中，或在其他题跋中都随处可见。但少见石谷在文学上有所表现。大约石谷的文学修养，相当有限，所以在他画中很少有富于风味的题语。石谷也有几个大画卷后有长篇论画的题跋，总是整整齐齐的一大段，不能不令人怀疑是有人替他起草的。南田在此册中也明白地提到：

> 昔人云：不读万卷，不行万里，不可作画。故大年（赵令穰）有朝陵之讥，东村（周臣）遂不得贤于子畏（唐寅），而吾石谷子则不必然而画已登峰矣。

好一个"不必然"，当面赠贻的话，恭维是常情，而这里竟自作如此不客气的客气话，石谷的文学修养，也就不问可知。那么石谷的那些长题，说不定就有南田捉刀的。

对书画的议论，鞭辟入里，玲珑剔透，也是南田所最擅长的，散语中论董香光（其昌）书法一段最为精到。董字风格，确实很难譬喻，他这风格的形成和利弊，也很难探索和评论，南田却把董字讲得近情近理。他说："文敏（董的谥）秀绝故弱，秀不掩弱，限于资地，故上石辄不得佳。孙子（承公）谓其不足在是，其高超亦在是。何也？昔人往往以己所不足处求进，伏习既久，研炼益贯，必至偏重，所谓矫枉者过其正也，书家习气皆于此生。"所论这种道理，也适合于各类艺术，甚至许多事物。但能说得如此恰当深入的，却还少见。他又说："气习者，即用力之过，不能适补其本分之不足，而转增其气力之有余，而涵养未至，陶铸琢磨之功不足以胜之。是以艺成习亦随之，或至纯任习气而无书者。"这种情况，不待远求，即以董氏同时的人如张二水的棱角，稍后傅青主的纠绕，岂不正是很好的例证？最后说："惟文敏用力之久，如瘠者饮药，令举体充悦光泽，而不为腾溢，故宁恒见不足，勿使有余。其自许渐老渐熟，乃造平淡，此真千古名言，亦一生甘苦之至言，可与知者道也。"这虽是论董书，实际上也是南田"夫子自道也"。

这册中，南田自己的改笔，随处俱有，从所改的字句，可以见到他字斟句酌的匠心，添注涂改本是作家执笔起草时必不可免的。昔人从某些名家改稿中获得诗文作法道理的事，在文献记载中非常之多，都是极有价值的。这一册共十四段（一组诗算一段）。有修改字句的九段，有空字未填的一段。其中"记秋山图始末"一段改动最多，甚至有在已改处再改的。

现在略举最具匠心的几段为例：

> 余为石谷题画诗几数十首，将悉芟率尔酬应之作，择其意得者，另书一卷，为山人拊掌之资。

改笔把"意得"二字改为"小有致"三字。按"意得"是意"有所得"，与"得意"不同，已较谦虚，又改为"小有致"，更十分客气了。又在论董书一段中"是以书成习气亦成"句，改为"是以艺成习亦随之"。"书"改为"艺"，范围转宽了，"习气亦成"改为"习亦随之"，不但化僵硬为柔和，而且体现了安雅的风度。又提到董书"故恒见不足，勿使有余"，"勿使"是出于主动，则"不足"并非本有不足，已很明白，而改笔又添一"宁"字，于是"不足"完全由于主动，与"勿使"相应，就丝毫无可误会了。

有一条论写生花卉的习气更空了二字的地方：

> 写生家日研弄脂粉，搴花探蕊，致有□□习气，岂若董巨长皴大点，墨雨淋漓，吞吐造化之为快乎？剑门樵客（王石谷的别号）以此傲南田，宜也。

这分明是一段抑己扬人的客气话，写生家的"习气"是什么，抑重了，太屈心，抑轻了，又与下文扬处不相应，从起草至送到石谷手中，不知经过多少时间，还是一块空白纸，"富于千篇，穷于一字"，虽南田亦不能免。也许是像昔人对天承认罪过所说的"两日科头，一朝露坐"那种"自我检讨"吧？

至于《记秋山图始末》一篇，更是洋洋洒洒的一篇大文，也是南田惨淡经营的一篇杰作。它的本事是这样：王烟客（时敏）早年听董香光谈论元代黄子久（公望）有一幅《秋山图》，如何如何精美。烟客经过京口，在藏者张氏家见到此图，感觉果然神妙，要求收买，藏家不同意，后来再去，藏者不见面了。烟客告诉王石谷，石谷告诉王长安（永宁），王长安是吴三桂的女婿，住在苏州拙政园，从张氏后人手中买到张家全部收藏的金石书画，其中就有《秋山图》。及至石谷见到原画，并不像烟客所形容的那么好，又请烟客和王玄照（鉴）看，也都不觉满意，王长安怀疑了，石谷与玄照设法假意赞赏，才算了事。

兹从其改笔顺序举几处例证，说明南田临文的匠心，也可看出他的苦心。谈到烟客首次拜访藏家，是拿着董香光的介绍信，及至再去，主人不见，说：

> 因知向所殷勤，在推宗伯（董的官）之余也。

烟客在当时为江南大族文人的众望，他的儿孙也在清朝通籍，做了大官。面子是不能有所损伤的。改为：

> 奉尝（奉常，王烟客的官，改写"常"为"尝"，南田避明讳）徘徊淹久而去。

这不仅无损烟客的威望，在文情上既显得令人惆怅，又增加名画的可想而难见的神秘性。又记：

> 须臾传王奉尝来，先呼石谷与语。

在"来"字下，加"奉尝舟中"四字。显得烟客的身份，尚未下船，先与石谷相问，自与入门后私语有别。但不知当日苏州街道如何，在今日船是无从到拙政园门的。既在船中呼语，则石谷远迎，更见烟客之尊，石谷之敬。最后王玄照来：

> 又顷王玄照郡伯亦至，石谷亟先谕意郡伯，郡伯诺，乃入。大呼秋山图来，披指灵妙，赞叹缕缕不绝口，戏谓王氏非厚福不能得

奇宝。

改笔抹去"石谷亚先"至"乃入"十三字，而在"谓"上加一"戏"字。所抹十三字，确实累赘，于文中为败笔，抹去诚然应该，但如何交代王玄照并没有认假为真，也正是个难事。用一"戏"字，则省却若干事前的交代。这种稿本，最有益于学写作的人，可惜像南田这等水平的文章草稿，得之不易！

记王长安得了黄子久的次品画竟然不悟时，说他"至死不悟"。用墨涂去"死"字，改写"今"字，我想这或是嫌"死"字太硬，或是因这时王长安尚未死。按王应奎《柳南随笔》卷六记：

> 康熙乙巳，吴逆三桂遣人持数千金至吴收古书画器物。

按王长安名永宁，是吴三桂的女婿，在苏州买古物，无疑即包括这次收购的。乙巳为康熙四年，撤藩在康熙十二年。阮葵生《茶余客话》卷八记吴门拙政园为平西王婿王永宁所有，又说：

> 滇黔逆作，王永宁惧而先死。

这册杂书中两处纪年，后一处是壬子，即康熙十一年，这时吴三桂还没叛，王永宁还没死，那么改为"今"字，只是修辞之需了。册中改笔都用圈围或旁点办法表示删除，只有此二处用墨涂抹，我先从影印本上看字迹的大概形状，推测应是某字，这次从原迹上看，涂的墨并不浓，底字清楚可见，推测固然未误，又似南田有意给人留出谜底。

原稿记："奉尝亦阅沧桑且五六十年"，改笔点去"六"字，又改"五"为"三"。按明亡在甲申：下距乙巳为二十二年。至壬子为二十九年，那么"且五六十年"，实是南田误算到他起稿的时候了。"始末"中记烟客二次访张氏，张氏不再见他是"出使南还道京口"。烟客最后一次以尚宝卿出使福建，在天启七年，他三十六岁。那么初次到京口看画时，年龄比三十六岁还要小。到乙巳在吴门重看《秋山图》时，已七十六岁，相隔四十多年，感觉当然不会相同，而眼力增进，也是合理的事。文中说烟客在舟中先问石谷说：

> 王氏已得秋山乎？石谷诧曰未也，奉尝曰赝耶？曰"是真一峰（黄子久别号）物"。曰得矣，何诧为？曰昔者先生所说，历历不忘，今否否，乌睹所谓秋山哉！

改笔把"真"改为"亦"，"物"改为"也"，语意偏轻，几似说它是伪物，加上最末说："王郎（石谷）为予述此，且订异日同访秋山真本。"那么"真一峰物"，至此已成伪物，好似名图真会"幻化"了。

总之，烟客三十余岁时，先入董香光的吹嘘言词，看到画后又买不到手，愈想慕愈觉其好，本是人所常有的极平常心理，而经南田这篇文章一写，反使人觉得扑朔迷离，成了疑案。但南田写此文，本不同于今天写"书画鉴定意见书"，而是用传奇笔法，借名画故事，以寓沧桑之感而已。论文章，是名作佳篇；论鉴定，是疑阵冤案。这册最可贵处，是修改的线索分明，加之书法的精良，确实堪称双绝。

一九八七年

纪念柴德赓教授

故友柴德赓教授，字青峰，浙江诸暨人。生于一九〇八年九月三十日，历任辅仁大学、白沙女子师范学院、北京师范大学、江苏师范学院教授。平生受教于陈援庵先生（垣）、邓文如先生（之诚）。精于文史，敏于辞章，书法潇洒流畅，得张阆生先生（宗祥）之传。一九七〇年一月廿三日卒于苏州。其时浩劫未终，遗稿已散。今年秋日值教授八十生辰，令子祖衡、邦衡、君衡，女令文，裒集畸零遗墨及其平日珍藏之师友墨迹，合印一册，以永追思，并资纪念。

一九八八年

沙孟海翰墨生涯序

我初次拜观沙孟海先生的字，是在北京荣宝斋。我既没见过沙老先生的面，也没看过他执笔写字。但从纸上得到的印象，仿佛有一股热气扑面而来。看他的下笔，是直抒胸臆地直去直来；看他的行笔，可算是随心所往而不逾矩。笔与笔、字与字之间，都是那么亲密而无隔阂。古人好以"茂密雄强"形容书风，于是有人提出"疏可走马，密不通风"之喻，其实凡是有意的疏密，都会给人"作态"之感。沙先生的字，往深里看去，确实有多方面的根底修养；而使我最敬佩处则是无论笔的利钝，纸的精粗，人的高低，好像他都没看见，拿起便写，给人以浩浩落落之感。虽年逾八旬，眼不花，手不颤，无论书信、文稿，都是不超出一厘米的小字。这只能归之于功夫、性格、学问、素养综合的效果吧！

后来有机会见到了老先生，看他腰杆笔直，声音沉厚洪亮，接谈得知，他长我十二岁，真令我自愧蒲柳先零了。每见先生，总是以忘年相待。当我在"条件反射"的情况下执礼毕恭时，先生说："你再客气，我不和你做朋友了！"我不由得大笑，所笑不是别的，而是觉得像小孩所说"我不跟你好了"似的。这句老天真的话，可惜当时没有拿录音机录下保存。我每到杭州，必登门拜谒，坐在小客厅里，先生也不太让谁上座，随便各找座位，就谈起天来。经过两三次，我发现一事，先生都是随手拿一把小椅靠房门处一坐。本来很自然，但仔细想来，那是这个屋中最末一个位子，是主人的位子，于是小中见大，使我得窥先生律己待人是如何严格的了。

每次酒席，游览之会，都不免有当场写字题诗的活动。我如果有甚临时打油小诗，写出稿来总要先呈先生看过，先生常常郑重地指出："这句不好！"我有时因为没明白不好何在，又当怎改，再问先生时，先生加重语气说："就是不好！"我在这"一喝"之后，也知道怎么不好和怎么改了，这一喝的情谊，应该有多么大的分量啊！

先生近年正在编辑有关书法史的一部稿子，许多方面，总是很轻松地交换意见。为什么说"轻松"，因为先生从来不摆出"不耻下问"的架势或口气，这样我也才毫不顾虑地陈述管见。有时拿过一篇写出的稿纸，让我逐句看，我也"忘其所以"，指手画脚，先生竟像记笔记似的一字字在稿纸上改。事后，我清醒过来，大为后悔失礼，而先生却欣然点头，似乎肯定了我背诵功课的及格。

由于居住南北甚远，我获陪杖履，次数并不太多，每次见面，也不一定都有什么问题讨论，默然片刻，也觉得有"虚往实归"之获。近几年先生有一件痛心的事，我见面时不敢慰问，以免引他伤心，他只有"唉"了一声，就很明显地找个话题说起。可知他是能事事自寻排遣的。

我闻：静者多寿、学者多寿、书家多寿，我再补充一句："人所敬爱的人，必然多寿！"

一九八八年

上条信山先生从事书法艺术
六十周年纪念颂词

我获认识上条信山先生，大约已有二十年了。他的书法艺术刚健雄强，熔金铸石，已使我衷心折服，尤其他的道义品德，更使我无限钦佩！

信山先生是近代日本诗文书法大家宫岛咏士先生的入室弟子，咏士先生在中国受到文学书法先师张廉卿先生的传授，他们师生的感情和动人的行谊，早已流传于中日两国文坛艺苑中间，成为可歌的佳话。信山先生从咏士先师那里得到的又不仅只是文学书艺，而这种尊师重道的高谊，又深深地教导了我们两国的后进之士。他在中国保定莲池书院为两位先师立了丰碑，这碑石的坚实，也就是信山先生人长寿、艺长传的一个有力的凭证！

艺术是不断发展的，张廉卿先生本是写大卷子、白折子应科举考试的，后来受到古代碑刻的启示，用笔内圆外方，树立了崭新的风格。但他的书风实成就于他中年以后，还有许多从前方框的痕迹。宫岛咏士先生则发展了张先生的章法，巨大的条幅，几句诗文，用方笔挥洒而出。到了上条信山先生，好用大笔在整幅宣纸上写两个大字，气魄雄伟，笔力沉厚，而总归于灵活飞动，我常常遗憾两位先师没能看到他们所播下的种子结出这等丰硕的果实！

今年是上条信山先生从事书艺六十周年，从今年上推六十年，可知先生在弱冠之年，已然崭露头角了。艺术家出名早，本不新奇，难得在对于艺术深挚地追求，六十年如一日，这种"锲而不舍"的学术态度，才是无比可贵的。

我现在执笔写此文时，还没看到展出的全部作品，但我可以想见所展的作品，一定包括先生早些年的作品。在这全部展品中必然可以看到先生用功的层次，艺术上不断进步的脚印，尤其是六十年来毫不间断的勤奋精神。我觉得广大的参观者，不但会从作品上获得艺术上的享受和启发，更会从中看到一位艺术家高尚的人格和学风。我这次既专程又专诚来参加这个盛会，就是抱着上边所提到的希望和志愿的。

一九八九年三月十九日

北京师范大学图书馆新楼缘起

新中国自改革开放以来，教育事业日有增进。本校原有之图书馆楼已不敷用。香港爱国人士邵逸夫先生慨捐港币一千万元，国家教育委员会复为补助人民币四百九十万元，共建新楼。

其可用面积约为旧楼之一倍半，藏书可增多约旧楼之一倍，阅览位置视旧楼可增多一倍有余。一九八七年十一月奠基，一九八九年六月落成，具见我国教育事业之新貌，及香港同胞之热忱。谨志缘起，以资纪念。

一九八九年六月

北京师范大学图书馆概况

　　本校创始于清末京师大学堂之师范馆，图书只藏于馆中一室。大学建立后始建图书专馆，解放后与辅仁大学调整为新师大，始在德胜门外新校园内建立本馆。其图书陆续增藏，聚合旧师大、旧女师大、旧辅大所藏，共计约二百七十万册，阅览室可容读者约一千余人。

　　今教育事业日加增进，本馆之楼房已不敷用，于是有增建新楼之议。今新楼落成，则二楼合计使用地面、阅览位置、藏弄图书，俱可顿增一倍有余。谨记梗概，以征史实。

一九八九年六月

酒宴乐中之苦

亲朋在家置酒，殷勤相邀，本是大好事。然亦有足以致死之道四焉：

客未到齐时，主人家有人未归时，菜肴有未熟时，主人未饥时，皆须等待，是曰等死；

不问客人前餐何时，客人饥肠辘辘，主人置若罔闻，是曰饿死；

上至山珍，下至野蔌，主人必一一介绍。如出亲手烹调，更必以谦为讽。客人每箸必赞，犹未免隔靴搔痒，难到主人得意处，是曰夸死；

终席夸罢，早已舌敝唇焦。然后揣时间，窥颜色。主人留坐，是实是虚，客人出门，谁先谁后。及至到家一卧，力尽筋疲，不啻生入玉门关，是曰累死。

于是乃知漂母一饭，所以为千古奇恩者，正以其动心忍性，玉成国士，并不在胯下一出之下也。

然尚有待郑重声明者，诸亲朋高情赐饭，有不使我濒此四死者，不在此例。

偶阅《夷坚三志》己卷第七载《善谑诗词》，中有《水饭词》云："水饭恶冤家，些小姜瓜，尊前正欲饮流霞，却被伊来刚打住，好闷人那。不免著匙爬，一似吞沙。主人若也要人夸。莫惜更挼三五盏，锦上添花。"乃知宋人虽以水饭享客，亦要人夸也。

213

吾友朱君季潢

　　吾友朱君季潢家潜，编订手录其先德翼庵先生遗稿数种，属为题赠，并以有关金石之稿二种，曰……曰……属为校字，因获详读。功生晚，幼年未获亲承先生之教，长而熟闻先生金石书画版本目录之学，盖笃好而能博学，深研又复有力者，故所聚金石罔非善本，题跋之文见每独抒，论必平允，在近代金石著述中，诚罕见其媲也。

吴兴金西崖先生

吴兴金西崖先生，吾友王峎安先生之母舅也。精于刻竹，于五百年来竹人之外独树一帜。功尝见所刻蛛悬网下，一丝直垂，以放大镜观之，其丝斜断竹皮纤维，初不藉竹丝之势，至其刀痕之细，并不壮于蛛丝，且两边刻成，竹皮剔去一缕，左右均齐，毫无踦重，此何殊穿杨贯虱之精也。然于浓皴大点，又复大刀阔斧，如见湿墨淋漓，此岂寻常雕虫之技所可同日而语者哉。近出自记刻竹经验以诏后学者。峎安为之校订，校订既竣，复精意抄誊，遂成艺林盛事，出以见示，因书敬佩之私于后。顾末学寡陋，于西崖先生进道之技，固莫能赞其万一，谨书覆峎安，谅不讶其尘点也。

董寿平先生

　　洪洞董寿平先生长余八岁，忆余未冠时，散学后挟书囊，驰赴公园，观绘画展览，首见古色笺本梅花一株，焦墨写枝，铅脂点瓣，仿佛寒香出于纸上。视其款字，盖先生笔，时固未及立年，而所作已与当时诸名宿并驾艺林如此。

　　解放后，相见较多，一席静对，益我已深，近年好作长松修竹，与夫古干江梅。尤好挥写匹纸，往往横枝一笔，跬步数移，老而弥健，亦上寿之征也。

记《双蛙图咏》

　　启功和谢稚柳先生相识在五十年代之初。那时清代《石渠宝笈》所藏的古代书画一部分散落市面。郑振铎先生正长文化部文物局，王冶秋先生为副局长，共同组织有鉴定学识的人力进行甄别选购。参与其事的有局内的张珩先生、上海博物馆的谢稚柳先生、浙江省博物馆的朱家济先生和北京师大的启功。上加郑、王二位局长，共有六人。这时我年刚过四十，颇好戏谑，而谢公长我两岁，爽直坦率，尤相投契。谢公体胖腹鼓，启功相形瘦削，每互诵宋人谐诗"蛙翻白出阔，蚓死紫之长"两句以相嘲笑，谢属"蛙翻"，功属"蚓死"。经历十年，吾二人这样"雅号"在文物局中还在传为笑谈。

　　后来一日黄苗子先生求画家陈夫人画，竟得一幅，为双蛙并列，不知是偶然成图，还是有什么章本。王世襄先生既为题咏，启功亦填"南乡子"词一首，随后我亦求陈夫人再画二蛙，又重书"南乡子"旧作。

忆先师吴镜汀先生

启功年十五，从贾羲民先生学画。年十九，经贾老师介绍入中国画学研究会，从吴镜汀先生问业。吴先生当时专宗王石谷，贾先生壁上挂有吴师所画小幅山水，蒙贾师手摘命临，并说：你没见过石谷画吧，要知此画与石谷无甚异处，如说有异处，即是去掉了石谷晚年战掣笔道的习气。功当时虽曾从影印本中见过些王画，但还不能深入体会贾师的训导。

后来亲炙于吴师多年，比较多方面了解了吴先生画诣的来龙去脉，大致是十几岁从金北楼先生学画。金先生创办中国画学研究会，广收学员，并延请各科名宿协助辅导。如俞涤凡、萧谦中、贺履之、陈半丁诸先生，都常莅会，指授六法。后来金先生病逝，由周养庵先生继办，诸名宿多年高，或且病逝（如俞先生），吴师遂主讲山水一科，造就人才，今年逾八十的，已五六家，若功这学不加进，有愧师门的，就不足数了。

先生对于持画求教的，没有不至诚指导，除非太荒唐幼稚的，莫不循循然顺其习性相近处加以指引。以功及身亲受的二三小事为例：点苔总是乱七八糟，先生说，你别把苔点点在皴法笔道上，先把应加苔点处，擦染糊涂了，然后再在糊涂部分去点苔，必然格外醒目。又画松针总觉不够，而且层次不明，先生说，凡画松针，都用焦墨，画完如有必要，再加一些淡墨的，便既见苍劲，又有云烟了。又一次画石青总嫌太重，先生说，你在里边加些石绿呀，果然青翠欲滴。同时又说，石绿不可往空白的山石面上涂，那样永远感觉不足，先在山石石面染上赭石以至草绿，再加石绿，即能有所衬托。诸如此类，不胜枚举。虽然可说属技法上的小节，但就是这类"小节"，你去问问手工艺人以及江湖画手，虽至亲好友，他肯轻易相告吗？

又在观看古代名画时，某件真假，先生指导，必定提出根据。画的重要关键处是笔法，各家都有各自的习惯特点。元明以来，流传的较多，比较常能看到。每见某件画是仿本时，先生指出后，听者如果不信，先生常常用笔在手边的乱纸上表演出来，某家的特点在哪里，而这件仿本不合处又在哪里，旁观者即使是未曾学画的人，也会啧啧称奇，感喟叹服。

文徵明原名和他写的《落花诗》

明代吴门文学巨匠宗师，多半身兼诗书画三绝之艺，即仕宦显赫的王鏊、吴宽之流，虽未见丹青遗笔，至少也是诗书兼擅的。三绝的大家，首推沈周，其次是文壁、唐寅。沈氏布衣终身，文氏仅官待诏，唐氏中了个解元还遭到斥革。但他们的名声远播，五百年来可以说是"妇孺皆知"。唐氏又经小说点染，名头之大，甚至超过沈、文，更不用说什么王宰相、吴尚书了。

这些位文艺大师，绝非是只凭书画而得虚名的，即以书画论，他们也从来没有靠贬低别人而窃登艺术宝座，更没有自称大师而忝居领袖高名。他们的真迹固然与日月同光，即在当时就有若干人伪作他们的书画。明代人记载屡次提到他们遇到这类情况，不但不加辩驳，甚至还成全贫穷朋友，宁肯在拿来的伪品上当面题字，使穷朋友多卖几个钱，而有钱的人买了真题假画，也损失不到多么巨大。而穷苦小名家得几吊钱，却可以维持一时的生活。所以明代记载这类事迹的文章，并不同于揭发沈、文诸公什么隐私，而是当做美德来称赞的。

这些位三绝大家，首推沈周。沈氏的诗笔敏捷，接近唐代的白居易。常常信笔一挥，趣味极其深厚而且自然。有一次他作了十首《落花诗》，不久即有许多人和作。沈氏接着又作十首，再有人和，他再作十首。据已知的和者，有文壁、徐祯卿、吕葱、唐寅，而沈周自己竟作了三十首。这些诗除曾见沈、唐自写本外，文氏以小楷抄录本流传最多，文氏写本，不仅写了他自己的和作，还常连带写了沈、徐、吕氏的诗。

遗憾的是我所见各件文氏小楷写本卷子，多数是伪品，只有一卷真迹，还被不学的人妄加笔画和伪印，但究竟无碍它主体真实的价值。

这卷文氏小楷书《落花诗》真迹，是香港大鉴赏家刘均量先生（作筹）虚白斋中的藏品，刘先生早年受教于黄宾虹先生，不但自己擅画山水，而鉴别古书画，尤具特识。每遇流传名迹，常常看到深处、微处，绝不轻信著录。学识又博，经验又多，所以一些伪品是瞒不过他的眼睛的。我最佩服而且喜欢听他的议论，遇到他指示伪品的伪在何处，常常使人拍案叫绝！他藏的这卷《落花诗》，不但楷法精工，而且署名无讹，可称是我平生所见文氏所写这一组诗的许多卷中唯一可证可信的一卷真品。理由如下：

文氏名壁（从土），字徵明。兄名奎、弟名室，都用星宿名。约在四十岁后，以字行，又取字徵仲。不知什么时候有人误传文徵明原名璧（从玉），还加了一个故事，说因为宋末伟人文天祥抗敌被执，不屈而死，其子名璧（从玉），出仕元朝。文徵明耻与同名，才以字行。按文徵明二十多岁时，即以文章得名，受到老辈重视，并与同时名流文人订交，不应直到四十多岁才知道那个仕于元朝的文璧。即使果真知道的不早，但也会懂得土做的墙壁和玉做的拱璧不是同样的东西。可以说是避所不必避，改所不必改。于是出现了许多玉璧名款的文氏书画。又有人说两种写法名款的作品都是真迹，岂非咄咄怪事！清代同治时吴县叶廷琯撰《鸥陂渔话》卷一有一条题为《文衡山旧名》，详细考证文氏弟兄之名是星宿名的字，是土壁而非玉璧。此书流行版本很多，并不稀见。

清光绪时苏州顾文彬把所藏的法书刻成《过云楼帖》，第八册中节刻了文氏小楷所写《落花诗》。原卷计有沈氏诗三十首，文氏与徐祯卿、吕䒭各十首，共六十首。顾氏刻时刻了沈、文诗各十首和文氏一跋，见顾氏附刻的自书短跋。这二十首诗和一跋中，文氏自书名字处，都是从玉的璧。奇怪的是顾氏与叶氏同是苏州人（顾元和、叶吴县）时代又极接近，似乎未见叶氏的书，或是不承认叶氏的说法，或者他就是"二者都真"论的创始人。

刘氏虚白斋藏的这卷，次序是：沈周十首、文璧十首、徐祯卿十首、沈周十首、吕崈十首、沈周十首、文璧一跋。其中文氏署名处凡五见，沈诗首唱十首后，文氏和答十首，题下署名文璧，那个土字中间一竖写得微短，遂给"玉璧说"者留下了空子，在土字上边挤着添了一小横，总算符合"玉璧说"了，谁知此人性子太急，见了土字就加小横，却没料到，文氏跋中还有四个璧字，那些土字都写得紧靠上边的口字，竟自无处下手去添那一小横，只成一玉四土，即投票选举，也不能不承认土字胜利了。不知何故，文氏未钤印章，于是"玉璧说"者又得机会，加盖了"文璧（从玉）印"和"衡山"两方假印。"文璧印"从玉自然不真，"衡山"印和真印校对也不相符。这两处蛇足，究竟无损于真迹。

文徵明自己精楷所录的这卷师友诗篇，何以末尾不盖印章，这有两种可能：一是写成后还未盖印就被别人拿走了；二是自己感觉有不足处，再为重写，这卷暂置一旁，所以未盖印章。我做第二个推测的理由是，文徵明学画于沈周，学文于吴宽，学书于李应祯，每谈到这三位老师时，总是说"我家沈先生、我家吴先生、我家李先生"（见何良俊《四友斋丛说》）。这卷中徐祯卿、吕崈的诗题中都称"石田先生"，而文氏自己的十首诗题却只题"和答石田落花十首"，分明是写漏了"先生"二字。又最后一首诗第三句"感旧最闻前度（客）"，写漏了"客"字，补写在最末句之下。文氏真迹中添注漏字、误字处极少，可见他下笔时的谨严。任何人录写诗文，不可能绝无错字漏字时，所以没有的，只是不把有错漏字的拿出来而已。这类事如在其他文人手下，本算不了什么问题，而在平生拘谨又极尊师的文徵明先生来说，便应算是一件大事。所以写完了一卷，不忍弃去，又不愿算它是"正本"，便不盖印章。窃谓如此猜测，情理应该不远，不但虚白斋主人可能点头，即文氏有知，也会嘉奖我能深体他尊师的夙志！

论书随笔

一、论笔顺

什么叫做笔顺？习惯即指写字时各个笔画的先后顺序。例如写"人"字，先"丿"后"㇏"；写"二"字，先上横后下横。这个原则可以类推。

这种顺序是怎么产生的，谁给规定的？回答是由于写时方便的需要。写字用右手，不仅汉字，即世界各族人，也都如此。汉字写法习惯，每字各笔画的先上后下，先左后右，是怎么形成的？不难理解，如果倒过来写，先下后上，在写上笔时，自己的手和笔，遮住了下一笔，写起即不方便。"顺"字，即是便利的意思。

汉字的章法，每行自上而下，各行却由右而左，这种写法习惯，自商周的甲骨金文中已然如此。任何习惯的形成，都有它的复杂因素，后人可以推测，但难绝对全面确定它的原理。笔画之间，先上后下，先左后右，字与字之间，先上后下，这是一致的，单独"行际"是由右向左，只能归之于"自古习惯""汉字习惯"。

每字的笔顺，比"行次"问题好理解，下面举几例：

"宀"，上一点在最上，左点在左，然后横画连右钩，是顺的。"宀"下边装进什么都是第二步的事。

"亻"，"丿"在上，从上向左下走，"丨"在"丿"下，即成为"亻"，右边可以随便搭配了。

"小"，"亅"居中，定了标杆，左右相配，容易匀称。"业"，先

"刂"，后配左右两点，亦是此理。

"中"，先写"口"，像剪彩的彩带，先扯平，中间下剪，比较容易。

"万"，先写横，没问题。"乛"与"丿"，谁先谁后，有争议。从方便讲，宜先写"乛"，"丁"的左下有一块空地，用"丿"把它分割，字中空白容易匀称。"衣"中的"ㄤ"右"乀"，也是分割空地的道理。

"日""目"，顺序如下：冂日目目，为什么不先写"口"，因为这长方格中，填进小横，不易匀称。先写"冂"，如果里边空地不够，末笔稍靠下，也还无妨，如果里边空地还多，"冂"的两个下脚露出些尖也不要紧。

"母"，先左连下成"L"，后上连右成"乛"，即成"勹"，一横平分，母，两小空格中各填一点，可谓"顺理成章"。

"太"，先一横，定了这个字的领地中主要位置，中分一横，从上向左下一"丿"，"ナ"的右下有一空地，用"乀"平分这块空地，即成"大"，再在下边空地中加一个点，也是自然便利的。

这个道理，再推到另一例："春"，"三"可以比"太"字的"一"，"人"，与"太"字同一办法，下加"日"，可以比"太"字的下边一点。不管字中笔画多么繁，交叉多么乱，都可以从这种原理类推而得。

至于行书的笔顺，有时和楷书略有不同的。因为行书是楷书的快写，为了方便，有时顾不了像楷书那样太顺，例如"有"，楷书原则是先"一"后"丿"，以"丿"分割"一"。行书为了顺利，先"丿"转向左上连"一"，"一"的右端再转下连"丿"，再后成"月"。这种不合楷书的"顺"，却是行书的"顺"，不可固执看待。

草书比行书更简单、更活动了。无论从隶书变成的"章草"，还是从楷书变成的"今草"，它的构成，都不出两种原则：一是字形外框的剪影；二是笔画轨道的连接。前一种例如"海"，写作"泅"，把"氵、乛、母"三部分按它们的位置各画出一个简化了的形状。又如"囸"或"回"，只作"ℓ"也可以了。又如"娄"，写作"㞢"，便是由"娄"变"娄"，又把娄的头接上它的脚，只要"米"和"女"，抛去了它的腹部。

还有几种公用的符号，如左边的"冫"，可代替"亻、彳、氵"等，下边的"一"，可代替"火、心、灬"等。

后一种例如"成"，写作"𢦏"，"厂"写作"ㄥ"，"乀"写作"丨"，里边的"コ"写作左边的"夕"，右边的"丿"写作"ㄥ"，右上的点不改。这即是把分写合为"成"字的各个笔画，按照它们的先后次序连接写得的一个内有笔序，外变形状的"成"字。又如"有"字，草书先从"丿"的头部写起，左弯的上代横，从右上转的左下代"月"的左竖，右转回钩，代"月"字的"彐"，便成了"ろ"，略近外形，实是用笔顺构成的，和行书的"有"字又不同了。

草书不易认识，有许多人正在研究从草字查它是什么楷字的办法。还没有很简便的方案。现在姑且按上边两种例子做一试探：即看到一个草字后，先看它的外框像个什么楷字，再按它的笔顺断断续续地写一写，至少可以翻译出一半以上的草字。

二、论结字

字是用许多笔画构成的，笔画又具有各种不同的形状，如"、一丨丿乀乚亅"，所谓点、横、竖、撇、捺、钩等。随着字形的需要，有多种排列组合的方式，成为"字形"，这是字的基本构造问题。每个字形的姿态，又与字中每个笔画的形状和笔画安排有关。如笔与笔之间的疏密、斜正、高矮、方圆等等，都影响着字的姿态，这是书法美术的问题。这里所说的"结字"，是指后者。"结字"，习惯上也称"结构""结体"，或称"间架"。

元代书法家赵孟𫖯说："书法以用笔为上，而结字亦须用工。"（见《兰亭十三跋》）用笔无疑是指每个笔画的写法，即笔毛在纸上活动所表现出的效果。当然笔毛不聚拢，或行笔时笔毛不顺，写出的效果当然不会好。又或写出的笔画，一边光滑，一边破烂，这笔是把笔头卧在纸上横擦而出的。笔画两面光滑，是写字最起码的条件。要使笔画两面光滑，就必须笔头正，笔毛顺。从前人所说的"中锋"，并无神秘，只是笔头正、笔毛顺而已。好比人走路必定是腿站起，面向前的原则一样。躺着走不了，面向旁边必撞到别的东西上。不言而喻，赵氏这里所说的"用笔"，必定不是指这个起码条件，而是指古代书法家艺术性的笔画姿态。究竟他所指的"用笔"和"结字"哪个重要呢？以次序论，当然先有笔画，例如先有"一"后有"丨"，才成"十"字，"十"字的形成，后于"一"的写出。但如果没有十字的构想或设计方案，把"一、丨"排错，写成"丁、丄"，也是不行的。从书法艺术上讲，用笔和结字是辩证的关系。但从学习书法的深浅阶段讲，则与赵氏所说，恰恰相反。

举例来说：假如我们把古代书法家写得很好看的一个"二"字，从碑帖上把两横分剪下来，它的用笔可说是"原封未动"，然后拿起来往桌上一扔，这两横的位置可以千变万化，不但能够变成另一个字，即使仍然是短横在上，长横在下，但由于它们的距离小有移动，这个字的艺术效果就非常不同了。倒过来讲，一个碑帖上的好字，我们用透明纸罩在上边，用钢笔或铅笔在每一笔画中间画上一个细线，再把这张透明纸拿起单看，也不失为一个好的硬笔字。不待言，钢笔或铅笔是没有毛笔那样粗细、方圆、尖秃、强弱的效果，只是一条条的匀称的细道，这种细道也能组成篆、隶、草、真、行各类字形。甚至李邕的欹斜姿态、欧阳询的方直姿态，也能从各笔画的中线上抓住而表现出来。

练写字的人手下已经熟习了某个字中每个笔画直、斜、弯、平的确切轨道，再熟习各笔画间距离、角度、比例、顾盼的各项关系，然后用某种姿态的点画在它们的骨架上加"肉"；逐渐由生到熟，由试探到成就这个工程，当然是轨道居先，装饰居次。从前人讲书法有"某底某面"之说，例如讲"欧底赵面"，即是指用欧的结字，用赵的笔姿。也是先有底后有面的。

汉字书法的艺术结构问题，从来不断地有人探索。例如隋僧智果撰《心成颂》（或作《成心颂》），主要是讲结字的。后世流传一种《楷书九十二法》，说是欧阳询所作，实属伪托。书中的办法，是找每四个字排比并观，或偏旁相同相类，或字中主要笔画相近，或这四个字的轮廓相近，或解剖字是几大块拼成的。希望收到举一反三之效，用意未尝不好，但是不见得便能收到"触类旁通"的作用。习者照它做去，还不能抓住每字各笔的内在关系。其他在文章中提到结字的问题的，历代论书作品中随处都有，也不及详举了。

一次在解剖书法艺术结字时，无意中发现了几个问题，姑且列举出来，向读者请教：

发现经过是这样，因为临帖总不像，就把透明纸蒙在帖上一笔一画地去写。当我只注意用笔姿态时，每觉得一下子总写不出帖上点画的那样姿态，因只琢磨每笔的方圆肥瘦种种方面，以为古人渺不可及。一次想专在结构上探索一下，竟使我感觉吃惊。我只知横平竖直，笔在透明纸上按着帖上笔画轨道走起来，却没有一笔是绝对平直的。我脑中或习惯中某两笔或某两偏旁距离多么远近，及至体察帖上字的这两笔、两偏旁的距离，常和我想的并不一样。于是拿了一个为放大画图用的坐标小方格透明塑料片，罩在帖字上，仔细观察帖字中笔画轨道的方向角度、笔与笔之间的距离关系，字中各笔的聚处和散处、疏处和密处。如此等等方面，各做具体测量。测量办法是在塑料小方格片上画出帖字每笔的中间"骨头"，看它们的倾斜度和弯曲度。再把每条"骨头"延长，使它们向去路伸张，出现了许多交叉处。这些交叉处即是字中的聚点，尽管帖字中那处笔画并未一一交叉，但是说明笔画的攒聚方向，再看伸向字外的远处方向，很少有完全一致、平行的"去向"。凡是并列的两笔以上的轨道，无论是横竖撇捺，很少有绝对平行的。总是一端距离稍宽，一端距离稍窄。或中间稍弯处的位置以及弯度必有差别。

从这些测量过程中发现以下四点：

（一）字中有四个小聚点，成一小方格

通用习字的九宫格或米字格并不准确，因为字的聚处并不在中心一点或一处，而是在距离中心不远的四角处。回忆幼年写九宫格、米字格纸时，一行三字的，常常第一字脚伸到第二格中，逼得第二字脚更多地伸入第三格中，于是第三字的下半只好写到格外，为这常受老师的指责。现在知道字的聚处不在"中心"处，再拿每串三大格的纸写字，就不致往下递相侵占了。

这种距离中心不远的四个聚处是：

A、B、C、D 是四个聚处，当然写字不同机械制图，不需要那么精确。在它的聚处范围中，即可看出效果。（图一）

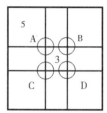

图一

从 A 到上框或左框是五，从 A 到下框或右框是八。其余可以类推。这种五比八，若往细里分，即是$0.382：0.618$，无论叫什么"黄金律""黄金率""黄金分割法""优选法"，都是这个而已矣。

须加说明的是，在测量过程中，碑帖上的字大小并不一律，当时只把聚点和边框的距离的实际数字记下来，然后换算它们的比例。例如甲帖中某字，A 处到上框是 X，A 处到下框是 Y，即列成：

$$X：Y＝5：8(或用 0.382：0.618)$$

如果外项大于内项的，这个字便舒展好看，反之，便有长身短腿之感。也曾把帖字各按十三格分划后再看，更为清楚。

这个方形外框，并非任何字都可撑满的，如"一"；如"卜"；如"口"；如"戈"，等等，即属偏缺不满框格的，它是字形构造的先天特点。在人为的艺术处理上，写时也可近边框处略留余地。再细量古碑，有的几乎似有双重方框的（并非石上果有双重方框痕迹，只是从字的距离看去），似是：（图二、图三）

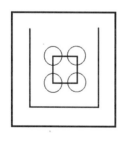

图二

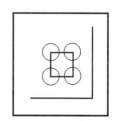

图三

228

也就是把那个中心四小聚处的小格再往中上或左上移些去写，或说大外框外再套两面或三面的一层外框，这在北朝碑中比较常见，若唐代颜真卿的《家庙碑》，把字撑满每格，于是拥挤迫塞，看着使人透不过气来。

这种格中写的字，可举几例：

"大"字的"一"，至少挂住 A 处。"丿"至少通过 A 处，或还通过 B 处。"乀"自 A 处通过 D 处。（图四）

"戈"字"一"通过 A 处，"乀"通过 A、D 二处，"丿"交叉在 D 处，右上补一个点。（图五）

图四   图五

"江"字上一"、"向 A 处去，"丿"向 C 处去，"二"分别靠近 B、D。小"丨"，上接近 B 下接近 D。（图六）

口，无可接触交叉处，但在不失口字的特点（比"曰"字小些、比"日"字短些）前提下，包围靠近小方格的四周。（图七）

"一"字在大格中的位置，总宜挂上 A 处。（图八）

图六   图七   图八

其他的字，有不具备交叉或攒聚处的，也可用五比八的分割，或"图一"的中心小格"3"，放在帖字上看，便易抓住此字的特征或要点。笔画的向外伸延处，要看每笔外向的末梢，向什么方向伸延，它们的距离疏密如何分布，也是结字方法中的一个组成部分。

（二）各笔之间，先紧后松

如"三"，上两横较近，下一横较远，如"三"便好看。反之，如"三"，便不好看。其他如"川""氵""彡"都是如此。若在某字中部，如"日""目"里边两个或三个白空，也宜愈下愈宽些，反之便不好看。此理可包括前条所谈的一字各笔向外伸延所呈现的角度。如果上方、左方的距离宽，下方、右方的距离窄，就不好看。如"米"字。

1、2小于3、4，3、4小于5、6，5、6又小于7、8。如果反过来写，效果是不问可知的了。（图九）

又字中的部件，也常靠上靠左，例如"国"，"玉"在"囗"中，偏左偏上。如果偏靠右下，它的效果也是不问可知的。（图十）

图九

图十

（三）没有真正的"横平竖直"

根据用坐标小格测定，没有真正死平死直的笔画，笔画中都有些弯曲，横画都有些斜上。这大约是人用右手执笔的原因。铅字模比较方板，但试把报纸上铅字翻过来映着光看，它的横画，都有些微向字的右上方斜去的情况。在右端上边还加一个黑三角"一"（图十一）。给人的视觉上更觉得右上方是轨道的去向。铅字的竖笔，都在上下两端有个斜缺处"丨"（图十四），这暗示了竖笔不是死直的，实际手写时，横有"～""⌒"势（图十二、图十三），竖有"⟨""⟨"势（图十五、图十六），前人常说"一波（捺）三折"，其实何止波笔，每笔都不例外，只是有较显较隐罢了。

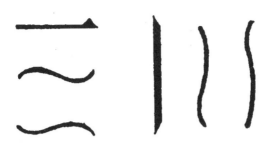

图十一至图十六

（四）字的整体外形，也是先小后大

由于先紧后松的原关系，结成整字也必呈现先小后大，先窄后宽的现象，例如"上"，本来是上边小的，但若把"卜"靠近"一"的左半，"上"便成了"◣"势，即不好看。"上"，成了"◢"势，便好看，因为它是左小右大的。"下"的"卜"也须偏右，若"◸"便不好看，因为下"◺"是左小，"◹"是右小，道理极其分明的。其余不难类推。也有本来左边长、重的，如"仁"，谁也无法把"二"写得比"亻"高大。但"二"的宽度，万不能小于"亻"的宽度。"厂"势也是不得已的。至于"含"势也有，可以用点画去调剂了。

至于"行气"说法，总不易具体说清。若了解了中心四个小聚处的现象，即可看出，一行中各字，假若它们的 A 或 C 处站在一条竖线上，无论旁边如何左伸右扯，都能不失行气的连贯。当然写字时不易那么准确连贯，在写到偏离这条竖线时，另起竖线也有的，再在错了线的邻行近处加以补救，也是常见的，甚至是必不可少的，更是书家所各有妙法的。

以上只是曾向初学者谈的一些浅近的方法。至于早有成就、自具心得的书家，当然还有其他窍门和理论，我们相信必会陆续读到的。

从来学书法的人都知道，要写好行书宜先学楷书做基础。这个道理在哪里？也是"结字"的问题。行书是楷字的"连笔""快写"，有些楷字的细节，在行书中，可以给以"省并"。如"纟"旁可以写成"糹"，不但"幺"变成"纟"，"灬"也变成"／"。

231

行书虽有这样便利处，但也有必宜遵守的，即是笔画轨道的架子、形状，以至疏密、聚散各方面，宜与楷字相一致，也就是"省并"之后的字形，使人一眼望去，轮廓形状，还与楷字不相违背。

再具体些说，即是楷字中的笔画，虽然快写，但不超越、绕过它们原有的轨道，譬如火车，慢车每站必停，可比楷书；快车有些站可以不停。快车虽然有不停的站，但不能抛开中间的站，另取直线去行车。近年有些人写行书太快了，一次我见到一个字，上部是"彡"，下部是"車"，实在认不出。后从句义中知是"军"字，他把"冖"写成"彡"了，缩得太浓了，便不好认。又有人写"口"字为"ん"形，左竖太长，右边太小。虽然行笔的轨道方向不错，但外形全变，也就令人不识了。

这只是说"行"与"楷"的关系，至于草书，比行书又简略了一步，则当另论了。

三、琐谈五则

在书法方面的交流活动中，有青少年提出的询问，有中年朋友提出的商榷，有老年前辈发出的指教，常遇的几项问题，综合起来，计：（一）学习书法的年龄问题；（二）工具和用法的问题；（三）临学和流派的问题；（四）改进和提高的问题；（五）关于"书法理论"的问题。

这里把走过弯路以后的一些粗浅意见，曾向不同年龄的同志们探讨后的初步理解，以下分别谈谈。因为对前列各章的专题无所归属，所以附在最后。

（一）学习书法的年龄问题

常有人问，学习书法是否应有"幼工"？还常问："我已二三十岁了，还能学书法吗？"我个人的回答是：书法不同于杂技，腰腿灵活，须要自幼锻炼，学习书法艺术，甚至恰恰相反。小孩对那些字还不认识，怎提得到书写呢？现在小孩在"功课本"上用铅笔写字，主要的作用是使他记住笔画字形，实是认识字、记住字的部分手段。今天小孩练毛笔字，作为认字、记字的手段外，还有培养对民族传统艺术的认识和爱好的作用，与科举时代的学法和目的大有不同。

科举时代，考卷上的小楷，成百成千的字，要求整齐划一，有如印版一般，稍有参差，便不及格。这种功夫，当然越早练越深刻，它与弯腰抬腿，可以说"异曲同工"，教法也是机械的、粗暴的。这种教法和目的，与今天的提倡有根本区别。但我有一次遇到一个家长，勒令他的几岁小孩，每天必须写若干篇字，缺了一篇，不许吃饭。我当面告诉他："你已把小孩对书法的感情、兴趣杀死，更无望他将来有所成就了。"

正由于人的年龄大了，理解力，欣赏力强了，再去练字，才更易有见解、有判别、有选择，以至写出自己的风格。所以我个人的答案是：练写字与练杂技不同，是不拘年龄的。但练写字要有合理的方法，熟练的功夫，也是各类年龄人同样需要的。

（二）执笔和指、掌、腕、肘等问题

关于执笔问题，在这里再谈谈我个人遇到过的一些争论：什么单钩、双钩、龙睛、凤眼等等，固然已为大多数有实践经验的书法家所明白，无须多谈，也不必细辨，都知道其中由于许多误会，才造成一些不切实际的定论，这已不待言。这里值得再加明确一下的，是究竟是否执好了笔就能会用笔，写好字？进一步谈，究竟是否必须悬了腕、肘才能写好字？

据我个人的看法，手指执笔，当然是写字时最先一道工序，但把所有的精神全放在执法上未免会影响写字的其他工序。我觉得执笔和拿筷子是一样的作用，筷子能如人意志夹起食物来即算拿对了，笔能如人意志在纸上画出道来，也即是执对了。"指实、掌虚"之说，是一句骈偶的词组，指与掌相对言，指不实，拿不起笔来；它的对立词，是"掌虚"。甚至可以理解，为说明"掌虚"的必要性，才给它配上这个"指实"的对偶词。"实"不等于用大力、死捏笔；掌的"虚"，只为表明无名指和小指不要抠到掌心处。为什么？如果后二指抠入掌心窝内，就妨碍了笔的灵活运动。这个道理，本极浅显。有人把"指实"误解为用力死捏笔管，把"掌虚"说成写字时掌心处要能攥住一个鸡蛋。诸如此类

233

的附会之谈，作为谐谈笑料，固无不可，但绝不能信以为真！

不知从何时何人传起一个故事，《晋书》中说王献之六七岁时练写字，他父亲从后拔笔，竟没拔了去。有六七岁儿子的父亲，当然正在壮年，一个壮年男子，居然拔不动小孩手里的一枝笔，这个小孩必不是"书圣"王羲之的儿子，而是一个"天才的大力士"。这个故事即使当年真有，也不过是说明小孩注意力集中，而且警觉性很灵，他父亲"偷袭"拔笔，立刻被他发现，因而没拔成罢了。这个故事，至今流传，不但家喻户晓，而且成了许多家长和教师的启蒙第一课，真可谓流毒甚广了！

至于腕肘的悬起，不是为悬而悬的，这和古人用"单钩"法执笔是一样的问题：大约五代北宋以前，没有高桌，席地而坐。左手拿纸卷，右手拿笔，纸卷和地面约成三十余度角，笔和纸面垂直，右手指拿笔当然只能像今天拿钢笔那样才合适，这就是被称的单钩法。这样写字时，腕和肘都是无所凭依的。不想悬也得悬，因为无处安放它们。这样写出的字迹，笔画容易不稳，而书家在这样条件下写好了的字，笔画一定是能在不稳中达到稳，效果是灵活中的恰当，比起手腕死贴桌面写出的字要灵活得多的。

从宋以后，有了高桌，桌面上升，托住腕臂，要想笔画灵活，只好主动地、有意地把腕臂抬起些。至于抬起多么高，是腕抬肘不抬，是腕抬肘同样平度地抬，是半臂在空中腕比肘高些有斜度地抬，都只能是随写时的需要而定。比如用筷，夹自己碗边的小豆，夹桌面中心处的一块肉，还是夹对面桌边处的大馒头，当时的办法必然会各有不同。拿筷时手指的活动，夹菜时腕肘的抬法，从来没有用筷夹菜的谱式而人人都会把食品吃到口中。

书法上关于指、腕、肘、臂等等问题道理不过如此，按各个人的生理条件，使用习惯，讲求些也无妨碍，但如讲得太死，太绝对，就不合实际了。附带谈谈工具方面的事，主要是笔的问题。有人喜爱用硬毫笔，如紫毫（即兔毛中的硬毛部分），或狼毫（即黄鼬的尾毛），有人喜用软毫，如羊毛或兼毫（即软硬两种毫合制的）。硬毫弹力较大，更受人欢迎，但太容易磨秃，不耐用，软毫弹力小，用着费力而不易表现笔画姿态，这两种爱用者常有争论。我体会，如果写时注意力在笔画轨道上，把点画姿态看成次要问题，则无论用软毫硬毫，都会得心应手。写熟了结字，即用钢条在土上划字与拿着棉团蘸水在板上划字，一样会好看的。

（三）临帖问题

常有人问，入手时或某个阶段宜临什么帖，常问："你看我临什么帖好"，或问"我学哪一体好"，或问："为什么要临帖"，更常有人问："我怎么总临不像"，问题很多。据我个人的理解，在此试做探讨：

"帖"这里做样本、范本的代称。临学范本，不是为和它完全一样，不是要写成为自己手边帖上字的复印本，而是以范本为谱子，练熟自己手下的技巧。譬如练钢琴，每天对着名曲的谱子弹，来练基本功一样。当然初临总要求相似，学会了范本中各方面的方法，运用到自己要写的字句上来，就是临帖的目的。

选什么帖，这完全要看几项条件，自己喜爱哪样风格的字，如同口味的嗜好，旁人无从代出主意。其次是有哪本帖，古代不但得到名家真迹不易，即得到好拓本也不易。有一本范本，学了一生也没练好字的人，真不知有多少。现在影印技术发达，好范本随处可以买到，按照自己的爱好或"性之所近"的去学，没有不收"事半功倍"的效果的。

"选范本可以换吗？"学习什么都要有一段稳定的熟练的阶段，但发现手边范本实在有不对胃口或违背自己个性的地方，换学另一种又有何不可？随便"见异思迁"固然不好，但"见善则迁，有过则改"（《易经》语）又有何不该呢？

或问："我怎么总临不像？"任何人学另一人的笔迹，都不能像，如果一学就像，还都逼真，那么签字在法律上就失效了。所以王献之的字不能十分像王羲之的，米友仁的字不能十分像米芾的，苏辙的字不能十分像苏轼的，蔡卞的字不能十分像蔡京的。所谓"虽在父兄，不能以移子弟"（曹丕语），何况时间地点相隔很远，未曾见过面的古今人呢？临学是为吸取方法，而不是为造假帖。学习求"似"，是为方法"准确"。

问："碑帖上字中的某些特征是怎么写成的？如龙门造像记中的方笔，颜真卿字中捺笔出锋，应该怎么去学？"圆锥形的毛笔头，无论如何也写不出那么"刀斩斧齐"的方笔画，碑上那些方笔画，都是刀刻时留下的痕迹。所以，见过那时代的墨迹之后，再看石刻拓本，就不难理解未刻之先那些底本上笔画轻重应是什么样的情况。再能掌握笔画疏密的主要轨道，即使看那些刀痕斧迹也都能成为书法的参考，至于颜体捺脚另出一个小道，那是唐代毛笔制法上的特点所造成，唐笔的中心"主锋"较硬较长，旁边的"副毫"渐外渐短，形成半个枣核那样，捺脚按住后，抬起笔时，副毫停止，主锋在抬起处还留下痕迹，即是那个像是另加的小尖。不但捺笔如此，有些向下的竖笔末端再向左的钩处也常有这种现象。前人称之为"蟹爪"，即是主锋和副毫步调不能一致的结果。

又常有人问应学"哪一体"？所谓"体"，即是指某一人或某一类的书法风格，我们试看古代某人所写的若干碑，若干帖，常常互有不同处。我们学什么体，又拿哪里为那体的界限呢？那一人对他自己的作品还没有绝对的、固定的界限，我们又何从学定他那一体呢？还有什么当先学谁然后学谁的说法，恐怕都不可信。另外还有一样说法，以为字是先有篆，再有隶，再有楷，因而要有"根本""远源"，必须先学好篆隶，才能写好楷书。我们看鸡是从蛋中孵出的，但是没见过学画的人必先学好画蛋，然后才会画鸡的！

还有人误解笔画中的"力量"，以为必须自己使劲去写才能出现的。其实笔画的"有力"，是由于它的轨道准确，给看者以"有力"的感觉，如果下笔、行笔时指、腕、肘、臂等任何一处有意识地去用了力，那些地方必然僵化，而写不出美观的"力感"。还有人有意追求什么"雄伟"

"挺拔""俊秀""古朴"等等被用作形容的比拟词，不但无法实现，甚至写不成一个平常的字了。清代翁方纲题一本模糊的古帖有一句诗说："浑朴当居用笔先"，我们真无法设想，笔还没落时就先浑朴，除非这个书家是个婴儿。

问："每天要写多少字?"这和每天要吃多少饭的问题一样，每人的食量不同，不能规定一致。总在食欲旺盛时吃，消化吸收也很容易。学生功课有定额是一种目的和要求，爱好者练字又是一种目的和要求，不能等同。我有一位朋友，每天一定要写几篇字，都是临张迁碑，写了的元书纸，叠在地上，有一人高的两大叠。我去翻看，上层的不如下层的好。因为他已经写得腻烦了，但还要写，只是"完成任务"，除了有自己向自己"交差"的思想外，还有给旁人看"成绩"的思想。其实真"成绩"高下不在"数量"的多少。

有人误解"功夫"二字。以为时间久、数量多即叫做"功夫"。事实上"功夫"是"准确"的积累。熟练了，下笔即能准确，便是功夫的成效。譬如用枪打靶，每天盲目地放百粒子弹，不如精心用意手眼俱准地打一枪，如能每次二射中一，已经不错了。所以可说："功夫不是盲目的时间加数量，而是准确的重复以达到熟练。"

（四）改进和提高的办法

常常有人拿写的字问人，哪里对，哪里不对。共同商讨研究，请人指导，本是应该的，甚至是必要的。但旁人指出优缺点以及什么好方法，自己再写，未必都能做到。我自己曾把写出的字贴在墙上，初贴的当然是自己比较满意的甚至是"得意"的作品。看了几天后，就发现许多不妥处，陆续再贴，往往撤下以前贴的。假如一块墙壁能贴五张，这五张字必然新陈代谢地常常更换。自己看出的不足处，才是下次改进的最大动力，也是应该怎样改的最重要地方，如果是临的某帖，即把这帖拿来竖起和墙上的字对看，比较异处同处，所得的"指教"，比什么"名师"都有效。

为什么贴在墙壁上看，因为在高桌面上写字，自己的眼与纸面是四

237

十五度角，写时看见的效果，与竖起来看时眼与纸面的垂直角度不同。所以前代有人主张"题壁"式的练字，不仅是为什么悬腕等等的功效，更是为对写出的字当时即见出实际的效果，这样练去，落笔结字都易准确的。这里是说这个道理，并非今天练字都必须用这方法。

（五）看什么参考书

古代论书法的话，无论是长篇或零句，由于语言简古，常常词不达意，甚或比拟不伦。梁武帝《书评》论王羲之的字如"龙跳天门，虎卧凤阁"，米芾批评这两句"是何等语"。这类比喻形容，作为风格的比拟，原无不可，但作为实践的方法，又该怎样去做呢？还有前代某家有个人的体会，发为议论，旁人并无他的经历，又无他所具有的条件，即想照样去做，也常无从措手的。古代的论著，当然以唐代孙过庭的《书谱》为最全面，也确有极其精辟的理论。但如按他的某句去练习，也会使人不知怎样去写。例如他说"带燥方润，将浓遂枯"，又说"古不乖时，今不同弊"，不错，都是极重要的道理。但我们写字，又如何能主动地合乎这个道理，恐怕谁也找不出具体办法的。又像清代人论著，包世臣的《艺舟双楫》和康有为的《广艺舟双楫》影响极大。姑不论二书的著者自己所写的字，有多少能实践他自己的议论，即我们今天想忠实地按他们书中所说的做去，当然不见得全无好效果，但效果又究竟能有多大比重呢？

因此把参考理论书和看碑帖或临碑帖相比，无疑是后者所收的效益比前者所收的效益要多多了。这里所说，不是一律抹杀看书法"理论书"，只是说直接效益的快慢、多少。譬如一个正在饥饿的人，看一册营养学的书，不如吃一口任何食品。

常听到有人谈论简化汉字的书法问题，所议论甚至是所争论的内容，大约不出两个方面：

一是好写不好写。我个人觉得，从《说文解字》到《康熙字典》所载被认为是"正字"的字，已经是陆续简化或变形的结果，例如"雷"字，在古代金文中，下边是四个"田"字作四角形地重叠着，写成一个

"田"字时，岂非简掉了四分之三？如"人"字，原来作ﾇ，像侧立着的人形，后变成ﾉﾞ，再变成"亻""人"，认不出侧立的人形，只成接搭的两条短棍。论好看，楷体的雷、人，远不如金文中这两个字的图画性强，但用着方便。谁在写笔记、写稿、写信时，恐怕都没有用"金文"或"隶古定"体来逐字去写的。人对一切事物，在习惯未成时，总觉得有些别扭，并不奇怪的。

二是怎样写法。我个人觉得简化字也是楷字点画组成的。例如"拥护"，"提手旁"人人会写，"用"和"户"也是常用字，只是"扌、用、户"三个零件新加拼凑的罢了。我们生活中，夏天穿了一条黄色裤子，一件白色衬衫，次日换了一条白色裤子，黄色衬衫，无论在习惯上、审美上都没有妨碍。如果说这在史书的《舆服志》上没有记载，那岂不接近"无理取闹"了吗？即使清代科举考试中了状元的人，若翻开他的笔记本、草稿册来看，也绝对不会每一笔每一字都和他的"殿试大卷子"上边的写法一个样。再如苏东坡的尺牍中总把"萬"字写作"万"，米元章常把"體"字写成"躰"。清代人所说的"帖写字"即是不合考试标准的简化字。

有人曾问我：有些"书法家"不爱写"简化字"，你却肯用简化字去题书签、写牌匾，原因何在？我的回答很简单：文字是语言的符号，是人与人交际的工具。简化字是国务院颁布的法令，我来应用它、遵守它而已。它的点画笔法，都是现成的，不待新创造，它的偏旁拼配，只要找和它相类的字，研究它们近似部分的安排办法，也就行了。我自己给人写字时有个原则是，凡作装饰用的书法作品，不但可以写繁体字，即使写甲骨文、金文，等于画个图案，并不见得便算"有违功令"；若属正式的文件、教材，或广泛的宣传品，不但应该用规范字，也不宜应简的不简。

有人问：练写字、临碑帖，其中都是繁体字，与今天贯彻规范字的标准岂不背道而驰？我的理解，可做个粗浅的比喻来说，碑帖好比乐谱。练钢琴，弹贝多芬的乐谱，是练指法、练基本技术，肯定贝多芬的乐谱中找不出现代的某些调子。但能创作新乐曲的人，他必定通过练习弹名家乐谱而学会了基本技术的。由此触类旁通，推陈出新，才具备音乐家的多面修养。在书法方面，点画形式和写法上，简体和繁体并没有两样；在结字上，聚散疏密的道理，简体和繁体也没有两样，只如穿衣服，各有单、夹之分，盖楼房略有十层、三层之分而已。

平生风义兼师友

——怀龙坡翁

从前社会上学技艺的人有一句名言："投师不如访友。"不难理解，"师道尊严"，"请教"容易，"探讨"不容易。其实在某些条件下，"请教"也不完全容易。老师没时间、不耐烦，老师对那个问题没兴趣，甚至没研究，怎能"请"得他的"教"呢！纯朋友又不然，"群居终日，言不及义"，乃至"博弈饮酒"，哪还有时间讨论技艺、学问呢！只有益友、畏友、可敬的朋友、可师的朋友，才可算是"不如访友"的友。也就是谊兼师友的友。

我在二十一二岁"初出茅庐"时，第一位相识的朋友是牟润孙先生，比我长四岁；第二位是台静农先生，比我长十岁。与牟先生在一起，也曾饮酒、谈笑，谁又知道，他在这种时候，也常谈学术问题。他从老师那里得来的只言片义，我正在不懂得，他甚至用村俗的比喻解剖一下，我便能豁然开朗。这是友呢，是师呢？台先生则不然。他的性格极平易，即在受到沉重打击之后，谈笑一如平常。宋朝范纯仁在被贬处见到客人来时，令仆人拿出两份被褥，他与客人对床而睡；明朝黄道周在逆境中不愿与客人谈话，便令客人下棋，客人不会，他说你就随便跟着我下棋子。不难比较，睡觉、下棋，多么粘滞；谈笑如常，又多么超脱！台先生对我也不是没有过有深意的指教，只是手段非常艺术。例如面对一本书、一首诗、一件书画等等，发出轻松的评论，当时听着还觉得"不过瘾"，日后回思，不但很中肯、很深刻，甚至是为我而发的耳提面命。以一些小事为例：

一次台先生自厦门回到当时北平接家眷，我在一个下午去看他，他正喝着红葡萄酒。这以前他并不多喝酒，更不在非饭时喝酒，我幼稚地问他怎么这时喝酒，他回答了两个"真实不虚"的字："麻醉"。谁不知道，酒是麻醉剂，但是今天我才懂得了，当我沉痛得失眠时，愈喝浓酒愈清醒。近年听说台老喝酒，愈喝愈烈，大概是"量逐年增"吧！

当年一次牟先生问台先生哪家散文好，台先生答是《板桥杂记》。清初，余淡心感念沧桑，寄情于"醇酒妇人"，牟先生盛年纵酒，有时也蹈余氏行踪，不言而喻，举这本书，其意婉而多讽，岂是真论散文。

我写字腕力既弱，又受宗老雪斋翁之教，摹临赵松雪。台先生一次论起王梦楼的字，说道"侧媚"，我当时虽并不喜王梦楼的字，但对"侧媚"的评语，还不太理解。后来屡见台先生的法书，错节盘根，玉质金相，固足使我惊服，理解了王梦楼为什么侧媚，更理解了赵松雪当然也难逃挞伐。而他对于我临松雪的箴规，也就不待言了。做朋友，讲"温恭直谅"，从这几事中可证字字无忝吧！像这样事理通达、心气和平的襟度，我在平生交游的人中，确实并不多见。

去年托朋友带去我出版的一些拙作打油诗，那位朋友再来时告诉我："台老说：他（指启功）还是那么淘气。"他给我写了一个手卷，临苏东坡的苏州寒食诗二首。

"自我来黄州，已过三寒食，年年欲惜春，春去不容惜……何殊病少年，病起头已白。""春江欲入户，雨势来不已，小屋如渔舟，濛濛水云里……那知是寒食，但感乌衔纸……也拟哭涂穷，死灰吹不起。"这是苏东坡，还是台龙坡？姑且不管，再看卷后还加跋说明，苏书真迹以重价归故宫收藏，所以喜而临写。我既笑且喜，赶紧好好装裱收藏，仿佛我比故宫还富了许多。

今年春天，台老托朋友带来他的论文集、法书集等三本书，都有亲笔题字，不是写"留念"，而都是写"永念"，字迹有些颤抖。我拿到不是三本书，而是三块石头。不久在香港好友家给他通了电话，他是在病榻上接的电话，但声音气力都很充沛，我那三块石头，才由心中落到地上。

我衷心祝愿龙坡翁疾病速愈，福寿绵长！

一九九〇年十月

自 讼 二 则

《大学》说："有所好乐，则不得其正。"其后果则是："心不在焉，视而不见，听而不闻，食而不知其味。"

江都汪容甫先生（中），是我平生服膺，所谓"恨不顶而戴之"者，除了敬佩他的学术成就外，更由于身世有若干相近之处，所以景仰之心，有倍于其他先贤者。

平夙注意著名学者的手迹，而汪先生的真迹极少，只见到四五件。除信札外，所写都是自作诗文，还有一段段地摘录自己文章的。因此见到先生论《亢仓子》《鹖冠子》二段，便大喜过望。于是津津然，断断然，骋其笔舌，大加评论，以为是先生的佚文，发表在《学林漫录》第十一集中。

最近挚友黄永年先生自西安托马樟根同志告诉我，那是柳宗元的文章，我才如梦方醒。这两段不但载在《柳集》，还屡次为许多古今选本所选入。予小子谫陋自不待言，如果说我没通读过《柳集》，并不夸张；如果说我连选本都没读过，不但我自己不信，即我的朋友也不会信。然则何以出此纰漏？首由希望迫切，次由所读昏忘。自曝不学事小，贻误读者事大。古人诗文集中误被后人编入他人之作，已是常见的事。其原因虽各不同，由于集子主人手抄过的笔记，以致误被编入的，实居多数，但我却绝不敢以此例来作解嘲。

现在除向黄、马二同志致以深切的谢意外，还要向曾阅拙文的读者致以诚恳的歉意！

这段申明，可以说确是由衷之言，是自一九五七年、一九六六年以来，真有错、最诚心的一次自讼！

偶读近贤郑逸梅先生《逸梅杂札》有一则题为《天虚我生主持自由谈》云："钱塘陈栩字蝶仙，别署天虚我生，为清末民国初年沪上著名文人。其时《申报》有专刊《自由谈》，陈氏主持之。订投稿新例，以文之优劣分甲乙丙丁四级致酬。有人戏抄柳河东一文，化名投寄。翌日刊载，则列入丙等。戏抄者致函陈氏，谓'未读八大家文，如何为主笔！柳河东列丙等，岂必盲左腐迁始得为甲乙等耶?'陈氏立登报引咎。"按报纸投稿，例禁抄袭。戏抄者先干禁例，陈公失察，其咎只居一半。若功之浅学玩忽，则责无旁贷者。奇在俱出柳文，岂罗池有灵，一再示儆于后人耶！

《学林漫录》第十一集，又刊出拙文论言法华一段。继阅《禅苑蒙求》卷下，有"法华佯狂"条，引《会元》二，略记言法华独语笑，多行市里，褰裳而趋，从屠沽游，道俗共目为狂僧。

及检《会元》二，果得"法华志言大士"条，知其名为"志言"了，又说他是寿春许氏子，弱冠游东都，继得度于七俱胝院。一日读《云门录》，忽契悟，独语笑，口吻嗫嚅，日常不辍。世传诵《法华》，因为名之，云云。以下便记一切机锋问答语句。这段话，与《蒙求》所录，全不相关，并且都无一语涉及他到处乱写字的事。尤其难解的是"世传诵《法华》"，他上无继承，下无传授，那个"世"字又该怎讲？

那么宋代到处乱写字的狂僧言法华，究竟是否即是这里所记的"志言大士"？使我由自惊失于详细检书，转而又觉阙疑未尝没有几分好处。所以这里只可算"半心半意"的一段自讼。

一九九〇年

知了义斋诗

《知了义斋诗钞》，月山宗伯遗著也。宗伯为先高祖隽峰公之外舅。此集传本甚稀，吾家藏一本，乃宗伯之孙据原刻重雕者。

有先曾祖玉岑公序言，敬录于此：

> 古云，诗穷而后工。而塞上诗作，必推高、岑。诚以冰天雪窖，白草黄沙，荒寒奇险之景，非其人有激昂慷慨之情，虎变龙腾之笔，曾不足以状之也。中唐而后，竞尚涂泽；矫其弊者，又务为清浅。迨至元季，作者几于或息矣。有明七子者出，起衰振靡，诗教大明。空同、于鳞，胜场独擅；大复、茂秦，从而翼之。要其身世偬侘，又皆穷而后工者也。外祖月山宗伯，早年腾达，中岁蹉跎，以事谪塞外，怅邑无聊，一皆发之于诗。著有《知了义斋古今体》若干卷，苍莽浩瀚，上追高、岑，下颉七子，盖由其笔情有以达之尔。向使安处衽席之上，目不睹荒寒奇险之景，身不历冰雪沙草之场，即有其笔其情，又奚自发之？古云"诗穷而后工"，岂不信哉！《知了义斋诗》，旧有刻本，而梨枣荡然。简廷表兄谋欲重付手民，以绵先泽，就予家求得原本，详为校刊，并属作序。是时良视学吴中，促迫少暇。今秋工既蒇事，谨述缘起如右。世之读是诗者，谓之为高、岑也可，谓之为七子也亦可，即谓之穷而后工，为自成一家也，亦无乎不可。光绪丁酉处暑后三日，外孙溥良谨序。

功谨案：月山宗伯讳贵庆，姓富察氏。嘉庆己未翰林，官至礼部尚书，晚年筑精舍于西山碧摩岩，著书自娱。诗格沉雄古茂，出色当行，吾家所藏，此集之外，尚有当日自刻之木版诗片数纸，足见耽好之笃。先高祖隽峰公遗稿中每有和韵之作，且时见宗伯批改，盖居甥馆而亲受业者。吾家诗学，此其星宿海耶。此集凡四卷，一曰《阆山纪游》，二曰《醉石龛即事》，三曰《镜心堂七言律诗选》，四曰《绮语旧作》。先曾祖玉岑公生平简重，日亲笔砚，而绝不轻以与人，诗文赠答，尤极矜慎，此序所以彰外家之旧德，故娓娓如是。而功今哀集先泽，公此序稿，亦岿然如灵光之独存焉。

敬读《知了义斋诗》，略记数首于此，以见一斑，不能尽也。

望海堂（原注：东丹王构望海堂于阆山绝顶，藏书万卷，今改望海寺。）

> 万卷压巉巉，名王事亦奇。远天龙泼墨，深夜虎听诗。门对三山杳，峰悬一径危。招魂归故国，终负此栖迟。（原注：东丹王航海降唐，后死于石晋灭唐之难。）

东丹王故宫曲（原注：东丹王耶律倍，小字突欲，辽太祖长子。辽克扶余，以王守之。辽主称天皇，东丹王称人皇。辽主殂，次子德光立，疑东丹王。后唐明宗遣人招之，王题诗海上曰：小山压大山，大山浑无力，羞见故乡人，从此投外国。乃携高美人浮海而去。明宗妻以庄宗妃夏氏，赐姓名李赞华。）

> 木叶山前兵欲起，白马青牛下辽水。（原注：《辽史》，契丹发祥于木叶山，传有神人乘白马，神女乘青牛，会于辽水山，为辽始祖。）穹庐八部尊天皇，儿辈唐家李亚子。（原注：辽主谓后唐使者曰：晋王与吾约为兄弟，唐天子犹吾儿也。《五代史》，后唐庄宗军中称李亚子。）铙歌旌旆拔扶余，析圭留守人皇居。绝顶书堂构空翠，芸签香满医巫闾。医巫闾指柳林淀，临潢千里开葱茜。（原注：柳林淀在辽都临潢府。）不道小山压大山，故乡虽好偏羞见。海舶峨峨鳌背轻，酒酣豪载美人行。枉教后世珍图画，（原注：东丹王善画本国人物，如雪骑千鹿等图，皆入宋秘府。）却被他邦易姓名。御容殿圮几朝暮，（原注：辽人祀东丹王于辽阳御容殿。）兵连南北

全非故。紫澥云移塞上阴，黑河岸改天涯树。华表西风鹤唳哀，土花废础涩深苔。只今夜月晨风里，时有古装人往来。

五国城

竟似来寻海上盟，燕云如愿果全平。还乡水远牛同驾，（原注：徽钦北行俱乘牛车。）射敌书沉鸽有声。（原注：宋高宗宫中养鸽，一士人题诗：何如养取云边雁，沙漠能传二帝书。见《古杭杂记》。）他日珠丘归朽木，（原注：元时发宋陵徽宗惟朽木一段而已。）几年雪窖泣荒城。御园红紫休回首，满地金风卷落英。（原注：元人题宋熙陵强幸小周后图：怪底金风冲地起，御园红紫满龙堆。）

临潢府

潢水奔流烟气孤，龙沙徼外说辽都。天从过岭星光大，（原注：兴安岭。）地甫迎秋雪片粗。千里玉鞚仍俗尚，（原注：海东青，鹰属，一举千里，辽人重之。）一枝金镞肇雄图。（原注：辽太祖于韦甸射金镞箭以识之，神册三年建城。）言寻断腕楼何处，白日荒荒下绿芜。

中秋前一日偕兰士司寇戡卿莲樵天后宫西斋小集

花宫十亩半烟栖，同调无多手暂携。寒色悄从苔径入，夕阳偏就水阑低。虫思在宇还如诉，鸟为惊弓不敢啼。登阁重阳仍有约，兴酣先与蹑飞梯。

漂母祠

维舟昨对钓台偏，驀觉灵风夜肃然。厚报原非知己意，奇才翻是妇人怜。青裙白发摹遗像，玉帐牙旗化暮烟。我正云樯西北指，夕阳红恋古祠前。

句之可纪者：

"满山风战叶，终日谷量云。" "得失吟肩外，升沉醉眼中。" "断崖群木接，落月一藤悬。" "一寸山河余浩劫，七金楼阁本浮云。"（辽西怀古）"故山有恨黄巾满，沧海无家皂帽尊。"（管公屯）

"忽惊汉苑丹青树，移在边墙紫翠山。"（临渝道中看红叶）"废垒寒芜秋色远，乱峰孤塔夕阳开。"（抚顺城）"车过卢龙山渐少，客如老马路先知。"（乙亥入关作）"梦留残醉偏行路，寒在初秋已中人。"（传舍）"从来烈士偏惊老，只有诗才不患多。"（赠戡卿）"交游局冷空存我，骨肉情多转累人。"（寄葛溪）"壮志已输花叱拨，机心犹畏艾如张。"（抵齐齐哈尔城）"万里沙平微有路，四围天尽更无山。"（黑龙江秋杪作）

集中尚有《赐墨楼纪恩诗》，其序详述内府制墨掌故。录出俟寄子高先生。又有记石玉昆说书事，俱艺林之谈助也。

赐墨楼纪恩诗序

　　曩闻吾师戴可亭相国言，其初入翰林时，值内府考定古墨，自金、元造墨诸家，下逮明季方于鲁、程君房辈所制，无虑数千百函。择留完好者若干笏，其破碎不堪用者，高庙智周万物，不欲天下有弃材，乃敕选歙工来京，重施胶法。凡乾隆年墨，印大内颜额名者，皆旧材改作。萃诸家之美，为廷珪以后所未有。贵庆有吕行甫之嗜，敬志斯言，偶一得之，辄宝如拱璧。然而不能无疑者：外吏贡墨，或亦书殿阁名，恭备御用，其造自内府，无从辨也。道光丁酉上元后一日，贵庆以礼部尚书预西苑廷臣宴，拜赐御墨一函，计二十笏，有大内颜额名。其第一笏特书"内殿轻煤大清乾隆年长春园精造"十四字，其造自内府无疑，其为历代诸家旧材改作者无疑。惭叨恩之非分，喜积愿之已偿，增重艺林，于兹有厚幸也。（诗从略）

　　石生玉昆，工柳敬亭之技，有盛名者近二十年，而性孤僻，游市肆间，王公招之不至。

　　攀条轶事吊斜曛，绝技风流又属君。一笑史从何处说，廿年人得几回闻。幺弦切切秋虫语，大笠飘飘野鹤群。为底朱门无履迹，曳裾应怪太纷纷。

一九九一年三月

翁松禅盛意园荐张季直书

家藏翁松禅相国、盛意园祭酒致先曾祖玉岑公二札。翁楷书凝重，墨痕如漆，乃经意之作，与归田后烂漫之笔不同。盛以淡墨疾书，跌宕潇洒，如见其人。翁札云：

> 玉岑贤友大宗师阁下：旌节来吴，江山生色。伏维荣问休畅。迄想元旋度夏，画戟清香，尤所钦企。生从事春官，目迷五色，不知遗却几许隽才，贤郎其一矣。生有极器重之通家，曰江南张謇。孝友廉谨，通达古今。其制举之文，亦鲜与抗手。落第南归，留之不获。闻崇明瀛洲书院讲席尚虚，若得此君为山长，必能使海邦为邹鲁。敬以举荐，伏望大裁。贱体羸疾，耳聋臂枯，不尽百一，奉候起居，余俟续布。生翁同和顿首。

盛札云：

> 玉岑姻弟大人阁下：前奉手书，未即置复为歉。会试榜发，元在江苏，常熟得此卷时，大呼曰：此通州张季直也。得之矣，得之矣！遍请十八房、三副考辨识，皆云当是季直。及拆榜，则武进刘可毅也。常熟为之不吃晚饭。昨晤常熟，欲吾弟为谋一席，兄与季直最洽，鄙意以为吾弟不如俟岁试后附片保奏。以季直之才学，实堪膺此，不问迎合江苏巨绅也。其仕履可询之彼处人，度无不知者。专此布臆，即请升安。兄昱顿首。

时为光绪壬辰，先曾祖任江苏学政，季直当时乡誉原不佳，于此但见常熟爱才之笃。意园与先曾祖宗支疏远，而有姻娅之联，故款称姻弟，亦故实也。

一九九一年三月

王石谷仿山樵画

石渠旧藏王石谷仿黄鹤山樵山水立轴纸本。作解索皴，笔墨离披，气息古厚，以朱砂赭石点染树叶屋宇，山不着色，行笔在有意无意之间，真石谷平生合作也。未题款识，仅于幅边钤印二方，乍见几不识为石谷笔。上有王烟客一题，恽正叔两题，叹赏备至。余尝疑王、恽诸贤之题石谷画，未免过誉，及观此幅，始信其非溢美。而习见刻画甜熟之作，皆赝鼎耳。烟客题云：

> 石谷此图虽仿山樵，而用笔措思，全以右丞为宗，故风骨高奇，迥出山樵规格之外。春晚过娄，携以见示，余初欲留之，知其意颇自珍，不忍遽夺，每为恨怅。然余时方苦嗽，得饱玩累日，霍然失病所在，始知昔人檄愈头风，良不虚也。

正叔题云：

> 乌目山人为余言，生平所见王叔明真迹不下廿余本，而真迹中最奇者有三：吾从《秋山草堂》一帧悟其法；于毗陵唐氏观《夏山图》会其趣；最后见《关山萧寺》本，一洗凡目，焕然神明，吾穷其变焉。大谛《秋山》天然秀润，《夏山》郁密沉古，《关山》则离披零乱，飘洒尽致，殆不可以径辙求之，而王郎于是乎进矣。因知向者之所为山樵，犹在云雾中也。石谷沉思既久，暇日戏汇三图笔意于一帧。今夏石谷自吴门来，余搜行笈得此帧，惊叹欲绝，石谷亦沾沾自喜，有十五城不易之状。置余案头，摩娑十余日，题数语

归之。盖以西庐老人之矜赏，而石谷尚不能割所爱，矧余辈安能久假为韫椟玩邪？

以上二题，载在《西庐画跋》及《瓯香馆画跋》中。其后尚有正叔一题，为《瓯香馆画跋》所不载。曰：

> 偶过徐氏水亭，见此帧乃为金沙潘君所得，既怪叹，且妒甚。不对赏音，牙徽不发，岂西庐、南田之矜赏，尚不及潘君哉？米颠据舷而呼，信是可人韵事，真足效慕也。但未知他日见西庐、南田，何以解嘲？冬十月南田又题。

语杂嘲讽，读之解颐，盖石谷此图，必劫于金沙潘君之厚币也。潘君者潘元白也，名眉，当时文人常称及之。余于吴见思《杜诗论文》刻本前参校人中亦见其姓名，盖亦富而好事者，行履尚待考。

一九九一年三月

董寿平、村上三岛两先生联合展览祝词

　　董寿平先生是当代中国老一辈艺术家，他的画笔潇洒，擅长山水、松、竹、红梅、墨梅，在当今画坛上，可以说是独树一帜的。

　　至于董先生的书法，更是有独特的风格。首先是看不出他入手临摹某家某派的痕迹，感觉上和他的画风一样，非常潇洒自然，从来无一笔矫揉造作之作。乍看去好似出于漫不经心，细看去，又字字行行都不违背古代名手的经验和习惯。

　　董先生平常在案上铺纸写字，总是提起笔来，悬臂而书，转折顿挫都那么自然。行书流畅而不油滑，草书奔放而不荒率，如强为比拟，实与他的乡贤傅山为近，但又绝对看不出仿效傅山的一毫样子。

　　董先生喜好悬空写字，就是两个人共拉一张大纸，先生站在纸的左边，提笔悬臂在纸面上写去，写成挂起来看，与在案上铺纸写的完全一般。传说清初王铎就喜好用这种写法。但我们所见王铎大幅，绫本为多，绫条比较牢固，宣纸经水则容易被笔刺破。王铎也是山西洪洞县人，董先生的写法可能在家乡得到秘传，但肯定又比王铎进了一步。

　　日本书道家村上三岛先生，不但自己的功力甚深，而且又最喜爱王铎的书法。这次与董寿平先生联合展出，我想不仅是两国友好和艺术交流一次巨大的盛举，同时又有一项极饶趣味的艺术上的胜缘，那就是以王铎书派为纽带，志同道合的一次欢愉融洽的展览。我个人由于许多事务的羁绊，不能到会场亲自观摩两家的作品，但是由于两家都是我的艺术上的好友，他们的展出盛况，我可说想象中已如在目前。尤其使我高兴执笔来写祝词的是，我也是一个王铎书法的爱好者！

和田美术馆缘起

　　和田至弘先生于拙书独有癖嗜，拟于所建和田美术馆中特辟一室以张之。搜罗得卅余件，未能满四壁。功感其见知盛意，愿检近作之可观者，二十五件（内画二件）为赠。为充一室不收酬谢。此去年四月在山梨县和田美术馆中所谈者。时杨振亚大使、章金树参赞、陈真教授在座。公元一九九一年九月克践前约，因志缘起，启功并书，时年七十有九。

拜访和田美术馆

我从青少年时即喜爱美术，也学习美术。在学习中，必不可少的是参观精美的作品，才能增长知识、获得借鉴。所以常拜访前辈名家和美术品收藏家。这种求知的活动中，有使我遗憾的，也有使我感激的。

遗憾的是有些名家不肯把心得、要诀告诉求学的人，或不肯把收藏佳品拿出来给人看。使我感激的是有几位老前辈不但愿意拿出藏品给人看，还常细心地给我讲说那些名作的好处在哪里，缺点在哪里，使我受到极大的教育和获得极多的基本知识。至今我还感激那几位收藏家的品德和热心！

我认识和田至弘先生，已有一年多了，在还没得机会亲自参观和田美术馆时，我心目中的和田先生就是一位可敬佩的美术事业家。因为他曾费很大的心力、物力，收集、保存许多珍贵的古瓷等等美术品，更可贵的是他还为广大的美术爱好者创造欣赏、研究的条件——建立和田美术馆。不但建立和田美术馆，最近还为北京的北方工业大学捐款建立一个美术馆。使中国和日本的美术爱好者、学习者都获得良好的欣赏研究的条件，他这样的措施，正充分地表现了他的品德和热心，能不使我们敬佩吗？建立两个美术馆，还是有形的、有范围的，而对两国人民的友好情谊、增加两国青年学习研究美术的条件，则是无形而长远的友好纽带，能不使我们敬佩吗？

从影印的和田美术馆画册中已看到馆址环境的优美，可以说和田美术馆建立在比它更大的一个天然美术馆中，我能获得参观拜访的机会，在这里得到充分的美的享受，又受到主人和诸位好友的热情招待，是我衷心感谢的！谢谢大家！

论 书 札 记

前 言

古代论书法的文章，很不易懂。原因之一是所用比喻往往近于玄虚。即使用日常所见事物为喻，读者的领会与作者的意图，并不见得都能相符。原因之二是立论人所提出的方法，由于行文的局限，不能完全达意，又不易附加插图，再加上古今生活起居的方式变化，后人以自己的习惯去理解古代的理论内容，以致发生种种误解。

比喻的难解，例如"折钗股、屋漏痕"，大致是指笔画有硬折处和运笔联绵流畅，不见起止痕迹的圆浑处。"折钗股"又有作"古钗脚"的，便是全指圆浑了。用字尚且不同，怎么要求解释正确呢。

又例如：古代没有高桌，人都席地而坐，左手执纸卷，右手执笔，这时只能用前三指去执笔，有如今天我们拿钢笔写字的样式，这在敦煌发现的唐代绘画中见到很多。后人只听说古人用三指握管，于是坐在高桌前，从肘至腕一节与桌面平行，笔杆与桌面垂直，然后用三指尖捏着笔杆来写，号称古法，实属误解。

诸如此类的误解误传，今天从种种资料印证，旧说常有重新解释的必要。启功幼年也习闻过那些被误解而成的谬说，也曾试图重新做比较近乎情理的解释，不敢自信所推测的都能合理，至少是寻求合乎情理的探索。发表过一些议论，刊在与一些同好合作的《书法概论》中，向社会上方家求教。从这种探索而联系起对许多误传的剖析，有时记出零条断句，随时写出，没有系统。案头偶有花笺，顺手抄录，也没想到过出版。

近承北京师范大学出版社的朋友从鼓励的意图出发，将要把这个小册拿去影印出版，使我在惭愧和感激的心情下有不得不做的两点声明：一是这里的一些论点，只是自己大胆探索的浅近议论，并没想"执途人以强同"。二是凡与传统论点未合处，都属我个人不见得成熟的理解，如承纠正，十分感谢。

一九九二年二月十五日

或问学书宜学何体，对以有法而无体。所谓无体，非谓不存在某家风格，乃谓无某体之严格界限也。以颜书论，多宝①不同麻姑②，颜庙③不同郭庙④。至于争坐、祭侄⑤，行书草稿，又与碑版有别。然则颜体竟何在乎，欲宗颜体，又以何为准乎。颜体如斯，他家同例也。

写字不同于练杂技，并非有幼工不可者，甚且相反。幼年于字且不多识，何论解其笔趣乎。幼年又非不须习字，习字可助识字，手眼熟则记忆真也。

作书勿学时人，尤勿看所学之人执笔挥洒。盖心既好之，眼复观之，于是自己一生，只能作此一名家之拾遗者。何谓拾遗？以己之所得，往往是彼所不满而欲弃之者也。或问时人之时，以何为断。答曰：生存人耳。其人既存，乃易见其书写也。

凡人作书时，胸中各有其欲学之古帖，亦有其自己欲成之风格。所

---

① 指《多宝塔碑》。
② 指《麻姑仙坛记》。
③ 指《颜家庙碑》。
④ 指《郭家庙碑》。
⑤ 指《争坐位帖》和《祭侄文稿》。

书既毕，自观每恨不足。即偶有惬意处，亦仅是在此数幅之间，或一幅之内，略成体段者耳。距其初衷，固不能达三四焉。他人学之，藉使是其惬心处，亦每是其三四之三四，况误得其七六处耶。[1]

学书所以宜临古碑帖，而不宜但学时人者，以碑帖距我远。古代纸笔，及其运用之法，俱有不同。学之不能及，乃各有自家设法了事处，于此遂成另一面目。名家之书，皆古人妙处与自家病处相结合之产物耳。

风气囿人，不易转也。一乡一地一时一代，其书格必有其同处。故古人笔迹，为唐为宋为明为清，入目可辨。性分互别，亦不可强也。"虽在父兄，不能以移子弟。"[2] 故献不同羲，辙不同轼，而又不能绝异也，以此。

或问临帖苦不似，奈何？告之曰：永不能似，且无人能似也。即有似处，亦只为略似、貌似、局部似，而非真似。苟临之即得真似，则法律必不以签押为依据矣。

古人席地而坐，左执纸卷，右操笔管，肘与腕俱无着处。故笔在空中，可作六面行动。即前后左右，以及提按也。逮宋世既有高桌椅，肘腕贴案，不复空灵，乃有悬肘悬腕之说。肘腕平悬，则肩臂俱僵矣。如知此理，纵自贴案，而指腕不死，亦足得佳书。

---

[1] 宋代大书家米芾自书七言绝句二首，自注云："三四次写，间有一两字好，信书亦一难事。"按米氏自己写一百余字中，只自认为有一两字好，约占百分之一。而不满意的却有百分之九十余。今人学古人书，不宜学其百分之九十余，岂不明显无疑。

[2] 曹丕《典论·论文》语。

赵松雪云，"书法以用笔为上，而结字亦须用工"[1]，窃谓其不然。试从法帖中剪某字，如八字、人字、二字、三字等，复分剪其点画。信手掷于案上，观之宁复成字。又取薄纸覆于帖上，以铅笔画出某字每笔中心一线，仍能不失字势，其理讵不昭昭然哉。

每笔起止，轨道准确，如走熟路。虽举步如飞，不忧蹉跌。路不熟而急奔，能免磕撞者幸矣。此义可通书法。

轨道准确，行笔时理直气壮。观者常觉其有力，此非真用膂力也。执笔运笔，全部过程中，有一着意用力处，即有一僵死处。此仆自家之体验也。每有相难者，敬以对曰，拳技之功，有软硬之别，何可强求一律。余之不能用力，以体弱多病耳。难者大悦。

运笔要看墨迹，结字要看碑志。不见运笔之结字，无从知其来去呼应之致。结字不严之运笔，则见笔而不见字。无恰当位置之笔，自觉其龙飞凤舞，人见其杂乱无章。

碑版法帖，俱出刊刻。即使绝精之刻技，碑如温泉铭[2]，帖如大观帖[3]，几如白粉写黑纸，殆无余憾矣。而笔之干湿浓淡，仍不可见。学书如不知刀毫之别，夜半深池[4]，其途可念也。

行书宜当楷书写，其位置聚散始不失度。楷书宜当行书写，其点画顾盼始不呆板。

---

① 见赵孟頫（号松雪）《兰亭十三跋》。

② 《温泉铭》唐太宗书，敦煌旧藏残本。

③ 宋徽宗于大观年间重摹《淳化阁帖》之底本，刻工极精，今存残本数册。

④ "盲人骑瞎马，夜半临深池"，为南朝人戏作"危语"之一。

所谓工夫，非时间久数量多之谓也。任笔为字，无理无趣，愈多愈久，谬习成瘾。惟落笔总求在法度中，虽少必准。准中之熟，从心所欲，是为工夫之效。

又有人任笔为书，自谓不求形似，此无异瘦乙冒称肥甲。人识其诈，则曰不在形似，你但认我为甲可也。见者如仍不认，则曰你不懂。千翻百刻之《黄庭经》①，最开诈人之路。

仆于法书，临习赏玩，尤好墨迹。或问其故，应之曰：君不见青蛙乎？人捉蚊虻置其前，不顾也。飞者掠过，一吸而入口。此无他，以其活耳。

人以佳纸嘱余书，无一惬意者。有所珍惜，且有心求好耳。拙笔如斯，想高手或不例外。眼前无精粗纸，手下无乖合字，胸中无得失念，难矣哉。

或问学书宜读古人何种论书著作，答以有钱可买帖，有暇可看帖，有纸笔可临帖。欲撰文时，再看论书著作，文稿中始不忧贫乏耳。

笔不论钢与毛，腕不论低与高。行笔如"乱水通人过"，结字如"悬崖置屋牢"②。

主锋长，副毫匀。管要轻，不在纹。所谓长锋，非指毫身。金杖系井绳，难用徒吓人③。

笔箴一首赠笔工友人。

---

① 宋人摹刻小楷《黄庭经》，原刻拓久模糊，翻刻失真极多。

② "乱水、悬崖"二句为杜甫诗中一联，此系借喻用笔宜稳，结字宜准。

③ 此处指笔管用料贵轻，笔毫如是一束长毛而无肥腰锐锋，只能做刷子了。

锋发墨，不伤笔。箧中砚，此第一。得宝年，六十七。一片石，几两屐①。

粗砚贫交，艰难所共。当欲黑时识其用。

砚铭二首旧作也。

一九八六年夏日，心肺胆血，一一有病。闭户待之，居然无恙。中夜失眠，随笔拈此。检其略整齐者，集为小册。留示同病，以代医方。

坚净翁启功时年周七十四岁矣。

① 古人着木屐，有人自叹人之一生能着几双木屐。"两"即双。

英东教育楼兴建缘起

香港爱国人士霍英东博士热心祖国文化教育事业，慨赠美元五百万为我校兴建大楼，以供教学、科研之需。杨尚昆主席为之命名为英东教育楼，以纪其盛。

本楼自一九八八年十二月三十一日奠基，一九九一年六月三十日竣工。总面积一万九千七百四十六平方米，可供教学、科研、学术会议及现代教育技术实验工作之用。并可收集储存学术情报、图书刊物、种种资料，以为各项教学、科研之助。

此楼之兴建，于我国、我校教育事业之发展，作用至为深远。今当全部落成之日，谨志缘起，以为纪念。

一九九一年十月

我心目中的郑板桥

《书法丛刊》要出一辑郑板桥的专号，编辑同志约我写一篇谈郑板桥的文章。不言而喻，《书法丛刊》里的文章，当然是要谈郑板桥的书法。但我的腔子里所装的郑板桥先生，却是一大堆敬佩、喜爱、惊叹、凄凉的情感。一个盛满各种调料的大水桶，钻一个小孔，水就不管人的要求，酸甜苦辣一齐往外流了。

我在十几岁时，刚刚懂得在书摊上买书，看见一小套影印的《郑板桥集》，底本是写刻的木板本，作者手写的部分，笔致生动，有如手迹，还有一些印章，也很像钤印上的，在我当时的眼光中，竟自是一套名家的字帖和印谱。回来细念，诗，不懂的不少；词，不懂句读，自然不懂的最多。读到《道情》，就觉得像作者亲口唱给我听似的，不论内容是什么，凭空就像有一种感情，从作者口中传入我的心中，十几岁的孩子，没经历过社会上的机谋变诈，但在祖父去世后，孤儿寡母的凄凉生活，也有许多体会。虽与《道情》所唱，并不密合，不知什么缘故，曲中的感情，竟自和我的幼小心灵融为一体。及至读到《家书》，真有几次偷偷地掉下泪来。我在祖父病中，家塾已经解散，只在邻巷亲戚的家塾中附学，祖父去世后，更只有在另一家家塾中附学。我深尝附学学生的滋味。《家书》中所写家塾主人对附学生童的体贴，例如看到生童没钱买川连纸做仿字本，要买了在"无意中"给他们。这"无意中"三字，有多么精深巨大的意义啊！我稍稍长大些，又看了许多笔记书中所谈先生关心民间疾苦的事，和作县令时的许多政绩，但他最后还是为擅自放赈，被罢免了官职。前些年，有一位同志谈起郑板桥和曹雪芹，他都用四个字概括他们的人格和作品，就是"人道主义"，在当时哪里敢公开地说，更无论涉及板桥的清官问题了。

及至我念书多些了，拿起《郑板桥集》再念，仍然是那么新鲜有味。有人问我："你那样爱读这个集子，它的好处在哪里？"我的回答是"我懂得"，这时的懂得，就不只是断句和典故的问题了。对这位不值得多谈的朋友，这三个字也就够了，他若有脑子，就自己想去吧！又有朋友评论板桥的诗词，多说"未免俗气"，我也用"我懂得"三字说明我的看法。

板桥的书法，我幼年时在一位叔祖房中见一副墨拓小对联，问叔祖"好在哪里"？得到的解说有些听不懂，只有一句至今记得是"只是俗些"。大约板桥的字，在正统的书家眼里，这个"俗"字的批评，当然免除不了，由于正统书家评论的影响，在社会上非书家的人，自然也会"道听途说"。于是板桥书法与那个"俗"字便牢不可分了。

平心而论，板桥的中年精楷，笔力坚卓，章法联贯，在毫不吃力之中，自然地、轻松地收到清新而严肃的效果。拿来和当时张照以下诸名家相比，不但毫无逊色，还让观者看到处处是出自碑帖的，但谁也指不出哪笔是出于哪种碑帖。乾隆时的书家，世称"成刘翁铁"，成王的刀斩斧齐，不像写楷书，而像笔笔向观者"示威"；刘墉的疲惫骄蹇，专摹翻版阁帖，像患风瘫的病人，至少需要两人搀扶走路，如一撒手，便会瘫坐在地上。翁方纲专摹翻版《化度寺碑》，他把真唐石本鉴定为宋翻本，把宋翻本认为才是真唐石。这还不算，他有论书法的有名诗句说"浑朴常居用笔先"，真不知笔没落纸，怎样已经事先就浑朴了呢？所以翁的楷书，每一笔都不见毫锋，浑头浑脑，直接看去，都像用蜡纸描摹的宋翻《化度寺碑》，如以这些位书家为标准，板桥当然不及格了。

板桥的行书，处处像是信手拈来的，而笔力流畅中处处有法度，特别是纯联绵的大草书，有点画，见使转，在他的各体中最见极深、极高的造诣，可惜这种字体的作品流传不多。特别值得一提的是他批县民的诉状时，无论是处理什么问题，甚至有时发怒驳斥上诉人时，写的批字，也毫不含糊潦草，真可见这位县太爷负责到底的精神。史载乾隆有一次问刘墉对某一事的意见，刘墉答以"也好"二字，受到皇帝的申斥，设想这位惯说也好的"协办大学士"（相当今天的副总理），若当知县，他的批语会这样去写吗？

我曾作过一些《论书绝句》，曾说："刻舟求剑翁北平，我所不解刘诸城。"又说："坦白胸襟品最高，神寒骨重墨萧寥。朱文印小人千古，二十年前旧板桥。"任何人对任何事物的评论，都不可能毫无主观的爱憎在内。但客观情况究竟摆在那里，所评的恰当与否，尽管对半开、四六开、三七开、二八开、一九开，究竟还有评论者的正确部分在。我的《论书绝句》被一位老朋友看到，写信说我的议论"可以惊四筵而不可以适独坐"，话很委婉，实际是说我有些哗众取宠，也就是说板桥的书法不宜压过翁刘，我当然敬领教言。今天又提出来，只是述说有过那么几句拙诗罢了！

板桥的名声，到了今天已经跨出国界。随着中国的历代书画艺术受到世界各国艺术家和研究者的重视，一位某代的书画家，甚至某家一件名作，都会有人拿来作为专题加以研究，写出论文，传播于世界，板桥先生和他的作品当然也在其中。我曾在拙作《论书绝句》中赞颂板桥先生的那首诗后，写过一段小注，这是我对板桥先生的认识和衷心的感受。现在不避读者赐以"炒冷饭"之讥，再次抄在下边，敬请读者评量印可：

二百数十年来，人无论男女，年无论老幼，地无论南北，今更推而广之，国无论东西，而不知郑板桥先生之名者，未之有也。先生之书，结体精严，笔力凝重，而运用出之自然，点画不取矫饰，平视其并时名家，盖未见骨重神寒如先生者焉。

当其休官卖画，以游戏笔墨博醵贾之黄金时，于是杂以篆隶，甚至谐称为六分半书，正其嬉笑玩世之所为，世人或欲考其余三分半书落于何处，此甘为古人侮弄而不自知者，宁不深堪悯笑乎？

先生之名高，或谓以书画，或谓以诗文，或谓以循绩，吾窃以为俱是而俱非也。盖其人秉刚正之性，而出以柔逊之行，胸中无不可言之事，笔下无不易解之辞，此其所以独绝今古者。

先生尝取刘宾客诗句刻为小印，文曰："二十年前旧板桥。"觉韩信之赏淮阴少年，李广之诛灞陵醉尉，甚至项羽之喻衣锦昼行，俱有不及钤此小印时之躁释矜平者也。

板桥先生达观通脱，人所共知，自己在诗集之前有一段小叙云："板桥诗文，最不喜求人作叙。求之王公大人，既以借光为可耻；求之湖海名流，必至含讥带讪，遭其荼毒而无可如何，总不如不叙为得也。"多么自重自爱！但还免不了有些投赠之作。但观集中所投赠的人，所称赞的话，都是有真值得他称赞的地方。绝没有泛泛应酬的诗篇。即如他对袁子才，更是真挚地爱其才华，见于当时的一些记录。出于衷心的佩服，自然不免有所称赞，也就才有投赠的诗篇。但诗集末尾，只存两句："室藏美妇邻夸艳，君有奇才我不贫。"这又是什么缘故？袁氏《随园诗话》（卷九）有一条云："兴化郑板桥作宰山东，与余从未识面。有误传余死者，板桥大哭，以足蹋地，余闻而感焉……板桥深于时文，工画，诗非所长。佳句云：'月来满地水，云起一天山。'……"佳句举了三联，却说诗非所长，这矛盾又增加了我的好奇心。一九六三年在成都四川省博物馆见到一件板桥写的堂幅，是七律一首，云：

> 晨兴断雁几文人，错落江河湖海滨。抹去春秋自花实，逼来霜雪更枯筠。女称绝色邻夸艳，君有奇才我不贫。不买明珠买明镜，爱他光怪是先秦。（款称："奉赠简斋老先生，板桥弟郑燮。"）

按："女称绝色"原是比喻，衬托"君有奇才"的。但那时候人家的闺阁中人是不许可品头论足的。"女称绝色"，确易被人误解是说对方的女儿。再看此诗，也确有许多词不达意处，大约正是孔子所说"有所好乐则不得其正"的。"诗非所长"的评语大概即指这类作品，而不是指"月来满地水"那些佳句。可能作者也有所察觉，所以集中只收两句，上句还是改作的。当时妾媵可以赠给朋友，夸上几句，是与夸"女公子"有所不同的。科举时代，入翰林的人，无论年龄大小，都被称老先生，以年龄论，郑比袁还大着二十二岁，这在今日也须解释一下的。

还有一事，也是袁子才误传的。《随园诗话》卷六有一条云："郑板桥爱徐青藤诗，尝刻一印云'徐青藤门下走狗'"，又云："童二树亦重青藤，题青藤小像云：'尚有一灯传郑燮，甘心走狗列门墙'。"其后有几家的笔记都沿袭了这个说法。今天我们看到了若干板桥书画上的印章，只有"青藤门下牛马走"一印。"牛马走"是司马迁自己的谦称，他既承袭父亲的职业，作了太史令，仍自谦说只是太史衙门中的一名走卒，板桥自称是徐青藤门下的走卒，是活用典故，童钰诗句，因为这个七言句中，实在无法嵌入"牛马走"三字。而袁氏即据此诗句，说板桥刻了这样词句的印章，可说是未达一间。对于以上二事，我个人的看法是：板桥一向自爱，但这次由于爱才心切，主动地对"文学权威"、翰林出身的袁子才作了词不达意的一首诗，落得了"诗非所长"，又被自负博学的袁子才误解"牛马走"为"走狗"，这就不能不说板桥也有咎由自取之处了。袁子才的诗文，我们不能不钦佩，他的处世方法，也不能说"门槛不精"。他对两江总督尹继善，极尽巴结之能事，但尹氏诗中自注说"子才非请不到"，两相比较，郑公就不免天真多于世故了。

一九九三年七月十七日

关于邦普制版印刷工业公司
所印古画的评价

看到国家文物局所属北京石刻艺术博物馆与邦普制版印刷工业公司联合试印金代人杨□画的《人马图》，我的意见如下：

影印古画现在公认日本二玄社的印本效果为当今最佳之品。平心而论，二玄社所印的古画，绢本的还有不如纸本的地方。当然现在他们也又有进步。而今天所见我们两个单位联合所印的《人马图》，在绢地上印出淡彩旧绢的底本，能得到如此效果，确确实实已完全足与日本的影印技术相比美，是十分令人鼓舞而自豪的！

日本能印巨幅大画，如范宽、郭熙两大幅山水图，他们是用一种特制的尼龙绸，大幅的画面也完全清晰匀称。而我们是用圆丝真绢，印出效果更加逼真，这是我们的优点，如从此起点发展下去，赶上并且超过日本的水平，是一定不难的。

我个人还有一点不了解的问题：（一）是否能印大幅；（二）宽幅绢能否有产品；纸本上一定比绢上效果更好；（三）裱工上能否赶上去，不变形（指裱件的平正不变），不褪色，当然这是附带的方面，与印刷技术的主流方面无关。

总之，就现在所见的这幅印品而论，实在称得起是特殊成就的。我去年见到两开页，是清代崔镨画的仕女，效果与此件同样优良。

我的看法是应该遵守"有比较才有鉴别"的名言，在当今的影印古画作品，此次这件和去年所见崔镨的两页仕女图，都堪称非常优秀的产品，值得向美术界、文物界，特别是向主管印刷的领导单位详细陈明、大力推荐，对于古代书画无异是一种延长寿命、化身千百的一种特殊手段。我以文物工作者和美术爱好者的立场，陈述拙见，并作诚恳的推荐，希望得到指教和响应！

一九九三年八月三十日

苏士澍大野宜白书法展贺词

　　方外人多通书画，自古而然。不独震旦富传人，瀛洲亦饶名宿也。琦玉县竹寺大野宜白开士，禅诵之余，好亲笔砚。与燕都苏士澍先生，常为莲社之游。而士澍先生复铸施牛头明王铜像，奉之寺中。今又合组书画展览，禅林艺苑，更增胜缘。拜观墨妙，赞叹无已！

一九九三年

宝界双桥记

　　无锡荣德生先生，奋起于二十世纪之初，无多承藉，与兄宗敬先生合力振兴实业，造福桑梓，推而益广，事业遍于南北。首创无锡茂新面粉厂，次曰申新纱厂。茂新再扩曰福新，又各有增益，为厂至于二十有余，综以茂福申新公司之号。其所经营，实以民生衣食为本。设厂既多，而居民之就业者，乃不可胜数。原夫德生先生之用心，盖遵先德熙泰先生之遗训，所谓"立身治家，常须推其有余"，且谓"交通为地方之命脉，教育尤为事业之母"。故力辟开原路、通惠路，以次遂有百桥公司之设。教育则有江南大学、公益中小学、竞化女学等。社会文化教育，则于大公图书馆致力最巨。其造就人材，历数世而不替。德翁有七子，毅仁先生居第四。以爱国赤诚，为众所推戴。今登副揆，襄主国政。哲嗣智健先生，幼承祖训，长助父业，中岁自展新猷于境外，斐然与南陬巨绅并轨齐驱，海内外咸称祖国多贤，而德生先生累世之厚泽祥徽，于斯而著。昔值德翁六十华诞，毅仁先生昆仲谋所以为寿者，德翁不许。自命造桥，以利行旅，是为宝界桥，桥六十孔，以应寿纪。今逢德生先生一百二十诞辰，智健先生鉴于梓里繁盛，数倍往昔，交通拥塞，新途亟待增辟。乃秉父志，继建新桥，用以仰资仙福，命功记其事。窃念立身扬名，为孝之大者。父子显扬，实为稀有之盛事，而德翁热心公益事业之功，与夫兴教育人之泽，于此可征，且更垂于无既焉。谨就所闻，述为斯记。

一九九四年秋日

九三学社建立五十周年缅怀许德珩主席

九三学社在伟大祖国的革命事业中所起的巨大作用，光垂史册，已是举世周知的。而当年缔造学社的许多位老前辈的丰功伟绩，不但彪炳社史，也是全国知识分子的共同光荣。那许多老前辈中，我曾获得当面求教的，虽然也有好几位，但亲承垂教，耳提面命，谊同恩师的，只有许老主席是我有生岁月中最难忘怀的！许老的政治思想和在革命、建设诸般事业中，荦荦大端，不但见于社中前辈若干篇深切感人的回顾和纪念文章，即社中同志平日接近许老的人，在日常谈话中，提到许老的日常生活，都有说不尽的崇敬心情。现在仅就几项我所知、所见的事谈一谈，这在许老是并没注意的小节，也无意"要誉于乡党朋友"（孟子语）的事，更不是平常见面教诫、鼓励的话。我从许老身边的工作人员得知，有一位年纪小于许老而脾气大于许老的同志，一日到许老家拜访，在门口因细故不太愉快，见面便向许老大发雷霆。许老莫名其妙，他走后许老才得知缘故。按道理讲，也可以不再理他就完了。许老竟在当天亲到他家去致歉。从这件小事，我们不但见到许老的胸襟涵养，亦见到领袖人物是如何团结群众，给无理取闹的人有自己反省的机会。这个人如果因此而认识自己的错误，岂不是许老的行动教导，起到使他思想改造的效果吗？我自己缺乏修养，轻喜易怒，听到这件事，使我受到一次深切的教育！

又得知许老夫人劳君展同志去世之后，许老年事已高，身边无人照顾，从领导到朋友，都劝许老请一位护士或保姆来专职护理，都被许老拒绝。许老理由只有四个字，即"男女有别"，听见这话的人又不敢驳，又不敢笑。后来许老住在北京医院里，无论日间或夜里，都由警卫员值班，不许女护士来照料。我们和许老的秘书或警卫人员谈起，都有无可奈何的感慨，觉得这位老人家未免失于固执，但从来没听见过任何人员用"老封建"之类言词评论这件事，因为许老平生从事革命，正是针对封建主义战斗了一辈子，这件小节，何以如此硁硁自守，不难理解，乃是为了尊重女权，保护女子的声誉，才坚决有这样表现。这正是老先生一生反封建的革命行动的一个重要部分！

许老日常生活，读书看报之外，只爱写字。所看、所临的古帖，虽不少，晚年尤其喜爱孙过庭的《书谱》。积累起来，真不知临了若干通。后辈求字，无不慨允，除了写毛主席诗词作品，就是节临一段《书谱》。我们知道《书谱》的文章很美，又全是谈书法艺术的话，简短几句，都可作后学学习书法的格言。我想许老临这本帖，恐怕并非仅仅喜爱他的书法，必也因为他的文章理论透辟深刻的缘故。

最近许老的文孙许进同志，将所藏的和向同志们借来的令祖遗墨，联合九三学社中央和中国书法家协会举办一次展览。为什么要在最近时间展出，我想，第一正是全世界人民战胜法西斯五十周年的重要节日；第二是九月三日也是九三学社成立五十周年的纪念节日，第三又是许老一百零五周年的降诞节日。我仅以这一掬心中血，眼中泪，写这小篇芜杂的草稿，以为回向！希望尊敬的读者，不把这几件看做是普通的小事！

一九九五年

真宋本《淳化阁帖》的价值

古代影印技术还未发明时，对前代传下来的法书、名画，想要留一个副本，最早只有用透明的蜡纸罩在原件上，映着窗户外的阳光，仔细勾摹。这种办法，叫做"向搨"。向，指映着阳光，搨，指照样描摹。"向"曾被人误写为响；搨，后来通用"拓"，又因碑帖多是刻在石头上的字，对碑帖的捶拓本多用"拓"，蜡纸勾摹的向拓本，则多用"搨"。这是后世的习惯用法，容易混淆，先作一些说明。

今天可见的唐代向拓法书，首先应推《万岁通天帖》（王羲之一家的名人字迹），是武则天时精密的摹拓本。笔有枯干破锋处，原件纸边有破损处，都一一用极细的笔道画出，足见摹拓人的忠实存真。其次是《快雪时晴帖》等。日本所传《丧乱帖》《孔侍中帖》等也属唐代向拓本的精品。

向拓虽然精美，但费力太大，出品不可能多。人们看到碑刻拓本，也很能表现书法的原型，刻法精致的碑，也有足和向拓媲美的。如今日所见敦煌发现的唐太宗《温泉铭》，有些字，几乎像用白粉在黑纸上写的字。古代人大概由这些刻拓手法受到启发，即用枣木板片做底版，把勾摹的古代法书贴在板上，加以摹刻，刻成之后，用薄纸捶拓。这样一次便可以拓出若干张纸。后来因枣木易裂，改用石板为底版。据宋代官书《宋会要》记载，北宋人曾收到南唐刻的一段帖石，但今天这段石上的字，已无所流传了。

今日所见把古代自魏晋至隋唐的"法书"摹刻成一整套的"法帖"

（性质类似近代编印的《书道全集》之类），始于宋太宗淳化年间所刻的十卷《秘阁法帖》，因为刻于淳化年间，所以普通称它为《淳化阁帖》（或简称《阁帖》）。北宋时《阁帖》中的古代名家字迹，社会上已经不易见到，所以《阁帖》最初拓本一出来，便有许多地方加以翻刻。山西绛州翻刻本号称《绛帖》，福建泉州翻刻本号称《泉帖》等等，无论各翻刻本或精或粗，总都不是最原始的拓本。原本《阁帖》在元代已不易见到全套。书法大家赵孟頫记载他所得到的《阁帖》十本，已是几次拼凑而成的。到了明代，行草书非常流行，《阁帖》中绝大部分是古代名家的书札，行草字体为主要内容，所以习行草的书家没有不临习《阁帖》的。明中叶翻刻《阁帖》的，有最著名的四家，是袁褧、潘允亮、顾从义和甘肃藩王府（俗称肃府）的翻刻本，其中以肃府本摹刻得最得宋拓本的原貌，但其中第九卷已经是用《泉帖》补配的（册尾缺三行可证）。可见以明代藩王所藏，据说是明初分封时皇帝所赐，尚且不能没有补配，这时宋代原刻原拓本的稀有已可知了。

传到今天，可信为宋代内府原刻原拓的《阁帖》，只有三册留存于世，这三册是第六、七、八卷，都是王羲之书。明末清初藏于孙承泽家，每卷前有王铎题签。并没提到共存几本，即使是十本，其余那七卷是同样原刻原拓，或是其他刻本补配，都已无从考查。但这三册中即有北宋佚名人跋一页和南宋宰相王淮跋一页，都说明它是北宋原刻原拓。即从以上几项条件来看。它的历史文物价值，已足充分说明了。

这三卷在民国初年，曾归李瑞清（清道人）藏，有他的跋尾。上海有正书局曾影印行世，后来就流出国外，毫无踪迹。此外现在还流传着藏在博物馆中或私人手里的，从一些字迹精彩程度和特有的痕迹如银锭纹、转折笔、断裂缝等等考证，够得上宋刻宋拓的也还有两三本，但流传有绪，题跋证据确凿的，终归要推这三册占在最先的地位。以上所举的其他宋拓两三本中，虽不如这三本中即具有两个宋人题跋，但在其余的证据条件，一一充足的，要推第四卷一本。这本现在也藏于安思远先生处，这次一同展出，真使我们不能不深深佩服安先生鉴赏古拓石墨可贵的眼力！

　　其他各时各地的翻刻本，原来并没有伪装原本的意图，由于鉴赏者的盲目夸耀，或牟利者的有心作伪，都会造成以后来翻刻本冒充宋本。这也并不影响真本的价值，伪本愈多，愈显出真宋本的可贵。

　　以摹刻的技术论，任何宋拓《阁帖》，都比不过真本《大观帖》，但人类学家发现一部分原始人的头骨，那么珍视，并不在后世某些名人的画像之下，因为稀有甚至更加贵重。正如我们看到虽今天科学技术长足进展，瓷器以及其他更高级的日用器皿那样发达，而对上古的彩陶不但不加鄙弃，相反更加重视，岂非同样道理！敬请我们的文物鉴定家、爱好者、研究专家，对这三本彩陶般的魏晋至唐法书的原始留影回到祖国展览而庆幸吧！

一九九六年七月二十六日

275

溥心畬先生南渡前的艺术生涯

一、心畬先生的家世，和我家的关系

心畬先生讳溥儒，初字仲衡，后改字心畬，是清代恭忠亲王奕䜣之孙。王有二子，长子载澂；次子载滢，都封贝勒。载澂先卒，无子。恭亲王卒时，以载滢的嫡出长子溥伟继嗣载澂为承重孙，袭王爵（恭王生前曾被赐"世袭罔替"亲王爵）。心畬先生行二，和三弟溥德，字叔明，俱侧室项夫人所生。民国后，嗣王溥伟奉母居青岛，又居大连。心畬先生与三弟奉母居北京西郊。原府第为嗣王典给西洋教会，心畬先生与教会涉讼，归还后半花园部分，即迁入定居，直至抗战后迁出移居。

滢贝勒号清素主人，夫人是敬懿太妃的胞妹（益龄字菊农，姓赫舍里氏之女），是我先祖母的胞姊。我幼年时先祖母已逝世，但两家还有往来。我幼时还见有从大连带来的礼物，有些日本制做的小巧玩具，到现在还有保存着的。曾见清素主人与徐花农（琪）和先祖有唱和的诗，惜早已失落。清素在民国以前逝世，也未见有诗文集传下来。

嗣王溥伟既东渡居大连，恭忠亲王（世俗常称老恭王）遗留的古书画都在北京，与心畬先生本来具有的天赋相契合，至成了这一代的"三绝"宗师，不能不说是具有殊胜的因缘。

先祖逝世时，我刚满十周岁，先父在九年前先卒。孤儿寡母，与一位未嫁的胞姑共度艰难的岁月。这时平常较熟悉的老亲戚已多冷淡不相往来，何况远在海滨的远亲！心畬先生一支原来就没有往来，我当然更求教无从了。

二、我受教于心畬先生的缘起

我在二十岁左右，渐渐露些头角。一次在敬懿太妃的丧事上遇到心畬先生，蒙得欣然奖誉，令我有时间到园中去。这时也见到了溥雪斋先生（忻），也令我可以常到家中去。但我自幼即得知一些位"亲贵"的脾气，不易"伺候"，宁可淡些远些。后来屡在其他场合见到，催问我何以不去，此后才逐渐登堂请教。有人知道我家也属于清代贵族，何以却说这两位先生是"亲贵"呢？因为我的八世祖是清高宗乾隆的胞弟，封和亲王，讳弘昼，传到我的高祖即被分出府来。我的曾祖由教家馆、应科举、做翰林官、做学政，还做过顺天乡试、礼部会试的考官、殿试的读卷官等等。我先祖也是一样的什么举人、进士、翰林、主考、学政等等过了一生。用今天的话说即是寒士出身的知识分子，所以族虽贵而非亲。在一般"亲贵"的眼中，不过是"旗下人"而已。但这两位，虽被常人视为"亲贵"，究竟是学者、是艺术家，日久证明他们既与别人不同，对我就更加青睐了。

由于居住较近，到雪斋先生家去的时候较多些。虽然也常到萃锦园中，登寒玉堂，专诚向心畬先生请教，而雪斋先生家有松风草堂，常常招集些位画家聚集谈艺作画，俨然成为一个小型"画会"。心畬先生当然也是成员之一，也是我获得向雪、心二位宗老和别位名家请教的一项机会。

松风草堂的集会，据我所知，最初只有溥心畬、关季笙、关稚云、叶仰曦、溥毅斋（僩，雪老的五弟）几位。后来我渐成长，和溥尧仙（佺，雪老的六弟，少我一岁）继续参加，最后祁井西常来，聚会也快停止了。

松风草堂的集会，心畬先生来时并不经常，但先生每来，气氛必更加热闹。除了合作画外，什么弹古琴、弹三弦、看古字画、围坐聊天，无拘无束，这时我获益也最多。因为登堂请益，必是有问题、有答案，有请教、有指导，总是郑重其事。还不如这类场合中，所见所闻，常有出乎意料的东西。我所存在的问题，也许无意中获得理解；我自以为没问题的事物，也许竟自发现另外的解释。现在回忆起来，今天除我之外，自溥雪老至祁井西先生俱已成了古人，临纸记录，何胜凄黯！

我从心畬先生受教的另一种场合是每年萃锦园中许多棵西府海棠开花的时候，先生必以兄弟二人的名义邀请当时的若干文人来园中赏花赋诗。被约请的有清代的遗老，有老辈文人，也有当时有名气的（旧）文人。海棠种在园中西院一座大厅的前面，厅上廊子很宽，院中花下和廊上设些桌椅，来宾随意入座。廊中桌上有签名的素纸长卷，有一大器皿中装着许多小纸卷，签名人随手拈取一个，打开看，里边只写一个字，是分韵作诗的韵字。从来未见主人汇印分韵作诗的集子，大约不一定作的居多。我在那时是后生小子，得参与盛会已足荣幸了，也每次随着拈一个阄，回家苦思冥想，虽不能每次都能作得什么成品，但这一次一次的锻炼，还是受益很多的。

再一种受教的场合，是先生常约几位要好的朋友小酌，餐馆多是什刹海北岸的会贤堂。最常约请的是陈仁先、章一山、沈羹梅诸老先生，我是敬陪末座的小学生。也不敢随便发言。但席间饭后，听诸老娓娓而谈，特别是沈羹梅先生，那种安详周密的雅谈，辛亥前和辛亥后的掌故，不但有益于见闻知识，即细听那一段段的掌故，有头有尾，有分析有评论，就是一篇篇的好文章。可恨当时不会记录，现在回想，如果有录音机录下来，都是珍贵的史料档案。这中间插入别位的评论，更是起画龙点睛的作用。心畬先生的一位新朋友，是李释堪先生，在寒玉堂中常常遇见。我和李先生的长子幼年同学，对这位老伯也就更熟悉些。他和心畬先生常拿一些当时名家的诗文来共同评论，有时也拿起我带去的习作加以指导。他们看后，常常指出哪句是先有的，哪句是后凑的，哪处好，哪处坏。这在今天我也会同样去看学生的作品，但当时我却觉得是很可惊奇的事了。

"举一隅"可以"三隅反"，我从先生那里直接或间接受益的，真可说数不清的。《礼记》云："独学而无友，则孤陋而寡闻。"俚语也说：

"投师不如访友。"原因是师是正面的教,友是多方面的启发。师的友,既有从高向下垂教的尊严一面,又有从旁辅导的轻松一面。师的友自然学问修养总比自己同等学力的小朋友丰富高尚得多,我从这种场合中所受的教益,自是不言可喻的!

总起来说我和心畲先生的关系,论宗族,他是溥字辈的,是我曾祖辈的远房长辈;论亲戚,他相当是我的表叔;论文学艺术,是我一位深承教诲的恩师。若讲最实际的关系,还是这末一条应该是最恰当的。

三、心畲先生的文学修养

先生幼年的启蒙老师和读书的经历,我全无所知。但知道先生早年曾在西郊戒台寺读书,至今戒台寺中还有许多处留有先生的题字。

何以在晚清时候,先生以贵介公子的身份,不在府中家塾读书,却远到西郊一个庙里去读书,岂不与古代寒士寄居寺庙读书一样吗?说来不能不远溯到恭忠亲王。这位老王爷好佛,常游西山或西郊诸寺庙,当然是"大檀越"(施主)了。有一有趣的事,一次戒台寺传戒,老王爷当然是"功德主"。和尚便施展"苦肉计"来吓老施主。有稍犯戒律的一个和尚,戒师勒令他头顶方砖,跪在地上受罚,老王爷代为说情,不许!这还轻些。一次在斋堂午斋,一个和尚手持钵盂放到案上时,立时破裂。戒师便声称戒律规定,要"与钵俱亡",须将此僧立即打死。老王爷为之劝说,坚决不予宽免。老王爷怒责,僧人越发要严格执行,最后老王爷不得不下台,拂袖而去,只好饬令宛平县知县处理。告诫知县说:"如此人被打死,惟你是问!"其实这场闹剧就是演给老王爷看的。有一句谚语:"在京的和尚出外的官",足以深刻地说明他们的势力问题。当然和尚再凶,也凶不过"现管"的县官,王爷走了,戏也演完了。只从这类事看,恭忠亲王与戒台寺的关系之深,可以想见。那么心畲先生兄弟在寺中读书,不过是一个远些的书房,也就不难理解了。

心畲先生幼年启蒙师是谁,我不知道,但知道对他们兄弟(儒、德二先生)文学书法方面影响最深的是一位湖南和尚永光法师(字海印)。

这位法师大概是出于王闿运之门的，专作六朝体的诗，写一笔相当洒脱的和尚风格的字。心畬先生保存着一部这位法师的诗集手稿，在"七七"事变前夕，他们兄弟二位曾拿着商量如何选订和打磨润色，不久就把选订本交琉璃厂文楷斋木版刻成一册，请杨雪桥先生题签，标题是《碧湖集》。我曾得到红印本一册，今已可惜失落了。心畬先生曾有早年手写石印的《西山集》一册，诗格即如永光，书法略似明朝的王宠，而有疏散的姿态，其实即是永光风格的略为规矩而已。后来看见先生在南方手写的《寒玉堂诗集》，里边还有一个保存着《西山集》的小题，但内容已与旧本不同了。先生曾告诉我说有一本《瀛海埙篪》诗集，是先生与三弟同游日本时的诗稿，但我始终没有见着。可惜的是大约先生的诗词集稿本，可能大部分已经遗失。有许多我还能背诵的，在新印的诗集中已不存在了。下面即举几首为例：

《落叶》四首：

昔日千门万户开，愁闻落叶下金台；寒生易水荆卿去，秋满江南庾信哀。西苑花飞春已尽，上林树冷雁空来；平明奉帚人头白，五柞宫前梦碧苔。

微霜昨夜蓟门过，玉树飘零恨若何；楚客离骚吟木叶，越人清怨寄江波。不须摇落愁风雨，谁实摧伤假斧柯；袁谢兰成应作赋，暮年丧乱入悲歌。

萧萧影下长门殿，湛湛秋生太液池；宋玉招魂犹故国，袁安流涕此何时。洞房环佩伤心曲，落叶哀蝉入梦思；莫遣情人怨遥夜，玉阶明月照空枝。

叶下亭皋蕙草残，登楼极目起长叹；蓟门霜落青山远，榆塞秋高白露寒。当日西陲征万马，早时南内散千官；少陵野老忧君国，奔门宁知行路难。

这是先生一次用小行草写在一片手掌大的高丽笺上的，拿给我看，我捧持讽诵，先生即赐予我了。归家珍重地夹在一本保存的师友手札粘册中。这些年几经翻腾，不知在哪个箱中了，但诗句还有深刻的记忆。现在居然默写全了，可见青年时脑子的好用。"时过而后学，则勤苦而难成"，真觉得有"老大徒伤悲"之感！先生还曾在扇面上给我用小行草写过许多首《天津杂诗》，现在也不见于南方所印的诗集中，我总疑是旧稿因颠沛遗失，未必是自己删去的。

先生对于后学青年，一向非常关心，谆谆嘱咐好好念书。我向先生问书画方法和道理，先生总是指导怎样作诗，常常说画不用多学，诗作好了，画自然会好。我曾产生过罪过的想法，以为先生作画每每拿笔那么一涂，并没讲求过什么皴、什么点。教我作好诗，可能是一种搪塞手段。后来我那位学画的启蒙老师贾羲民先生也这样教导我，他们两位并没有商量过啊，这才扭转了我对心畬先生教导的误解。到今天六十年来，又重拾画笔画些小景，不知怎么回事，画完了，诗也有了。还常蒙观者谬奖，说我那些小诗比画好些，使我自忏当年对先生教导的半信半疑。

有一次在听到先生鼓励作诗后，曾问该读哪些家的作品，先生很具体地指示：有一种合印的王维、孟浩然、韦应物、柳宗元四家合集，应该好好地读。我即找来细看：王维的诗曾读过，也爱读的；孟浩然实在无味；柳宗元也不对胃口；只有韦应物使我有清新的感觉，有些作品似比王维还高。这当然只是那时的幼稚感觉，但六十年后的今天，印象还没怎么大变，也足见我学无寸进了！

又一次自己画了一个小扇面，是一个淡远的景色。即模仿先生的诗格题了一首五言律诗，拿着去给先生看。没想到先生看了好久，忽然问我："这是你作的吗？"我忍着笑回答说："是我作的"。先生又看，又问，还是怀疑的语气。我不由得笑着反问："像您作的吧？"先生也大笑着加以勉励。这首诗是：

八月江南岸，平林欲著黄。清波凝暮霭，鸣籁入虚堂。卷幔吟秋色，题书寄雁行。一丘犹可卧，摇落漫神伤。

这次虽承夸奖，但究竟是出于孩子淘气的仿作，后来也继续仿不出来了。

先生最不喜宋人黄庭坚、陈师道一派的诗，有一次向我谈起陈师傅（宝琛）的诗，说："他们竟自学陈后山（师道）。"言下表现出非常奇怪似的开口大笑。我那时由于不懂陈后山，当然也不喜欢陈后山，也就随着大笑。后来听溥雪斋先生谈起陈师傅对心畬先生诗的评论，说："儒二爷尽作那空唐诗"是指只摹仿唐人腔调和常用的词藻，没有什么自己独具的情感和真实的经历有得的生活体会，所以说"空唐诗"。这个词后来误传为"充唐诗"，是不确的。

为什么先生特别喜爱唐诗，这和早年的家教熏习是有关系的。恭忠亲王喜作诗，有《乐道堂集》。另有一部《萃锦吟》，全是集唐人诗句的作品。见者都惊讶怎能集出那么些首？清代人有些集句诗集，像《钉铛吟》《香屑集》之类的，究竟不是多见的。至于《萃锦吟》体裁博大，又出前者之外，所以相当值得惊诧。近几十年前，哈佛燕京学会编印了一部《杜诗引得》，逐字编码，非常精密。有人用来集杜句成诗，即借重这部工具。后来我在故宫图书馆见到一部《唐诗韵汇》是以句为单位，按韵排开，集起来，比用《引得》整齐方便，我才恍然这位老王爷在上书房读书时必然用过这种工具书。而心畬先生偏爱唐诗，未必与此毫无关系。先生对于诗，唐音之外，也还爱"文选体"，这大约是受永光法师的影响吧！

四、心畬先生的书艺

心畬先生的书法功力，平心而论，比他画法功力要深得多。曾见清代赵之谦与朋友书信中评论当时印人的造诣，有"天几人几"之说，即是说某一家的成就是天才几分、人力几分。如果借用这种评论方法来谈心畬先生的书画，我觉得似乎可以说，画的成就天分多，书的成就人力多。

他的楷书我初见时觉得像学明人王宠，后见到先生家里挂的一副永光法师写的长联，是行书，具有和尚书风的特色。先师陈援庵先生常说：和尚袍袖宽博，写字时右手提起笔来，左手还要去拢起右手袍袖，所以写出的字，绝无扶墙摸壁的死点画，而多具有疏散的风格。和尚又无须应科举考试，不用练习那种规规矩矩的小楷。如果写出自成格局的字，必然常常具有出人意表的艺术效果。我受到这样的教导后，就留意看和尚写的字。一次在嘉兴寺门外见到黄纸上写"启建道场"四个大斗方，分贴在大门两旁。又一次在崇效寺门外看见一副长联，也是为办道场而题的，都有疏散而近于唐人的风格。问起寺中人，写者并非什么"方外有名书家"，只是普通较有文化的和尚。从此愈发服膺陈老师的议论，再看心畬先生的行书，也愈近"僧派"了。

我看到永光法师的字，极想拍照一个影片，但那一联特别长，当时摄影的条件也并不容易，因而竟自没能留下影片。后来又见许多永光老年的字迹，与当年的风采很不相同了。总的来说，心畬先生早年的行楷书法，受永光的影响是相当可观的。

有人问：从前人读书习字，都从临摹碑帖入手，特别是楷书几乎没有不临唐碑的，难道心畬先生就没临过唐碑吗？我的回答是：从前学写字的人，无不先临楷书的唐碑，是为了应考试的基本功夫。但不能写什么都用那种死板的楷体，必须有流动的笔路，才能成行书的风格。例如用欧体的结构布下基础，再用赵体的笔画姿态和灵活的风味去把已有结构加活，即叫做"欧底赵面"（其他某底某面，可以类推）。据我个人极大胆地推论，心畬先生早年的书法途径，无论临过什么唐人楷书的碑版，及至提笔挥毫，主要的运笔办法，还是从永光来的，或者可说"碑底僧面"。

据我所知，心畬先生不是从来没临过唐碑，早年临过柳公权的《玄秘塔碑》，后来临过裴休的《圭峰碑》，从得力处看，大概在《圭峰碑》上所用工夫最多。有时刀斩斧齐的笔画，内紧外松的结字，都是《圭峰碑》的特点。接近五十多岁时，写的字特别像成亲王（永瑆）的精楷样子，也见到先生不惜重资购买成王的晚年楷书。当时我曾以为是从柳、裴发展出来，才接近成王，喜好成王。不对，颠倒了。我们旗下人写字，可以说没有不从成王入手，甚至以成王为最高标准的，心畬先生岂能例外！现在我明白，先生中年以后特别喜好成王，正是反本还原的现象，或者是想用严格的楷法收敛早年那种疏散的永光体，也未可知。

先生家藏的古法书，真堪敌过《石渠宝笈》。最大的名头，当然要推陆机的《平复帖》，其次是唐摹王羲之《游目帖》，再次是《颜真卿告身》，再次是怀素的《苦笋帖》。宋人字有米芾五札、吴说游丝书等。先生曾亲手双钩《苦笋帖》许多本，还把钩本令刻工上石。至于先生自己得力处，除《苦笋帖》外，则是《墨妙轩帖》所刻的《孙过庭草书千字文》，这也是先生常谈到的。其实这卷《千文》是北宋末南宋初的一位书家王升的字迹。王升还有一本《千文》，刻入《岳雪楼帖》和《南雪斋帖》，与这卷的笔法风格完全一致。这卷中被人割去尾款，在《千文》末尾半行空处添上"过庭"二字，不料却还留有"王升印章"白文一印。王升还有行书手札，与草书《千文》的笔法也足以印证。论其笔法，圆润流畅，确极妍妙，很像米临王羲之帖，但毕竟不是孙过庭的手迹。后来先生得到延光室（出版社）的摄影本《书谱》，临了许多次。有一天告诉我说："孙过庭《书谱》有章草笔法。"我想《书谱》中并无任何字有章草的笔势，先生这种看法从何而来呢？后来了然，《书谱》的字，个个独立，没有联绵之处。比起王升的《千文》，确实古朴得多。先生因其毫无联绵之处的古朴风格，便觉近于章草，是完全可以理解的。米芾说唐人《月仪帖》"不能高古"，是"时代压之"，那么王升之比孙过庭，当然也是受时代所压了。最可惜的是先生平时临帖极勤，写本极多，到现在竟自烟消云散，平时连一本也不易见了，思之令人心痛。

先生藏米芾书札五件，合装为一卷，清代周于礼刻入《听雨楼帖》的。五帖中被人买走了三帖，还剩下《春和》、《腊白》二帖，先生时常临写。还常临其他米帖，也常临赵孟頫帖。先生临米帖几乎可以乱真，临赵帖也极得神韵，只是常比赵的笔力挺拔许多，容易被人看出区别。

古董商人常把先生临米的墨迹，染上旧色，裱成古法书的手卷形式，当做米字真迹去卖。去年我在广州一位朋友家见到一卷，这位朋友是个老画家，看出染色做旧色的问题，费钱虽不多，但是疑团始终不解：既非真迹，却又不是双钩廓填。既是直接放手写成，今天又有谁有这等本领，下笔便能这样自然痛快地"乱真"呢？偶然拿给我看，我说穿了这种情况，这位朋友大为高兴，重新装裱，令我题了跋尾。

先生有一段时间爱写小楷，把好写的宣纸托上背纸，接裱成长卷，请纸店的工人画上小方格，好像一大卷连接的稿纸，只是每个小方格都比稿纸的小格大些。常见先生用这样小格纸卷抄写古文。庾信的《哀江南赋》不知写了几遍。常对我说："我最爱这篇赋。"诚然，先生的文笔也正学这类风格。曾见先生撰写的《灵光集序》手稿，文章冠冕堂皇，多用典故，也即是庾信一派的手法。可惜的是这些古文章小楷写本，今天一篇也见不着，先生的文稿也没见到印本。

项太夫人逝世时，正当抗战之际，不能到祖茔安葬，只得停灵在地安门外鸦儿胡同广化寺，鬃漆棺木。在朱红底色上，先生用泥金在整个棺椁上写小楷佛经，极尽辉煌伟丽的奇观，可惜没有留下照片。又先生在守孝时曾用注射针撒出自己身上的血液，和上紫红颜料，或画佛像、或写佛经，当时施给哪些庙中已不可知，现在广化寺内是否还有藏本，也不得而知了。后来项太夫人的灵柩鬃漆完毕，即厝埋在寺内院中，先生也还寓在寺中方丈室内。我当时见到室内不但悬挂有先生的书画，即隔扇上的空心处（每扇上普通有两块），也都有先生的字迹，临王、临米、临赵的居多，现在听说也不存在了。

先生好用小笔写字，自己请笔工定制一种细管纯狼毫笔，比通用的小楷笔可能还要尖些、细些。管上刻"吟诗秋叶黄"五个字，一批即制了许多支。曾见从一个大匣中取出一支来用，也不知曾制过几批。先生不但写小字用这种笔，即写约二寸大的字，也喜用这种笔。

先生臂力很强，兄弟二位幼年都曾从武师李子濂先生习太极拳，子濂先生是大师李瑞东先生的子或侄（记不清了），瑞东先生是硬功一派太极拳的大师，不知由于什么得有"鼻子李"的绰号。心畬、叔明两先生到中年时还能穿过板凳底下往来打拳，足见腰腿可以下到极低的程度。溥雪斋先生好弹琴，有时也弹弹三弦。一次在雪老家中（松风草堂的聚会中），我正在里间屋中作画，宾主几位在外间屋中各做些事，有的人弹三弦。忽然听到三弦的声音特别响亮了，我起坐伸头一看，原来是心畬先生弹的。这虽是极小的一件事，却足以说明先生的腕力之强。大家都知道写字作画都是以笔为主要工具，用笔当然不是要用大力、死力，但腕力强的人，行笔时，不致疲软，写出、画出的笔画，自然会坚挺得多。心畬先生的画凡见笔画线条处，无不坚刚有力，实与他的腕力有极大关系。

先生执笔，无名指常蜷向掌心，这在一般写字的方法上是不适宜的。关于用笔的格言，有"指实掌虚"之说，如果无名指蜷向掌心，掌便不够虚了。但这只是一般的道理，在腕力真强的人，写字用笔的动力，是以腕为枢纽，所以掌即不够虚也无关紧要了。先生写字到兴高采烈时，末笔写完，笔已离开纸面，手中执笔，还在空中抖动，旁观者喝彩，先生常抬头张口，向人"哈"的一声，也自惊奇地一笑，好似向旁观者说："你们觉得惊奇吧！"

五、心畬先生的画艺

心畬先生的名气，大家谈起时，至少画艺方面要居最大、最先的位置，仿佛他平生致力的学术必以绘画方面为最多。其实据我所了解，却恰恰相反。他的画名之高，固然由于他的画法确实高明，画品风格确实与众不同，社会上的公认也是很公平的。但是若从功力上说，他的绘画造诣，实在是天资所成，或者说天资远在功力之上，甚至竟可以说：先生对画艺并没用过多少苦功。有目共见的，先生得力于一卷无款宋人山水，从用笔至设色，几乎追魂夺魄，比原卷甚或高出一筹，但我从来没见过他通卷临过一次。

话又说回来，任何学术、艺术，无论古今中外，哪位有成就的人，都不可能是凭空就会了的，不学就能了的，或写出画出他没见过的东西的。只是有人"闻（或见）一以知十"，有的人"闻（或见）一以知二"（《论语》）罢了。前边说心畲先生在绘画上天资过于功力，这是二者比较而言的，并非眼中一无所见，手下一无所试便能画出"古不乖时，今不同弊"（《书谱》）的佳作来。心畲先生家藏古画和古法书一样有许多极其名贵之品，据我所知所见，古画首推唐韩幹画马的《照夜白图》（古摹本）；其次是北宋易元吉的《聚猿图》，在山石枯树的背景中，有许多猴子跳跃游戏。卷并不高，也不太长，而景物深邃，猴子千姿百态，后有钱舜举题。世传易元吉画猿猴真迹也有几件，但绝对没有像这卷精美的。心畲先生也常画猴，都是受这卷的启发，但也没见他仔细临过这一卷。再次就要属那卷无款宋人《山水》卷，用笔灵奇，稍微有一些所谓"北宗"的习气，所以有人曾怀疑它出于金源或元明的高手。先不管它是哪朝人的手笔，以画法论，绝对是南宋一派，但又不是马远、夏圭等人的路子，更不同于明代吴伟、张路的风格。淡青绿设色，色调也不同于北宋的成法。先生家中堂屋里迎面大方桌的两旁挂着两个扁长四面绢心的宫灯，每面绢上都是先生自己画的山水。东边四块是节临的夏圭《溪山清远图》，那时这卷刚有缩小的影印本，原画是墨笔的，先生以意加以淡色，竟似宋人原本就有设色的感觉；西边四块是节临那个无款山水卷，我每次登堂，都必在两个宫灯之下仰头玩味，不忍离去。后来见到先生的画品多了，无论什么景物，设色的基本调子，总有接近这卷之处。可见先生的画法，并非毫无古法的影响，只是绝不同于"寻行数墨""按模脱墼"的死学而已。禅家比喻天才领悟时说："从门入者，不是家珍"，所以社会上无论南方北方，学先生画法的画家不知多少，当然有从先生的阶梯走上更高更广的境界的；也有专心模拟乃至仿造以充先生真迹的。但那些仿造品很难"丝丝入扣"，因为有定法的，容易模拟，无定法的，不易琢磨。像先生那种腕力千钧，游行自在的作品，真好似和仿造的人开玩笑捉迷藏，使他们无法找着。

我每次拿自己的绘画习作向先生请教时，先生总是不大注意看，随便过目之后，即问："你作诗了没有？"这问不倒我，我摸着了这个规律，凡拿画去时，必兼拿诗稿，一问立即呈上。有时索性题在画上，使得先生无法分开来看。我又有时问些关于绘画的问题，抽象些的问画境标准，具体些的问怎么去画。而先生常常是所答非所问，总是说"要空灵"，有一次竟自发出一句奇怪的话，说"高皇子孙的笔墨没有不空灵的"，我听了几乎要笑出来。"高皇子孙"与"笔墨空灵"有什么相干呢？但可理解，先生的笔墨确实不折不扣的空灵，这是他老先生自我评价，也是愿把自己的造诣传给后学，但自己是怎样得到或达到空灵的境界，却无法说出，也无从说起。为了鼓励我，竟自蹩出那句莫名其妙而又天真有趣的话来，是毫不可怪的！

由于知道了先生的画法主要得力于那卷无款山水，总想何时能够临摹把玩，以为能得探索这卷的奥秘，便能了解先生的画诣。虽然久存渴望，但不敢启齿借临。因知这卷是先生夙所宝爱，又知它极贵重，恐无能得借出之理。真凑巧，一次我在旧书铺中见到一部《云林一家集》，署名是清素主人选订，是选本唐诗，都属清微淡远一派的。精钞本数册，合装一函，书铺不知清素是谁，定价较廉，我就买来，呈给先生，先生大为惊喜，说这稿久已遗失，正苦于寻找不着。问我价钱，我当然表示是诚心奉上。先生一再自言自语地说："怎样酬谢你呢？"我即表示可否赐借那卷山水画一临，先生欣然拿出，我真不减于获得奇宝。抱持而归，连夜用透明纸钩摹位置，不到一月间临了两卷。后来用绢临的一本比较精彩，已呈给了陈援庵师，自己还留有用纸临的一本。我的临本可以说连山头小树、苔痕细点，都极忠实地不差位置，回头再看先生节临的几段，远远不及我钩摹的那么准确，但先生的临本古雅超脱，可以大胆地肯定说竟比原件提高若干度（没有恰当的计算单位，只好说"度"）。再看我的临本，"寻枝数叶"，确实无误，甚至如果把它与原卷叠起来映光看去，敢于保证一丝不差，但总的艺术效果呢？不过是"死猫瞪眼"而已！因此放在箱底至今已经六十年，从来未再一观，更不用说拿给朋友来看了。今天可以自慰的，只是还有惭愧之心吧！

先生家藏明清人画还有很多，如陈道复的《设色花卉》卷，周之冕的《墨笔百花图》卷，沈士充设色分段《山水》卷、设色《桃源图》卷双璧。最可惜的是一卷赵文度绢本《山水》，竟被做成"贴落"，糊在东窗上边横楣上。还有一小卷设色米派山水，有许多名头不显的明代人题。号称米友仁，实是明人画。《桃源图》不知何故发现于地安门外一个小古玩铺，为我的一位老世翁所得，我又获得像临无款宋人山水卷那样仔细钩摹了两次，现在有一卷尚存箱底，也已近六十年没有再看过。我学画的根底工夫，可以说是从临摹这两卷开始，心畬先生对于绘画方法，虽较少具体指导，但我所受益的，仍与先生藏品有关，不能不说是胜缘了。

先生作画，有一毛病，无可讳言：即是懒于自己构图起稿。常常令学生把影印的古画用另纸放大，是用比例尺还是用幻灯投影，我不知道。先生早年好用日本绢，绢质透明，罩在稿上，用自己的笔法去钩写轮廓。我记得有一幅罗聘的《上元夜饮图》，先生的临本，笔力挺拔，气韵古雅，两者相比，绝像罗临溥本。诸如此类，不啻点铁成金，而世上常流传先生同一稿本的几件作品，就给作伪者留下鱼目混珠的机会。后来有时应酬笔墨太多太忙时，自己勾勒出主要的笔道，如山石轮廓、树木枝干、房屋框架，以及重要的苔点等等，令学生们去加染颜色或增些石皴树叶。我曾见过这类半成品，上边已有先生亲自署款盖章。有人持来请我鉴定，我即为之题跋，并劝藏者不必请人补全，因为这正足以见到先生用笔的主次、先后，比补全的作品还有价值。我们知道元代黄子久的《富春山居图》有作者自跋，说明这卷是尚未画完的作品。因为求者怕别人夺去，请他先题上是谁所有，然后陆续再补。又屡见明代董其昌有许多册页中常有未完成的几开。恐怕也是出于这类情况。心畬先生有一件流传的故事，谈者常当做笑柄，其实就是这种普通情理，被人夸张。故事是有一次求画人问先生，所求的那件画成了没有？先生手指另一房屋说："问他们画得了没有？"这句话如果孤立地听起来，好像先生家中即有许多代笔伪作，要知道先生的书画，只说那种挺拔力量和特

289

殊的风格，已是没有任何人能够完全相似的。所谓"问他们画成"的，只是加工补缀的部分，更不可能先生的每件作品都出于"他们"之手。"俗语不实，流为丹青"，这件讹传，即是一例。

先生画山石树木，从来没有像《芥子园画谱》里所讲的那么些样子的皴法、点法和一些相传的各派成法。有时钩出轮廓，随笔横着竖着任笔抹去，又都恰到好处，独具风格。但这种天真挥洒的性格，却不宜于画在近代所制的一些既生又厚的宣纸上，由于这项条件的不适宜，又出过一次由误会造成的佳话。一次有人托画店代请先生画一大幅中堂，送去的是一幅新生宣纸。先生照例是"满不在乎"地放手去画，甚至是去抹，结果笔到三分处，墨水浸淫，却扩展到了五六分，不问可知，与先生的平常作品的面目自然大不相同。当然那位拿出生宣纸的假行家是不会愿意接受的。这件生纸作品，反倒成了画店的奇货。由于它的艺术效果特殊，竟被赏鉴家出重价买去了。

我从幼年看到先祖拿起我手中小扇，随便画些花卉树石，我便发生奇妙之感，懵懂的童心曾想，我大了如能做一个画家该多好啊！十几岁时拜贾羲民先生为师学画，贾先生又把我介绍给吴镜汀先生去学，但我的资质鲁钝，进步很慢，现在回忆，实在也由于受到《芥子园》一类成法束缚，每每下笔之前总是先想什么皴什么点，稍听老师说过什么家什么派，又加上家派问题的困扰。大约在距今六十年的那个癸酉年，一次在寒玉堂中大开了眼界，虽没能如佛家道家所说一举超生，但总算解开了层层束缚，得了较大的自在。

那次盛会是张大千先生来到心畬先生家中做客，两位大师见面并无多少谈话，心畬先生打开一个箱子，里边都是自己的作品，请张先生选取。记得大千先生拿了一张没有布景的骆驼，心畬先生当时题写上款，还写了什么题语我不记得了。一张大书案，二位各坐一边，旁边放着许多张单幅的册页纸。只见二位各取一张，随手画去。真有趣，二位同样好似不假思索地运笔如飞。一张纸上或画一树一石、或画一花一鸟，互相把这种半成品掷向对方，对方有时立即补全，有时又再画一部分又掷回给对方。大约不到三个多小时，就画了几十张。这中间还给我们这几个侍立在旁的青年画几个扇面。我得到大千先生画的一个黄山景物的扇面，当时心畬先生即在背后写了一首五言律诗，保存多少年，可惜已失于一旦了。那些已完成或半完成的册页，二位分手时各分一半，随后补完或题款。这是我平生受到最大最奇的一次教导，使我茅塞顿开。可惜数十年来，画笔抛荒，更无论艺有寸进了。追念前尘，恍如隔世。唉！不必恍然，已实隔世了！

先生的画作与社会见面，是很偶然的。并非迫于资用不足之时，生活需用所迫，因为那时生活还很丰裕的。约在距今六十多年前，北京有一位溥老先生，名勋，字尧臣，喜好结交一些书画家，先由自己爱好收集，后来每到夏季便邀集一些书画家各出些扇面作品，举行展览。各书画家也乐于参加，互相观摩，也含竞赛作用，售出也得善价。这个展览会标题为"扬仁雅集"，取《世说新语》中谈扇子"奉扬仁风"的典故。心畬先生是这位老先生的远支族弟，一次被邀拿出十几件自己画成收着自玩的扇面参展，本是"凑热闹"的。没想到展出之后立即受观众的惊讶，特别是易于相轻的"同道"画家，也不禁诧为一种新风格、新面目。但新中有古，流中有源。可以说得到内外行同声喝彩。虽然标价奇昂，似是每件二十元银元，但没有几天，竟自被买走绝大部分。这个结果是先生自己也没料到的。再后几年，先生有所需用，才把所存作品大小各种卷轴拿出开了一次个人画展。也是几乎售空，从此先生累积的自珍精品，就非常稀见了。

六、余 论

评论文学艺术，必须看到当时的背景，更须要看作者自己的环境和经历。人的性格虽然基于先天，而环境经历影响他的性格，也不能轻易忽视。我对于心畬先生的文学艺术以及个人性格，至今虽然过数十年了，但每一闭目回忆，一位完整的、特立独出的天才文学艺术家即鲜明生动地出现在眼前。先生为亲王之孙、贝勒之子，成长在文学教育气氛很正统、很浓郁的家庭环境中。青年时家族失去特殊的优越势力，但所余的社会影响和遗产还相当丰富，这包括文学艺术的传统教育和文物收藏，都培育了这位先天本富、多才多艺的贵介公子。不沾日伪的边，当然首先是学问气节所关，也不是没有附带的因素。许多清末老一代或中一代的亲贵有权力矛盾的，对"慈禧太后"常是怀有深恶的，先生对那位"宣统皇帝"又是貌恭而腹诽的，大连还有嫡兄嗣王。自己在北京又可安然地、富裕地做自己的"清代遗民"的文学艺术家，又何乐而不为呢！

文学艺术的陶冶，常须有社会生活的磨炼，才能对人情世态有深入的体会。而先生却无须辛苦探求，也无从得到这种磨炼，所以作诗随手即来的是那些"六朝体"和"空唐诗"。写自然境界的，能学王、韦，不能学陶。在文章方面喜学六朝人，尤其爱庾信的《哀江南赋》，自己用小楷写了不知几遍。但《哀江南赋》除起首四句有具体的"戊辰之年、建亥之月，大盗移国，金陵瓦解"之外，全用典故堆砌，与《史记》《汉书》以来唐宋八家的那些丰富曲折的深厚笔法，截然不同。我怀疑先生的文风与永光和尚似乎也不无关系。但我确知先生所读古书，极其综博。藏园老人傅沅叔先生有时寄居颐和园中校勘古书，一次遇到一个有关《三国志》的典故出处，就近和同时寄居颐和园中的心畬先生谈起，心畬先生立即说出见某人传中，使藏园老人深为惊叹，以为心畬先生不但学有根柢，而且记忆过人。又一次看见先生阅读古文，一看作者，竟是权德舆，又足见先生不但阅读唐文，而且涉及一般少人读的作家。那么何以偏作那些被人讥诮为"说门面话"的文章呢，不难理解，没有那种磨炼，可说是个人早年的幸福，但又怎能要求他作出深挚情感的文章、具有委婉曲折的笔法！不止诗文，即常用以表达身世的别号，刻成印章的像"旧王孙""西山逸士""咸阳布衣"等，都是比较明显而不隐僻的，大约是属于同样原因。

还有一事值得表出的：以有钱、有地位、有名望年轻时代的心畬先生，一般看来，在风月场中，必有不少活动，其实并不如此。先生有妾胅，不能说"生平不二色"，但从来不搞花天酒地的事。晚年宁可受制于篷室，也不肯"出之"，不能不算是一位"不三色"的"义夫"！

先生以书画享大名，其实在书上确实用过很大工夫，在画上则是从天资、胆量和腕力得来的居最大的比重。总之，如论先生的一生，说是诗人，是文人，是书人，是画人，都不能完全无所偏重或罣漏，只有"才人"二字，庶几可算比较概括吧！

一九九六年

"太白仙诗"辨伪

世传苏轼墨迹一卷,前书五言古体诗二首云:

朝披梦泽云,笠钓青茫茫。寻丝得双鲤,中(衍文点去)内有三元章。篆字若丹蛇,逸势如飞翔。还家问天老(按即"姥"字),奥义不可量。金刀割青素,灵文烂煌煌。咽服十二环,奄见仙人房。莫(暮)跨紫鳞去,海气侵肌凉。龙子善变化,化作梅花妆。赠我累累珠,靡靡明月光。劝我穿绛缕,系作裙间珰。抱子以携去,谈笑闻遗香。

人生烛上花,光灭巧妍尽。春风绕树头,日与化工进。只知雨露贪,不闻零落近。我昔飞骨时,惨见当涂坟。青松霭朝霞,缥缈山下村。既死明月魄,无复玻璃魂。念此一脱洒,长啸登昆仑。醉著鸾皇衣,星斗俯可扪。

诗后自识二行云:

元祐八年七月十日,
丹元复传此二诗。

其后有金代人蔡松年、施宜生、刘沂、蔡珪、高衎五人题跋。再后有明代张弼、清代高士奇、沈德潜跋各一段。苏氏自识既云"复传",则诗前必有其他叙述的话。观蔡松年跋中说:

帖云传于丹元,丹元者,道人姚安世自号也。先生赴定武前两

294

月与姚相会于京师，出南岳典宝东华李真人像及所作二诗，言近有人于海上见之，盖太白云……

那么苏书二诗之前，必尚有关于蔡跋中所说的内容，早已被人割去。

这一卷一向当做法书文物流传着，许多收藏著录称之为"太白仙诗"，却没见有人把它编入李白集中当做他的集外佚诗。到了明代胡震亨著《李诗通》，才把两首不全的这类"仙诗"附录进去，称之为"上清宝典诗"。所录第一首为"我居清空表，君处尘埃中；仙人持玉尺，度君多少才；玉尺不可尽，君才无时休。"实是不连贯的三联。《东观余论》此条后注云："此上清宝典李太白诗也。"第二首为"咽服十二环"六句，并注云："前见《东观余论》，后见《王直方诗话》。"《李诗通》传本希见，此转录自瞿蜕园、朱金城的《李白集校注》卷三十。这是此类"仙诗"正式被人当做集外佚诗，编入李集的开始。所谓"宝典"当是由于误读"南岳典宝"这类传说。但不知"典宝"是典守宝贝的"仙官"职称，"宝典"就不明白指什么了。

清代乾隆时《御选唐宋诗醇》在李白诗的部分最后收录苏轼写过的这二首，题为"上清宝鼎诗"，"宝典"又误成"宝鼎"，真可谓"以讹传讹"。诗中较苏书墨迹有八处异文，不知是另有来源，还是故意改变以示另有出处。因为墨迹虽没有进入内府，而这时高士奇的《江村销夏录》等早已流行，精刊字迹清晰，负责编辑《诗醇》的词臣不会看不见的。近年台北书店影印宋蜀本李白集（缪刻底本），附加苏书这卷的影印本，也算是承认它是李白佚诗的。

苏书墨迹卷最后有沈德潜跋云：

> 至太白仙去后诗，此东坡游戏三昧，直以谪仙自况也。松年谓丹元为姚安世，若此诗真得之姚者，毋乃为坡仙瞒过耶！

沈氏所见，确有道理，但没有深入剖析。按《苏轼文集》卷六七《记太白诗二首》（中华书局一九八六年版）云：

> 余在都下，见有人携一纸文书，字则颜鲁公也。墨迹如未干，纸亦新健。其首两句云："朝披梦泽云，笠钓青茫茫。"此语非太白不能也。

同卷又一则全录二诗，后缀数语云：

> 余顷在京师，有道人相访，风骨甚异，语论不凡。自云常与物外诸公往还，口诵此二篇，云东华上清监、清逸真人李白作也。

以上二则颇有些露马脚处，又像是故意令人领会的。我们知道苏氏在书法艺术上最推崇颜真卿。第一则先说"字则颜鲁公"，李白生存年代早于颜真卿，怎会字迹像起颜氏来？又说"纸亦新健"，分明说纸并不旧，但究竟还有纸有字。第二则却说"口诵此二篇"，又说出于口述，苏氏只是记录的人。即这二条的自相矛盾，已经自己暴露了底蕴，岂不是有意使读者"心照不宣"吗！那么"朝披"、"人生"二诗的来路，大致不难明白了。

至于《东观余论》和《李诗通》所载"我居清空表"六句又是哪里来的呢？按南北宋之际王明清的《投辖录》中"蒲恭敏"条云：

> 蒲恭敏帅益都，有道人造谒，阍者辞之。留文字一轴而去。恭敏启视，云"我居清空表，君隐尘埃中。声形不相吊，兹事难形容"。又云"欲乘明月光，于（一作放）君开素怀。天杯饮清露，展翼到蓬莱。佳人持玉尺，度君多奇才（一作量度君多才）。君才不可尽，玉尺无时休。对面一笑语，共蹑金鳌头。绛宫楼阁百千仞，霞衣杂与云烟浮"。后题云："清鉴真逸真人李白。"恭敏惊异，亟召阍者，迫之踪迹，飘然已不可见，竟不知其为仙与人也。（此据涵芬楼排印夏敬观校本，一作皆据四库本）

此事与苏氏事极相类。但诗句鄙俗，远不能与苏氏写本相比。这个冒充李白的骗子究竟是什么人？按两宋之际叶梦得的《石林诗话》有一条记的很详。先记苏轼受过一个名叫乔仝的欺骗，又记欺骗苏氏的姚丹元。说：

> （苏轼）晚因王巩又得姚丹元者，尤奇之。直以为李太白，所
> 作赠诗数十篇。姚本京师富人子王氏，不肖，为父所逐。事建隆观
> 一道士。天资慧，因取道藏遍读，或能成诵。又多得其方术丹药。
> 大抵好大言，作诗间有放荡奇谲语，故能成其说。浮沉淮南，屡易
> 姓名，子瞻不能辨也。

苏氏、蒲氏所遇是否同一人，固然没有证据，但时相同，行为相似，又
同是冒充李白，看来是同出一人，大致不差的。《投辖录》所记的那些
句，可以说是"间有奇谲语"，但不能通篇贯注，而且很多是鄙俗的字
句。如果苏氏所写的那两首果然都出自姚丹元手，不能这样的水平悬
殊。那么苏氏的写本如果不是这位好游戏的苏文豪代笔伪造，就是经他
修改润色而成，是一种点铁成金的作品。苏氏那些故意露马脚的文字，
也正是他游戏的一部分。变魔术的人所变的，既能使观者惊讶为真，又
有时自己拆穿，使观者再一次开怀笑乐，这便是高明魔术师的出奇本
领，也正可以解释"坡仙"这一次的游戏神通！

这个骗子姚丹元后来怎样呢？叶梦得《石林诗话》接着说：

> 后复其姓，名王绎，崇宁间余在京师，则已用技术进为医官
> 矣。出入蔡鲁公门下，医多奇中。余犹及见其与鲁公言从子瞻事。
> 且云海上神仙宫阙，吾皆能以说（咒）致之，可使空中立见，蔡公
> 亦微信之。坐事编管楚州。梁师成从求子瞻书帖，且荐其有术。宣
> 和末，复为道士，名元城，力诋林灵素，为所毒，呕血死。

这个人大概确是特别聪明，能背诵道书，多得方术丹药，作诗间有放荡
奇谲语，医多奇中。可以说是"虽小道亦有可观者"，而苏氏正好藉之
为游戏资料，狃小人有时也会受骗，"君子可欺以其方"，在苏氏又岂能
单独例外呢？

现在可得一结论："太白仙诗"，不是李白作的！

附记：

所谓"太白仙诗"既属王某伪撰，而此卷苏公所录，却无鄙俗之语，其经苏公戏为润色，自无可疑。以书论，则为苏书真迹之上乘，"寒食诗卷"外，无堪与之颉颃者；以此二首诗论，杂之太白集中，亦无逊色。确为点石成金之笔，无怪后世重编太白集者之误加收录也。

一九九八年十一月十五日

学 书 自 述

功学书，初于欧颜石刻，苦不见其笔毫出入之迹。见赵书《胆巴碑》墨迹影本剧好之。及观群书论赵字多薄之，又复自疑。再师米、董又流于轻率。见唐人墨迹，始悟欧颜石刻，如灯前壁上钩人影，不为不肖似，但不见血肉矣。发愤习智永千文墨迹本。偶得形模，离帖一无所似。今渐老矣，向日闻人评似某家而怫然不悦者，今觉皆不可及。强拟之则上类张得天，中近王梦楼，下堕潘龄皋，然未免仍有自夸处。

自叙学画缘由

　　启功周岁丧父，生第四岁，先母随先曾祖侨寓河北易县，先姑母以方块小纸各书一字俗称"字号"者为课。是为识字之始。第十岁后，先曾祖逝世，翌年先祖逝世，卖宅抵旧债，家业遂破。北洋政府动荡不宁，文人职业毫无保障，戚友长辈相谈论，每举"家有千金，不如一艺在身"之俗谚；功又见先祖擅画山水，曾有巨幛悬于先祖座侧，先祖亦时取功所持小扇，信手为写花竹于上。功私心羡慕，愿年长之后做一画家。

　　先祖既逝，功母子及未嫁之胞姑生计无着。先祖之科举门人为谋划生活费用，随分入小学、中学，同时附于世好之家塾，从吴县戴绥之先生读文史词章。以志好学画，乃拜宛平贾羲民先生学画，又由贾师作书介绍于山阴吴镜汀先生学画，因往来于两先生之门，既习画艺，又闻鉴别古书画之议论。画艺之基础，实自此际初筑基础。

　　第廿二岁由江安傅藏园老人介绍受教于新会陈援（庵）先生之门。旋丁抗战，虽在大学授课，而物价时涨，工薪不足赡生计，乃以画易米，可佐月入三一而强。昔罗两峰有印曰"画梅易米"，功亦拟刊"画山易米"，以志卖画以供菽水之需，其时画艺实未有成。今观少作，每欲夺而焚之，当日（未）敢擅刻而妄钤，回顾未始非虚怀慎计。而昔时职业有托，皆念励耘先师，而菽水补益，则不能不念授画先生之教也。

（柴剑虹整理）

柳宗元文三次不幸遭遇

启功生一周岁时，先父见背，先母鞠育，辛苦备尝。功十余岁时始受业于吴县戴绥之先生（姜福），得闻江都汪容甫先生（中）之名。一年新春，在厂甸书摊上购得《述学》二册。归家阅读，至《与剑潭书》，泪涔涔滴纸上。盖剑潭名端光，为容甫先生族人，时官于京师。书中述先生幼年，受母氏抚育，其艰苦殆百倍于我母。其后每见容甫先生墨迹（影本），多自书遗文，如上海影印容甫先生自藏《兰亭》有题跋两段，又日本《书道全集》中册页一幅，于是倍增向往。五十年代后，在一次展览中见天津周叔弢世丈所藏一小立轴，文为《读鹖冠子》等二篇，亟录得珍藏，并略加评语，投于中华书局所刊之《学林漫录》，题之曰《汪容甫先生集外文》，以见珍重收录而郑重发表之意。不久获得老友黄永年先生来示，称是柳子厚文。仰头见架上犹存之《古文辞类纂》，先师戴先生督读之本，朱墨句读犹存，而记忆茫然，学如未学，真可谓"民斯为下矣"。亟撰《自讼》一文，复投《学林漫录》。柳侯遗文，至我手而下降千载，此其不幸之一也。

其后获见上海郑逸梅先生《逸梅杂札》（齐鲁书社版，第一〇八页）题为《天虚我生主持〈自由谈〉》文曰："钱塘陈栩字蝶仙，别署天虚我生，为清末民国初年沪上著名文人。其时《申报》有专刊曰《自由谈》，陈氏主持之。订投稿新例，以文之优劣分甲乙丙丁四级致稿酬。有人戏抄柳河东一文，化一名投寄。翌日刊载，则列入丙等。戏抄者致函陈氏，谓'未读八大家文，如何为主笔！柳河东列丙等，岂必盲左腐迁始得为甲乙等耶?'陈氏立登报引咎。"此事不知发生之确切年月，但我生于一九一二年七月，陈公此事至迟亦在我幼年。于时代属第一次，于我所为、所见则为第二次矣。此柳侯遗文之又次不幸遭遇也。

第三次是在"文革"后期的"评法批儒"运动时，因为柳宗元被认为是法家文人的代表，所以"帮"令中华书局编印《柳宗元文集》，要求详注、详评、详译。编成初稿几篇时，曾邀若干出身、成分俱佳之读者座谈指导。席间各抒所见，书局中参预之编辑人员，无不详加记录，最后一位被邀读者提出，稿中缺乏注音，编者答曰：某篇、某节、某字等等俱已有注音。提议者云开篇第一字以下何以俱无注音？编者唯唯。盛会亦圆满闭幕。此时功正参加校点《清史稿》之工作，当然无由参预《柳集》之编注。此事乃获闻于书局负古代文史主要工作之赵守俨先生（赵先生亦曾受业于戴绥之先生，与功为同门兄弟），当时私述见闻，言下浩叹。柳侯遗文，至此可称不幸中之大幸。其人于文中每字皆待注音，则其词、其义，必俱茫然，则确解、曲解、歪批、正批俱不致登于简册，于柳侯遗文，岂非不幸中之大幸哉！

文徵明在翰林受侮事

何良俊元朗《四友斋丛说》记文徵明在翰林为杨维聪、姚涞所侮事。略谓一日杨、姚在署中，当文氏之面叱曰：翰林何来画匠。何氏殊不平，论之曰：后世文公之名长垂不朽，谁复知有杨、姚者。

其后朱彝尊竹垞于《静志居诗话》中为姚涞辨白，遂谓并无此事。再后叶廷琯调生在《鸥陂渔话》中亦加辨白，略同静志居，惟所辨俱只在姚涞未侮文氏，而杨维聪不预焉。譬如有人失物，捕得窃者二人，其一人证为被诬无罪，而另一人固不能因此亦遂无罪，更不能由一人被诬，遂谓并无窃物之案也。

揆朱、叶诸贤之辨此事，用意不出二端：不忍衡山受侮；又以姚涞贤于杨维聪，不应出此。夫姚氏之未必出此，两家所辨略具，至于衡山是否由此而足耻，则元朗所论已著。不第此也。翰林于唐宋本以处杂流，元明始为清要之地，然去唐宋学士之参预密勿，吐纳王言，固已不可同日而语。杨维聪且不自知，而独傲待诏，其不学正不在杂流之上也。明乎此，则知元朗之愤责朱、叶之辨白，俱不免未达一间矣。

饮马长城窟行

古之诗文，有原无篇题者，即取首句中字为题，如《关雎》《学而》是也；有原有篇题者，如《离骚》《养生主》是也。古乐府原起自巷陌歌谣，无题者多，如《朱鹭》《思悲翁》，乃前一例也。其有篇题者，多后人隐括辞意，为立题目，如《陌上桑》，如《古诗为焦仲卿妻作》是也，而《陌上桑》又名《罗敷行》，又名《日出东南隅行》，其用首句者，殆为最初之标题，而陌上、罗敷等名，俱较后起，可断言也。

至于拟古之作，于同一旧题中，首句有种种情状，如魏武《塘上行》，傅玄《艳歌行》，乃用古辞而略有增改者，故不仅首句全同也。其次则变化古辞字句，即如拟《日出东南隅》者，首句有"城隅上朝日""城南日半上""日出东方隅""扶桑升朝晖"，等等，则不违异，亦不雷同。不违以示所拟，不同以示非袭耳。又有只用旧题，与古辞原意无关，例如魏武之《秋胡行》是也。又《塘上行》古辞"蒲生我池中"一首，相传为甄后所作。《乐府正义》云："'蒲生'篇并无'塘上'二字，知非塘上本词，盖古《塘上行》甄后拟之为'蒲生'也。"《歌录》云："《塘上行》古辞。则必有诗而不可得矣。"其言最近理，是今见塘上古辞之先，尚有更古一首也。明乎此，请进而言古乐府《饮马长城窟行》。

《饮马长城窟行》，今传古辞，为《青青河畔草》一首，其辞与题无关，不仅不见"饮马"字样而已。以前拈之规律推之，实为拟作。同时有陈琳之作，首云"饮马长城窟，水寒伤马骨"，全篇述筑城役卒之苦，及故乡思妇之情。以思妇言，与"青草"一首相同；以役卒言，则"青草"一首中尚属未备。陈作不但词意合题，首句且符原始形状。如云拟作，此首当为最完善近真者也。

或谓《文选》将二首互倒之误。然《文选》之编，出于选楼众手，陈琳之集，当日未必即亡，且经唐贤一再笺注，何以此疑终不见及？吾近读《宋书·乐志》，忽悟及此事。盖魏晋乐府于古辞，有用其题而模拟重撰者，有就原辞修改者。其修改之处，亦复有增有减，有多有少，各视当日所需。而修改之作，其名即以属之执笔之人，并不以抄袭冒充论。即如前举之晋乐所奏之《塘上行》，后世即归之为魏武帝矣。再如前举傅玄之《日出东南隅行》，保存原辞，将及三分之二。在此等特殊之拟作中提炼原辞，可得其全首或极大部分。而陈琳之作，实属此类也。陈琳此诗之内容与题义相符；首句与题字相符；更从风格言之，韵脚与口气，随手变化，且杂有古谚，俱与文人拟古之边幅整齐、针线细腻者不同，故知其中保存原辞或更多于前举傅玄之例也。是以此诗可按今日流行之格式题之曰："古乐府《饮马长城窟行》，陈琳整理。"其庶几乎！

古乐府《饮马长城窟行》（青青河畔草）："枯桑知天风，海水知天寒"，解者不一。按两句中实寓一"归"字之义。桑落归根，水落归海，俱于寒冷之时，此言桑海无情之物，尚能岁晚知归，以衬出游子忘归。紧接"入门各自媚"句，言他人俱如桑海知归；下句"谁肯相为言"，怨他人之自为料理而不我顾。两句合观，具见既羡且妒之心。且以衬游子之无情也。

至于桑海之喻，颇疑当时有此谚语为众所习知者，故随手拈出，不嫌兀突。唐韦应物"拟古"诗曰："辞君远行迈，饮此长恨端。已谓道里远，如何中险艰。流水赴大壑，孤云还暮山。无情尚有归，行子何独难……"韦诗语意，线索分明，与此古乐府句义正合，可为旁证。

学诗琐忆代序

我记得有一年，先祖抱我在膝上教我念诗，什么隐隐飞桥啦，什么桃红宿雨啦。那时刚知道自己是"四岁"，后来我的姑姑常用小孩幼稚语气念诗，问我"这是谁"，我说不知道，姑姑说"就是你啊"！回忆起来，哪句也没懂，只是记住腔调，年岁大些了，也会按那种腔调自己套着念别的诗，背诵得特别快，从此念起许多诗，这时已不能说全不懂了，但即使念那些不全懂或似懂非懂的诗时，也能感觉它很美！为什么？至今我还是不知道！

再后看别人作诗很羡慕，总想"我什么时候也能作诗啊？"十几岁又学画，常听贾羲民老师说某人画得好，只是不通文理，题画诗中笑话很多，我又想"原来不能作诗的画家是被人看低一等的"。接近二十岁左右时常向溥心畬先生请教画法，没想到每次见面，从来没谈过怎么画画，头一句总是"你作诗了吗？拿来看看！"虽然也没有过任何具体指导，怎么去作，或怎么作好，但是略有较好的句子，总是拿给坐上的客人看说"你看他这句怎样？"心畬先生的诗和书作，都受学于永光和尚，宗选体，五律学王孟，和韦柳一派，七律学李商隐。永光是湖南人，诗是王壬秋的传授，所以先生的宗尚趣味可以想见。一次我淘气地模拟他的风格写一首五律，请他看，他一再问我："是你作的吗？"按常情说，一个作品被旁人怀疑不是自己作的，应该是一种可恼的事，都会想"你怎么看不起我？"但我这次却是暗中心喜，感到比正面夸好还要重得多。回忆这些事，又可证明无论搞什么，师友的影响环境的熏陶实是不可或少的。

玩物而不丧志

"玩物丧志"这句话，见于所谓伪古文《尚书》，好似"玩物"和"丧志"是有必然因果关系的。近代番禺叶遐庵先生有一方收藏印章，印文是"玩物而不丧志"。表面似乎很浅，易被理解为只是声明自己的玩物能够不至丧志，其实这句印文很有深意，正是说明玩物的行动，并不应一律与丧志联在一起，更不见得每一个玩物者都必然丧志。

我的一位挚友王世襄先生，是一位最不丧志的玩物大家。大家二字，并非专指他名头高大，实为说明他的玩物是既有广度，又有深度。先说广度：他深通中国古典文学，能古文，能骈文，能作诗，能填词。外文通几国的我不懂，但见他不待思索地率意聊天，说的是英语。他写一手欧体字，还深藏若虚地画一笔山水花卉。喜养鸟、养鹰、养猎犬、能打猎；喜养鸽，收集鸽哨；养蟋蟀等虫，收集养虫的葫芦。玩葫芦器，就自己种葫芦，雕模具。制成的葫芦器，上有自己的别号，曾流传出去，被人误认为古代制品，印入图录，定为乾隆时物。

再说深度：他对艺术理论有深刻的理解和透彻的研究。把中国古代绘画理论条分缕析，使得一向说得似乎玄妙莫测而且又千头万绪的古代论画著作，搜集爬梳，既使纷繁纳入条理，又使深奥变为显豁。读起来，那些抽象的比拟，都可以了如指掌了。

王先生于一切工艺品不但都有深挚的爱好，而且都要加以进一步的了解。不辞劳苦地亲自解剖。所谓解剖，不仅指拆开看看，而是从原料、规格、流派、地区、艺人的传授等等，无一不要弄得清清楚楚。为弄清楚，常常谦虚地、虔诚地拜访民间老工艺家求教。因此，一些晓市、茶馆，黎明时民间艺人已经光临，他也绝不迟到，交下了若干行业中有若干项专长绝技的良师益友。"相忘江湖"，使得那些位专家对这位青年，谁也不管他是什么家世、学历、工作，更不用说有什么学问著述，而成了知己。举一个有趣的小例：他爱自己炒菜，每天到菜市排队。有一位老庖师和他谈起话来说："干咱们这一行……"，就这样把他真当成"同行"。因此也可以见他的衣着、语言、对人的态度，和这位老师傅是如何地水乳，使这位老人不疑他不是"同行"。

王先生有三位舅父，一位是画家，两位是竹刻家。那位画家门生众多，是一位宗师，那两位竹刻家除留下刻竹作品外，只有些笔记材料，交给他整理。他于是从头讲起，把刻竹艺术的各个方面周详地叙述，并阐发亲身闻见于舅氏的刻竹心得，出版了那册《刻竹小言》，完善了也是首创了刻竹艺术的全史。

他爱收集明清木器家具，家里院子大、房屋多，家具也就易于陈设欣赏。忽然全家凭空被压缩到一小间屋中去住，一住住了十年。十年后才一间一间地慢慢松开。家具也由一旦全部被人英雄般地搬走，到神仙般地搬回，家具和房屋的矛盾是不难想象的。就是这样的搬走搬回，还不止一次。那么家具的主人又是如何把这宗体积大、数量多的木器收进一间、半间的"宝葫芦"中呢？毫不神奇，主人深通家具制造之法，会拆卸，也会攒回，他就拆开捆起，叠高存放。因为怕再有英雄神仙搬来搬去，就没日没夜地写出有关明式家具的专书，得到海内外读者的热烈喝彩。

最近又掏出尘封土积中的葫芦器，其中有的是他自己种出来的。制造器皿的过程是从画式样、旋模具起，经过装套在嫩小葫芦上，到收获时打开模子，选取成功之品，再加工镶口装盖以至髹漆葫芦器里子等。可以断言，这比亲口咀嚼"粒粒辛苦"的"盘中餐"，滋味之美，必有过之而无不及！现在和那些木器家具一样，免于再积入尘土，赶紧写出这部《说葫芦》专书，使工艺美术史上又平添出一部重要的科学论著。我们优先获得阅读的人，得以分尝盘中辛苦种出的一粒禾，其幸福欣慰之感，并不减于种禾的主人。

　　写到这里，不能不再谈王先生深入研究的一项大工艺，他全面地、深入地研究漆工的全部技术。不止如上说到的漆葫芦器里子。大家都知道，木器家具与漆工是密不可分的。王先生为了真正地、内行地、历史地了解漆工技术，我确知他曾向多少民间老漆工求教。众所周知，民间工艺家，除非是自己可信的门徒是绝不轻易传授秘诀的。也不必问王先生是否屈膝下拜过那些身怀绝技的老师傅。但我敢断言，他所献出的诚敬精神，定比有形的屈膝下拜高多少倍，绝不是向身怀绝艺的人颐指气使地命令说"你们给我掏出来"所能获得的。我听说过漆工中最难最高的技术是漆古琴和修古琴，我又知王先生最爱古琴，那么他研究漆工艺术是由古琴到木器，还是由木器到古琴，也不必询问了。他注解过惟一的一部讲漆工的书《髹饰录》。我们知道，注艺术书注词句易，注技术难。王先生这部《髹饰录解说》不但开辟了技术书注解的先河，同时也是许多古书注解所不能及的。如果有人怀疑我这话，我便要问他，《诗经》的诗怎么唱？《仪礼》的仪节什么样？周鼎商彝在案上哪里放？古人所睡是多长多宽的炕？而《髹饰录》的注解者却可以益然自得地傲视郑康成。这一段话似乎节外生枝，与葫芦器无关。但我要郑重地敬告读者：王世襄先生所著的哪怕是薄薄的一本小册，内容讲的哪怕是区区一种小玩具，他所倾注的心血精力，都不减于对《髹饰录》的注解。

　　旧时社会上的"世家"中，无论为官的、有钱的、读书的，有所玩好，都讲"雅玩"。"雅"字不仅是艺术的观念，也是摆出身份的标准。"玩"字只表示是居高临下的欣赏，不表示研究。其实不研究的欣赏，没有不是"假行家"。而"假行家"又"上大瘾"的，就没有不丧志的。怎样丧志，不外乎巧取豪夺，自欺欺人，从丧志沦为丧德。而王世襄先生的"玩物"，不是"玩物"而是"研物"；他不但不曾"丧志"而是"立志"。他向古今典籍、前辈耆献、民间艺师取得的和自己几十年辛苦实践相印证，写出了这些部已出版、未出版、将出版的书。可以断言，这一本本、一页页、一行行、一字字，无一不是中华民族文化的注脚，并不止《说葫芦》这一本！

鉴定书画二三例

一

书画有伪作，自古已然，不胜枚举。梁武帝辨别不清王羲之的字，令陶弘景鉴定，大约可算专家鉴定文物的最早故实了。以后唐代的褚遂良等，宋代的米芾父子，元代的柯九思，明代的董其昌，清代的安岐，直到现代已故的张珩先生，都具有丰富的经验和敏锐的眼光。

既称为鉴定，当然须在眼见实物的条件下，才能作出判断，而事实却有许多有趣的例外。我曾听老辈说过康有为一件事：有人拿一卷字画请康题字，康即写"未开卷即知为真迹"，见者无不大笑。原来求题的人完全是"附庸风雅"，康又不便明说它是伪作，便用这种开玩笑的办法来应付藏者，也就是用"心照不宣"的办法来暗示识者。这种用 X 光式的肉眼来鉴定书画，恐怕要算文物界的奇闻吧？

相反的，未开卷即知为伪迹的，或者说未开卷即发现问题的，也不乏其例。假如有人拿来四条、八条颜真卿写的大屏，那还用打开看吗？

我曾从著录书上、法帖上看到两件古法书的问题，一件是米芾的《宝章待访录》，一件是张即之写的《汪氏报本庵记》。这两件的破绽，都是从一个"某"字上露出来的。

二

先要谈谈"某"字的意义和它的用法。

"某"是不知道一个人姓名、身份等，或不知一件事物的名称、性质等，找一个代称字，在古代也有用符号"△"的。陆游《老学庵笔记》卷六说："今人书某为△，皆以为从俗简便，其实古某字也。《穀梁·桓二年》：'蔡侯、郑伯会于邓。'范宁注曰：'邓△地。'陆德明《释文》曰：'不知其国，故云△地，本又作某。'"按：自广义来说，凡字都是符号；自狭义来说，"△"在六书里，无所归属，即说它是"从俗简便"，实在也没什么不可的。况且从校勘的逻辑上讲，陆放翁的话也有所不足。同一种书，有两个版本，甲本此字作 A，乙本此字作 B。A 之与 B 不同，可能是同一字的异体，也可能是另一字。用法相同的字，未必便算是同一字。但可见唐代以前，这"△"符号，已经流行使用了。

今天见到的唐代虞世南书《汝南公主墓志》草稿中，即把暂时不确知的年月写成"△年△月"以待填补。这卷草稿虽是后人钩摹的，但保存着原来的样式。

又有写作"△乙"符号的，有人认为即是"某乙"的简写，其实只是"△"号的略繁写法，如果是"某乙"，那怎么从来没见有将"某甲"写作"△甲"的呢？代称字用符号"△"，问题并不大，而"某"字却在后世发生了一些纠葛。

《论语》中"某在斯、某在斯"，是第一人对第二人称第三人的说法。古籍中凡第一身自称作"某"的，都是旁人记述这个人的话。因为古代人常自称己名，没有自用"某"字自作代称的。我们从古代人的书札或撰写的碑铭墓志的拓本中，都随处可以见到。例如苏轼自己称"轼"，朱熹自己称"熹"。

古代子孙口头、笔下都要避上辈的讳，虽有"临文不讳"的说法见于礼经明文，但后世习俗，越避越广，编上辈文集的人，常常把上辈自己书名处，也用"某"字代替。我们如拿文集的书本和其中同一文的碑铭石刻或书札墨迹比观，即不难看到改字的证据。

不知什么时候开始，有人自己称"某"。我们有时听到二人谈话，当自指本人时，常说："我张某人""我李某人"，他们确实不是要自讳其名，而是习而不察，成为惯例。

清代诗人王士禛，总不能算不学了吧？但他给林佶有几封书札，是林氏为他写《渔洋精华录》时，商量书写格式的，有一札嘱咐林氏在一处添上他的名字，原札这样写："钱牧翁先生见赠古诗，题下添注贱名二字。"此下便写出他要求添注的写法是："古诗一首赠王贻上"一行大字，又在这一行的右下边注两个小字"士〇"。如果只看录文的书籍，必然要认为是刻书人避雍正的讳，画上一个圈。谁知即是王士禛自讳其名呢！刑部尚书大官对门生属吏的派头，在这小小一圈中已跃然纸上了。所以宋代田登作郡守，新春放灯三日，所出的告示中不许写"灯"字，去掉"灯"字右半，只写"放火三日"。与此真可谓无独有偶。

三

宋代米芾好随手记录所见古代法书名画，记名画的书，题为《画史》，记法书的书，题为《书史》。

《书史》之外，还有一部记法书的书，叫做《宝章待访录》。这部书早已有刻本。明代末叶一个收藏鉴定家张丑，收到一卷《宝章待访录》的墨迹，他相信是米芾的真迹，因而自号"米庵"。这卷墨迹的全文，他全抄录下来，附在他所编著的《清河书画舫》一书之中。这卷墨迹一直传到二十世纪二十年代初期，还在收藏鉴赏家景贤手中。景氏死后，已不知去向。

这卷墨迹，我没见到过，但从张丑抄录的文词看，可以断定是一件伪作。理由是，其中凡米芾提到自己处，都不作"芾"，而作"某"。

我们今天看到许多米芾的真迹，凡自称名处，全都作"黻"或"芾"，他记录所见书画的零条札记，流传的有墨迹也有石刻，石刻如《英光堂帖》《群玉堂帖》等等，都没有自己称名作"某"字的。可知这卷墨迹必是出自米氏子孙手所抄。北京图书馆藏米芾之孙米宪所辑《宝晋山林集拾遗》宋刻原本，有写刻米宪自书的序，字体十分肖似他的祖父，比米友仁还像得多，那么安知不是米宪这样手笔所抄的？如果出自米宪诸人，也可算"买王得羊"，"不失所望"了。谁知卷尾还有一行，是："元祐丙寅八月九日米芾元章撰"，这便坏了，姑先不论元祐丙寅年时他署名用"黻"或用"芾"，即从卷中自避其名，而卷尾忽署名与字这点上看，也是自相矛盾的。

现在还留有一线希望，如果这末行名款与卷中全文不是一手所写，而属后添，那么全卷正文或出自米氏子孙所录，不失为宋人手迹，本无真伪之可言；如果末行名款与正文是一手所写，那便是照着刻本仿效米芾字体，抄录而成，可算彻底伪物了。好事的富人收藏伪物，本是合情合理的，但张丑、景贤，一向被认为是有眼力的鉴赏家，也竟自如此上当受骗，岂非咄咄怪事乎？

四

又南宋张即之书《汪氏报本庵记》，载在《石渠宝笈》，刻在《墨妙轩帖》，原迹曾经延光室摄影发售，解放后又影印在《辽宁博物馆藏法书》中。全卷书法，结体用笔，转折顿挫，与张氏其他真迹无不相符，但文中遇到撰文者自称名处，都作"某"。这当然不能是张即之自己撰著的文章了。在一九七三年以前，张氏一家墓志还没发掘出来时，张氏与汪氏有无亲戚关系，还不知道，无法从文中所述亲戚关系来作考察。看到末尾，署名处作"即之记"三字。记是记载，是撰著文章的用词，与抄、录、书、写的意义不同，那么难道南宋人已有自称为"某"像"我张某人"的情况了吗？这个疑团曾和故友张珩先生谈起。张先生一次到辽宁鉴定书画，回来告诉我，说"即之记"三字是挖嵌在那里的。可能全卷不止这一篇，或者文后还有跋语，作伪者把这三个字从旁处移来，嵌在这里，便成了张即之撰文自称为"某"了。究竟文章是谁作的呢？友人徐邦达先生在楼钥的《攻媿集》中找到了，那么这个"某"字原来是楼氏子孙代替"钥"字用的。这一件似真而假，又似假而真的张即之墨迹公案，到此真相才算完全大白了。

五

还有古画名款问题。在那十年中"征集"到的各地文物，曾在北京故宫博物院中展出。有一幅宋人画的雪景山水，山头密林丛郁，确是范宽画法。三拼绢幅，更不是宋以后画所有的。宋人画多半无款，这也是文物鉴赏方面的常识。但这幅画中一棵大树干上不知何时何人写上"臣范宽制"四个字，便成画蛇添足了。

按宋人郭若虚《图画见闻志》中说得非常明白，范宽名中正，字中（仲）立。性温厚，所以当时人称他为"范宽"。可见宽是他的一个诨号。正如舞台上的包拯，都化装黑脸，小说中便有"包黑"的诨号。有农村说书人讲包拯故事，说到他见皇帝时，自称"臣包黑见驾"，这事早已传为笑谈。有人问我那张范宽画是真是假，我回答是真正宋代范派的画。问者又不满足于"范派"二字，以为分明有款，怎么还有笼统讲的余地？我回答是，如不提到款字，只看作品的风格，我倒可以承认它是范宽，如以款字为根据，那便与"臣包黑见驾"同一逻辑了。

所以在摄影印刷技术没有发达之前，古书画全凭文字记载，称为"著录"。见于著名收藏鉴赏家著录的作品，有时声价十倍。其实著录中也不知误收多少伪作品、或冤屈了多少好作品。

例如前边所谈的《宝章待访录》，如果看到原件，印证末行款字是否后人妄加，它可能不失为一件宋代米氏后人传录之本；《汪氏报本庵记》如果仅凭《石渠宝笈》和《墨妙轩帖》，它便成了伪作；宋人雪景山水，如果有详细著录像《江村销夏录》的体例，也只能录下"臣范宽制"四个款字，倘若原画沉埋，那不但成了一桩古画"冤案"，而且还成了"包黑"之外的又一笑柄。

从这里得到三条经验：古代书画不是一个"真"字或一个"假"字所能概括；"著录"书也在可凭不可凭之间；古书画的鉴定，有许多问题是在书画本身以外的。

书画鉴定三议

一、书画鉴定有一定的"模糊度"

古代名人书画有真伪问题，因之就有价值和价钱问题。我每遇到有人拿旧字画来找我看的时候，首先提出的问题，不是想知道它的优劣美恶，而常是先问真伪，再问值多少钱。又在一般鉴定工作中，无论是公家的还是私人的，又有许多"世故人情"掺在其间。如果查查私人收藏著录，无论是历代哪个大收藏鉴定名家，从孙承泽、高士奇的书以至《石渠宝笈》，其中的漏洞破绽，已然不一而足；即是解放后人民的文物单位所有鉴定记录中，难道都没有矛盾、混乱、武断、模糊的问题吗？这方面的工作，我个人大多参加过，所以有可得而知的。但"求同存异"、"多闻阙疑"，本是科学态度，是一切工作所不可免，并且是应该允许的。只是在今天，一切宝贵文物都是人民的公共财富，人民就都应知道所谓鉴定的方法。鉴定工作都有一定的"模糊度"，而这方面的工作者、研究者、学习者、典守者，都宜心中有数，就是说，知道有这个"度"，才是真正向人民负责。

鉴定方法，在近代确实有很大的进步。因为摄影印刷的进展，提供了鉴定的比较资料；科学摄影可以照出昏暗不清的部分，使被掩盖的款识重新显现，等等。研究者又在鉴定方法上更加细密，比起前代"鉴赏家"那套玄虚的理论、"望气"的办法，无疑进了几大步。但个人的爱好，师友的传习，地方的风尚，古代某种理论的影响，外国某种理论的比附，都是不可完全避免的。因之任何一位现今的鉴定家，如果要说没有丝毫的局限性，是不可能的。如说"我独无"，这句话恐怕就是不够科学的。记得清代梁章钜《制艺丛话》曾记一个考官出题为"盖有之矣"（见《论语》），考生作八股破题是："凡人莫不有盖"，考官见了大怒，批曰"我独无"。往下看起讲是："凡自言无盖者，其盖必大"，考官赶紧又将前边批语涂去。往下再看是："凡自言有盖者，其盖必多。"这是清代科举考试中的实事，足见"我独无"三字是不宜随便说的！

有人会问：怎么才更科学，或说还有什么更好的科学方法？我个人觉得首先是辩证法的深入掌握，然后才可以更多地泯除成见，虚心地尊重科学。其次是电脑的发展，必然可以用到书画鉴定方法的研究上。例如用笔的压力，行笔习惯的侧重方向，字的行距，画的构图以及印章的校对等等，如果通过电脑来比较，自比肉眼和人脑要准确得多。已知的还有用电脑测视种种图像的技术，更可使模糊的图像复原近真，这比前些年用红外线摄影又前进了一大步。再加上材料的凑集排比，可以看出其一家书画风格的形成过程，从笔力特点印证作者体力的强弱，以及他年寿的长短。至于纸绢的年代，我相信，将来必会有比"碳十四"测定年限更精密的办法，测出几百年中间的时间差异。人的经验又可与科学工具相辅相成。不妨说，人的经验是软件，或说软件是据人的经验制定的，而工具是硬件，若干不同的软件方案所得的结论，再经比较，那结论一定会更科学。从这个角度说，"肉眼一观"、"人脑一想"，是否"万无一失"，自是不言可喻的！

二、鉴定不只是"真伪"的判别

从古流传下来的书画，有许多情况，不只是"真""伪"两端所能概括的。如把真伪二字套到历代一切书画作品上，也是与情理不符合，逻辑不周延的。

譬如我们拿一张张三的照片说是李四，这是误指、误认；如说是张三，对了。再问是真张三吗？答说是的。这个"真"字、"是"字，就有问题了。照片是一张纸，真张三是个肉体，纸片怎能算真肉体？那么不怕废话，应该说是张三的真影、张三的真像等等才算合理。书画的"真""伪"者，也有若干成因，据此时想到的略举几例。

（一）古法书复制品：古代称为"摹本"：在没有摄影技术时，一件好法书，由后人用较透明的油纸、蜡纸罩在原迹上钩摹，摹法忠实，连纸上的破损痕迹都一一描出。这是古代的复制法，又称为"向拓"，并非有意冒充。后世有人得到摹本，称它为原迹，摹者并不负责的。

（二）古画的摹本：宋人记载常见有摹拓名画的事，但它不像法书那样把破损之处用细线勾出，因而辨认是不容易的。在今天如果遇到两件相同的宋画，其中必有一件是摹本，或者两件都是摹本。即使已知其中一件是摹本，那件也出宋人之手，也应以宋画的条件对待它。

（三）无款的古画，妄加名款：何以没有款？原因可能很多，既然不存在了，谁也无法妄加推测。但常见有人追问："这到底是谁画的？"这个没有理由的问题，本不值得一答。古画却常因此造成冤案：所谓"好事者"或"有钱无眼"的地主老财们，没名的画他便不要，于是谋利的画商，就给画上乱加名款。及至加了名款后，别人看见款字和画法不相应，便"鉴定"它是一件假画。这种张冠李戴的画，如把一个"假"字简单地派到它头上，是不合逻辑的。

（四）拼配：真画、真字配假跋，或假画、假字配真跋。有注重书画本身的人，商人即把真本假跋的卖给他；有注重题跋的人，商人即把伪本真跋的卖给他。还有挖掉小名头的本款，改题大名头的假款，如此等等。从故友张珩先生遗著《怎样鉴定书画》一书问世之后，陆续有好几位朋友撰写这方面的专著，各列例证，这里不必详举了。

（五）直接作伪：彻头彻尾的硬造，就更不必说了。

（六）代笔：这是最麻烦的问题，这种作品往往是半真半假的混合物。写字找人代笔，有的是完全不管代笔人风格是否相似，只有那个人的姓名就够了。最可笑的是旧时代官僚死了，门前竖立"铭旌"，中间写死者的官衔和姓名，旁边写另一个大官僚的官衔和姓名，下写"顿首拜题"，看那字迹，则是扁而齐的木刻字体，这是那个大官僚不会写的，就是他的代笔人什么文案秘书之类的人，也不会写，只有刻字工人才专能写它。这可算代笔的第一类。还有代笔人专门学习那位官僚或名家的风格，写出来，旁人是不易辨认的；且印章真确，作品实出那官僚或名家之手，甚至还有当时得者的题跋。这可算代笔的第二类，在鉴定结论上，已难处理。

至于画的代笔，比字的代笔更复杂。一件作品从头至尾都出代笔人，也还罢了；竟有本人画一部分，别人补一部分的。我曾见董其昌画的半成品，而未经补全的几开册页，各开都是半成品。我还曾看到过溥心畬先生在纸绢上画树木枝干、房屋间架、山石轮廓后即加款盖印的半成品，不待别人给补全就被人拿去了。可见（至少这两家）名人画迹中有两层重叠的混合物。还有原纸霉烂了多处，重裱补纸之后，裱工"全补"（裱工专门术语，即是用颜色染上残缺部分的纸地，使之一色，再仿着画者的笔墨，补足画上缺损的部分）。补缺处时，有时也牵连改动未损部分，以使笔法统一。这实际也是一种重叠的混合物。这可算代笔的第三类，在鉴定结论上更难处理。即以前边所举几例来看，"真伪"二字很难概括书画的一切问题，还有鉴定者的见闻、学问，各有不同，某甲熟悉某家某派，某乙就可能熟悉另一家一派。

还有人随着年龄的不同，经历的变化，眼光也会有所差异。例如恽南田记王烟客早年见到黄子久《秋山图》以为"骇心洞目"，乃至晚年再见，便觉索然无味，但那件画"是真一峰也"。如果烟客早年作鉴定记录，一定把它列入特级品，晚年作记录，恐要列入参考品了吧！我二十多岁时在秦仲文先生家看见一幅黄谷原绢本设色山水，觉得是精彩绝伦，回家去心摹手追，真有望尘莫及之叹。后在四十余岁时又在秦先生家谈到这幅画，秦先生说："你现在看就不同了。"及至展观，我的失望神情又使秦先生不觉大笑。这和《秋山图》的事正是同一道理，属于年龄与眼力同步提高的例子。

另有一位老前辈，从前在鉴定家中间公推为泰山北斗，晚年收一幅清代人的画。在元代，有一个和这清人同名的画家，有人便在这幅清人画上伪造一段明代人的题，说是元代那个画家的作品。不但入藏，还把它影印出来。我和王畅安先生曾写文章提到它是清人所画而非元人的制作。这位老先生大怒。还有几位好友，在中年收过许多好书画，及至渐老，却把真品卖去，买了许多伪品。不难理解，只是年衰眼力亦退而已。

我听到刘盼遂先生谈过，王静安先生对学生所提出研究的结果或考证的问题时，常用不同的三个字为答：一是"弗晓得"，一是"弗的确"，一是"不见得"。王先生的学术水平，比我们这些所谓"鉴定家"们（笔者也不例外）的鉴定水平（学术种类不同。这里专指质量水平），恐怕谁也无法说低吧？我现在几乎可以说：凡有时肯说或敢说自己有"不清楚""没懂得""待研究"的人，必定是一位真正的伟大鉴定家。

三、鉴定中有"世故人情"

鉴定工作，本应是"铁面无私"的，从种种角度"侦破"，按极公正的情理"宣判"。但它究竟不同于自然科学，"一加二是三"，"氢二氧一是水"，即使赵政、项羽出来，也无法推翻。而鉴定工作，则常有许许多多社会阻力，使得结论不正确、不公平。不正不公的，固然有时限于鉴者的认识，这里所指的是"屈心"作出的一些结论。因此我初步得出了八条：一皇威、二挟贵、三挟长、四护短、五尊贤、六远害、七忘形、八容众。前七项是造成不正不公的原因，后一种是工作者应自我警惕保持的态度。

（一）皇威。是指古代皇帝所喜好、所肯定的东西，谁也不敢否定。乾隆得了一卷仿得很不像样的黄子久《富春山居图》，作了许多诗、题了若干次。后来得到真本，不好转还了，便命梁诗正在真本上题说它是伪本。这种瞪着眼睛说谎话的事，在历代最高权力的集中者皇帝口中，本不稀奇；但在真伪是非问题上，却是冤案。

康熙时陈邦彦学董其昌的字最逼真，康熙也最喜爱董字。一次康熙把各省官员"进呈"的许多董字拿出命陈邦彦看，问他这里边有哪些件是他仿写的，陈邦彦看了之后说他自己也分不出了，康熙大笑（见《庸闲斋笔记》）。自己临写过的乃至自己造的伪品，焉能自己都看不出。无疑，如果指出，那"进呈"人的"礼品价值"就会降低，陈和他也会结了冤家。说自己也看不出，又显得自己书法"乱真"。这个答案，一举两得，但这能算公平正确的吗？

（二）挟贵。贵人有权有势有钱，谁也不便甚至不敢说"扫兴"的话，这种常情，不待详说。最有趣的一次，是笔者从前在一个官僚家中看画，他首先挂出一条既伪且劣的龚贤名款的画，他说："这一幅你们随便说假，我不心疼，因为我买的最便宜（价最低）。"大家一笑，也就心照不宣。下边再看多少件，都一律说是真品了。

（三）挟长。前边谈到的那位前辈，误信伪题，把清人画认为元人画。王畅安先生和我惹他生气，他把我们叫去训斥，然后说："你们还淘气不淘气了？"这是管教小孩的用语，也足见这位老先生和我们的关系。我们回答："不淘气了。"老人一笑，这画也就是元人的了。

（四）护短。一件书画，一人看为假，旁人说他真，还不要紧，至少表现说假者眼光高、要求严。如一人说真，旁人说假，则显得说真者眼力弱、水平低，常致大吵一番。如属真理所在的大问题，或有真凭实据的宝贝，即争一番，甚至像卞和抱玉刖足，也算值得，否则谁又愿惹闲气呢？

（五）尊贤。有一件旧仿褚遂良体写的大字《阴符经》，有一位我们尊敬的老前辈从书法艺术上特别喜爱它。有人指出书艺虽高但未必果然出于褚手。老先生反问："你说是谁写的呢？谁能写到这个样子呢？"这个问题答不出，这件的书写权便判归了褚遂良。

（六）远害。旧社会常有富贵人买古书画，但不知真伪，商人借此卖给他假物，假物卖真价当然可赚大钱。买者请人鉴定，商人如果串通常给他鉴定的人，把假说真，这是骗局一类，可以不谈。难在公正的鉴定家，如果指出是伪物，买者"退货"，常常引鉴者的判断为证，这便与那个商人结了仇。曾有流氓掮客，声称找鉴者寻衅，所以多数鉴定者省得麻烦，便敷衍了事。从商人方面讲，旧社会的商人如买了假货，会遭到经理的责备甚至解雇；一般通情达理的顾客，也不随便闲评商店中的藏品。这种情况相通于文物单位，如果某个单位"掌眼"的是个集体，评论起来，顾忌不多；如果只有少数鉴家，极易伤及威信和尊严，弄成不愉快。

（七）忘形。笔者一次在朋友家聚集看画，见到一件佳品，一时忘形地攘臂而呼："真的！"还和旁人强辩一番。有人便写给我一首打油诗说："独立扬新令，真假一言定。不同意见人，打成反革命。"我才凛然自省，向人道歉，认识到应该如何尊重群众！

（八）容众。一次外地收到一册宋人书札，拿到北京故宫嘱为鉴定。唐兰先生、徐邦达先生、刘九庵先生，还有几位年轻同志看了，意见不完全一致，共同研究，极为和谐。为了集思广益，把我找去。我提出些备参考的意见，他们几位以为理由可取，就定为真迹，请外地单位收购。最后唐先生说："你这一言，定则定矣。"不由得触到我那次目无群众的旧事，急忙加以说明，是大家的共同意见，并非是我"一言堂"。我说："先生漏了一句：'定则定矣'之上还有'我辈数人'呢。"这两句原是陆法言《切韵序》中的话，唐先生是极熟悉的，于是仰面大笑，我也如释重负。颜鲁公说："齐桓公九合诸侯，一匡天下，葵丘之会，微有振矜，叛者九国。故曰行百里者半九十里，言晚节末路之难也。"这话何等沉痛，我辈可不戒哉！

以上诸例，都是有根有据的真人真事。仿章学诚《古文十弊》的例子，略述如此。坚持真理是社会主义的新道德；迁就世故是旧社会的残余意识。在今天还有贯彻新道德的余地的情况下，注意讲求，深入贯彻，仍是建设精神文明的一个重要环节，也是值得今天作鉴定工作的同志们共勉的！

池塘春草、敕勒牛羊

昔人有从诗歌句律中窥测方音者。陆放翁《老学庵笔记》卷八云：

> 白乐天诗："四十著绯军司马，男儿官职未蹉跎"，"一为州司马，三见岁重阳"。本朝太宗时宋太素尚书自翰苑谪廓州行军司马，有诗云："廓州军司马，也好画为屏。"又云："官为军司马，身是谪仙人。"盖北音司字作入声读。

此以三联格属律调，故知"司"字在作者实作仄声读也。又卷十五云：

> 世多言白乐天用"相"字多从俗语作"思必切"，如"为问长安月，如何不相离"是也。然北人大抵以"相"字作入声，至今犹然，不独乐天。老杜云："恰似春风相欺得，夜来吹折数枝花"，亦从入声读，乃不失律。俗谓南人入京师效北语，过相蓝辄读其榜曰"大厮国寺"，传以为笑。

此则据二联律调以知作者实以"互相"之"相"作仄声读也。

或谓此以近体格律推其字之声调，似不能依以推论古诗。如谢灵运"池塘生春草，园柳变鸣禽"，"春"字岂能读仄！

然世共知灵运得意此联，以为"对惠连辄有佳句"者也。六朝人偶见有符合律调之句，必赞叹以为精妙。盖只知其音律天成，而未悟其为律调耳。如沈约《宋书·谢灵运传·论》云：

> 子建函京之作，仲宣灞岸之篇，子荆零雨之章，正长朔风之

句。并直举胸情，非傍诗史。正以音律调韵，取高前式。

按上举之例，乃曹植诗："从军度函谷，驱马过西京。"王粲诗："南登灞陵岸，回首望长安。"孙楚诗："晨风飘歧路，零雨被（读若"披"）秋草。"王赞诗："朔风动秋草，边马有归心。"

又如钟嵘《诗品·序》云：

> 古曰诗颂，皆被之金竹，故非调五音，无以谐会。若"置酒高堂上"，"明月照高楼"；为韵之首。

按沈、钟二家所举十句，除"晨风飘歧路"一句非属律调外，其余九句，莫不合律。可知当时文人未知律调平仄结构之所以然，偶遇合乎律调者，或诧为"音律调韵"，或标为"为韵之首"，皆此故耳。然则灵运之自诩为佳句者，安知非以其"音律调韵"乎？夫"春"字实具万物蠢动之义，安知灵运不曾依其方音读之为仄声乎？以白居易、李白、杜甫诸家之例衡之，谢灵运"春"作仄声，益为近理。如必取证古读，则《考工记·梓人》："春以功。"注："春读为蠢。"郑读宁不古于陆读乎？吾于是又深疑"晨风"句之"歧"字，安知作者不曾作仄读如"跂"乎？

今之言古音者，皆以《切韵》以及《唐韵》《广韵》为依据，按陆法言裁定"南北异同，古今通塞"，所谓"我辈数人，定则定矣"。于统一语音之事，其功自不可泯，而南北之方音，古今之时变，竟未加记录。遂使后世误以为《切韵》所记可该今古者有之，以为可概陆氏当时南北音者有之；是直未读《切韵·序》者矣。试思陆氏之时如无"南北异同，古今通塞"，彼数人者，又何需为之"定则定矣"乎？

兹再依放翁所举之例，以论斛律金之《敕勒歌》。姑不论其歌为鲜卑语之汉译文，抑为斛律氏直用汉语所歌者。斛律金虽不能用汉字署"金"字，史固未言其不通汉语也。即使其为译文，亦出当时汉人之通鲜卑语者所为者。既以汉语成歌，必其音节有足谐汉音者。

> 敕勒川，阴山下。天似穹庐，笼盖四野。天苍苍，野茫茫，风吹草低见牛羊。

今日读之，音节铿锵，视近世之以汉语直译西方诗者，犹觉不背华言，况其未必果出译作乎？惟其末句云：

> 风吹草低见牛羊。

以视《西洲曲》之"海水梦悠悠"，《木兰词》之"万里赴戎机"诸句，其音律之谐，未免多逊。其所以不谐者，在于"低"字为平声耳。今检唐、宋以来韵书，此字固未有仄读者。然以得声之偏旁言，"底""抵""砥"，皆从氏声，而属仄调。独从"人"之"低"，绝无仄读，此事理之可疑者一。

或谓字义不同，其调必异。今"抵"、"砥"二字既属另一义，则且置之。其"底"、"低"二字，固同"下"义，而分属二调，义果何居？"中兴"，中间兴起也；"中"字自应平读；"中酒"，为酒所中伤也，"中"字自应仄读。而唐人诗中，大抵相反："中兴"之"中"作仄，"中酒"之"中"作平，可知后人以为音义相应者，于古固未尽然，此事理之可疑者二也。

又或以为放翁以格律定音读者，乃就唐、宋人之作而言，魏晋六朝，诗律未成，安可并论？然试观文人之作，则有沈约、钟嵘所举；民间歌曲，则有《西洲》、《木兰》之词。其中律调诸句，何以形成？此事理之可疑者三也。

今不妨判此"低"字，在北朝曾有仄声一读，即在陆氏所谓"南北异同"中，为其所削而不取者。则"风吹草低见牛羊"，固无愧于"函京""灞岸""置酒""高楼"之取高前式者焉。

《敕勒》一歌，古今脍炙，《国风》之下，莫之与京。而白玉青蝇，尚有待于拂拭者在。

其歌"下""野"相谐，"苍""茫""羊"相谐，自韵脚言，由仄转平，和谐流走。惟"野"韵句式为三三四四，而"羊"韵句式则为三三七，读之似欠匀称。余故又疑"庐"字、"笼"字有一衍文，或其一为急读之衬字。又友人柴剑虹同志见告云："明胡应麟《诗薮》卷三引此诗即无'笼'字。"不知明人所见果有无"笼"字之本，抑或此字为胡氏所删。苟出胡氏所删，盖亦依于理校者也。盖三三七字，为民间歌谣习用之句式，至今"数快板"者犹相沿不替，此又不待旁勘，而可知其至理者也。

虽然，此例固不可擅援也。譬之比事决狱，必其众证纷陈，情臻理至，始堪定案。否则宁从轻比，勿从重比也。

也谈王勃《杜少府之任蜀州》诗

在报纸上读到关于王勃《杜少府之任蜀州》诗的讨论，不觉技痒。虽然报纸上《文学遗产》编者一次综合报道，类似作了总结，但我抱着求教的心，还是写出这篇短文。比如会议讨论既毕，也不妨补上一段书面发言。

鄙意以为读诗宜如孟子所说"不以文害词，不以词害志，以意逆志，是为得之"。又凡诗中思路，常有跳跃，如果一律按逻辑发展，前有"因为"，后有"所以"，即使好散文，也并不能完全这样，何况是诗？反过来，一首诗又必有它的思路线索，在跳跃中，也必仍有呼应。所以我觉得王勃这一首诗，也宜于"以意逆志"去读它。

讨论的发端，在于"城阙辅三秦"一句，这句既不那么顺理成章地容易串讲，又偏偏遇上版本方面有异文。通行本"辅三"，《文苑英华》收录这首诗正文也作"辅三"，但有注说："集本作俯西。"可惜王勃集我没见过宋本，《文苑英华》所据的，当然起码是宋本。日本唐时钞本只剩几段残卷，里边又没有这首诗。后世的选本，有的索性折中而用之作"俯三秦"，便又成了后人另造的第三种本子了。

解释诗文，必按某本所出某字，不宜主观地随便改字，这是著书、注书的人共同信守已久的原则。杜甫《秋兴》中普通选本都作"五陵裘马自轻肥"，但无论直接间接所见的宋本，都作"衣马"。以逻辑论，"裘马"胜于"衣马"，以版本论，还是应该从"衣马"。名人诗中字句，并不是易讲者即坏，而难讲者即好。只是要"名从主人""字从版本"

而已。

王勃这句诗，既有两种本子的异文，便宜先加判断。但两种本子都有它的根据，只好先看"辅三"和"俯西"的区别：如果从"俯西"，那就是说在长安城阙之上俯看西秦地区，这本不必推敲。问题偏偏出在宋人单选用"辅三"，而以"俯西"为仅备参考的异文，足见不以所见"集本"为优，这就造成了今日大家探讨的问题了。

现在先从"城阙辅三秦"全句来谈：我们知道唐宋人宴集，特别是送别宴会，常在城门楼上。唐人的例子很多，即宋人如范仲淹《岳阳楼记》的岳阳楼，也是岳阳的城门楼。王勃所写，即是登楼远望的情景。以长安首都为中心，茫茫四顾，这片视野中，乃至包括诗人意识中，有多少城市。这些城市，都是"皇畿"的外围，起着辅佐"皇畿"的作用。"三秦"为什么算指"皇畿"，因为"三秦"即是杜甫所说的"秦中自古帝王州"的秦中，它具有"帝王州"的性质，而长安即是它的集中代表。自有受四外城市夹辅的资格。那么城阙即指登楼所见的四野城市。按这个线索讲下去，又遇到"城阙"一词的问题。

施蛰存先生提出"城阙"不一定只有首都才得被称，真是至理名言。我请再补一些旁证。"京"或"京城"，是首都的专称，自然无疑。但"京城太叔"的京城，就不是郑国的首都。至于"阙"，本是阙口的意思，古人在一条通道的起手处，立上两个标志，表示两者之间，即是入口。可知"阙"原是路口，后来把标志路口的垛子叫做"阙"，已是引申义了。这种垛子在河南有太室、少室等堆垛形的汉阙，西南地方还有冯焕、沈君等碑形的汉阙保留至今。它们都是两物相对，很像后世的门垛子。太室等"阙"还可以说是山镇祀典所用，而冯沈等"阙"，仅是当时官员的墓道门垛，也可用"阙"。后来帝王都城或宫苑门前筑起两个望楼，或竖起两个华表，传说也是自双阙蜕变而来的。专从词汇来讲，后世习惯中，"魏阙""宫阙""陵阙"成为帝王专利品外，"城阙"就不尽那么严重了。杜甫《野老》诗"王师未报收东郡，城阙秋生画角哀"，钱谦益注："两京同南都，得云城阙"，"城阙"还有得云不得云的资格之分。成都虽曾称南都，但在这里的诗意分明说的城上驻军吹的号角声。注重在城，而不是注重在都，不然他何不说"都会秋生"、"都市秋生"、"都鄙秋生"呢？记得近年动乱期间，有人在文章中用了"华灯"一词，又有人在报上说，天安门前的路灯既被称做华灯，旁处的灯就不应再叫华灯了。钱注杜诗，和这种见解真有异曲同工的味道。

再说"风烟望五津"。风烟好懂，是指迷漫的风尘烟雾一类的东西，它们专能遮住视线。解为从有风烟处以望五津，或说五津的方向，望去只见风烟，都无关紧要，只表示去处路程之远而已。

综观二句，是一近一远。近是送别时聚首宴会所在地长安；远是杜少府一路远行的去处。近是横看，远是纵望。

"与君离别意，同是宦游人"，这二句似乎不存在什么问题，但宜注意的是杜往蜀州，不是还乡，而王勃的家乡，也不在长安。他们虽然一去一留，其为离乡游子，并无两样。作者表示自己也同是宦游之客，用以安慰去者，以减轻离怀，用意实更深入一步。

"海内存知己，天涯若比邻"，这一联本是两个名句，近年又因曾被作过外交辞令而更加烜赫。我们把它收回到这整首诗中来看，作者的诗思线索更为分明。三秦、五津都是唐土，"海内"一词，字字落实，绝非什么"五湖四海""海说""海报"等词的"海"，而是"祖国领土之内"的同义词。那么"天涯"一词也就同样不是泛词了。从唐代那时的交通条件和长安至蜀州的距离路程看，再从三秦、五津的纵横角度看，真如李白所说的"难于上青天"。在今天不过两小时的飞机行程，在清代专差大臣走起来，也要三个月，那么唐代的条件还禁得起比吗？可见这一句的分量，不仅在"若比邻"这种动人的夸张了。了解了这些艰难，才能知"歧路沾巾"并非古人感情特别脆弱，也可知其非一般套语了。

后世作诗，讲究"炼字""炼句"，常常炼得使人读不明白时，才成为火候到家。但真正大诗人的佳作，却常是词达理举的。王安石有一句"暝色赴春愁"，"赴"字颇不易理解，有的本子作"起"，也不知哪个是王安石的原本。这二字之间，也没什么可以轩轾的。清代王士禛论诗绝句却说："不是临川王介甫，谁知暝色赴春愁"，而他也没说出"赴"何以好，"起"何以坏。照这样论诗，岂不可以立刻作千百句！如套两联说："不是襄阳杜子美，谁知衣马自轻肥"，"不是龙门王氏子，谁知城阙辅三秦"，岂不也算独具只眼了吗？平心而论，这首诗在初唐五律中，确推绝唱。而"城阙辅三秦"，也确是不太好讲的句子。

故宫古代书画给我的眼福

谁都晓得，论起我国古代文物，尤其是古代书画，恐怕要属北京故宫博物院收藏的最为丰富了。它的丰富，并非一朝一夕凭空聚起的，它是清代乾隆内府的《石渠宝笈》所收为大宗的主要藏品。清高宗乾隆皇帝酷好书画，以帝王的势力来收集，表面看来，似乎可以毫不费力，其实还是在明末清初几个"大收藏家"搜罗鉴定的成果上积累起来的。那时这几个"大收藏家"是河北的梁清标、北京的孙承泽、住在天津为权贵明珠办事的安岐和康熙皇帝的侍从文官高士奇。这四个人生当明末清初，乘着明朝覆亡，文物流散的时候，大肆搜罗，各成一个"大收藏家"。梁氏没有著录书传下来，孙氏有《庚子销夏记》，高氏有《江村销夏录》，安氏有《墨缘汇观》。这些家的藏品，都成了《石渠宝笈》的收藏基础。本文所说的故宫书画，即指《石渠宝笈》的藏品，后来增收的不在其内。

一九二四年时，宣统皇帝溥仪被逐出宫，故宫成立了博物院，后来经过点查，才把宫内旧藏的各种文物公开展览。宣统出宫以前，曾将一些卷册名画由溥杰带出宫去，转到长春，后来流散，又有一部分收回，所以故宫博物院初建时的古书画，绝大部分是大幅挂轴。

我在十七八岁时从贾羲民先生学画，同时也由贾老师介绍并向吴镜汀先生学画。也看过些影印、缩印的古画。那时正是故宫博物院陆续展出古代书画之始，每月的一、二、三日为优待参观的日子，每人票价由一元钱减到三角钱。在陈列品中，每月初都有少部分更换。其他文物我不关心，古书画的更换、添补，最引学书画的人和鉴赏家们的极大兴趣。我的老师常常率领我和同学们到这时候去参观。有些前代名家在著作书中和画上题跋中提到过某某名家，这时居然见到真迹，真不敢相信这就是我曾听到名字的那些古人的作品。只曾闻名，连仿本都没见过的，不过惊诧"原来如此"。至于曾看到些近代名人款识中所提到的"仿某人笔"，这时真见到了那位"某人"自己的作品，反倒发生奇怪的疑问，眼前这件"某人"的作品，怎么竟和"仿某人笔"的那种画法大不相同，尤其和我曾奉为经典的《芥子园画谱》中所标明的某家、某派毫不相干。是我眼前的这件古画不真，还是《芥子园画谱》和题"仿某人"的画家造谣呢？后来很久很久才懂得，《芥子园画谱》作者的时代，许多名画已入了几个藏家之手，近代人所题"仿某人"，更是辗转得来，捕风捉影，与古画真迹渺无关系了。这一层问题稍有理解之后，又发生了新疑问：明末的董其昌，确曾见过不少宋元名画，他的后辈王时敏、王原祁祖孙也是以专学黄子久（公望）著名的。在他们的著作中，在他们画上的题识中，看到大量讲到黄子久画风问题的话，但和我眼前的黄子久作品，怎么也对不上口径。请教于贾老师，老师也是董、王的信仰者，好讲形似和神似的区别，给我破除的疑团，只占百分之五十左右。"四王吴恽"（清代六大画家）中，我只觉得王翚还与宋元面目有相似处，但老师平日不喜王翚，我也不敢拿出王翚来与王原祁作比较论证了。这里要作郑重声明的：清末文人对古画的评鉴，至多到明代沈周、文徵明和董其昌为止，再往上的就见不着了。所以眼光、论点，都受到一定的时代局限，这里并非菲薄贾老师眼光狭窄。吴老师由王翚入手，常说文人画是"外行"画，好多年后才晓得明代所称"戾家画"就是此义。

这时所见宋元古画，今天已经绝大部分有影印本发表，甚至还有许多件原大的影印本。现在略举一些名家的名作，以见那时眼福之富，对我震动之大。例如五代董源的《龙宿郊民图》，赵幹的《江行初雪图》，巨然的《秋山问道图》，荆浩的《匡庐图》，关仝的《秋山晚翠图》。北宋范宽的《溪山行旅图》，郭熙的《早春图》，南宋李唐的《万壑松风图》，马远和夏圭的有款纨扇多件。元代赵孟頫的《鹊华秋色图》，高克恭的《云横秀岭图》，黄公望的《富春山居图》等等，都是著名的"巨迹"。每次走入陈列室中，都仿佛踏进神仙世界。由于盼望每月初更换新展品，甚至萌发过罪过的想法。其中展览最久不常更换的要属范宽的《溪山行旅图》和郭熙的《早春图》，总摆在显眼的位置，当我没看到换上新展品时，曾对这两件"经典的"名画发出"还是这件"的怨言。今天得到这两件原样大的复制品，轮换着挂在屋里，已经十多年了，还没看够，也可算对那时这句怨言的忏悔！至于元明画派有类似父子传承的关系，看来比较易于理解。而清代文人画和宫廷应制的作品，已经没有什么吸引力了。

比故宫博物院成立还早些年的有"内务部古物陈列所"，是北洋政府的内务总长熊希龄创设的，他把热河清代行宫的文物运到北京，成立这个收藏陈列机构，分占文华、武英两个殿，文华陈列书画，武英陈列其他铜器、瓷器等等文物。古书画当然比不上故宫博物院的那么多，那么好，但有两件极其重要的名画：一是失款夏圭画《溪山清远图》；一是传为董其昌缩摹宋元名画《小中现大》巨册。其他除元明两三件真迹外，可以说乏善可陈了。以上是当时所能见到宋元名画的两个地方。

至于法书如王羲之《快雪时晴帖》《奉橘》，孙过庭《书谱》、唐玄宗《鹡鸰颂》、苏轼《赤壁赋》、欧阳修《集古录跋尾》、米芾《蜀素帖》和宋人手札多件。现在这些名画、法书，绝大部分都已有了影印本，不待详述。

故宫博物院初建时的书画陈列，曾有一度极其分散，主要展室是钟粹宫，有些特制的玻璃柜可展出些立幅、横卷外，那些特别宽大或次要些的挂幅，只好分散陈列在上书房、南书房和乾清宫东庑北头转角向南的室内，大部分直接挂在墙上，还在室内中间摆开桌案，粗些的卷册即摊在桌上，有些用玻璃片压着，《南巡图》若干长卷横展在坤宁宫窗户里边，也没有玻璃罩。这在今天看来是不可思议的事，也足见那时藏品充斥、陈列工具不足的不得已的情况。

在每月月初参观时，常常遇到许多位书画家、鉴赏家老前辈，我们这些年轻人就更幸福了。随在他们后面，听他们的品评、议论，增加我们的知识。特别是老辈们对古画真伪有不同意见时，更引起我们的求知欲。随后向老师请教谁的意见可信，得到印证。《石渠》所著录的古书画固然并不全真，老辈鉴定的意见也不是没有参差，在这些棱缝中，锻炼了我自己思考、比较以及判断的能力，这是我们学习鉴定的初级的，也是极好的课堂。

不久博物院出版了《故宫周刊》，就更获得一些古书画的影印本。《故宫周刊》是画报的形式，影印必然是缩小的，但就如此的缩小影印本，在见过原本之后的读者看来，究能唤起记忆，有个用来比较的依据。继而又出了些影印专册，比起《故宫周刊》上的缩本，又清晰许多，使我们的眼睛对原作的认识更进了一步。

岁月推移，抗战开始，文华殿、钟粹宫的书画，随着大批的文物南迁，幸而没有遇见风险损失，现在藏于祖国的另一省市。抗战胜利后，长春流散出的那批卷册，又由一些商人贩运聚到北京。故宫博物院又召集了许多位老辈专家来鉴定、选择、收购其中的一些重要作品。这时我已届中年，并蒙陈垣先生提挈到辅仁大学教书，做了副教授。又蒙沈兼士先生在故宫博物院中派我一个专门委员的职务，具体做两项工作：在文献馆看研究论文稿件，在古物馆鉴定书画。那时文献馆还增聘了几位专门委员：王之相先生翻译俄文老档，齐如山先生、马彦祥先生整理戏剧档案，韩寿萱先生指导文物陈列，每月各送六十元车马费。我看了许多稿子之外，还获得参与鉴定收购古书画的会议。在会上不仅饱了眼福，还可以亲手展观翻阅，连古书画的装潢制度，都得到进一步的了解，同时又获闻许多老辈的议论，比若干年前初在故宫参观书画陈列时的知识，不知又增加了多少。

第一次收购古书画的鉴定会是在马衡先生家中。出席的有马衡先生（故宫博物院院长）、陈垣先生（故宫理事、专门委员）、沈兼士先生

（故宫文献馆馆长）、张廷济先生（故宫秘书长）、邓以蛰先生、张大千先生、唐兰先生。这次所看书画，没有什么出色的名作，只记得收购了一件文徵明小册，写的是《卢鸿草堂图》中各景的诗，与今传的《草堂图》中原有的字句有些异文，买下以备校对。又一卷祝允明草书《离骚》卷，第一字"离"字草书写成"鸡"，马先生大声念"鸡骚"，大家都笑起来，也不再往下看就卷起来了。张大千先生在抗战前曾到溥心畬先生家共同作画，我在场侍立获观，与张先生见过一面。这天他见到我还记得很清楚，便说："董其昌题'魏府收藏董元画天下第一'的那幅山水，我看是赵幹的画，其中树石和《江行初雪》完全一样，你觉得如何？"我既深深佩服张先生的高明见解，更惊讶他对许多年前在溥先生家中只见过一面的一个青年后辈，今天还记忆分明，且忘年谈艺，实有过于常人的天赋。我曾与谢稚柳先生谈起这些事，谢先生说："张先生就是有这等的特点，不但古书画辨解敏锐，过目不忘，即对后学人才也是过目不忘的。"又见到一卷缂丝织成的米芾大字卷，张先生指给我看说："这卷米字底本一定是粉笺上写的"，彼此会心地一笑。按：明代有一批伪造的米字，常是粉笺纸上所写，只说"粉笺"二字，一切都不言而喻了。这次可收购的书画虽然不多，但我所受的教益，却比可收的古书画多多了！

第二次收购鉴定会是在故宫绛雪轩，这次出席的人较多了。上次的各位中，除张大千先生没在本市外，又增加了故宫图书馆馆长袁同礼先生和胡适先生、徐悲鸿先生。这次所看的书画件数不少，但绝品不多。只有唐人写《王仁昫刊谬补缺切韵》一卷，不但首尾完整，而且装订是"旋风叶"的形式。在流传可见的古书中既未曾有，敦煌发现的古籍中也没有见到*。不但这书的内容可贵，即它的装订形式也是一个孤例。其次是米芾的三帖合装卷，三帖中首一帖提到韩幹画马，所以又称《韩

---

* 蒙柴剑虹责编告知，巴黎藏敦煌 P·2129 号卷子即为《王仁昫刊谬补缺切韵序》，姜亮夫先生曾论及。

马帖》。卷后有王铎一通精心写给藏者的长札，表示他非常惊异地得见米书真迹。这手札的书法已是王氏书法中功夫很深的作品，而他表示似是初次见到米芾真迹，足见他平日临习的只是法帖刻本了。赵孟頫说："昔人得古刻数行，专心学之，便可名世。"（《兰亭十三跋》中一条）我曾经不以为然，这时看王铎未见米氏真迹之前，其书法艺术的成就已然如此，足证赵氏的话不为无据，只是在"专心"与否罢了。反过来看我们自己，不但亲见许多古代名家真迹，还可得到精美的影印本，一丝一毫不隔膜，等于面对真迹来学书，而后写的比起王铎，仍然望尘莫及，该当如何惭愧！这时细看王氏手札的收获，真比得见米氏真迹的收获还要大得多。

其次还有些书画，记得白玉蟾《足轩铭》外没有什么令人难忘的了。惟有一件夏昶的墨竹卷，胡适先生指给徐悲鸿先生看，问这卷的真假，徐先生回答是："像这样的作品，我们艺专的教师许多人都能画出。"胡先生似乎恍然地点了点头。至今也不知这卷墨竹究竟是哪位教师所画。如果只是泛论艺术水平，那又与鉴定真伪不是同一命题了。如今五十多年过去了，胡、徐两位大师也早已作古，这卷墨竹究竟是谁画的，真要成为千古悬案了。无独有偶，马衡院长是金石学的大家，在金石方面的兴趣也远比书画方面为多。那时也时常接收一些应归国有的私人遗物，有时箱中杂装许多文物，马先生一眼看见其中的一件铜器，立刻拿出来详细鉴赏。而又一次有人拿去东北散出的元人朱德润画《秀野轩图》卷，后有朱氏的长题，问院长收不收，马先生说："像这等作品，故宫所藏'多得很'。"那人便拿走了。（后来这卷仍由文物局收到，交故宫收藏。）后来我们一些后学谈起此事时偷偷地议论道：窑烧的瓷器、炉铸的铜器、板刻的书籍等等都可能有同样的产品，而古代书画，如有重复的作品，岂不就有问题了吗？大家都知道，书画鉴定工作中容不得半点个人对流派的爱憎和个人的兴趣，但是又是非常难于戒除的。

再后虽仍时时有商人送到故宫的东北流散书画卷册，也有时开会鉴定，但收购不多，而多归私人收藏了。

解放以后，文物局成立，郑振铎先生任局长，王冶秋先生、王书庄先生任副局长，郑先生由上海请来张珩先生任文物处的副处长。这时商人手中的古书画已不能随意向国外出口，于是逐渐聚到文物局来。一次在文物局办公的北海团城玉佛殿内，摊开送来的书画，这时已从上海请来谢稚柳先生，由杭州请来朱家济先生，不久又由上海请来徐邦达先生，共同鉴定。所鉴定的书画相当多，也澄清了许多"名画"的真伪问题。例如梁楷的《右军书扇图》卷和倪瓒的《狮子林图》卷，都有过影印本，这时目验原迹，得知是旧摹本。

后来许多名迹、巨迹陆续出现，私人收藏的名迹，也多陆续捐献给国家。除故宫入藏之外，如上海、辽宁两大博物馆，也各自入藏了许多《石渠》旧藏的著名书画。此外未经《石渠》入藏的著名书画也发现了不少，分藏在全国各博物馆。

《石渠宝笈》所藏古代书画，除流散到国外的还有些尚未发见，如果不是秘藏在私人家中，大约必已沦于劫火；而国内私人所藏，经过十年动乱，幸存的可能也无几了。已发现的重要的多藏于故宫、辽宁、上海三大博物机关，散在其他较小的文物、美术机关的，便成了重要藏品。经过多次的、巡回的专家鉴定，大致都有了比较可靠的结论，但又出现了些微的新情况：即某些名迹成为重要藏品后，就不易获得明确结论，譬如某件曾经旧藏者题为唐代的书画，而经鉴定后实为宋代，这本来无损于文物的历史价值，却能引出许多麻烦。古书画的作者虽早已"盖棺"，而他的作品却在今天还无法"论定"。后以在今天总论《石渠》名迹（包括《石渠》以外的名迹）的确切真伪，还有待于几项未来的条件：（一）科学的鉴别技术，如电脑识别笔迹和特殊摄影技术；（二）全国收藏机关对于藏品不再有标为"重望"的必要时；（三）鉴定工作的发展和其他自然科学研究一样，后来的发明、补充、纠正如超过以前的成果，前后的科学家都不看做个人的高低、得失，而真理愈明；（四）历史文献研究的广博深入，给古书画鉴定带来可靠的帮助。那时，古书画的真名誉、真面貌，必将另呈一番缤纷异彩！

曾浓髯藏伪本《定武兰亭》

曾熙号浓髯，六十余年前以书鸣于时。居上海，与李梅庵齐名。笔法模拟北朝石刻，所谓深具金石气者。

曾得一禊帖拓本，后有宋克跋九段，跋中论定武本。以著录考之，宋跋前后，遗失名人跋语尚多。曾氏一一补录之，复自加跋语。其珍重什袭，可谓至矣。后有沈寐叟跋，谓帖为褚派《兰亭》，乃复宛转弥缝，俾定武与褚派调合，所以不败曾氏之兴耳。

此本于一九一六年有正书局在上海影印流传。谛观前帖，乃二本拼合而成者。"欣"字处，二纸拼合，前十四行为所谓虞临本，后十四行为所谓褚临本也。

乾隆内府得古摹本《兰亭》三种：一为唐摹本，上有元文宗天历大玺，世号"天历兰亭"，董其昌曾刻入《戏鸿堂帖》。卷中董跋以为虞世南等所临，本属凿空之谈。至乾隆时，便去其"等"字，直认为"虞临"。二为所谓褚临本，后有米芾七言古诗一首，首句云"永和九年暮春月"者是也。三为神龙半印本，元人跋中称其当为冯承素诸人所摹，乾隆时遂径题曰"冯承素摹"。

第二三两卷曾刻入《三希堂帖》，未收第一卷，或以墨痕过淡，钩摹不易耳。乾隆时又另刻《兰亭八柱帖》，盖建一八柱之亭，每一石柱上分段摹刻《兰亭帖》一种。前三柱即摹前举三卷，第四柱摹所谓柳公权书之绿绢本《兰亭诗》。五柱以下俱为后世临绿绢本诗，辏足八柱而已。此亭建于圆明园中，八柱拓本较少，逊于《三希堂帖》之家喻户晓。

　　曾氏所得之本，即以旧拓第一柱之前半拼配第二柱之后半。钤以"真定梁清标印"多方。盖梁氏诸印，数十年前自真定流出，辗转于厂肆，后归徐石雪先生。当日伪造此帖时，上钤梁氏真印，不足怪也。

　　帖后宋克跋，形模俱在，而行笔呆滞。下笔处每露近代人风习，实亦一模写本也。当时书家，但尊碑刻，鄙薄法帖，而清刻诸帖，自更不复齿及。其为伪造古董之人所欺，固其宜矣。余尝拈一绝题印本之后曰："《定武兰亭》价最高，揭开原是一团糟。浓髯慢说刚如戟，今日根根长不牢。"

款 头 诗

尝于古说部中见白香山与张承吉互嘲所作诗句有"款头诗"、"目连变"之语。目连变文，敦煌写本一再见，盖演述目犍连之母以获罪入地狱，目犍连上下四方寻而不得，终从地狱中救出之。"目连"即"目犍连"之速读也。而"款头"之义，初不可解。其事首见孟棨《本事诗》，云：

> 诗人张祜未尝识白公，白公刺苏州，祜始来谒。才见白，白曰："久钦藉，尝记得君款头诗。"祜愕然曰："舍人何所谓？"白曰："'鸳鸯钿带抛何处，孔雀罗衫付阿谁？'非款头何耶？"祜顿首微笑，仰而答曰："祜亦尝记得舍人目连变。"白曰："何也？"祜曰："'上穷碧落下黄泉，两处茫茫皆不见。'非目连变何耶？"遂相与欢宴终日。

又《唐摭言》卷十三"矛盾"条云：

> 张处士祜《忆柘枝》诗曰："鸳鸯钿带抛何处，孔雀罗衫付阿谁？"白乐天呼为"问头"。祜矛楯之曰："鄙薄问头之诮，所不敢逃，然相公亦有目连变（一作"明公亦有木莲经"），《长恨辞》云'上穷碧落下黄泉，两处茫茫皆不见'，此岂不是目连访母耶？"

是知"问头"与"款头"同义。又《刘宾客嘉话录》云：

> 王缙之下狱也，问头云："身为宰相，夜醮何求？"王答曰：

"知则不知，死则合死！"

又敦煌所出失名小说今人题曰《唐太宗入冥记》者，记崔子玉在冥间为判官，太宗入冥后，求其开脱。《记》云：

> 子玉私谓太宗云："臣有一问头，陛下若答得，即却得归长安……自出问头云：'问大唐天子太宗皇帝，去武德七年，为甚〔杀兄〕弟于前殿，囚慈父于后宫？仰答！'……〔皇帝〕把得问头寻读，闷闷不已，如杵中心，抛问头在地。语子玉："此问头交（教）朕争答不得。"（〔 〕中之字乃原纸残缺，以文义增补者。（　）中之字乃校出应作之字。）

按"款"有叩击之义，"问头"皆所问之话头，乃审讯时法官提出以令被告回答之问题也。张氏一联，本表怀念不释之心，而语气却近追问，故白氏戏谑，谓其竟似款头耳。此"款头"、"问头"之常见用途也。

又明代清平山堂所刻话本《雨窗集》中《花灯轿莲女成佛记》记莲女扯住惠光禅师，问自家是否得成佛道？禅师答后，莲女云：

> 我不理会得，只还我问头来。

此是称禅语机锋之问话为问头也。顾名思义，问头本义，本指一切发问之语。如《论语》中问孝、问政于孔子者，"孝"与"政"，莫非问头。而唐代则习于专指审讯提问之语耳。

340

言 法 华

东坡云："仆书尽意作之似蔡君谟,稍得意似杨风子,更放似言法华。"言法华其人何如,其书何状,颇不易晓。东坡又有自跋书赠昙秀诗云:

> 不如将几纸去,每人与一纸,但道此是言法华书,里头有灾福。

言法华书又何以"里头有灾福"?

按赵彦卫《云麓漫钞》卷十四记欧阳永叔语云:

> 往时有风法华者,偶然至人家,见笔便书,初无伦理。久而祸福或应,岂非好怪之士为之迁就其事耶?余每见笔辄书,故江邻几比余为风法华。

乃知言法华乃狂人,每书片纸与人,字迹草率,人遂附会其中有预示祸福之语。所谓更放似之者,乃谐谑语,谓不成字耳。

法华似僧号,僧人名号,率取名之下一字置于号下,如石头希迁,但曰石头迁。以名之上字常属排行之字,故多省略。亦有取名之上一字置号之上者,如子温号日观,世遂称温日观。更有以俗姓置名或号之上者,如俗书中或有称玄奘为陈玄奘者,以其俗姓陈也。至于言法华之言,为其俗姓,抑为僧名之下一字,则不可知矣。

苏诗中两疑字

342

东坡狱中寄子由诗第一首结句云：

> 与君世世为兄弟，又结来生未了因。

世行诸本，皆作"世世"。以文义揆之，世世俱为兄弟，此非东坡所能知，如为预祝之词，则下句应言"愿结"。佛家因果之说，谓有今之因，乃有后之果，而后之果，又为再后之因焉。诗意盖谓今生既为兄弟，此果也，又将成为来生再为兄弟之因。此云"世世"，竟成已知之数，又何用下句乎？

吾尝疑两"世"字中前一字当有误。如非形近之"此"字，则为声近之"是"字，然"世"去、"是"上，其调不同，则以"此"字为近理。盖此世之果，又结来生之因也。曾与友人刘尚荣同志言之，承为检影印常熟翁氏所藏宋本《施顾注苏诗》，果作"此"字，相与拊掌一快。

又东坡《书鄢陵王主簿所画折枝》诗，亦为近时论艺之文所常引及者：

> 论画以形似，见与儿童邻。赋诗必此诗，定知非诗人。

前二句，语义分明。谓评画标准，如以形似为上，其见识邻近于儿童，浅薄不足称也。至于次二句，则殊费解。"赋诗必此诗"，谓每作一诗其字句必相同耶？则此人第二次所作，乃重抄第一次旧作，并不成为作诗矣。如其人欺读者，听者之不知其有第一首，而竟以旧作，累充新作，则其人非独不成其为诗人，直是鲜耻之徒矣。其故何在？

342

吾读王静庵先生《人间词话》云：

> 沈伯时《乐府指迷》云：说桃不可直说破桃，须用红雨、刘郎等字。说柳不可直说破柳，须用章台、灞岸等字。若惟恐人不用代字者。果以为工，则古今类书具在，又安用词为耶？宜其为《提要》所讥也。

按《四库全书总目提要》评沈氏此书云：

> 又谓说桃须用红雨、刘郎等字，说柳须用章台、灞岸等字，说书须用银钩等字，说泪须用玉箸等字，说发须用绿云等字，说簟须用湘竹等字，不可直说破。其意俗避鄙俗，而不知转成涂饰，亦非确论。

乃悟东坡此句中后一"诗"字，殆为"语"字之误。盖咏物抒情，只用习见之词，常用之语，势必流于若沈伯时者之弊。纵或不属代词一类，而望月必及乡思，举杯必关送别。甚至学杜必述流离，学李必矜豪举，无论其有无如此事实，徒成优孟衣冠，皆非大诗人、真作者之所宜出者也。

试观北宋之作，苏、黄之前，惟西崑一派，独踞诗坛。观夫《酬唱》一集，全摹温、李。说部记优人着破衣，自称李商隐，询其衣敝之故，则云被馆阁诸人揎扯所致。盖当时所作不仅摹拟风神，且亦并摘字句矣。词非己出，岂非诗必此语之谓乎？

及检宋本此首，仍如其字，则此桩公案之结，尚有待于异日。

又先师陈援庵先生论校勘之学，言有四例：一曰对校，二曰内校，三曰外校，四曰理校。当前三者俱有所穷，而其义仍不可通时，则当以理断之。《元典章校补释例》卷六云：

> 四曰理校法。段玉裁曰："校书之难，非照本改字，不讹不漏之难，定其是非之难。"所谓理校法也。遇无古本可据，或数本互异而无所适从之时，则须用此法……昔钱竹汀先生读《后汉书·郭

太传》太至南州过袁奉高一段，疑其词句不伦，举出四证。后得闽嘉靖本，乃知此七十四字为章怀注引谢承书之文，诸本皆儳入正文，惟闽本独不失其旧。今《廿二史考异》中所谓某当做某者，后得古本证之，往往良是，始服先生之精思为不可及。经学中之王、段，亦庶几焉。

谨案"得古本证之"者，援翁以古本相证，竹汀先生所未及见者也。推断无讹，以其理在耳。

东坡此诗，又安知他日不遇善本如嘉靖闽刻《后汉书》者乎？即使天壤众本，皆刻"诗"字，亦难释其可疑之理焉。

坡 词 曲 解

东坡词中传诵最多，而误解亦最久者，莫如《水调歌头》（明月几时有）与《念奴娇》（大江东去）二首。

《水调歌头》原题云"丙辰中秋，欢饮达旦，大醉，作此篇，兼怀子由"。首云：

> 明月几时有，把酒问青天。不知天上宫阙，今夕是何年。

此全出诗人想象，因见月而问天：人间岁月，吾已尽知；天上宫阙，今夕何年，吾所不知。把酒问之，全属醉人意态。因羡月宫佳丽，乃思乘风而往，转念其地高寒，或有不如人间者，故云：

> 我欲乘风归去，又恐琼楼玉宇，高处不胜寒。起舞弄清影，何似在人间。

语气连贯，主旨分明，本无疑义。而宋神宗读之，有所评论。于是明白简洁之词句，转而晦暗曲折，不知所云矣。

《坡仙集外纪》云：

> 苏轼于中秋夜宿金山寺，作《水调歌头》寄子由云云。神宗读至"琼楼玉宇"二句，乃叹曰：苏轼终是爱君。即量移汝州。

何以指为爱君？殆谓作者之意若曰：本欲挂冠而去，转念自身一去，皇帝所居之琼楼玉宇，必将孤寂凄凉也。如此，始与"爱君"之语相符。亦必理解"不胜寒"者为高居"琼楼玉宇"中之神宗皇帝，而非幻想身

345

游月殿之词人苏轼也。或谓此故事当出他人附会，其人盖未读懂此词者；然余则信其果出神宗，以其深符帝王学识，但见"琼楼玉宇"字样，则断其必非他人可居者。或见苏轼之不欲居琼楼玉宇，而嘉其不敢僭越耳。世之撰词话及注苏词者，莫不引之。此东坡词之久遭谬解者一。

又《念奴娇·赤壁怀古》云：

> 遥想公瑾当年，小乔初嫁了，雄姿英发。故国神游，多情应笑我，早生华发。

赤壁一地，聚讼极多，东坡一赋，恰为自诩博学之徒增一口实。以为博学如东坡，竟有误用之典，误指之地，而我独得而纠之，其足以压倒东坡，自无疑义矣。安知东坡集中，本曾自言其地属于传闻。《赤壁赋》云："此非曹孟德之破于周郎者乎？"本阕词中则云："人道是三国周郎赤壁。"诗人感兴，本不必一一确凿，况其已自设为拟议之辞乎？

今人解此词者多矣，于此"故国"、"华发"数句，多纡曲其辞（不具引），初未解其何故。久之始悟，盖不敢以周瑜神游见诸笔墨。周瑜，古人、死人也，而竟有神能游，是苏轼之白日见鬼；解词说诗，竟以形诸笔墨，讵能逃宣传迷信之嫌！此东坡词之久遭谬解者二也。

无论黄州赤壁与夫嘉鱼赤壁，固皆孙吴所属。故国者，周瑜之故国也。周瑜往矣，"故国神游"者，诗人设想周郎之神来游其故国也。"多情"者，谓周郎之多情也。以彼之英发，见我之早衰，自应相笑。然其相笑，非由鄙弃，正见其"多情"耳。正如辛稼轩词之"我见青山多妩媚，料青山见我应如是"。稼轩可以设想青山见人，而谓东坡不能设想周郎之神重来故国与之相见乎？

妙矣王静安先生之言曰：

> 固哉皋文之为词也：飞卿《菩萨蛮》，永叔《蝶恋花》，子瞻《卜算子》，皆兴到之作，有何命意？皆被皋文深文罗织。阮亭《花草蒙拾》谓"坡公命中磨蝎，生前为王珪、舒亶辈所苦，身后又硬

受此差排"。由今观之，受差排者，独一坡公已耶？

然则"中秋"、"赤壁"二词之遭附会、曲解，并不足异矣。至于"受差排者，独一坡公已耶"，尤为卓论。谓其不然，试观《诗》之小序与夫朱传，必将有憬然而悟者。

斜 阳 暮

秦少游《踏莎行》有"杜鹃声里斜阳暮"之句，后人聚讼极多。盖以"斜阳"与"暮"，词义似有重复之嫌，遂疑"暮"字有误。

明张綖刊《淮海居士长短句》于本阕下注云：

> 坡翁绝爱此词尾两句……又《王直方诗话》载黄山谷惜此词"斜阳暮"意重，欲易之，未得其字。今《郴志》遂作"斜阳度"。愚谓此亦何害而病其重也。李太白诗："眷彼落日暮"，即"斜阳暮"也。刘禹锡："乌衣巷口夕阳斜"，杜工部："山木苍苍落日曛"，皆此意也……山谷当无此言，即诚出山谷，亦一时之言，未足为定论也。

348

其说甚是。惟宋人论此，不止王直方一家。王楙《野客丛书》卷二一条云：

> 《诗眼》载：前辈有病少游"杜鹃声里斜阳暮"之句，谓"斜阳暮"似觉意重。仆谓不然，此句读之，于理无碍。谢庄诗曰："夕天际晚气，轻霞澄暮阴"，一联之中，三见晚意，尤为重叠。梁元帝诗："斜阳落高舂。"既言"斜阳"，复言"高舂"，岂不为赘？古人为诗，正不如是之泥。观当时米元章所书此词，乃是"杜鹃声里斜阳曙"，非暮也。得非避庙讳而改为"暮"乎？

又明杨慎《词品》卷三论此句一条云：

　　秦少游《踏莎行》："杜鹃声里斜阳暮"，极为东坡所赏，而后人病其"斜阳暮"为重复，非也。见斜阳而知日暮，非复也。犹韦应物诗："须臾风暖朝日暾"，既曰"朝日"又曰"暾"，当亦为宋人所讥矣。此非知诗者。古诗"明月皎夜光"，"明""皎""光"非复乎？李商隐诗"日向花间留返照"皆然。又唐诗："青山万里一孤舟"，又"沧溟千万里，日夜一孤舟"，宋人亦言"一孤舟"为复，而唐人累用之，不以为复也。

按以上诸家所辨，谓"斜阳暮"三字之不足为病，固是也，惟其所以不足为病之故，则未尽相同，观其论点，约有三类：

一、谓重叠、重复不为病，不必拘泥；（王楙、张綖说）

二、昔人累用重义字，不以为复；（杨慎说）

三、以为原是"曙"字，因避讳而改为"暮"。（王楙说）

以上除第三说当另论外，一二两说，近似而微有别，然皆未免牵强：夫字义既复，即属修辞之病，"何害而病其重"，似未足以服人也。至于"唐人累用之，不以为复"，即不足病，其理亦属难通。

　　窃谓"斜阳"与"暮"，二词之含义不同，其不为复者，非因古人已有，遂可不以重复论也。"暮"者，是昏暗感觉效果之称，"斜阳"是当时之具体日色，二词并无所谓重复也。杜子美《送孔巢父》诗："天寒野阴风景暮。"谓风景昏暗也。韩退之《秋怀》诗："空堂黄昏暮。"谓空堂之中，黄昏之时，全成昏暗状况，故"童子自外至，吹灯（吹燃火种）当我前"也。

　　前人所举"眷彼落日暮"，亦正此类，非因出自太白便不为复也。"朝日"之与"暾"，即"落日"之与"暮"，亦即"黄昏"之与"暮"、"斜阳"之与"暮"耳。

　　至于"明月皎夜光"，明为月之饰词，夜为光之饰词，故此五字实即"月发光"也。设言"烫手热烧饼"，又岂能讥"烫""热""烧"为重复乎？"一孤舟"，"孤舟"自为一词，言其非连樯衔尾之舟也。"一"者谓其旁无他物，万里、日夜，只有此舟也。设言"纠为一独夫"，又岂能讥"一""独"为复乎？

其三"曙"字之说，最为无稽。少游贬郴州在绍圣三年，上距英宗赵曙之殂，才二十九年。其庙非祧，安有少游不避，而后人反为追避者。且米元章与少游同时，亦安得不避乎？且宋人避讳，不但本字，乃至同音嫌名，亦皆避之惟谨。王楙之语，直不似出自宋人，殊不可解。

又今湖南郴州市郊苏仙岭有石刻少游此词，"斜阳暮"作"残阳树"，"幸自绕"作"本自绕"。词后跋云："秦少游词，东坡居士酷爱之，云少游已矣，虽万人何赎！苐书。"无论其用笔结字之谬，其不避嫌名"树"字，亦决非治平以后之人所敢书者，是又此桩公案之再一波澜也。

笔至此，又有所触：古人文字，为后人奋笔直改者，不知凡几。今人校点古籍遇有异文处，常见有"择善而从"一语。如既出所从之字，后附列所见之异字，则读者尚可再加审择。如不出校记，而自"择"其所谓"善"，遽弃其所谓不善者，所弃何字，果否不善，亦无从覆案矣。即借此词为例，如某一刊者，率尔依某一说，径改"暮"字，无论改之为"曙"、为"树"、为"度"，在以"暮"为重复之说盛行时，"曙""树""度"固未尝不为善者也。此校书者之所宜慎者欤？

望 江 南

传闻异词，自古而然。一事重书，或歧为二事；一人名字，或歧为二人；反之，亦或有异事、异人而讹传混一者。典籍之中，固屡见不鲜。至于故事之隽永者，流播众口，增枝减叶，甚至面目全非者，亦往往而有。

昔有人于宴席中行一酒令：第一人以一事附耳告第二人，并札记其情节。第二人以下，亦附耳递传，至末一人听毕而口宣之。第一人取所记情节相印证，每有极大之歧异，举座以为笑乐。如就古人记事之文，排比而合观之，亦将不减此酒令焉。

宋人王彦龄吟《望江南》词事，于宋、元人笔记中余见者凡三条。宋王灼《碧鸡漫志》卷二：

> 王齐叟彦龄，元祐副枢岩叟之弟，任俊得声。初官太原，作《望江南》数十曲，嘲府县同僚，遂并及帅。帅怒甚，因众人入谒，面责彦龄："何敢尔！岂恃兄贵，谓吾不能劾治耶？"彦龄执手板顿首帅前曰："居下位，只恐被人谗。昨日只吟《青玉案》，几时曾作《望江南》，试问马都监。"帅不觉失笑，众亦匿笑去。

南宋洪迈《夷坚志》壬卷七：

> 旧传一官士，在官爱唱《望江南》，而为上官所责者，不得其姓名。今知为王齐叟字彦龄，元祐副枢彦霖之弟也。初官太原，作此词数十曲嘲郡县僚佐，遂并及府帅。帅怒甚，因群吏入谒，面数

折之云："君今恃尔兄，谓吾不能治尔耶？"彦龄顿首谢，且请其过。帅告之。复趋进倚声微吟白日："居下位，只恐被人谗。昨日但吟《青玉案》，几时曾作《望江南》。"下句不属。回顾适见兵官，乃日："请问马都监。"帅不觉失笑，众亦匿笑而退。彦龄讫浮沈不显。

多出末句不属回顾见兵官一事，及彦龄仕宦不显之结局。至元陆居仁《轩渠录》则云：

> 王齐叟，字彦龄，怀州人。高才不羁，为太原掾官。尝作《青玉案》、《望江南》小词，以嘲帅与监司。监司闻之，大怒责之。彦龄敛衽而前，应声答曰："居下位，常恐被人谗。只是曾填《青玉案》，何尝敢作《望江南》，请问马都监。"时马都监者适与彦龄并坐，马皇恐亟自辩数。既退，诘彦龄曰："某实不知，子乃以某为证，何也？"彦龄笑曰："且借公趁韵，幸勿多怪。"

略去其兄，增出监司，且责者非帅，而是监司，又多出马都监诘问一事。《青玉案》原为托词，此则成曾与《望江南》并作之词，敛板变为敛衽，倚声变为应声。

自行文观之，词之末句，自是凑足者，而多此诘答，更多谐趣。亦或本有其事，前人述之过简。惟"昨日偶吟《青玉案》"，乃借以反证"几时曾作《望江南》"耳。如平日即同以此两调嘲诸官，则自承曾作《青玉案》，亦仍莫以自解焉。且上官见责时，独吟《望江南》为答，而不吟《青玉案》，又何故耶？且《望江南》词调，通行天下，无所谓敢做与否。所以触忤者，在其词之所嘲，而不在其词调。此云"何曾敢作《望江南》"，则不知所谓矣。敛板者，敛其所执之手板也。倚声者，按其词之乐律声调以吟也。改敛板为敛衽，一似妇人之侠拜矣。又改倚声为应声，则从容变为急遽矣。"书经三写，乌焉成马"，王彦龄《望江南》一事，至《轩渠录》，已走却原形，故言史料者，贵得其原也。

抑尚有说：隋有侯白，明有徐文长，皆趣话所丛，未必果有其事，有其事亦未必果属其人。近世戏剧、小说，以至江南弹词中，每见王延龄其人，延亦或作彦。其事迹多属排难解纷，平世之不平。且措置滑稽，俱符所谓任俊者。然则其人流传于委巷口耳，盖已久矣。如以俚言中人物，一一核其身世、年代、官职、里贯，以辨人之有无，事之虚实，则非知民间文学者。

云　汉

《老学庵笔记》卷三：

曹孝忠者，以医得幸政和、宣和间。其子以翰林医官换武官，俄又换文，遂除馆职。初蜀人谓气风者为云，画家所谓赵云子是矣。至是京师市人亦有此语。馆中会语及宸翰，或谓曹氏子曰："计公家富有云汉之章也。"曹忽大怒曰："尔便云汉。"坐皆惘然，而曹肆骂不已。事闻，复还右选，除阁门官。

按今北方犹谓头昏曰晕，如人无理智，举动任意者，俗谓之晕头。晕读平声，亦或有读去声者。此曰云汉，曹氏子疑人嘲之为晕头汉子也。盖市井语，医士晓之，而馆中人未必尽知耳。此宋人俗语之至今犹存者。

又画家赵云子之迹既不传，而名亦不为传画史者所常及。惟杨凝式风子之号，流传独广焉。

晋代人书信中的句逗

今年二月下旬，有一位兄弟院校的教师寄来一封信，说到王羲之写的《快雪时晴帖》中有一处句逗难断，据说问过两位朋友，所说不一，因来函垂询。帖文如下：

> 羲之顿首，快雪时晴，佳想安善。未果为结力不次，王羲之顿首。山阴张侯。

这里除后面写信的人名和受信人张侯（侯是尊称）外，"快雪"等八个字，也很明白。只有"未果"等七个字不易点断。这正是那位朋友垂询的问题。我学书法，也曾不止一次地临写这个帖，也曾对这七个字的句逗感到困惑。后来从"力不次"得到初步的解释：回忆幼年时，家中有婚、丧诸事，有亲友送来礼物，例由管账的人填写一张"谢帖"，格式是用一张信笺一样的空纸，右边印一个"领"字（如不能接受的礼物，即改"领"，写一个"璧"字，表示璧还），中间上端印一个"谢"字，下半印受礼家的主人姓名，左边空处由管账者临时写"力若干（付给力的酬劳钱数）"。这个"力"即指送礼人。当时世俗称卖劳力的人甚至称为"苦力"，文书上即写一"力"字。联想到帖中的"力"字，应该即指送信人。又按古代旅行，走到某处停下来，称为"次"，表示旅程的段落。杜甫诗有"行次昭陵"一首，即是"行到昭陵"。那么"不次"当是不能停留，需要赶快回去，所以王羲之写这短札作答复。

再看"未果"，当然是未能达到目的，未能实践约会一类事情的用语，事未实现，自然心怀不畅，那么"结"字应是指心情郁结。这样系联的解析，大致可能差不多了。只是对方究竟要约王羲之做什么？就无从猜测了。

又有传为王献之写的《中秋帖》墨迹，在清代曾被列入"三希"的第二件。帖文是：

> 中秋不复不得相还为即甚省如何，然胜人何，庆等大军……
> （勉强句逗，仍不解其义。）

这段话，从来没见有人给它点出句逗，也就无论读懂语义了。按宋代米芾得到晋代谢安、王羲之、王献之的手札各一件，是真原迹，不是向拓（用蜡纸钩摹）的，因题他的书室为"宝晋斋"，又曾把这些字迹刻石拓，号称《宝晋斋帖》。王献之一帖被称为《十二月割至帖》，原文如下：

> 十二月割至不，中秋不后（或释"复"）不得相未复还恸深反即甚省如何，然胜人何，庆等大军……

这帖既经米芾鉴定不是钩摹本，也没说过帖有残损情况，但语义仍然无法解释。拿这帖的拓本和《中秋帖》相比较，非常明显，《中秋帖》实是米芾自己摘临这帖中的字。为什么摘临？大约米氏也不全懂帖文吧。

摹刻古代法书，常只保留完整的字，删去有残缺的字。例如宋代《淳化阁帖》卷九有王献之《廿九日帖》。有一句"遂不奉恨深"，非常奇怪。按书面语词，有"奉呈""奉赠""奉祝""奉贺"一类的"敬语"，却没见过"奉打""奉骂""奉仇""奉怨"一类反面词汇的。那么，"遂不奉恨深"究竟怎讲？后来看到《万岁通天帖》卷中有唐人摹拓这一帖，原来"奉"字下有"别怅"二字，但这二字残缺了右半，只剩下"另""忄"两个左旁半字。淳化刻帖时，便删去两个残字，把"奉"字和"恨"字接连在一处，便成了这等怪话。宋代法帖中摹刻二王的书札最多，有很多词句难懂处，其中当然有书家自己的暗语，或习用的省略俗语不易解释。此外，还有删除残字以致词句难通处，这里的

"奉恨"即是一证。

又《阁帖》卷三王洽《不孝帖》有一句云："备□婴荼毒"，"备"下有草书一字，字体既不一致，语气亦不连贯。（有人释为"豫"字，也并不像。）后见唐摹王羲之《丧乱帖》中有南朝姚怀珍鉴定押字，"珍"字草书正与王洽帖中不可识的字相同，才得知原是帖中行间姚怀珍的押字，误被摹帖人认为句旁边添加的字，便摹入句中。这与前边删去残字的"奉恨"恰相对照。从这类例证，可知古代法帖中晋人书札多难句逗的缘故之一了。

前面谈了清代尊为"三希"的《快雪时晴帖》、《中秋帖》两帖，还有第三"希"的王珣《伯远帖》，这帖确非钩摹，也没有残损的字，而且字句连贯，只是有些词句偏于古雅，字迹有些潦草处，读起来也颇费推敲。现在也试作句逗，就正于鉴赏方家。帖云：

> 珣顿首顿首：伯远（人名）胜业情期，群从之宝（此字潦草），自以赢患，志在优游，始获此出，意不剋（克）申。分（此字微残）别如昨，永为畴（此字潦草）古。远隔岭峤，不相瞻临。（此帖尾原已不全）

357

按伯远不知是否王珣的弟兄，"群从"也可能指伯远的弟兄，他在弟兄之间特别优秀。"此出"不知是说王珣远游，还是伯远外出。"分别"当然是王珣与伯远分别，"畴古"，如云"古昔"，说伯远作了古人。当时的语言环境，我们无法了解，所以只能看帖文表面大意了。

仁者永怀无尽意

——回向赵朴初先生

中国幅员广大，世界闻名。长江、大河，自西东下，不但四岸的民命赖以生存，南北的文化教养，也获得无穷的滋长。

唐世藩镇割据，使得金瓯碎裂。北宋虽然部分统一，而又自制内部矛盾。同胞兄弟阋墙之后，夺位掌权的弟弟，把哥哥的子孙统统赶至江南，朝内失势的大臣，又都赶到更远的边境。从此造成数千年中国文化，盛于江南，成了八九百年的局势。到了清朝，正常科举之外，还一再地举行博学鸿词的特别科举，所取人才，更多是江南的文士。

赵朴翁生于皖江，长于沪、宁，又加天资颖悟，所谓渊综博达，亦出勤学，亦出天资。始到"立年"，即参加红十字会工作。这项工作，无疑是集中在扶生救死，奔走四方，对于体力锻炼、思想的仁慈，实是一种深刻的培养。那时有一急救对象，正处在困饿无援的境地，朴翁冒着生命的危险，把募来救济的粮食，送去救急。旁有关心的人士向年轻的朴翁提出警告，朴翁反问：你如见到你的同胞困饿将死，那应采取什么办法？是先问他的派别，还是先送去食品？由此不禁想到《论语》中孔子的弟子问孔子：如有"博施于民，而能济众"的人，算不算"仁"？孔子说：何止够"仁"，应该算"圣"，尧、舜恐怕都不易达到这种行为！又佛教传说中，有释迦牟尼自己割肉喂虎的故事。朴翁当然知道这类行为危险的程度，与割肉喂虎的传说相比可以说有过之而无不及！朴翁后半生更多地做佛教以及各宗教全体的统战工作，好像是一位彻头彻尾虔诚的佛教徒,哪知他的仁者胸怀,其来有自,宗教的表现,不过是仁者胸怀升华的一个支流罢了!

湖北蕲水陈家自秋舫殿撰(沆)以来,文风极盛。朴翁在沪上时常请教于殿撰诸孙曾字一辈的先德,尤其喜读《苍虬阁诗》。陈四先生(曾则)的女公子邦织女士,在家庭的影响下成长,又和朴翁结了婚,成为朴翁在新中国工作更加得力的帮手。

一九八三年我初次访问日本,谒见了宋之光大使,宋大使留我住在大使馆的宿舍。正在日本电视台上教中文的陈文芷女士,来到宿舍相访。文芷女士是邦织夫人的堂侄女,拿来朴翁吟诗的录音带给我听。她问我:"你猜是谁的哪一首诗?"我说一定是"万幻惟余泪是真"那一首。文芷女士又惊又喜,说:"你怎么猜得这么准?"我说:"很简单。朴翁喜爱《苍虬阁诗》,《苍虬阁诗》中又以这'泪'的一首最为世所传诵。朴翁半生都是在'视民如伤'的心情下努力奔走的。请问朴翁选诗吟诵,不选这一首,又选哪一首呢?"这正如禅机心印,相对拍手大笑。

后来叶誉老的一部分书画文物捐给国家文物局,王冶秋局长拿到朴翁家中,也叫我去参加鉴定。朴翁对书画文物本是很内行的,却微笑地在旁看大家发表意见。这一批书画,本是誉老自己亲自收藏的明清人的精品,并没有次等作品。其中给我留下印象很深的一卷憨山大师的小行书长卷,中间有几处提到"达大师",抬头提行写。我想这样尊敬的写法,如是称达观大师,他们相距不远,又不见得是传法的师弟关系;抬头一望朴翁,朴翁说:"是达摩。"我真惊讶。一般内藏书中,对于佛祖称呼也并不如此尊敬抬头提行去写,不用说对达摩了。由此可见憨山在宗门中对祖师的尊敬,真是"造次必于是"的。我更惊讶的是,这一大包书画,朴翁并未见过,憨山的诗文集中也没见过这样写法,朴翁竟在随手批阅中,便知道憨山对祖师的敬意,这便不是偶然的事了。而朴翁乍见即知憨山心印,可证绝非掠影谈禅所能比拟的。

朴翁生活朴素,也不同于一般信士的长斋茹素。我曾侍于世俗宴会之上,但见朴翁自取所吃之菜,设宴的主人举出伊蒲之品,奉到朴翁坐前；表示迟奉的歉意，朴翁也就点头致谢，没有任何特殊的表示。这样生活，在饮食方面，我还见过叶誉虎先生。主人设宴，不知他茹素。誉翁只从盘边夹起蔬菜随便来吃。我与主人相熟，刚要向他提醒誉翁茹素，誉翁自己说："这是肉边菜。"及至主人拿来素菜，誉翁已吃饱了。这两位都过了九十余岁，二位虽然平生事业并不相同，但晚年在行云流水般的起居中安然撒手，在我这后学88岁的目中所见，除著名的宗门大隐外，还没遇到第三位！

我与朋友谈过朴翁素食的时间，我的朋友说一定是由于掌管佛教协会，才有这样的生活，但都不敢当面请教。一次，我因心脏病住进北医三院，小护士来从臂上取血，灌入试管，手摇不停。我问她为什么摇晃试管，她说："你还吃肥肉呢！血脂这么高，不摇动，它就凝固了。"正这时，见一位长者迈步进来，便说："你们吵什么？我吃了六十多年的素，血脂也并不低呀！"原来这位长者是赵朴翁。小护士拔腿跑了。我真是百感交集，我这小病，竟劳朴翁挂念，又遗憾那位朋友没得亲自听到这句"吃了六十多年素"。至今又是二十多年，朴翁因心脏衰竭病逝，并非因血脂高低影响生命。

朴翁寿近九十，常因保健住在北京医院。我有一天送我的习作装订本去求教，一进楼门，忽然打起喷嚏，我立刻决定写一个纸条，不敢上楼求见，谨将习作呈上，以求教正。后来虽有要去谒见的事，只要有感冒之类的病情，便求别人代达，不敢冒失去求见。今天朴翁仙逝，正赶上我患"带状疱疹"（俗名串腰龙），又无法出门往吊。回忆朴翁令人转赐问病，真自恨缘艰，欲哭无泪了！

朴翁逝后，一次和一位佛教界的同志谈起今后朴翁这个位置的接班人问题，我们共同猜度，许多方面，例如：宗教信仰，办事才干，社会名望，人品年龄等，都不会成为极大的问题，只有一端，即朴翁的平生志愿和历史威望，实在不易想出有谁能够密切合格。朴翁身居佛教的领导人，却不是出家的比丘；以佛教协会的会长，在政协的各宗教合成的一组中团结一致，一言九鼎，大家同存敬佩之心，而不是碍于什么情面。我和友人说到这里，共同击掌相问："你说有谁?"接着又共同长叹。至今半年有余的时间中，自恨无文，不能把这段思想综合起来，写成动人的韵语，敬悬在朴翁的纪念堂中，向全国人民表达我们的希望!

朴翁一生，从青年、中年到老年的心期和工作，无一处不是在"博施济众"的目的之下的，在先师孔子论"仁"的垂教中曾说：能做到这个地步的人，不只是一位仁人，而且够上圣人，并恐怕尧舜未必全能做到! 我读了若干篇敬悼朴翁的文章，所见的回向赞语，真可谓应有尽有，而"博施济众"的"仁人之语"，所见还不太多。我又在朴翁的书房中见到"无尽意斋"的匾额，这虽是《金刚经》中的一个词，对一位具有仁心，还无尽意的朴老来说，岂非"尧舜其犹病诸"，难道还不够一位"仁者"吗!

二〇〇〇年

钟敬文先生的做人和治学

说到做人和治学，这是作为教师的必备条件。我想从钟敬文先生说起，他可以说是这方面的表率。他说过："有些导师……缺乏崇高的理想，缺乏拼命干社会主义事业的精神；有的只想多弄点钱，到社会上去兼职；挂了导师的名却不能尽到导师的责任。这样的导师，是很难带出德才兼备的学生来的。"他不仅是这么说，也是这么做的，我从心眼里尊敬、佩服他。

二十年代他在岭南大学工作、学习之余，就到图书馆整理民俗文献，研究民间文化。后转到中山大学，协助顾颉刚先生等建立了我国第一个民俗学研究组织——民俗学会。当时反动政府认为他是左派，黑名单上有他，要捉拿他，学校保守势力解除了他的教职。那时他们夫妻俩已有了儿子钟少华，他拉家带口逃跑了，没钱就把身上的衣服卖掉，日子很艰难。三十年代他们夫妻一起到日本留学，研修神话学、民俗学，钟先生在日本撰写发表的《民间文艺学建设》一文，首次提出建立独立的民间文艺学的问题。一九三六年回国后，钟先生继续从事教学，从事他所喜爱的民间文学、民俗学的研究。一九四七年因思想"左倾"，他又被校方解职了，去了香港。一九四九年，他们夫妻和在香港的一大批文化界人士回到北京。钟先生接受时任北京师范大学校务委员会主任黎锦熙先生的聘请，在师大任教，讲授民间文学。一九五六年毛泽东提出了"百花齐放，百家争鸣"，没想到好景不长，政治形势发生了急剧的变化，钟先生和我们几个都成了"反党反社会主义""向党猖狂进攻"

的右派分子。那时我们被"专政",同在一屋,经常遭到批判,口诛笔伐,这个单位批一回,那个单位批一回。现在想起那个时候仍很紧张,没法再研究学术了。虽然处于困境,钟先生却没有放松对学问的追求,也没有减少对工作的热情。后来,"文化大革命"结束,终于可以给学生们上课了。钟先生为恢复民俗学的学术地位呼吁奔走,邀约著名学者,建立起全国性的民俗学学术机构——中国民俗学会,他当选为理事长。

他非常重视民间文学与民俗学的教学科研工作,为了推进学科建设,他提了很多建设性意见,几次组织全国高校教师编写教材,多次举办讲习班及高级研讨班。他领导的民间文学的学科点,经过几年的努力,已经成为国家的重点学科;他主持的几项教学改革项目也多次获奖。

对民俗学、民间文学,我不懂,我曾打"皮薄皮厚"这样一个比方。什么叫"皮薄"呢?比如京剧《空城计》诸葛亮唱的"我本是卧龙岗散淡的人",一听就明白;又比如清代的《子弟书》,一唱就能懂,我想这就是"皮薄",就是民间文学。什么叫"皮厚"呢?像昆曲,好听,却不容易听懂,《西厢记》中张生唱的"梵王宫殿月轮高,碧琉璃瑞烟笼罩",还得让人讲解才明白的就是"皮厚",就不是民间文学。我把我的理解说给钟先生,他说是这样的。他是我国民俗学、民间文艺学的领路人,是将学术"平民化"的倡导者。

在过去,民俗是很不起眼的学科,需要学者深入到人民的生活中进行考证,钟先生志存高远,对他所从事的民间文艺建设、民族文化的研究至死都是很爱的,很忘情,很执著,直到百岁仍然筹划着民俗学学科建设的大事,在临终前的几个小时还在为"我有好多事没做"而遗憾。

对传道、授业、解惑的教师职责,他是很看重的,兢兢业业;在对人才的培养上,他把人品作为第一标准,其次才是学问,所以他对学生的道德品质要求很严格。他针对民俗学学生来源不同学科,程度也不一样的实际情况,区别对待,为他们制定不同的培养方案和要求。看到学生的论文受到学界好评，有的还获得全国性学术著作奖，他就特别高兴。他对学生谁学得好，谁学得不好，心里记得特别清楚，该给谁谁谁、某某某评什么奖金或什么职称，他就给系里打电话提建议，从不因这个人由于别人对他有看法就不管他。临终前他还在为一个学生争奖学金。他始终在关心、重视他的学生的前途。

钟先生百岁高龄仍坚持亲自给学生上课，在他生命的最后，即使住进医院，他还时时给家给学校打电话，安排教学，挂念着科研工作，嘱咐教研室的老师代他为新来的博士生开设民俗学史课程，先后约见十几个学生到他病房汇报学习情况，他就坐在医院里的沙发上给学生讲课，听学生的开题报告。有一天，我去医院看他，他坐在轮椅上，正给学生讲课呢。到医院去的学生很多，他一个一个地进行辅导，不厌其烦。这可是生死关头哇，真如古书上所说：敬业乐群，不辞辛苦。

他的旧诗做得好，很在行。他曾对我说："咱们两人开个课，叫做学旧诗。你干不干？"我说："我不干。"他问："为什么？"我说："学生的习作肯定都得到我这儿。俗话说，'富于千篇，穷于一字'，现在的学生平仄都不知，咱们得费多大劲呵。"可他有兴趣，有热情，正可谓"老不歇心"。

他是民俗学的学科带头人，总在不断地吸取新的知识，不断地充实自己。他说："我作为研究生的导师，感到自己的不足，有点苦恼，不时心里嘀嘀咕咕。导师在学问上、思想上应当不断前进，我深知自己的精力已经不很充沛，根本改变这种状况已不可能。年纪大了，进步慢，但不能放弃追求，降低标准。"他的一生都在忙，忙着读书，忙着研究，忙着教学，晚年他虽受到年龄局限，仍对自己丝毫不放松，始终抓得很紧。比如，他每天早上五点多就起来在校园里遛弯儿，提着手杖，急匆匆地向前走，有时后面还跟着好几个老头儿老太太，有人把这说成是学校的一个景点。比如，他临终前还编辑出版了反映他一些重要的和有代表性思想与活动的集子，就是那本我给他题写书签的《婺尾集》。婺尾，就是表示已经到生命的尾巴了，他还用功呢。比如，他对待讲课，很认真，认为不能白挣奖金，不能对不起增加的工资。这好像很庸俗，却反映了他的品德，他的做人。

钟先生的百年之旅不仅创造了生命的奇迹，而且以其对民族文化的挚爱，对学问的虔诚以及其道德品性给后人树立了典范。回想，中文系定于二〇〇二年一月三日在友谊医院给钟先生过百岁生日，他吃着祝寿的蛋糕，还对大家说：我要养好身体，回去讲课。仅隔一个星期，二〇〇二年一月十日，他就走了，走完了他的一生。我送他"早辑风谣，晚逢更化，盛世优贤诗叟寿；独成绝诣，广育英才，耄年讲学祖师尊"。这是他一生留给我的印象，也是我对他做人和治学的敬仰！

（二〇〇二年李书整理）

两 句 话

今天大家来给我过生日，此时此刻，想得很多，心情也很矛盾。有两句话，最能概括我的心情。

第一句话，过这个生日，我感到很悲哀。我一岁时，父亲就过世了。母亲带着我，孤儿寡母，相依为命。到了一九五六年冬天，母亲也故去了，我非常难过。第二年就是一九五七年，我被打成了"右派"。这时，我又感到了半点安慰，幸亏母亲在这之前故去了，如果她看到我成了"右派"，会觉得没有把我教育好，一定非常难过。所以说，今天过这个生日，想起了母亲，我感到非常悲哀。

第二句话，参加这个活动，我感到很惭愧。今天大家聚在一起，总要为这个活动取个什么题目，还要往学术上靠，说是我的学术座谈会，我十分不安。说到术，我们中国有美术、法术、道术、武术等等，而我却是个不学无"述"之人。学术上没有什么成就，也没有什么学术著作，东抓一把，西抓一把。因为不学，也就没有什么可述的。大家来参加这个会，真是不敢当，所以感到非常惭愧。谢谢大家！

二〇〇二年七月二十六日

我所尊重的李长之先生（代序）

　　长之先生以年龄论仅长我两岁，以学识论，实在应该是我的前辈。且不说他的学问，即以他读过的中国古典文史和英、德、法、日等外语的记忆、融贯和表达的能力，也是这种年龄的读书人所不易企及的。

　　我没上过大学，也不会外文，只从一位老学者读过经、子、文、史的书，学着写古文诗词，承世丈陈援庵先生提拔到辅仁大学教书，中间受尽轻视和排斥。解放后院系调整，到了北京师范大学。旧社会出来的知识分子有一些毛病或说习惯，一是乡贯相同，一是职业相同。今天分析起来，实是语言交流的容易为主要的原因。长之先生虽原籍山东利津，但从小久居北京，和我有绝大的相近关系，后来又有同"派"之雅，如果模拟科举习称，我们相呼"同年"，又有何不可呢！

　　我在北京师范大学中文系教古典文学，当时有一种"心照不宣"的规律，即文学史必由政治水平高的教师担任。所谓高低，当然在于政治的资历。如果是一位政治上有资格的教师，不论他的业务怎样，也可以讲文学的发展或文学发展的理论。有一位曾和另一位年轻的革命教师有过往还的中年教师，在业务上是东拉西扯，但他曾从那位年纪轻的革命教师那里听来一些革命理论的名词，这样他便常常在讨论中取胜。一次李长之先生讲陶渊明一句"鸡鸣桑树颠"，那位便说与"种桑长江边"有关，姑不论陶氏家是否临着长江，由于这位"半权威"的人说了就必须跟着他牵强附会地去误人子弟。

　　有一次一位朋友需要讲一位欧洲文学家的生平和他的文学成就，来求李先生帮他的忙，李先生就请他在一旁坐下，自己一边就拿起笔来起草。我由于不在旁边，听当时在旁边的人说，大约一个课时（九十分钟）的时间，即把草稿写成。那位朋友喜笑颜开地拿着那篇草稿走了。这是我得知李先生对外国文学和外国作家的熟悉情况。

李先生写过一篇分析鲁迅的文章，题目用了"批判"二字，那是日文"批评"的同义词。李先生是通日文的，在解放前有许多词汇是由日本文章上引来的，特别是法律上许多词汇，例如：法律、会议、通过、胜诉等。笔者幼年时流行新戏剧被称为"文明戏"，有些人拿着手杖，被称为"文明棍"。一次我说了"文明"二字，被先祖申斥："你跟谁学的这个'新名词'？"后来读了《易经》，见到这两个字，这时先祖已去世了，才知道即使古书上已有的词汇，在今天的用法和含义已不相同，即当做新含义看待了。相传清末有一位达官看到秘书代他起草的一篇文稿中有一个"新名词"，他便批上"某某二字是日本名词，阅之殊为可厌。"他的秘书看到之后又批了一句说："名词二字亦日本名词，阅之尤为可厌。"这位达官也没办法了。李先生在大量袭用日本名词的时代也用了"批判"二字当做"分析"含义文章的标题，没想到解放区这"批判"二字的用法却只作负面的含义来用的，李长之先生的这篇文章便成为"阅之殊为可厌"的"反动"罪名了。

去年我与我校的一位老领导聂菊荪老同志见面，谈到李先生，我说："他在中文系可是'罪大恶极'的人物啊！"聂老说："他最后的解放是我签署的，据我所知：他年轻时通晓几种外文，文笔很快，也比较多，有傲气，得罪人较多。"这时我的胸间所压的一块大石头才像一张薄纸一样地被轻轻揭开，而李长之先生也总算亲手在改正右派分子的文件上签了自己的名字。他在给我的电话中说："感谢当今的领导啊！"

李长之先生的学问、文章，都由他的二女儿李书和女婿于天池搜集编排，终成为这部文集，也是我们这些旧时代过来的知识分子们共同值得安慰和庆贺的！《文集》中绝大多数文章我没读过，只有关于司马迁那部分是曾拜读过的。我一向不敢为朋友的文章作"序"，最多只称"读后记"，但今见《李长之先生著译年表》后感到称"读后记"也不确实，只好标题《我所尊重的李长之先生》（代序）吧！

诗句改作对联

旧体诗有许多种形式，现在流行较多的，是五、七言绝句和五、七言律诗。绝句只有四句，两句之间可不对偶，也偶然有对偶的。

五、七言律诗的中间四句就照例要作两联。后世写五言、七言对联的有用名家诗中原作某一联的，更多的是把某些名作诗句摘出，找某两人的某两句合成词句对偶，平仄和谐的成为一联。例如清末曾国藩逝世，他的内弟集句成一副挽联："平生风义兼师友，万古云霄一羽毛。"后来梅兰芳逝世，有人代某演员集句作挽联云："平生风义兼师友，一隔音容两渺茫。"都是生死二人各如其分，不能换在别人身上。

还有集古书中句作成长联，更有集古代名家"词"句成长联的，更多情韵潇洒之作。前代书法家也多爱书写，这里不多举例。

前些年一位云南哲学家艾思奇教授写了一本《大众哲学》，是讲述马列主义的普及读物。作者在一九六六年逝世，到一九七八年《大众哲学》按作者自己修订本再版时，作者家属曾广为征集题词。我受征写一首七言绝句："马列主义毛思想，《大众哲学》众习讲。一卷风行数十年，读者长怀著者往。"到二〇〇〇年，作者的夫人发起纪念会，再印《大众哲学》，还作了一对铜镇纸，即把二十年前奉题的那首拙作裁成两条，前两句为一条，后两句为一条，这种对联，在集句成联的已有格式之外，可算是又一种新的格式了。

北京师范大学百年纪念私记

今年是北京师范大学成立一百周年的纪念。校内教师九十岁的人，只有三位了，互相回忆自己曾经承教的先师，几乎俱已仙去，即数起同辈的朋友，亦已寥若晨星。现在先就不可磨灭的印象中不可磨灭的先师说起。

北京师大百年纪念是从何年算起？这就要追溯到清末"京师大学堂"建立之始。启功生于一九一二年夏末。上距京师大学堂建立大约将近十年，当然无从知道。二十岁以后，初到辅仁教书至今将近七十年，这段时间许多位名宿急遽凋零，现在姑且就我个人记忆谈起。

一、陈垣校长与英华先生

陈垣先生是我的世交长辈，由我家的一位老世交傅增湘先生介绍见到陈先生。先生当面教导我如何教学生，说"言教不如身教"，语重心长，使我平生难忘，改我文稿，教导我的思想，怎样除旧布新。这样直到一九七一年陈师逝世。他的一举一动，都是我们的表率。我是从辅仁大学长起来的，解放后辅大与师大调整为新师大，在启功从个人记忆中追述，就不能不从辅大谈起。

有一位我们满洲同民族的老前辈英华先生，满姓赫舍里氏，是虔诚的天主教信徒，学识渊博，曾主办《大公报》，又办"温泉中学"。西方学者利马窦在明代来中国，汤若望在明末清初来中国，清康熙时，南怀仁又帮助康熙学外语和西方文化知识，但西方传教士对中国的文化教育始终没有广泛的影响。英老先生因此具书给罗马教宗，请求派专门人才来中国创办学校。最初由英老先生集合同仁办了一个学术团体叫"辅仁社"，后来罗马派来一个天主教的分会办起辅仁大学。陈垣先生家世是基督教信徒（路德派），陈先生又好钻研历史文化，又好探讨各宗教的传承历史。他在做国会议员和教育部次长时，曾以自己搜罗的元代"也里可温"（天主教）的历史记载向英老先生求教，英老先生即高兴地把自己研讨的材料补充给陈先生。于是这两位学者就结成师友关系。及辅仁大学建校时，英老先生即延请陈垣先生任校长。当时天主教同道曾不赞成延请教派不同的人任校长，英老先生深信陈垣先生的人品学问，不是拘泥教派成见的人，力排众议，聘请陈先生任校长。从此辅大即成了学术的大学，并不仅是教派的大学。英华老先生字敛之，号"万松野人"，平生未入仕途，有著述数种，善书法，今西山温泉中学旧址门外南面山上刻有"水流云在"四个大字，即是英老先生所书的。

二、陈校长为教育事业的学术研究

陈垣先生任辅仁大学校长以来，曾延许多位学者在辅大任教，使得后起的辅大顿时与避寇四川的西南联大南北齐名，中间经过沦陷时期，日寇从辅大校中捉去已知的抗日的人士外，竟未敢干涉校政。其中艰苦，可以不言而喻了。日寇投降后又与北京复校的燕京大学并驾齐驱。直到解放后，院系调整，辅大与师大合并，又成国立的新师大，陈垣校长的蝉联伟绩，是今天应该首先大书特书的。

陈垣校长生于广东新会的书香门第，在封建的科举时代，当然以应举为正途。先生的读书方法是相当别致的。他少年时在读了基本古经书、《孝经》《论语》等必读的古籍之外，自然以八股文为必读的。陈先生说，曾把当时流行的种种墨卷拿来阅读，见哪篇有所会心，用圈点标出，放在一边，再取一篇去读，如此积累，把装订拆开，再把选出的合订熟读，然后拟作。经过县试、府试，以至学政的院试，获得廪、膳的资格，听说曾入京应考，可能曾获得拔贡资格才能入京朝考。可惜我当时年幼，不懂得科举详情，今天已无从请益了。陈先生又发现清朝谕旨中有许多前后矛盾，就通读《硃批谕旨》和《上谕内阁》，摘其矛盾记成《柱下备忘录》，一部分刊于"北大研究所国学门"的刊物，后来即用此法通读《廿四史》，记其种种编辑经过和存在的问题，写出提纲，为学生讲授，后来在前北京师范大学讲授，学生即在若干年后再加发挥，便成了学生自己的著作。又把陈寿的《三国志》和范晔的《后汉书》比较阅读，教前师大的学生作《陈范异同》（用《班马异同》的前例），这位学生写成论文，还刊成专册。陈先生又曾在前燕京大学研究所中教学生如何编辑古书的索引，自己领着学生去查、去编。当时还没有这类工具书，这比后来出版的《丛书子目索引》三厚册简略些，但先生这部与学生合编的未刊索引，一直在身边架上备用。为查历史的年月，得知日本御府图书寮编了一种《三正综览》，曾用二百银元托友人在日本抄出副本，自己又逐月逐年编排演算，这种核算的稿子即成了《中西回史日历》。编到了清朝的历史朔闰，先生就到故宫文献馆中查校保存的清朝每年的"皇历"（乾隆以来改题为"时宪书"，以避乾隆的讳字）。再后日本印出《三正综览》，我买到一本，发现不但编排远远不及陈先生所编的醒目，又见清朝每月的大小尽和多处有所不同，就拿去请教。先生说："清朝的部分是我在文献馆中校对了清朝的每年的'皇历'，自以我的为确。"文人们常说："某人博览群书"，说明这位学者读书的广度，却忘了仅有广度，若无细度、深度，那就是一维的读法，还却缺了二维的。

陈先生研究古代宗教，最先出版的，也是最先着手研究的。后来又接着考证了"开封一赐乐业教"（即以色列教）、"摩尼教"、"火祆教"，先曾拟合编为"古教四考"，后觉文章撰写的时间不同，文章风格也就有异，便搁置起来。先生又曾对基督教的《圣经》作过译本的考证（原稿未曾发表）。又搜集道家的碑刻成为《道家金石志》（是先生次孙智超同志经手出版的）。有读者曾提出"道家"应称"道教"，其实这个问题先生早已考虑过，以为汉末"五斗米道"增益了"五千言"的哲理，北魏寇谦之创立的像设、仪轨全袭佛教，又与"五千言"的哲理不同，与后世道士度亡所诵的"皇经"相距更远。所以宁称"道家"不称"道教"。在古宗教中，以佛教创始最古，静修的哲理最深，经、律、论三藏的典籍最繁，历代名僧又多通儒学，文笔宏通，阐述宗风之余还多兼通"外典"，所以研究佛家著述，可以兼获许多资料，先生家佛藏有四部之多，先生曾戏言："玄奘被称为三藏，我今已有四藏了。"先生著有《佛教史籍概论》，薄薄一册，却来源于四大藏经。我的一位好友王靖宪同志，读了《佛教史籍概论》，后见我们一位同门所著史籍论著，对我说："那位论著的作者文章和考证的方法怎那么像《佛教史籍概论》呀？"我说："那位作者正是陈老师的高足啊！"

陈先生研究《元史》，写了《元西域人华化考》。解放后，先生的著作多已重版，只有这一部书久被迟疑搁置，由于怕有"大汉族主义"的论点。我们又重新细读，不但毫无所疑之点，却有"民族融合"的许多证据，把意见反映上去，才见重版出书。先生又因只见沈家本的寄簃刻本《元典章》，后得知故宫藏有元代所刻的古本，即带了许多位学生天天到故宫去校对，成了《元典章校补释例》一书，这不但使读者彻底了解了《元典章》一书，先生在书后还总结出"校勘四例"，综合清代学者关于校勘的论点，还结合实际校勘工作的范例，最为有益于后学。后来台北影印出原刻《元典章》全书，有人即说"陈先生的校勘并非独得之密"，这正如看见电脑后，即说驿站跑马、电报传信是极端落后，不知是耻笑前贤，还是耻笑自己！陈先生研究《旧五代史》，但《旧五代史》早已佚失，《册府元龟》又不专是五代的事迹资料，要用《册府元龟》中的材料，就必须理出它每条的内容都是讲的什么。先生认为至少要（一）按其年代；（二）人名；（三）事迹，各分一类，列为索引。然后按五代的历史中这三项内容加以排列，虽然未必全是《旧五代史》的原文，至少也是五个朝代的有关资料。

先生还因避讳皇帝的名字和避讳父母的名字（家讳）是中国历史中的一种特殊现象，不论是手写的文字、刊刻的金石和书籍的版本，都可因避讳字的代替字、缺笔字，而知其写、刻的时代。这也是读书人，尤其读史书的人必须知道的一项常识，所以作了这部《史讳举例》。

还有许多零碎的问题，写成单篇的论文，现已不能一一罗列。总之，陈老师平生读书、工作，无一不是为了教育，为研究一个问题读书万卷，所得的结论，往往只是一两卷的篇幅。为研究《元朝秘史》和校勘《元典章》，自己向专家去学蒙文、蒙语，从来没为某件无关大体的问题去废笔墨。陈先生为学生写好文章、教好书，自己每年教一班大学一年级的普通国文课，认为不管研究什么，最后都要用文章表达，一句能说的就不要多句去说。讲课要语言清楚，板书要字迹清楚，古籍中的常识要知道，世俗中的常识也要知道。一篇文章如同一锅糖水，必须熬成结晶，才既可食用，也可收存。听了这番话，才能知道研究多卷古书，写出一卷结论文章的道理。

三、陈校长与辅仁大学

英华老先生甘冒天主教同道的反对，而请"新教派"的陈垣先生来任辅仁大学的校长，很清楚，他是想把新成立的大学办成一个有学术新风的大学，而不是要办成一仅是传教的大学。这是他在"辅仁社"学会性质的团体时，对社中学者都有所考查。陈先生接任校长以来，聘请的教师首先没有哪个党派、哪个大学出身、哪个宗教信仰的区别。物理、化学多请西方专家之外，生物学仍请中国专家为主任教授。所请的文学院长是沈兼士先生，国文系主任是尹石公先生，教授有刘复先生等，都是著名的学者。后来尹石公先生回南方去，由杨树达先生介绍余嘉锡先生来继任。历史系请张星烺先生为主任。陈校长自己也讲些专门问题的课程，是包括文史两系的学生都可听讲的。有比较特别的一门课，即一年级的国文，又称"普通国文""大一国文"，今称"写作实习"。陈校长自己教史学系一班，当然班次太少，就又招了一些年青的力量。表面看似是校长自己减些负担，实际上是自己招了许多新学生，随时加以辅导，怎么备课，怎么讲授，怎样为人，以至怎么写黑板。更有一项重要的教导，就是"身教重于言教"。实在是陈校长又招了一"班"青年，我（启功）即在这一班中。这一"班"的情况，下文再行详述。这里先从校长聘请的老辈学者说起：沈兼士先生是章炳麟（太炎）先生的弟子，精通文字声韵之学，宋代人提出了"右文说"，沈先生更加发挥，在为蔡元培先生祝寿的《论文集》中第一篇登载着这篇著作，名声极大，又讲"声训"，是一门语言学中的新见解。虽然清代学者王念孙诸家也曾重视声与义的重要关系，但还有未全透彻处。沈先生这一理论，可以成为世界语言学中占一席的中国著作。又有专文《禘杀祭古语同源考》，证"禘"是古代大祭之名，又是宰杀牛羊等牲畜为祭品的祭礼。其实古代历史已被儒家学说层层掩饰，使得后人在雾中行走一般。近些年殷墟发现杀人祭祀的坑，古书中是丝毫未见记载的。又如古书说易牙烹其子以飨齐桓公，被管仲批评，说他"其子尚不能爱，何能爱君"，把他当做个别事件来看。其实近年考古在出土的鼎中竟有小儿的尸骨。考古工作者都被告诫，不宜宣布，怕被敌人说中国古代即缺乏"人道"。可惜沈先生在世时，没见到这些发掘，更多地充实那篇论文。沈先生还有一篇重要的论文：《初期意符字的形态及性质》。古代造字有"六书"之说，《说文解字》叙中列了六项，《周礼》中也列了次序稍异的六项，却都没有提到"意符"，这又是语言文字学中的一项发明，也是一项在训诂学中的发现。这些重要论文，也是重要发明，觉得章太炎先生《文始》等还不免有些受到旧方法局限处。沈先生还有一项较大的科研工程，是《广韵声系》，由沈先生带着几位学生研究编排，后来抗日战争起来，先生离开北京，即由门生葛信益按原来规定的原则继续编排，日寇投降之后，才得出版，可惜先生已去世，不及亲见了。

余嘉锡先生字季豫，是一位博览群书、扎扎实实的学者，清末做过七品小京官。辛亥后，在赵尔巽家教家馆，也在北京大学兼课。由杨树达先生介绍给陈垣校长，被请到辅仁大学接尹石公先生的主任职务。余先生的先人即是一位老学者，教先生读《四书》《五经》等"必读"诸书外，要细阅《四库全书总目》，读其"提要"，可以知道学术的古今流别。余先生在熟读目录之学后，有两方面的巨大收获：一是了解了自汉代刘向、刘歆以下各代目录的编订优缺点，古书的存佚情况，后来著为《目录学发微》，近代研究目录之学的人没有不参考这部著作的，引用多了，未免即有抄录之嫌。余老先生未免感慨，说这部书被一些读者"屡抄不一抄"，也足见其影响之大。二是发现《四库提要》中的错误，随阅读，随批注，后来合成《四库提要辨证》，这仅辨证了《提要》中的一部分。老先生临终前，我到北京大学去探视，先生还从抽屉内取出续作的《辨证》底稿，字迹虽然不太端严了，但依然甚少涂改，行款甚直，不久就得见讣告了。先生在辅大讲课有一册讲义《古籍校读法》，细致地、有证据地提出古书中为什么记有古书作者身后的事。清代学者常常因此遂判断那是一部"伪书"，后学因之就不敢引据。但这《校读法》是没写完的一部讲稿，老先生后来也无暇续作整理补充。先生身后由他的女婿标点，改题《古书释例》，又把《提要辨证》中的段落附加于其中，可谓大体不失就是了。余先生身后未完之稿还有两种，一是《世说新语》的注，一是《汉书艺文志理董》。《世说新语笺疏》已由先生的亲戚晚辈标点出版了，标点者曾经告诫中华书局不要先出版别人研究《世说》的稿子，后来有人见到《笺疏》，有文章恳切地批评，还未见标点者有什么反驳。《汉书艺文志理董》一稿至今未见出版，其稿存佚不详。还有《余嘉锡学术论文集》两册，都是单篇的论文，都是引证的坚实，论断得确凿，都是后学有益的楷模，这里不能详细举例了。

前边说到陈校长自己教一班大一国文课，还用许多青年的后辈，我们回忆才理解校长并非为自己减少些力量，而是为培养一班青年人随时随地加以教导，我自己就听过陈老师剀切地多次教导，写过一篇《夫子循循然善诱人》的纪念文章，也曾多次听朋友转述先师的遗训，这里无法多述了。此时同到辅大的年青教师中，计有余逊、柴德赓、牟润孙、许诗英、张鸿翔、刘厚滋、吴丰培、启功、周祖谟。后来抗战起来，中间许多位分散了，只剩下余、柴、启、周四人，有人谐称校长身边有"四翰林"，即指这四人。如今只剩下启功一人"马齿加长"了。

陈老师在讲一课"史源学实习"时,把《日知录》和《廿二史札记》令学生逐条与书中所引古书校对,得知所引的有无差误。或者遇到什么问题,作者论断的是非,都由学生自写一篇"习作",老师也写出一篇"程文",然后把师生所写都装在墙上所挂的玻璃框中,以供全校师生阅读。同时也令大一国文班的教师选出学生的优秀篇章,连同这班教师的批语一齐展出,这是一种"大检阅",我们都战战兢兢地注意批改。

这时文史两系似不太分家,请的专任和兼任的学者,计有郭家声(在我对这些先生都应提出尊称,但限于篇幅,暂时从略)、朱师辙、于省吾、唐兰诸位先生。但这时已近抗战,诸位先生在校时间也长短不同,所教学科也不同,列出大名,只是表示当时学术风气广博,没有什么派别。诸位老辈的身世、经历后学也不尽详。

四、新师范大学

一九四九年新中国成立,辅大中文系也随之改组,余嘉锡主任退居,系主任由萧璋先生担任,其他教师未变。一九五二年院系调整,辅仁大学与北京师范大学合并为新师范大学,陈垣先生仍任校长。中文系由黄药眠、萧璋为正副主任。系中分设几个"教研组",计文艺理论、古典文学、民间文学、古代汉语、现代文学、儿童文学等等教研组。后来谭丕谟同志来任古典文学组组长,组里的教师计:谭丕谟、王汝弼、刘盼遂、李长之、郭预衡、启功等。这时曾有两次由教育部副部长柳湜召集全国高等师范院校教授、副教授开会讨论古典文学的"教学大纲",相当热烈,也相当费力。一九五七年反右运动开始,许多人都被划为右派,这个教学大纲也就作废了。

当时中文系师生许多被划为右派,只有刘盼遂先生读书多,记忆强,虽没被划右派,但口才较拙,上课后在接着的评议会上,总是"反面教员",谭丕谟同志最受尊敬,王汝弼先生常引马列主义,学生也无话可说,他在批判别人时常给他们加上一些字、词,被批的人照例无权开口。后来谭老同志在出国的飞机上因飞机失事，与郑振铎副部长等六位同遭不幸。中文系又成了另一种面貌。直到"文化大革命"起，许多人因有"历史问题"，都入了牛棚，全校功课全停，刘盼遂先生夫妇在家中被红卫兵打死，在校中居住或学校离家较近的教师，问题不大的人算"挂起来"，早来晚归，一段时间，后又分归学生的军事编制（连、排、班）。一九七一年夏天，我被调到中华书局标点《二十四史》，我和其他四位共同标点《清史稿》。这时林彪坠机而死，又后"四人帮"被捕。从一九六六年到此时，"文化大革命"算是结束。"日月换新天"，学校也逐渐进入一种新境界。教师讲课，学生听课，渐渐不扣"白专"的帽子了。原来的系主任还有时根据苏联专家留下的理论，说只要把书教好，不需要什么"科研"。他带的硕士研究生不许做论文，而学校制度已然规定要通过论文。学生只得拿着论文请旁的教师私下为他看。这位前主任在退休之后一次"教师节"时中央一位领导来校视察时，他还向领导详述苏联专家的言论。这不是为批评某一位旧时系领导的得失，只说明以前的理论影响，也不是一下子就能彻底洗刷干净的。

这以后学校本科课程全面发展，硕士生在启功名下的已有三两位，后来日渐增多，中文系古典文学我的名下博士生已够五届（其他科目笔者还不详知），以后日有增益，研究班中硕士毕业生已多得到教授职衔，并有许多著述出版。博士学衔的，其自己的职衔已高之外，且多受外校争聘，成了专家。这里所举只是笔者启功和当时的助手所带的成员，最先有硕士三人，博士先后五届共十余人。现在助手退休了，换为不定的助理人员，现有在学的硕士二人，在学的博士六人。全校、全系学风繁盛，这里不能详述。

值得特别提出的新设置有两大端，即是去年评出的两个"学术基地"：一是"民俗、典籍、文字"的一个基地，一是文艺理论的一个基地。其一是由民俗学术的老前辈钟敬文先生挑头，钟先生今年一百岁，因病在医院养病，但精神稍好时即叫轮班护理的新旧研究班的博士生召集同学（多到二十余人）在病房门里门外听他讲授这门学术的要点，还要听新到的博士生作他们研究题目的"开题报告"，我们因此感到老先生必然长寿，必能痊愈出院，又想趁他精神健旺的时候，赶紧向他祝寿。不料一月三日刚刚向他祝贺百岁华诞，他还高兴地分吃一块祝寿的蛋糕，谁知过了一星期，他竟安然长逝了，惊动了自中央江泽民主席和全体常委以及许多位现任、原任的领导，他们都发来唁函以表哀悼。遗体告别日又有中央统战部常务副部长刘延东同志及我校书记、校长率领师生一千余人亲来吊唁，有若干学生进入灵堂，突然跪下，大家无不感动，足见先生对青年的真挚感情，这绝不是旁人所能发动的。

这个基地是由王宁教授组织申请的，并担任文字方面的导师和主持基地的事务，还有启功滥竽于典籍部分。第二个基地是童庆炳教授和程正民教授组成的，当然也有些位助手和组外的顾问。前一基地因钟老先生是"鲁殿灵光"，这一学科都是他的弟子，评议时已无人能争；第二基地评议时，虽得到多数的支持，也足见是本学科中究竟有出类拔萃的成绩，才能在众中取胜。通过后，童、程二位到我舍下谈天，他们即说叫鄙人做一名顾问，以志同喜。回想如在三十年前"四人帮"手下，我们就都成了"白专"代表了。

毛主席曾经教导我们说："有比较才有鉴别。"今天回想"四人帮"时代的大学，回想那时的学术生活，回想做父母的应该不应该教子女最起码的文化知识？那时如果孩子有一个字不认识，来问家长，家长谁敢告诉孩子念什么？因为如告诉了，孩子明天上学去，天真地说那个字念什么，旁人问他"你哪里学来的？"孩子说了，家长次日或下午即在单位会受到厉害的斗争。所以我们今天不能不由衷地、真诚地、万分地感谢邓小平同志的伟大措施，独破藩篱的改革开放，才不会使人成鹿豕，祖国才得以起死回生。

我们又不能不由衷地感谢我们无比尊敬的江泽民总书记，紧紧地接着改革，接着开放。不使一碗高汤因热量中断而珍馐变质，使我们今天亲眼见到惩治贪官，振作吏治，国内国外取得一致的拥护。世贸会加入了，奥运会申办成功了，上海会议各国首长都来了。日本首相主动来到卢沟桥，向烈士的抗战遗址擎酒鞠躬认罪致敬了。这又是邓小平同志在世时所没见到的。这当然是由于江主席提出了核心的"三个代表"的伟大理论的效果。但若没他自己的呕心沥血、披荆斩棘的不懈努力，又怎能出现中央会上一致赞成的回音呢！

从十一届三中全会以后这些层层的建树，看出祖国文化教育的基本改变，几乎是从无到有，从拆台到重建，巨大的转变过程，实是非常不易着笔的。我这个后学受命记录师大的百年校史，有三方面无从动笔：一是民国元年以前，我还没落生，全不知道；二是我在辅大学习教书时，只得知文史两系几位师长的教学和研究的巨大成就，其他院系的行政情况不够了解，未能着笔，三是辅大和师大调整以后，全国可谓处于"运动时期"，一九七一年到一九七八年我被调到中华书局参加标点《廿四史》、《清史稿》，不在校内，即在校时，中文系以外的各方面情况知道得也很少；改革开放以后，祖国复苏，在一段整顿、建设之后，到现在的万紫千红时代，又自恨笔短事丰，写不胜写。敢望贤达赐予指教、补充和纠正！

二〇〇二年

朱季潢先生哀辞

我的外祖家和朱先生的外祖家有着通家之谊，我母亲的伯祖（崇绮）是朱先生的外祖父（张仁黻）的科举座师。我的先母幼年和朱先生的母亲常在一起玩耍。两家小孩的一同玩耍的友谊是最坚固、最友好的。我在几十年前，曾登堂拜见过朱伯母，那天我最难过，忍着眼泪，没敢掉出来，因为我的先母已久去世了。

朱先生早年在辅仁大学国文系读书，多才多艺。能文，是文笔流畅；能武，是能演武生戏。从前许多文人都爱唱票戏，唱老生的多，唱旦角的少，唱武生的要武术的基本功，所以，票友多不曾学过武术，也不敢擅动武生戏。

辅仁大学的文学院院长是沈兼士先生。沈先生是章太炎先生的门生，音韵学的专家，朱先生选修沈先生的课，这门功课，选修的人不多，因为太难。而朱先生却注意学习，我们觉得很奇怪，后来才明白，朱先生在上大学时，已酷爱京剧，专习武生。唱京戏讲究念白，有许多字都与古音韵有关，如何才能念对了使戏剧内行同意，也使音韵学家认可，恐怕票友中被尊为"好老"的"红豆馆主"（溥侗）也未必精通。而朱先生却能明白古今音理的变通，这中间的奥秘，恐怕多少"内外行"未必说得透。

有一年，故宫在神武门城楼上辟为剧场，由博物院中的同仁来演戏，朱先生主演《摘缨会》，那个武生的"短打"，边舞边唱，见真功夫。朱先生"举重若轻"地演了一场，观者满堂喝彩！这应不是任何武生票友都能演的，而是有短打武功的真实本领。

朱先生的舅父张效彬先生，是一位收藏家，金石、书画、碑帖无所不收，也无所不懂。由于收藏金石、碑帖，编了一部汉文字的书。这是汉字自古至今的总汇，用的资料全是张老先生自家的收藏，老先生把说明文字的任务交给了朱先生，朱先生举重若轻，看了全稿，因为朱老先生（文钧）也是一位金石家，收藏了许多碑帖（后来都捐献故宫了），所以朱先生对于金石文字，并非外行，可惜的是朱先生的这位老舅父做过驻苏联的二级领事，竟在"文化大革命"中死于冤狱，那本汉字稿本，也不知去向了。

朱先生的夫人是清代一位蒙古族的大学士（宰相）荣华卿（庆）的女儿，朱夫人的哥哥是一位旗下人的藏书世家，朱先生的祖父也是清代的一位中堂，所以他对于清代官僚的生活、规矩是很了解的。到了故宫，分配他管过图书，管过"宫史"，他都不外行，所以他写了许多书，大家读了都奇怪，说他怎么这些方面都能说得出，说得透，实在并不奇怪呀！

现在朱先生已经千古了，我们在悲哀中也感到安慰，悲哀是人情，安慰是理智，朱先生的一生是有价值的！

二〇〇三年十月

漫谈学习书法

文字本是记录语言的符号，而我们祖国先民，对于生活上这一细节，不但未曾忽略，而且力求它美化。于是四千多年来，文字的写法，一直地被人重视、讲求，而成为一种自成体系的民族艺术。

今天虽然印刷技术发展，但是手写文字，仍是我们日常生活中必不可少的一个部分。特别是我们身为人民教师的人，字写得正确美观，和正确使用祖国语言一样，都成为教育工作中的一个重要环节。

常有人问道："写字应注意哪些事？怎样才能写好？"这个问题中，又有一些分别，即是初学的人和已有基础的人，应注意的事略有不同。现在只从初学书法的角度，简单地谈谈我个人的体会。

（一）关于笔顺：汉字结构，不论繁体或简体，每字的笔划次序，绝大多数是有一定先后的。因为先后次序乃是客观需要所造成，按它写去，便可以顺利美观，不按它写，不但不易顺利美观，而且还会出现"步伐紊乱"的毛病。笔顺次序，虽然每字各有不同，但简单地归纳起来，除了"丿"（撇）和一少部分向左的"勾"以外，其余笔画都是先左后右、先上后下的。

（二）关于结构：元代赵孟頫说："书法以用笔为上，而结字亦须用功。"我认为他恰恰说反了。一个字如果只有一笔一画的轻重姿态美观，而全字的结构（也就是笔画的布局）毫不合理，这个字恐怕会只见其丑的。结构合适了，无论用毛笔、用钢笔、以至用铅笔，都会写得很美观。

结构要求什么？首先是要比较匀称，每个字不外乎几个组成部分，要使它互相称合，不出现特别偏轻偏重的现象。例如"例"字，是"亻、歹、刂"三部分，最好各给它差不多的地盘。"如"字是"女、口"两部分，假如在一格里中分一直线，"女"占线左、"口"占线右（上下分部的，也以此类推）。还要略为注意一部分中笔画数量多少，数多的，应该使它比较略微地多占一些地盘。像"例"字中的"歹"、"如"字中的"女"，比"亻、刂"、"口"如果略大一些也还不难看，但不可小于它旁边的任何一部分。其次是笔画与笔画之间，空白要比较匀称。例如"日"字"目"字中间的空白小方格，如果一个特大，另外的特小，便不成字。其次是有聚散，每一字靠中心的部分，最要条理分明，例如"字"字，"子"的"一"和"了"，可以延长，但"子"的头部和"宀"接近的部分，空白必要摆得匀称。譬如一个人的胸腔不能弯屈过大，而四肢则可以如意伸缩。

（三）关于用笔：用笔毫无什么秘密，执笔的最主要条件，是不可用力过大，掌心地方攥得太死。因为这样便会妨碍笔画的运转自如。也不可用指头拈转笔管，因为那样有时会失手掉下笔来。只要平平正正地写去，日久熟习，自然会生出巧妙。

古代各种风格流派，例如欧体较方、颜体较圆，这都是写者个人体力、性格、习惯的反映，并不是必须按照哪一样写才算合格。特别在初学的人，先要理解他们结构安排的关系，不须要先求方圆肥瘦的相似。这譬如建筑房屋，梁柱基石等全立得整齐，在力学上都合乎规格，再考虑油饰彩画，也并不迟，如果把应缓应急的事弄颠倒了，这房屋的后果也不问可知了。

有人常提写毛笔字怎样"入笔"、怎样"收笔"，即在刚刚下笔处，和末后住笔处，怎么转折顿挫，这对于已有基础的人来说，不妨进一步讲求，但对初学来说，能略知道有那么一种姿态就够了，因为只要先能把结构搭好，笔画能够"横平竖直"，没有病态的疙瘩了，即会得到很好的效果。再进步，笔画略有轻重姿态，便会更加美观的。

（四）关于选帖：写字最好常看好字，古代有人说："临帖不如读帖"，即是说机械的模仿不如了解它的道理（当然只看不写也不成功）。

常有人问写什么帖好，这并没有一定，只在现在新印通行的几种著名的字帖里，如景山学校所印的欧体、颜体、柳体三本字帖，把笔画相近的字分了类，学起来较为方便。随自己的爱好选择一种写写，都不会错。重要的是最好先学楷字，不可先学行草。因为写熟了自然而出的"连笔"，必然美观，如果一起始便想追求"率"、"带劲"，那便不是真"率"，而是"草率"、"轻率"，不能"带劲"，反而"软弱"了。

至于毛笔字的帖，用钢笔是否可以学？回答是"可以"。因为毛笔的顿挫肥瘦，固然钢笔写不出来，但是它的结构安排，却并不因工具不同而有大的差异。小字的帖，可以放大来写，大字的帖，也可以缩小来写。

（五）关于练习：练习写字，并不必一定要选择什么样的好笔、好纸、好墨……许多作废的纸张，都可用毛笔在上边练字，把红、蓝墨水兑上些水，也可以代替研墨和墨汁（当然有研墨和墨汁也不妨用）。钢笔、铅笔以至粉笔更方便了，在抄笔记、写作文、写信、写便条、写黑板时，凡一下笔，便注意想想字帖的风味，有意识地把字写得好一些，"此即是学"，便能很快见到效果，更不用说正式地临帖习字了。如果不信，请试试看！

河南文史馆《翰墨石影》
出版发布会书面发言

将某人之生平事迹勒石刻碑，使其流传永久；书法家借以推广书艺，供人赏玩，此功德无量之事也。将碑石之字捶拓纸上，流布天下，免去爱好者千里奔波之苦，躬身阅碑之劳，此又为功德无量之事也。将各种优秀之碑拓汇为一册，使观之者一册在手，顷刻间即可遍览诸多之丰碑，犹如"一日看尽长安花"，此尤为功德无量之事也。今河南省文史馆全体同仁，竭多年之努力，将馆藏之碑拓汇集成册，付梓发行，正所谓功德无量之尤者也，可喜可贺。此亦我文史馆责无旁贷之职责，贵馆此举必将带动全国各馆为保存发扬祖国传统文化作出更多务实之贡献。

功自幼有观碑阅帖之癖，今获赐一份，时时展玩，不胜感激。所憾目力日衰，未能逐一拜阅。然功尝记多年前河南博物馆藏石曾在北京历史博物馆展出，后又将展出之碑文印成大开册页，其中有后蜀孟昶墓志一通。孟昶后降宋，按历史之经验，虽为降臣，终难免受受降主之猜忌，而受降主惯用之伎俩便是在降主生日时赐毒酒令其自尽，故其丧日正其生日也。故此类碑志一可观其下场，一可知其生卒，颇有意义，孟昶碑自不例外。今翻阅此集，未见此碑志，不知何故，抑或此碑志本不在文史馆馆藏之内？此功或仁或智之一见也。

二○○四年三月三十日

金石书画漫谈

金石书画部分的内容比较多，这里只能作一个简括的介绍，谈谈个人的一点看法，研究方面的一点门径，一点线索。

伟大的中华民族文化，我认为好比一朵花，花蒂、花蕊、花瓣等，都是它的重要组成部分。这个文化史讲座的各个方面，好比是花的各个部分，金、石、书、画也是其中的一个部分。

金、石、书、画，本不是同一性质，同一用途，但在整个的中华民族文化中，这四项都成为中华民族艺术的特征，也可说是中华民族艺术所特有的。以下按次序作一些简单的介绍。

一、金

金就是金属，包括铜、铁等。这里是指用铜、铁等金属所制的器皿、器物，特别是古代的铜器。它们不管是作为实用的或是祭祀的，都是铜及其合金所制的器物。这些在商、周，——人们往往说"三代"，就是夏、商、周。其实夏到现在还没有十分弄清楚，一般认为夏文化是相当于龙山文化这一系，但夏的文化究竟是什么程度，还不甚清楚。所以"三代"文化，有把握的只能指商、周。古代把商、周的铜器叫做"吉金"，就是好的金，吉祥的金。这种冶炼方法在当时已很发达，已能制造合金。制造出来的器皿，很多都有刻铸的文字。现在一般说的"金"是指金文，又叫"钟鼎文"。

商、周时代，诸侯贵族常常大批地制作铜器，上面刻铸铭文，现在陆续出土的不少。有时一个人只能铸一个器，有时又可一次铸好几个器。当时参与这种劳动的人民，大部分就是当时的奴隶。他们创作了千变万化的器形、妆饰图案，雕铸了种种文字铭记（记载谁、在哪年、为什么事情而制作这器）。这些器物，从商周以后长期沉埋在地下。许慎有"郡国亦往往于山川得鼎彝"的话，可见汉朝时已有出土的。

这种陆续的出土，到清朝末年，成为研究的大宗。拓本、实物，日呈纷纭，使人眼花缭乱，非常丰富多彩。到了现在，对于这方面的研究探讨就更加繁荣，方法也更加科学。从前的收藏家，不是官僚就是有钱人，他们的收藏，往往秘不示人。偶然有拓本流传出来，也不是人人可得而见之的。现在印刷术方便了，从器形到文字，大家都能看到，具有研究的条件，所以研究日见深入。发掘的方式，也愈有经验，愈加科学。从前出土的器物，辗转于古董商人与收藏家之间。它是哪里出土的？不知道。甚至一个器的盖子在一个人手里，而器本身则到另一个人手里。这种情况很多。一批出土有多少铜器？也不知道，都零零星星地散出去了。这在研究上是很费事的，因为缺乏许多辅助证据。许多奸商为了贪图得利，多卖钱，还卖到外国去。我们现在从发掘到整理、考订、印刷、编辑，都是有系统的，对于研究者有莫大的方便。可以取各个角度：器形、花纹、文字，以至它的历史背景、制作的人物、各诸侯封国的地理等等，或者是有人想学写古篆字，也可以用来作范本。例如从制作来说，往往一个人所制的不止一件，我们只要看到各器上都有同一个人的名字，便可知道它们是属于同一个人制作的一套器物。这样，我们对于古代历史、古代人的各方面（包括生活习惯），就能有更清楚、更详细、更豁亮的了解。近年来在陕西发掘了许多成套成批的窖藏青铜器，大多是同一人或同一家族的，这样研究起来就很方便了。

从宋代到清代，大都把这类器物叫做"古董"，也叫"古玩"，是文人鉴赏的玩物。即或考证点文字，也是瞎猜。我们当然不能否认他们的考证功劳，但那是极其有限，远远不够的，还有许多错误。稍进一步的，把它们当做艺术品。西洋人、日本人买去中国的古铜器，研究它们的花纹。中国人也有研究花纹的。这种情形，大约始于六十多年前，这仍是停留在局部的研究，偶然有几个器皿作点比较。谈到全面地着手研究，我们不能不佩服近代的容庚容希白先生，他对于铜器研究的功劳是很大的。他著有《商周彝器通考》，连器形、花纹带铭文都加以研究；还著有《金文编》，把青铜器上的字按类按《说文》字序编排，例如不同器皿上的"天"字，都放在一块。这是近代真正下大气力全面地介绍和研究青铜器及金文的。此外，罗振玉的《三代吉金文存》，也是很重要的资料。现在已有人着手重新把至今出土的商周铜器铭文加以统编，这就更加全面了，只是现在还没有出版。

对于文字的考释，能令人心服口服的，首推不久前故去的于思泊（省吾）先生。他的考释最为扎实，绝不穿凿附会。他还用古文字考证古书，成就比清末孙诒让等人大得多了。到今天为止，容、于两先生的著作以及罗的《三代吉金文存》等，仍是我们研究铜器和金文的重要参考材料。随着条件的改善，今后在这方面的研究一定会愈来愈完备，愈来愈深入。

甲骨文也被附在金文之后，讲金石的书往往连带讲甲骨，不是附在前头就是附在后头。其实甲骨应和铜器同样看待，甲骨文是金文的前身。商代刻在甲骨和铜器上的文字，往往有很大的相似，所以甲骨也应放在我们现在谈"金"的范围。现在出版了《甲骨文合集》，非常完备，研究起来不愁没有材料，不会被人垄断了。但甲骨文我不懂，不能随便说，只能谈到这里。

二、石

金、石常常并称。事实上金、石的性质、作用并不完全一样。古代的石刻有各方面的用途，所以它的形式和内容也就不同，文字因时代的关系也不同。汉朝也有铜器，但那上面的文字和商周铜器的文字迥然不同，一看就是汉朝的东西。此外，花纹和刻法也各不相同（商周铜器上的字，大部分是铸的，少部分是刻的）。

大批石刻的出现，应该说是从汉朝开始的。汉朝以前有没有石刻？有的，譬如说《石鼓文》。石鼓甭管它是什么年代的，总是秦统一天下以前的产物。唐朝人说是周宣王时作的，也有人说是北周即宇文周时候制作的。后来马衡先生经过全面考证，确定它是秦的刻石。这个秦，不是统一中国的秦朝，而是在西北地方未统一中国以前的秦国。可是还有问题：秦什么公？这个公那个公，众说纷纭，到今天尚无定论。

汉以前的石刻，起码石鼓是比较完整的，有一个石鼓的文字已经脱落，但是拓本还保留着。近年在河北满城古代中山国的地区，发掘出古代中山王的墓，里头有中山王的铜器，外边有一块石头，上面有两行字，也是战国时的刻石，比石鼓晚一些，但也是汉朝以前的刻石。所以古代石刻应追溯到石鼓和中山王墓刻石。《三代吉金文存》后面附有一小块石刻，文字和铜器文字很相像。什么时候刻的？不知道。这块石头现在也不知道哪儿去了。

现在所谓的"石"，大致是指汉代及汉代以后的石刻。讲求、探讨的也比较多。汉朝的碑是比较多。其实，秦碑也有，只是不作碑形，常常是在山岩上磨平一块石头刻字。现在秦碑的原刻几乎没有，流传的大多是翻刻的。原石保留下来的只有《琅玡台刻石》，保存在历史博物馆，上面的每个字都已经模糊了。还有《泰山刻石》，只剩下了几个字，残石还在泰山的岱庙里摆着。其余的都已毁掉了，只有汉碑算是大宗。

什么是碑？碑本来是坟墓竖立的一种标志。碑石有大有小，记载着墓主人的生平事迹。后来推而广之，不光是为死者立碑，也应用到生人，譬如一个官员调离，当地有人立碑为他歌功颂德。事实上这种大块的碑，就是石头做的大块布告牌，譬如修一座庙，前面立一块碑，说明庙的缘起；皇帝办了一件事，臣下恭维，或者皇帝自吹自擂，也刻一块，岂不是布告牌？像秦始皇、唐明皇，都曾经在摩崖上让臣下给刻上大块歌功颂德的文章，比后世大张纸贴的布告结实得多，意在流传千古，但事实上后来有的让人凿掉了，有的是山崖崩塌了。当初立碑的本意不过是歌颂、吹捧死者、官员乃至皇帝，但后来意料之外地被人注意，得以保存流传的，却不在于它那歌功颂德的内容，而在于它书写的文字，在于它保存了许许多多的书法。他们吹捧的内容，已无人注意。

有人见到石刻残损文字而惋惜。我说，字少了，美术品少了一部分是坏事，但文词少了，念不全了，未必不是被吹捧者的幸事，因为他可以少出些丑。从前人制作拓本，往往是为了碑上头刻的字写得好，或者是时代早，宝贵得不得了。比如汉朝在华山立了一块碑，叫《华山庙碑》，在清朝末年只保留下来三本拓本，后来又发现了一本，这四本都价值连城，后面有许多人的题跋。这也不在于它的内容（当然也有人考证），而在于它的字。许多古碑也是如此。以前人对于碑只是着眼于先拓后拓，多一字少一字，稍后对碑形、花纹、制作乃至于刻工等方面，也加以研究。这与上述对于商周铜器的研究过程很有相似之处。

汉碑这种字，不管它刻得精不精，毕竟是用刀刻出来之后，用墨拓下来的，从前得到一本都很难。今天我们看到出土的多少万支竹木简，都是汉朝人的墨迹，直接用墨写的。这在书法艺术上、史料价值上，比起汉碑来又不相同了，这待下面再说。所以说，以前的人很可怜，看到一本墨拓，就那么几个字，多一笔少一笔，这里坏一块，那里不坏，争论个不休。这是因为时代和条件都有其局限，出土的东西也少。

还有一种叫墓志，也是一大宗。坟里头埋块石头，写上这人是谁，预备日后坟让人不知道是谁了，挖开一瞧，知道是谁，人家好给他埋上。这用意是很天真的，没想到后来人家正因为他坟里有墓志，就来挖他的坟，这种情形多得很。墓志有长条的，也有方块的，汉朝还没有这种东西，从南北朝一直到唐宋，都是很盛行的。墓志也和碑的性质一样，记载着死者的事迹，也属碑刻的性质。

再有一方面是"帖"。什么叫帖？本来很简单，指的是一张纸条儿或纸片儿，多是彼此的通信。现在还有便条儿，随便的纸条儿（今天的名片，也是纸条儿）。上边的字，写得比较随便，不像写碑那么郑重其事，确实另有趣味，大家比较重视，把这些有趣味的东西汇集起来。因为古代没有影印技术，只好钩摹下来刻在石头上或木板上，再用纸和墨拓下来，等于刻木板印书的办法，这种印刷品被人称作"帖"。事实上帖本来不是指墨拓的东西，而是指被刻的内容，即没刻以前的原件（纸条儿）叫"帖"。好比这是一部书，叫做《诗经》或《左传》，不是说它这个书套子或部头叫《诗经》或《左传》，而是指它的文字内容。所以"帖"也是指的所摹刻的内容。这个意义扩大了，凡是墨拓的刻本，被人作为字样子来写，作为参考品的，都被称为"帖"。如有人说："我这儿有一本帖。"打开一瞧，是个汉碑。为什么也把它叫做"帖"？因为它已经裁了条，裱成本，被人作为习字的范本，所以也被称作"帖"。因此说，"帖"的意义已经扩大了，凡是墨拓的、石刻的、裱成本的，大家都管它叫做"帖"。

帖写的多半是行书，随便写的；而碑版多半是很规矩很郑重的。所以一般又管写行书一派的叫"帖学"，管写楷书一派的叫"碑学"。这种说法，我认为是不太科学的。

现在，印刷技术方便了，碑帖的印本也多起来了，这里无法多举例，因为太多了。要论起整部的书来，比较方便查阅的，有清末民初的杨惺吾（守敬）编的一本《寰宇贞石图》，把整篇整幅的碑文影印出来，可以使我们看到碑版的全貌，很有用处；但是它是缩小的，碑有一丈、八尺，它也只能印成这么一张纸片儿，而且碑版的数量及文字说明也不多。近代赵万里先生辑有一部《魏晋南北朝墓志考释》，都是墓志，既影印拓本，也考释文词，是很好的。讨论石刻，有一部书也很重要，就是清朝末年叶昌炽所编的《语石》，它从各个角度、各个方面来论述石刻：多少种类、多少样子，多少用途，多少文字，多少书家……分量不多，但内容极其丰富，所遗憾的是没有附插图，要是每谈一个问题每举一个例子，都附上插图，就方便多了。今天要是想给《语石》补插图，就有很大的困难，许多原石都已找不到了。我想将来会有人给它进行扩充的。《语石》这种书，现在的人不是不能做，因为现在所出土的汉魏六朝隋唐的碑和墓志极多，比当年叶昌炽所能看到的要多出若干倍，要是加以统编，细细研究，附上插图，那就太好了。最近上海要出一本"扩大石刻文字汇编"之类的书（名字还未定），不久出版，最为方便了。

叶昌炽在他的《语石》一书中说：我研究这些石刻，主要地是为了它们的字写得好（大意）。字好，是碑存在的一个重要因素。立碑刻碑的人是为了歌颂他自己。人家保存这个碑，却是为了它写的字好。这是立碑、刻碑的人始料所不及的。由此可见，书法艺术自有它独立的、不能磨灭的艺术价值。

三、书

"书"本是文字符号。现在提的"书"不是从文字符号讲，也不是从文字学讲，而是从书法艺术讲。书法在中华民族有很深远的影响，由于汉字不仅被汉族，也被少数民族不同程度地使用着，所以，书法在中华民族文化中占很重要的位置。曾经有人提出，书法不是艺术，理由是西洋古代没有一个国家、一个民族把书法当艺术的。其实，中国特有而外国没有的东西太多了，难道都不算艺术了吗？如《红楼梦》是中国特有的，外国没有，就不算文学了吗？现在，这种观点逐渐纠正过来了。大家知道，书法是一种艺术，并且是广大人民喜闻乐见、非常爱好的艺术。

中国的汉字（各个有文字的民族都一样）一出现，写字的人就有要"写得好看"的要求和欲望。如甲骨文就是如此，不论单个字还是全篇字，结构章法都很好看。可见，自从有写字的行动以来，就伴随着艺术的要求，美观的要求。

秦汉以来的墨迹，近年出土的非常多。这里面丰富多彩，字形、笔法、风格，变化极多。从前只看到汉简，现在可以看到秦代的了。如湖北睡虎地的秦简，仝是秦隶。从前人看见一本残缺不全的汉碑拓本，便视为珍宝。现在可以看见汉朝人的亲笔墨迹。日本人用过一个词，把墨迹叫做"肉迹"，即有血有肉，痛痒相关，我很欣赏这个词，经常借用。现在可以看到成千上万的秦汉人的"肉迹"，这是我们研究文学、研究书法、研究古代历史的莫大的幸福。

不论是秦隶还是汉隶，都是刚从篆体演变过来的，写起来单调而且费事。所以到了晋朝后，真书（又叫楷书、正书）开始定型。虽然各家写法不同，风格不同，但字形的结构形式是一致的。各种字体所运用的时间都不如真书时间久，真书至今仍在运用。为什么真书能运用这么久，因为这种字形在组织上有它的优越性。字形准确，写起来方便，转折自然，可连写，甚至多写一笔少写一笔也容易被人发现。真书写得萦连一点就是行书，再写得快一点就是草书。当然，草书另有一个来源，是从汉朝的章草演变而来的。但到东晋以后就与真书合流了，是用真书的笔法写草书，与用汉隶的笔法写章草不同。

真书行书的系统既是多有方便，所以千姿百态的作品不断出现，风格多种多样，出现了各种字体（艺术风格上被称为字体），比如颜体、柳体、欧体、褚体等。为什么以前没有？因为以前没有人专职写字、专以书法著名的，就连王羲之也不是专职写字的人。古代也没有"书法艺术家"这个称呼。当时许多碑都是刻碑的工人写的，到了唐朝才有文人写碑。唐太宗自己爱写字，自己写了两个碑《晋祠铭》《温泉铭》，还把这两个碑的拓本送外国使臣。当时的文人和名臣，如虞世南、欧阳询、褚遂良、薛稷、薛曜以及后来的颜真卿、柳公权等人都写碑。这样，书法的风格流派也逐渐增多了。其实，今天看见的敦煌、吐鲁番等地出土的文书、写经等，其水平真有远远超过写碑版的。唐朝一般人的文书里，行书的书法也有比《晋祠铭》好得多的，但那些皇帝、大官写出来的就被人重视。我们要知道，唐朝有许多无名的书法家的水平是很高的，写的字非常精美。晋唐流传下来的作品（不论是刻石还是墨迹）非常多，我们的眼福实在不浅。

附带说一下名称问题：古代称好的书法作品为"法书"，是说这件作品足以为法；书法、书道、书艺是指书写的方法，现在合二而一了，一律叫做"书法"。把写的字也叫做"书法"，省略了"作品"二字，可以说是"约定俗成"了。

如把"书"平列在"金""石""画"之间，那它的作用和用途就大多了，广多了。生活中的各个地方，没有与书法无关的，没有用不上书法的。也可以说，书法已经出现在任何地方，也发挥着极大的效用。从书法作品、实用的装饰品到书信往来，作为交际语言的记录工具，两人以至两国的信用证明（签字）都要用书法。书法活动既可以锻炼艺术情操，又可以调心养气，收到健身的效果。总而言之，今天看到书法有这样广大的爱好者，原因很简单，就是它和人们生活的关系十分密切，这种密切的关系又非常长久。北朝人曾经说过"尺牍书疏，千里面目"，给人写封信（尺牍）、写个条（书疏）等于相隔千里之远的两个人见面。现在有传真照相，可以寄照片，这是"千里面目"。但古代没有，看一封信，感到很亲切，如见其人。书法被人作为人格、形象的代表，自古以来就是这样。

有人常常问到什么是书法知识，说明需要抓紧编写学习书法的参考书。碑帖影印的很多了，但系统的讲解、分析是不很够的。怎么去写？大家很愿意了解。各家有各家的心得，这里就不多谈了。大家了解了书法的沿革，再多参考古代的碑帖，多看古代的墨迹，这样对书法的了解自然就会深刻，这样对写也有很多方便的地方。

四、画

画的起源，不用详谈。初民怎么画，只要看小孩怎么画就会明白。画很简单，可是有新鲜的趣味。看见什么就画什么，生活里面遇到什么，就随手画、刻到墙上，这是很自然的。值得特别注意的是，自从绘画成熟以后，形体逐渐地准确了，颜色也逐渐地丰富了。绘画成熟在什么时代？我们的估计往往是不对的。从近代科学考古发掘出的成果，可以看到这一点。画成熟的时代应该很早。古代的文化，从商周以来，不知经过多少次毁灭性的破坏，使后世无法看到。商周的铜器的铸造方法，近代很多人奇怪，那时就有那么高的合金技术！透光镜（铜镜子，可以透出光照到墙上），经过多少人研究，现代才发现有两种方案，但古人用哪一种方案，至今也不清楚。这说明我们有许多的科学发明、科学成就随着毁灭性的破坏而消失了。古代的绘画更脆弱了。一种是画在墙上，以为墙是结实的，但随着墙的毁坏，画也没有了。画在帛上的也不延年。唐宋人没见过古代的绘画，只看过武梁祠画像，根据这些推测判断汉朝绘画，以为汉朝绘画就是这样的。这样推论的起点太低了。不止绘画一种，我们对古代文化不了解的太多了。近代发现了汉朝墓室里的壁画，大家的看法才有所改观，觉得从前的推测是错的。近年长沙马王堆出土了帛画，使人看到出丧幡上的帛画，精致极了，比武梁祠的画不知高出多少倍。假定帛画是一百分，武梁祠的画只能算不及格。人们看到马王堆的帛画，无不惊诧变色，这才知道古代绘画水平已达到什么地步。我们应该以这（西汉初年）作为起点，往上推溯商周绘画应该有什么样的成就。看到了马王堆出土的帛画以后，有人说，我们的绘画史应重新写，已写出的全错了。因为起点（最低点）定错了。

今天我们研究古代绘画，有这么丰富的材料，但我们必须有正确的看法，这才能进行研究。看法和起点要是错了，研究就得不到正确的结论。唐以前和唐人的好画，多画在墙壁上，大多数已随着建筑物的毁坏而无存了。幸亏西北有许多干燥的洞窟壁画。首先是敦煌，敦煌壁画给我们提供了极丰富的宝贵的材料。敦煌许多画在绸帛上的画被外国人掠夺走了。国内流传下来的只是一部分。现在西北出土的一些残缺的绢画，即使是零块，都是非常精美的。这些东西的保存，对今天探讨古代绘画的源流有很大的作用。现在有没有流传下来的古画算是唐代或唐以前的呢？有。但这些画事实上都是经过第二手摹下来的，很少有真正的唐朝人直接画了留下来的。即使画稿、形象，是某名家的作品，但画上的墨迹也不是作者本人的。古代没有别的办法，幸亏摹下副本，否则今天一点影子也看不到了。

我们对待古画要持科学态度：哪些是可信的古代人直接画下来的，哪些是后代人的复制品。但许多古董商人，不是从学术出发，而是从价值观念出发，顺口说这是唐朝的，那是宋朝的，时代越早越贵，可以多卖钱。事实上与学术无关。我们参考画风，研究画派，看这些摹本、仿本、临本不是不可以，但要知道是什么时代人临的、仿的，如果听信大古董商的说法，把宋元的硬说成唐宋的，这样科学系统就乱了。譬如看京戏，如果真承认那位男演员扮女角即是一个女子，一个花脸色角的演员本人真就长得脸上花红柳绿的，这便成了小孩或傻子了。

宋朝人的画，多半是室内装饰品，很大的大张挂在屋里，比画在墙上进了一步。元朝才多卷册小品，在桌上摆着，作为案头玩赏的东西。这如同戏剧底本由舞台到案头一样。原来剧本是舞台唱的，实用的，后来成为文人创作后摆在案头欣赏，并不是在舞台上演的。有许多只能在案头看，是舞台上唱不了的。我们明白了这个道理，知道哪是墙壁上的画，哪是案头上的画，这样才能探索宋元以来的画派、画风。大家总是谈论宋朝画如何，元朝画又怎么变，哪是匠人画，哪是画家画，哪是文人画，我们今天研究古代绘画的沿革，必须考虑到这一点：在墙上画是什么样子？画在绢上贴在墙上是什么样子？案头画的小品又是什么样子？这些问题必须弄清楚。

到了元朝以后出现一种文人画——案头的玩赏的小品（不管它多大张幅也是这个系统）。墙壁上的画，实际上和装饰画是一派。文人案头画是一派，对这一派也有许多争论，但它也有它的新趣味，不能一笔抹煞。这一种风格的影响有几百年。宋朝已经开始了，如苏东坡喜欢随便画点竹子，画树、画块石头。现在还有一件真迹，树画一个圈儿，底下是石头。按照画家的要求，这画画得非常外行，非常不及格，但这是真的。米芾画的《珊瑚笔架图》，笔道七扭八歪。这是文人游戏的笔墨。到了元朝才逐渐出现精美的文人画，影响一直到现在。这一派，这种创作方法，至今尚占很大的比重。

今天研究绘画确实方便多了，印刷品越来越精了，越来越多了。我们现在要想研究，有几点特别要注意。现在研究古代绘画，研究绘画沿革历史，必须从实物出发，得看到真正的原作（包括影印品），客观地比较，虚心地分析。只看书本上说的不够，只听别人讲的也不够，必须从实物出发，真正地客观地作了比较，我们才能得出正确的论断和新颖的见解。这种比较在古代，在从前印刷困难、地下出土的东西不多时是没有办法的。在今天，我们确实是方便多了。

现在研究古代的绘画，又出现了两种困难。一是出现了太窄的现象。我认为，研究绘画，研究绘画沿革，不论在中国还是在外国都出现了这样一个现象：研究一家，只抱住一家，翻来覆去地考证探索。须知这个作家不能独立存在，必须和当时的环境，当时的时代联系起来。"窄"还表现在只研究一家的一个方面，如一个画家又会画兰竹，又会画山水，又会画松树，却只是专门研究他画的竹子。这样就钻进了牛角尖而不自觉。二是论据必须是真品。有许多是假的，是古董商人瞎吹的。你根据的真伪还不分，不能"去伪存真"，又怎么能"去粗取精"呢？首先要辨别真伪。这里就出现一个问题，今天辨别真伪的标准，也被古董商人搅乱了。从明清以来就有这种情况：真画儿换假跋，真跋配假画儿，哪个名气大、哪个大、哪个早、哪个值钱就写哪个。后来研究者也常陷入古董商人的这个标准。如评论是纸本还是绢本，质地颜色洁白还是昏黑，黑了就用漂白粉拼命冲洗，画儿的笔墨都不清楚了，底子可白了，那也要。因为"纸白版新"。这是古董商的标准。常见著录的书上说"这是上品"，但笔墨画法并不高明。为什么是上品？就因为"纸白"，其实那是用化学药品冲洗白的。又如完整还是破碎，中国藏还是外国藏等，有许多人认为是外国藏的就好，其实这是令人很痛心的事。我虽然也忝被列入了"鉴定家"的行列，但我"知物不知价"。"'纸白版新'就好"、"这个值钱多"……这些我一点儿也不懂，因为我没做过古董商人。

总之，今天研究绘画，必须根据可靠的、可信的资料，要辨别真伪；真到什么程度，是作者亲笔还是复制品？我们为研究一种风格，复制品也有价值。当然，从古董的价钱说，复制品与原作不同，但如从学术上讲，是有研究价值的。现在印刷品很多，有了彩色印刷，虽然比起原作还有差距，但无论如何比黑白的好多了。我们受近代科学的嘉惠，受近代科学之赐，研究绘画更方便了。

今天研究金石书画的条件已千倍万倍地优于前人，我们研究的便利比古人要大得多。只要我们的观点是正确的，从实物而不是从现象出发，博学、广问、慎思、明辨，自己有一定的立脚点而不随声附和，我们的成绩会是无限的。

书法的评奖、刻碑、展览及其他

听了孟伟哉同志的讲话，受益很大，借此把我的认识和不大成熟的想法谈一谈，纯粹是我个人的片面的、局部的一点点感受，也许有极不符合实际情况的地方，请诸位同志加以帮助、批评、指教。

我觉得自从改革开放以来，我们的书法是一个新的起点，突然间呈现一种非常的繁荣。这就说明，毛主席所说的群众喜闻乐见的东西，蕴藏在群众的生活习惯里，在对艺术的爱好中蕴藏着很深的根底。所以，一提倡起来，大家就特别起劲。又经过陈云同志特别提倡，中小学学生的习字，应该好好地进行教育，也就是说，要加强书法艺术的教育。这一点也是一个极大的动力，极大的鼓舞，各学校里面也都感觉到一个新的面目，新的气象。这十几年来书法方面取得的成绩，应归功于书法界许多位同志的努力。成效是有目共见的。消极面，我感觉除个别的有可提出来研究的、可商榷的，有不太健康的那些个创作，不能说是没有，但是那只是个别风格上的不同就是了。极端地反映出来资产阶级自由化，特别是全盘西化的情况，在书法上还不容易做到。全盘西化，就写外文了，就不是中国字了，所以这一点似乎倒挺保险的。（全场大笑）这可说是中国书法先天便宜的地方吧。（全场笑声）刚才孟伟哉同志说，现在业余书法家特别多，这是极好的事情，我也很受鼓舞，

现在我说一件自己最不称职的事情，我虽然挂着书法家协会的什么头衔，但是我在里头贡献的力量实在太少了，实在太不够。那么，如果说有一分的成绩，那实在是全体会内会外的同志共同的努力。现在好容

易盼到快换届了，这就有点希望了（全场笑声），不能再在这儿滥竽充数了。这是后话。

我想有几点值得注意的情况。

我接到过一封信，这人名字当然是个假名字，地址也是假的。怎么知道呢？他这信是直接对我臭骂一顿，自然不会是真名。信上写道："我告诉你一个好消息：那个老保守派，那个馆阁体的余孽，叫'老启功'的，现在可死了！"（全场大笑）还给我一副挽联，写在两个小纸条上，上联是"馆阁余孽如何如何"，下联记不得了。可惜我那个侄女说这是人身攻击，拿过去就给撕了，我说你别撕呀，应该留着。其实，我一点也没有感觉到不愉快，我真正是馆阁体出身哪。我的出身，还有说我是清朝贵族的，提不上，我的曾祖是教家馆的，后来中举人，考进士，进了翰林，这么出来的，跟一般知识分子走的科举道路一个样儿。因为没产业，没有爵位，什么都没有，他就只有走这条路。我祖父跟着我曾祖父也这么做，出来做学政，做主考，就是做这类事情，不过是一个省一级的教育厅长，三年一换，（全场笑声）主考，就是一个考官，一个特别的考试委员，考试主委，他们都是写馆阁体字考试出来的。我还不配呢，也许有点遗传，有点什么家庭祖上的遗传工程、遗传因子。我在九周岁时，祖父就死了，我还没怎么学会写字呢。可是不知怎么的，或许是有遗传密码吧，我就写了几个馆阁体。实际上我写的还不够馆阁体，即功夫我没有，而现在有人说，这是首先就得打倒的。我不晓得他要什么样子，我还不知道怎么着就不馆阁体了。这一点，我在这里说一说，就是说有这样的人疾恶如仇。那么，我要是死了呢，馆阁体就灭亡啦？那我可是太高兴了，那我太光荣了，我能够左右和代表馆阁体的存亡，这不很好吗？（全场笑声）这是一个事。

还有，今天是个学习的机会，我有什么就说什么，大奖赛是个很好的事，什么应氏杯围棋比赛，足球比赛，世界杯比赛，有奖金、有奖牌、有奖杯、有奖状，这有个鼓励作用。但是对小孩儿，我觉得很有点商量的余地，我常常听到，几岁的小孩就得过什么什么一等奖。在课内

400

启功全集 第四卷

得奖是好的，但在社会上小孩儿六岁、七岁就吃老本儿，这可怎么办呢？七岁得的奖，七十岁还能有效吗？（全场笑声）那么，他从七岁到第八、九岁的时候，他怎么进步呀？这可是个问题。有许多孩子的家长找我，有的称我为伯伯、称我为爷爷的，问我你怎么样教的，我都没管。我问孩子，你的功课怎么样，你算术怎么样，你语文怎么样，你的修身课怎么样，你体育怎么样？就拿外语说吧，小时不学像我这样七十八周岁的，再学外语，刚学过就忘了，不从小孩儿学起怎么行呢。总之，我问他的基本功课怎么样？他说，一般还都及格，这种事情，我跟做父母的有好几回拍桌子，我说孩子是你的不是我的。小孩儿背上一个特等奖、一等奖的包袱，这对他是没有好处的，这是我的一个想法。望子成龙，怎么成龙，谁也没瞧见过，那么望子成为王羲之，成为龙门造像那个朱义章，这个事情又怎么做呢？我觉得这是不可能的，不是那么容易。小孩子教育，陈云同志批示，说是要加强中小学书法教育，这是指的功课，不是指的比赛的奖牌。我的体会，现在中小学书法师资水平太成问题。怎么讲呢，有的书法学校或书法班上课，说今天咱们学执笔，就拿笔这么呆着，一堂课就这么呆着，这是干什么呢？这个神经病啊！（全场大笑）这不是正规学校，不是艺术学校，这是安定医院呀！（全场大笑）今后我们是得讨论，端正端正。赛是应该的，什么人可以赛，小孩六岁张三，七岁李四，先向人家说明，我可是六岁，你得要按我六岁给评分，但讲艺术不用说六岁，六十岁，一百岁也得一样看待啊。不能说六岁就该打折扣，明明不及格，得加二十分，那不行啊，是不是。这是第一点。

第二点就是刚才孟伟哉同志说的碑林，碑林是好事。现在我们到西安碑林看看，那是历史上已经站住了的碑，陆续把它们集中到那儿，成了一个碑林，并不是把道边上的烂石头都拿来搁到一块儿，就算是碑林。那么现在新刻的碑林，我就觉得很有问题。这新碑林我没看过，但我也胡写过，写了我不敢看。人家给你个拓本，我说别给我啦，我看见了芒刺在背，没法看。石工费那么大劲去凿，还要拓出来，我真不敢去看，我真不敢说那碑林里头都是什么样。我可能有些武断，那里头肯定有六岁小孩儿写的。（全场笑声）得过金奖的，得过奖牌的就写一个。要没有，就算我说错了。那里头要有六岁小孩儿写的，这个怎么办？什么都要有个把关的。比如出本书，出套丛书，有责任编辑，有主编，有编委会，大伙讨论一个标准。但碑林没听说有碑委会。（全场大笑）碑林也罢，奖赛也罢，实在还得应该有一个审查会，这样才妥当。否则的话，就这么放任下去，六岁小孩都刻了碑，那就更麻烦了，这小孩的老本儿就更硬了。再说现在的出版物，印出来白纸黑字，就跟直接写的一样，多得很，很普及的。刻碑是古代人实在没办法才用刻石方法把它保留下来。比如颜真卿的《多宝塔碑》，是他亲自书丹于碑上，然后刻，刻完，墨迹就没有了，刻成什么样算什么样，没法对呀。到宋元以后，变为先写在纸上，然后描在石头上再刻，像赵孟頫的碑就是这样，那恐怕就对得出来了。有的碑，纸本还存在，两者一对照，刻的那个碑是死猫瞪眼，纸上的字是生龙活虎。（全场笑声）古代是实在没办法了才刻碑，可现在呢，我们什么都现代化了，书法呢，我们却非刻石不可。与其费那些石头、搬那些石头，摹、刻、拓，不如现代化的影印技术，一下子能印多少万件，比那一点点捶拓，流传要多得多。我们不能把碑石寄到世界各地，要是印刷品呢，原样子，墨的浓淡、干笔、枯笔、湿笔全有。我们把它们流布到世界各国，我们不西化，让西方华化，中化（全场笑声），这是多好的机会呀，我在此呼吁一下，我们三个协会都有出版机构，摄影是头一步，能把我们的作品摄得一丝不走，这样印刷出来能够广泛流传，不比一刀一刀刻出来的效果要真实得多吗？所以我呼吁，我们的传播手段，除了刻碑之外，还有没有其他的手段。

第三点，谈谈展览。我们的展览中，有各种字体的，风格变化很多。但是内容呢？大多不外这是李太白的诗，那是刘禹锡的诗，这又是杜甫的诗还要写上"唐李白……诗一首"这样我看很费事，写完还得注上。有的张冠李戴，把唐朝人写成了某某宋人。还有简化字的问题，标点问题，周谷城先生提倡都用标点，其实带标点的字不自今日始。汉简里有钩，是句子，一句就画一钩。明朝有两个碑，明太祖亲自撰文的，一个《凤阳皇陵碑》，是给他父母写的，大碑，二寸大的字，都有圈，也就是句读。还有一个《中山王徐达碑》，在南京，也有圈。他胡押韵，押得不合韵了，那个写碑的人给他画圈，例如一般读去声的字，画个去声圈就当平声用了，这都是创造性的，明太祖干的。这两个碑的拓本，我有一种，有机会不妨把它印出来看看。皇陵碑文款是"孝子皇帝元璋"，六百年前的碑都有圈点，咱们为什么不可以用标点呢！现在都是竖写，有没有横着写的？我愣给它横着写带标点，行不行？那么我们写一首新诗行不行呢？写一首白话的行不行？我觉得摘写《红楼梦》好不好？似乎也未尝不可。有些至理名言，像毛主席的经典的名言，革命先烈的名言，古代历史上起积极作用的语言、文章，也大有可写，不一定全是"山不在高，有仙则名"。总之，书写内容上，还值得开拓，值得突破。现在局限还比较多一些。

最后一点。在展览上，特别在报纸上，在广播里头，介绍张某人、李某人，我听了半天，好像都一样，这位能创新能突破，书有"泥土气息"。我想，都有"泥土气息"是怎么回事？（全场笑声）还常有说某某的画或字"与众不同"。我瞧了半天，他与某一家确实很相同。（全场大笑）观众都是第一次看见那个画吗？不见得，它总有点来龙去脉。比如，我写的字，人家一看就是"馆阁余孽"的字。

专门介绍的更不用说，我们把它们都录下来，搁在一起看看，大概重叠的很多，那么所评价的就有问题了吧！

以上我说这些，酝在我心里头很久，我希望诸位老前辈，诸位领导同志，诸位同志，给我指教，我就非常感谢。

（书宣根据录音整理）

译音用字问题

我眼睛不好，现在听到《中华读书报》上有篇文章，讲到孟子变成"门修斯"，文章讲有人把中国孟子的译音，变成外语，然后由外语再翻回来变成汉文，孟子就变成"门修斯"了。我对于出现"门修斯"的这本书没有看过，不知道内容是什么，更不是对那位作者译者有意见。我讲的是另外一个问题，外语翻译成汉语用字，就有很多不同译法，不自今天始，古代就有。比如元朝时，蒙古语译成汉语有许多书，有一本《元朝秘史》，是把蒙古话译成汉语，里面用字都有差别，某一个音代表什么？都用什么字？全篇的译音用字是费了心力的。所以陈垣老师写过一本书《元秘史译音用字考》，哪一个音用哪一个字来对，叫做对音，这个是很有关系的。后来明朝初期还有其他翻译蒙语满语的书，为翻译少数民族语言，都有专门的书，讲究哪一个字对哪一个音。

所以我有一个想法：这个"门修斯"是怎么来的？我小时念过几天英语，已经都还给老师了，我现在是外语的语盲文盲。据我粗浅的理解，孔夫子，英语念起来是 Confucins，孟夫子是 Menfucins。也不知外国是哪位开始这么译的？我猜测他们译的孟子变"门修斯"是由此而来的，如果后来一直这么译也就无所谓。又如《圣经》中的地名耶路撒冷，以色列的语音，是否就合今天的读音，这个地名流传两千年了，是不是也都习惯了。今天报上登出来耶路撒冷、伯利恒，我们读过旧约圣经的人，觉得很有意思，古代这个地方还存在，恐怕其实当地变化是很多了，但是听起来看起来觉得很亲切，因为两千年来的译音译字没什么变化。可是也有分歧，越是新传进来的语言词汇，越容易有分歧。在六十多年前，有位电影明星叫卓别林，上海译的；而北方译成贾波林。一个人一个名字，两地译的不一样，这还是当代人，不像耶路撒冷那么古老。可是另有一种情况，已经有现成的翻译词汇，某人想表示自己译的跟别人不一样，自己是看过原文的，自己是直接译的，例如"罗密欧与朱丽叶"早已有人译成和流传好多年，后来有人就故意译成"柔蜜欧与幽莉叶"。我要是能够直接读原文来判断是罗还是柔，是朱还是幽，判断哪个对才行，可是我不懂英文，只看见两个中文字音不同，像类似的翻译很多很多。

我还碰到过这样的中国人（或华人），正说着某一件事情，有一个词汇要翻译，他是中国人，很熟悉中国话，又懂外语，但是说着说着，他就故意说："这一句中国话怎么说来着呢？"我就说："那你是先懂中国话？还是先懂外国话？你先懂中国话为什么还要问中国话怎么说？"他其实是表示自己懂外国话太丰富了，一时都查不出来中国话应该怎么翻译。那么，你就甭翻了，不懂怎么翻你就别翻了，他是故意表示自己懂外国话，自己不懂中国话，这种情况我碰到好些回，这中国话你就甭说了。归根结底，现在翻译外语有种种情况，分歧也有种种动机缘故。我当然不能说现在"门修斯"的译本译者，是有某一种想法，这我不敢那么说。我就是觉得，分歧是存在的。怎么样地让那些只知道孟夫子、不知道"门修斯"的人，一提某一个音，就是什么字，就是什么人，就是什么意思，这样就容易了。

要让汉字的字音绝对准确很难。例如"佛"的音，佛的梵音是"布达（buda）"是重唇音，是古音；后来重唇音变成轻唇音之后，"布达"变成"弗（fu）"，发成送气的"弗"。从前译成"佛陀"，就是"布达呀"。"南无布达呀"，我们佛教徒就是这么读音。可是汉传佛教里面，"南无阿弥陀佛"，念成"佛（fo）"，这个音是中国语音自己的变化，译成"佛"字，读音不一样，字还是一样，反正"布达"译成立人旁一个弗字，现在大家也没有人故意去改了。我假定要翻译写成"布达"，"南无阿弥陀布达",准保不管是和尚是喇嘛,谁都不认得"布达"是谁。

我的意思是,不管是谁,译音译字,要能够统一规定一下。这并不是说一定用什么政治力量,或用国家文化教育部门,颁布说你必须怎样翻译,不是这个问题。我听说日本把外来语译成日语,一年出版一本外来新语词典。这个办法好,只要你的办法好,我们就照你的办。这个道理大家都熟悉,所以最好有外来新语的新词典,大家用起来方便。至于假定有人认为有不同的译音,那至少也得少数服从多数,大家共同好用,是一种用的工具,我们最好还是有这么一本大家共同用的标准的译法编成外来语新词典,大家少些分歧,少些麻烦,我的意思在这里。

又如北京,古代称北平,后来称北京,后又称北平,又称北京,这种改变都带有政治背景的,其实北京仍然是北京。换了外国人来,听了"平"和"京",也就有误解分歧,北京的外语拼音也曾出现过差错,近代的威妥玛式拼音,北京被拼成"Peking",现在用汉语拼音就容易了。所以统一译音译字,不管是外国字母译成汉字,还是汉字译成外国字母,这里都有统一的必要。我觉得能够有一种比较稳定的、大家用比较一致的词典,少些分歧。某个人自己爱怎么用由他去,但也不能流传太广了。哪怕开个会,大家共同商量,不就完了吗?很容易。

(钟少华根据录音整理)

谈谈李叔同先生的为人与绘画

李叔同先生是我生平最佩服的一位学者。我平生所佩服的学者不只一个人，那就没法说了。我是个宗教徒，那是小时候拜了一位藏密的蒙古喇嘛，事实上当时刚刚三岁。这样的我是个有宗教思想的人。

李叔同先生去世后，有一部介绍他的书，叫做《永怀录》，永远纪念。这是接触过他的人写他的书，介绍他从年轻时到出家的事迹。可惜我手中这本小书，被一位朋友借去，他突然发病去世，此书就找不到了。现在写弘一大师的年谱呀、出家呀、留学呀，多是从这本书中引的资料。我现在所谈李老先生的事迹，也是多半从《永怀录》中得到的印象。后来我遇到与李叔同有关的书我都买，可顺手买了之后又顺手被人拿走。我现在手中还有几件舍不得送给人的。

现在我简单说说：李先生年青时候家庭的情况是这样的，他的父亲是位进士，怎么称呼我记不得了。这老先生是位盐商，考上进士。旧社会的人都希望五福，讲究多福、多寿、多男子等，这在《尚书·洪范》中提到。这位李老先生就纳了一个妾，这位如夫人比老先生小得很多，这样就生下了一位李叔同先生。你想想在那样封建的又是商人又是官僚的家中，那矛盾不言而喻，还用详细说吗？后来李叔同先生奉母亲之命到了南方，认识了几位朋友，有"天涯五友"之称，是他年青求学时最好的朋友。后来老太太去世，他们还有从前的房子。他出家以后，还到这房子来过，里面是供有他母亲的遗像还是牌位，我也说不上来了。他跪在那儿，叩头如捣蒜，叩起头来无数，伤心透了，就像是在罐子里捣蒜一样。我对此感觉最深，我觉得恨不能在我父母亲遗像前叩头如捣蒜。但我不配，我连叩头如捣蒜的资格我自己感觉都不配。这是我的感觉，我的回忆。

第二，他在年青时候有艺术思想，他演戏，他演中国戏，演武生。从照片看上去是很英俊的武生。他后来到日本去学习，学什么呢？在东京美术学校学习画西方油画，学习演西方戏剧。只是在《永怀录》中很不具体。在那学习期间，有一位日本女子与他同居。这事毫不奇怪，因为一个年轻人到外国去，旁边有一位外国女子，很容易一拍即合。

我认为李先生是非常的一字一板。有一件事，是有一个人跟他约会，比如说是明天早上九点钟到家里去。他就在九点以前打开窗户往外看，看过了五分钟，那人才来。那个时候我也不知道是不是因为塞车，过了五分钟？现在过五个钟头来不了都不奇怪，因为堵车嘛。就因为过了五分钟，他就告诉那位客人说："你今天迟到了，现在过了五分钟，我不见你了。"他就把窗户关上了。你想想，这种事情，是不是他故意刁难朋友？不是的，他就是这样一种性格。记得印度甘地先生到一个地方去开会演讲，途中被人打搅了，晚到了几分钟。他瞧着表说："你使得我迟到了几分钟，你犯了个错误。"可见印度圣雄甘地就是这样的人，李叔同先生是否学习甘地或别人，我无法判断。但我知道，凡是伟大的人物对于时间的重视是中外古今南北都应该是一个样。我想他这是出于内心的一个判断。所以我说过，李叔同先生就是认真，一切是认真二字。这不是说你欠我一本书，或是欠一笔钱，或是你应许什么没有做到等事，那种认真是很庸俗的。他在时间上一分钟都算上，认为是你犯了错误。所以印度的甘地与中国的李叔同真有异曲同工之妙，这已经超出优点，这是一种微妙的相应的感受，使得他对朋友对时间对事情都是这样。

还有一事，是李先生已经出家了，有人在一间素菜馆请哲学家李石岑吃饭。这位来得晚了点。李叔同先生也没有说什么，在那儿拿念珠，客人们开始喝酒吃饭，李先生拿起个空碗，去接一碗白开水喝。别人让他吃菜，他说我不吃了，我们在戒律上过午不食，现在已经过几分钟，我不能吃了。他那天就是什么都没有吃。过午不食，你说这个人是不是太傻？什么是过午？过午是什么时候？很可靠吗？这午是中国的子午线？跟外国的子午线是不是一个样子？后来大家非常难过，没有想到他竟然因为客人迟到而光喝水，什么也不吃，全场人对他都十分抱歉，让弘一饿了一顿饭，晚饭他也不吃了。事实上他在晚年病死就是胃有毛病，是胃癌吧？所以这是认真。佛将去世时，弟子问佛，您要是去世后，我们听谁的？佛说：以戒律为师。这是佛说的。李先生就是以戒律为师。想起来，李先生一生到死，一字一板，都是以戒律为师。我们现在自由散漫，什么事都可以不按律不按戒来说，算不了什么。但是李先生认为就应该是这样学，就应该这样做，他对此不怀疑。我们则还没有信。我们就先怀疑。比如说我们现在吃东西，我有时也不吃肉，我也不赞成杀某一东西来吃。可是想起来，我也不是按照五戒来守戒律，我只是觉得为我特别来杀生，也不合适。那么，别人已经杀了的，那我也吃。别人杀就活该，我杀就不应该，这种想法不像话。现在也有禁止杀、盗、淫、妄、酒的戒律，沙弥戒，这些小沙弥都要学习的基本五戒。我们呢？今天不杀生，明天别人杀了我又吃，这都合律合戒吗？所以，李先生对于戒律如此看法。本来那天吃饭晚了几分钟，也算不了什么，他就是只喝一碗白水，什么也不吃。他就是这样认真。

日本那位女人跟着他到中国来，他要出家，那位女人说日本和尚也有家，也有子女，你就留我在这儿。她痛哭，而李先生要跟她划清界限，要她回国。我的想法，觉得太残忍了。你就留下她，也没有什么不可以。并且，你曾经跟她同居要好，你现在一刀两断，也有点太残忍了。现在想起来，我自己是庸俗的人，对于这件事，我觉得李先生如果留下她，不也行吗？李先生不是这样。我到现在，在这儿还是画个问号。所以我还是个俗人，他老先生超出三界之外。这是我大胆的还留下一个问号。

此外，他不要庙，他做一般的和尚。他出家在一个庙，算这个庙的

409

徒弟，然后各处云游求法。但是他始终没有说是哪一个庙的徒弟。杭州西湖边虎跑是他出家的地方，现在开放为一个纪念弘一大师的展览室，门口外有一个纪念塔，塔里有弘一大师的舍利。

李先生在浙江第一师范学校教书时，有学生丰子恺和刘质平。这两位都是弘一的大弟子，对弘一真正生死不渝。弘一是游方僧，各处去转。如到了上海，就住在丰子恺家里。他对丰先生说："我在你这儿吃饭，你就给我白水煮青菜，搁盐不搁油。"丰先生怎么也不好意思，搁点油在菜里。弘一说："你犯罪了，你犯错误了。我让你不搁油，你还给我搁油。"这搁点油算什么？他又在家中跟丰子恺说："我现在皈依三宝。"皈依三宝后，丰先生跪在地上，弘一对他讲，你现在已经确是不错，能够做到什么什么，但是你还要多一步想出来怎么怎么样。《永怀录》中有大篇的记载。像这样的地方，都是了不起的。丰老先生一直到死都秉承弘一大师遗训，真叫对得起。弘一有这样两个好徒弟，正是他自己做到了，才能够有这样的好徒弟。丰先生在"文革"时候还开玩笑。我有个学生在"文革"期间跑到上海去，看见大伙画的"黑画"展览。所谓"黑画"是什么呢？丰先生画了一个小孩，抱着一个老头。题上"西方出了个绿太阳，我抱爷爷去买糖。"他说西方出了绿太阳，我抱爷爷去买糖。这一下子还活得了？丰先生就挨痛批一阵，但是也没有什么办法，也不能把他枪毙了。这个学生回来告诉我说：看见一幅最好的画。现在想起来，这西方出了绿太阳的画有趣味，假定我们去问丰一吟先生，没有不哄堂大笑的。

说到李老先生出家，是怎么回事情？他在学校看见日本人的书上说修炼，七天先少吃，渴了喝水；到了七天，就全不吃了，只有喝水；过了7天后，又逐渐少喝水，吃一点稀米汤；然后逐渐能够由多喝水到少喝水到不喝水；米汤慢慢到喝稠的。这样子由逐渐少吃到不吃，由吃饭改为喝水，再倒过来，又能吃饭。他就这样在虎跑生活，有空就写字。开始还有另一位老居士也在那里叫做弘伞吧？那位学习进步速度很快，但儿子出来干涉，将他接走还俗了。其进锐者其退速，他也就不出家了。李先生不是这样，他决定出家，就从学校走到虎跑，有一位校役挑着行李跟随。他进了庙立即穿上和尚衣裳，倒一杯茶给校役，称他做居士，请他喝茶。唉呀，这位校役听了非常难过，他是以和尚身份对待校役。校役走到虎跑门口，对着庙大哭。可见他一直到死，对得起这位冲着他大哭的校役，对得起所有的人。他那位日本女士也大哭走了，她回去也不愁没有生活。问题是他出家一切行为都对得起当时对他大哭的人。

谁刺激了李先生出家的呢？之前李先生逐渐在家中添了一个香炉，烧香，供一座佛像，添了一挂素珠，出来也不吃荤，等等。夏丏尊先生跟他开玩笑，说你照这样和尚生活，何不出了家？这是一位最熟的朋友开玩笑的话，他无意说的，李先生就真出了家。夏老先生十分后悔，说我不应该跟他说这种话。这话刺激他一跺脚出了家。如果论功论过，夏先生有责任。

现在再来说他在日本画画的事情。他出家前把所刻图章封存在西泠印社，孤山墙上挖个洞，放在洞里封上，上写"印藏"。（"藏"当名词讲）现在他的画出现了一批，我为什么对这些画不怀疑呢？因为一是刘质平，他是李先生的弟子，搞音乐的。李先生写字时多是刘在旁边服侍，写的字多半是刘卷起来保存。后来刘先生去世，后人把这些保存的字都捐献给国家，这些字都是很少见的。你说这是弘一大师忽然出现一大批谁也没有见过的字，你能说都是假的吗？刘质平所收藏的字要是假的，那才可以说雨夜楼收藏的画也是假的。这事明摆着，如果刘质平收的字是假的，那位雨夜楼主所藏的画就应该全是假的。所以我说就应该验证画里的图章与西泠封存的印章，这可以又是一个证明。刘藏的字跟雨夜楼藏的画就相当。我没有见过那些画，也没有见过雨夜楼主人，但是我从道理来推定。说李先生没有在他自己画上打过图章，这事我也不信。自己辛辛苦苦，画了一张画，能否上头连个图章或签名都没有吗？既然有，也跟孤山墙上印藏的图章核对就够了。从这几方面论证，假定有人与西泠印社勾结起来，在假画上盖章，这怎么可能？我不信。

为什么我认为李先生的那些画不可能是假的呢？第一，就是刘质平和丰子恺都是李的学生，刘先生侍候李先生写字，他卷起来保存。后来一下子拿出若干幅李先生的字。如果现在有人看见刘先生保存的字都未曾出现过，都是刘先生密藏的，经过抗战和种种费劲保存，谁也没有见过，假定有人没有看见过，就说都是假的，这也说不过去吧？就说李先生从日本带回来的画，或者是在国内画的油画也罢，水彩画也罢，这些东西就是雨夜楼所藏的那些画。问题就是说许刘质平藏那些书法，就不许雨夜楼主藏这些画吗？这些画还拿西泠印社印藏校对过。近年因为纪念李叔同先生，把洞挖开，用印章对照画上图章，是他出家以前打的章，没有问题。你说哪个真哪个假呢？既然是他从前的旧印，不是现在打上去的。所以我觉得那些画很可能就是他从前所画，存起来，没有人知道，当时有人收藏了。这就跟刘质平收藏的字稍微有不同，但是经过这么些年，六十多年了吧？那一定要扣住哪一天哪点钟画的画？怎么个手续？由雨夜楼主人藏起来？这个就过于苛求了。依我现在的想法，为什么我相信他呢？就说这种画的画风，在雨夜楼所藏李先生的画确实是一种风格，这种风格在当时、在后来、在大陆上，在所有油画或水彩画中，都是自成一家的。所以我觉得雨夜楼所藏的这些画，风格是统一的，是那个时期某一个人一直画下来的。某一个时代画的，风格一样，我觉得就不应该轻易否定为不真。我没有赶上李叔同先生时代，为什么我能够武断地判断就应该是真的呢？我有这么几个原因，也是客观推论就是这么一个情形。

我想李先生在日本春柳社演戏剧，没有留下什么，只有一点照片，没有录像，也无法要求春柳社都录下像来，录下音来，这是不可能的。只有李先生自己买的头套、束腰，把腰勒得很细，演那个茶花女。这些事都可以串起来，说明春柳社演过这些剧，可以得出一个粗略的轮廓。在那个时代，西方戏剧已经传到日本，李先生在日本就演西方戏剧，还是认真两个字可以包括。他到了日本，并没有什么特殊，在国内时也没有说对外国戏剧有什么兴趣，到了日本也表演一回，很认真地。他自己的身材究竟能不能够达到化妆的地步？我不知道，他就硬这么做。束腰要让我做我绝不干，我只穿过戏装（审头刺汤）照张相片（笑）。李先生能够抑制自然条件，把腰勒细，戴上头套，演茶花女，并且脸上表情也不是出家后的样子。所以我说他认真，包括他行事、做人、求学，对于艺术，都是这样的。

我没有能够像刘质平收集老师艺术作品直接的证据，但是有雨夜楼所收藏的画册。我敬佩李先生生平一切事一分钟都不放过的精神，我想他不可能画了若干幅西方风格的画，他大批拿来骗人。现在虽不是他自己骗人，假定说是后人搞的骗局，假定有人要做李先生的画骗人，也不合逻辑。我所认识的李先生生平性格事迹，一直到出家饿死，他是为戒律不吃饭等，他肯于这样做。我觉得，如果有人要造谣造到这样一位先知先觉的人，这样了不起的出家人头上。这人在佛法、在世间法，都是不可饶恕的。

前几年我到法国凡尔赛宫参观，看凡高等人的画，也就是这么大小一块，价格无比。至于李叔同先生这人从头到尾，实在是让我衷心敬佩。附带还说一点，据说他去虎跑出家时，他的藏书都分送给学生、朋友了，他只带了一本《张猛龙碑》帖，当然是石印本啦。他写的字很受到《张猛龙碑》的影响。我有半本，我曾给修补，又印出来了。这个《张猛龙碑》，我也特别喜欢，所以我觉得李先生把碑一直带在身边，这不犯戒律。他念佛经，带一本佛经去念，不犯戒。至于李先生写的《四分律比丘戒相表》，这书了不起，他详细分析四分律，这四分律非常复杂，他划出各种限。这书很大的一本，他自己也十分得意，说我这本书你们要翻印多少本。因为他是南山律宗的，这南山律宗在中国已经失传了，他就重新集注南山资料，他是重振南山雄风，重开南山律宗。

我听说雨夜楼保管了这些画，所以，我写这篇鉴定意见，来做一个证明。

（钟少华记录并整理）

413

在"启功书法学国际研讨会"
开幕式上的讲话

时间很短，我说话不敢多占时间，因为我们这有校领导，还有国家文物局的领导，还有文史典籍研究方面的各级领导，今天都光临大会，都要赐教，所以我仅简单说一下我自己的感想。

我二十几岁被辅仁大学校长陈援庵先生提拔到辅仁大学教书。陈校长是我的恩师，他曾问我说："你写的字怎么样？"我说我写字丑恶得很。拿来请老师看，老师还加以格外的鼓励，说："写作俱佳。"我说我实在不敢当。陈先生就说："你现在要教大学一年级的国文，学生要两个礼拜写一篇作文，是用毛笔蘸墨写。你要在学生写的作文后面和篇头都写上批示，哪个字错了，哪句话不好，你来修改。"这后一句，我听着就震动得厉害，因为要是写得不好，就会被学生的字比下去，那你怎么能够对得起处于被教导、被修改地位的学员呢？所以这对我是极大的鞭策，极大的鼓励。我因此就尽力写好字，一个字、一个字地认真写，总要至少比得过学员写的。就这样，我写了好几年，才可以作总的批语。批改学生的一篇篇作文，天头上也要写上哪句话怎么改，哪个字要怎么改才正确。这样做了好几年，然后还做过讲演。有一次我把古代的碑帖拿来给观众看，当时，学生也有、教师也有。这也是普遍的对教师的宣传，做语文教师都要注意。这样，我讲碑帖怎么临，怎么写。当时陈校长拿一个木头片，在黑板上指着这个字怎么样，那个字怎么样。所以，我到现在还恍如当时，还记得那时的情景。这个就是我学习写字、练习写字，看古代人的碑帖墨迹的一个道路。这就是老校长在课堂上的亲自教导。当时有人用投影照在白幕上，用这个来看哪个碑、哪个帖、哪个笔怎么写，回忆起来，历历在目。所以，与其说我现在会写几个汉字，都是我二十几岁开始到辅仁大学教大学一年国文时，陈老师扳着手，教导我怎么样的为学生改卷子。

老师后来题了《礼记》里的一句话"教学相长"。教人是教学生，学生是从教师学来。这互相都有刺激，都有提高。到现在，我始终记得。好好想这句话怎么讲。"教学相长"，教书的人跟学作文的人，跟看卷子的人互相都有提高。所以现在与其说我对汉字书法有什么样的心得，与其说我有心得，应该说是陈老师辛苦地用古书的这句成语来教导我，也让我来教导同学。所以如果说我今天在这里向诸位同志，诸位前辈，诸位学长述说我怎么学，怎么经过，我不配。事实上都是当时老师的教导和学员的鼓励。"相长"这两个字很重要。我教导学生，我给学生批改作文，我负着很大责任。我写完了，总怕还不如同学的卷子面上的字。前年，有学员写文章，把当年卷子上的批语裁下来，照了相，我一看，大吃一惊，这个批语如果要有哪个字写错了，哪个字写得不好，实在无地自容。后来看，勉强还够一个及格。但是可以跟同学写的卷面不相上下。我心里才稍微地踏实一点。

今天，我在这里向各位同志，还有各位前辈，各位老师，怎么样地表达我的心情呢？我就希望在座的不管年龄大小，都是我的老师。希望给我恳切的教导，不管我现在写的有多么丑恶，但是希望还有进步的可能。现在我的眼睛患黄斑病变，看东西相当吃力，但我拿硬笔还可以写汉字的结构。这样，我希望在座的师长、同志给我恳切的教导，使我能够再有一寸一分的进益，那我就感谢不尽了。谢谢！

（秦永龙根据录音整理）

我与赵守俨先生

我和赵守俨先生早先并不熟悉。他在辅仁大学读书时是在经济系，不是国文系，不在我班上，可以说那时候并不认识，虽然我知道学生中有一个叫赵守俨的。守俨先生毕业后，离开了辅仁大学。

实际上，我和赵守俨先生还是有些渊源的，我们有着一位共同的老师：戴姜福（戴绥之）先生。这位戴先生原是赵先生的祖父赵尔丰（清末时曾任四川总督）的幕僚，赵尔丰被革命党砍了头，戴从四川逃到北京（他夫人则因船撞上滟滪堆遇难了）。开始，戴先生在苏州同乡、评政院院长庄蕴宽手下谋事，评政院解散后，与曹大先生（曹元忠）一家来往密切。这位曹元忠先生是我曾祖父任江苏学政时的门人。我在汇文小学、汇文中学念书时，对外语没有兴趣，而愿意念古典文学方面的东西，这一点连亲戚朋友都很清楚。当时曹七先生（曹元森，中医）请戴先生到曹家为子女教课，讲授传统古籍，便让我也上曹家念书。于是我几乎每天从汇文中学下课后就到曹家跟戴先生学习。我以前读过"四书"，戴先生便让我念"五经"，当时还让我买了一部《古文辞类纂》，没有句读的本子，戴先生就让我标点，然后戴先生圈圈点点，把我标错的句子都挑出来改正。我的很多东西，都是戴先生那时候教的。戴先生还让我买一部浙江局刻的《二十二子》，那时我边看边抄写，有很多东西看不太懂，后来才逐渐明白。那时戴先生在曹家教曹家子女和我，隔天去赵家教赵守俨先生，因此，可以说我们俩是师兄弟。后来，我尊称赵先生师兄，因为我年龄比他大，因此守俨坚持称我师兄。

　　70 年代第二次整理"二十五史"（"二十四史"加上《清史稿》）时，我被邀参加点校《清史稿》，来到中华书局，和赵先生便日益熟悉了。当时顾颉刚先生是整理"二十五史"的头儿，但由于身体不好，不能每天来书局上班，日常事务就由白寿彝先生负责。实际上，白先生社会活动多，也不常来，说是白先生负责，还不如说是赵先生总管。大家心里都明白，赵先生才是整理"二十五史"的真正负责人，总管日常的具体的工作。赵先生在中华书局人望很高，对同事一向很平和。中华书局的成员脾气性格不一，有时互相之间不免有点小矛盾，也有脾气不好的，但对守俨却都没有不同的看法，大家都很尊敬他。那时，他每天都来上班，对我们的点校工作从不挑剔，不问进度，也不对我们提什么要求和意见，但工作进展如何，有些什么问题，他心里都十分清楚。有时开会他也讲话，也是十分平和的，即使说什么问题也都是诚诚恳恳的，大家也心服口服，很爱戴他，从没人说他这样那样的，都和他有说有笑。当然，这也是因为赵先生做事十分严谨，工作方面很尽职尽责，学问（他是唐史专家）也好，书局有一位最喜欢挑毛病、和别人争辩的先生，也挑不出他的毛病，也从心底佩服他的学问。赵先生是那种修养很好的人，和什么人都能和平共处，从没有人因公事和他争吵的。我觉得，他不仅是修养好，可能天生是这么一种温文尔雅的性格。

　　一九九三年守俨先生住院时，我去看他，他告诉我决定给他开刀的是医院有名的外科大夫，会给他拉癌。我从医院回来后，就写了一幅字，又画了一幅画，还特别在上款写上那大夫的名字，送到医院去。他认为我特意为他做这些事，很至诚地配合大夫的治疗，激动得哭起来了。可惜，他的病已到晚期，开刀已经无济于事，没有治好，这实在是书局的最大损失。

　　　　　　　　　　　　（二〇〇四年口述，柴剑虹、余喆整理）

417

牛头明王开光典礼上的讲话

今天是日本国天台宗八王寺牛头明王像开光的吉祥日子，启功以中国佛教徒灌顶菩萨戒弟子的身分，专诚从北京来随喜参拜，现在说我自己由衷的、欢喜的赞叹和回向：

中国和日本是一衣带水的近邻，两个民族共有极深的、久远的文化交流历史。从中国汉朝以来，相沿二千多年，其间更重要的纽带应算佛教。

天台宗的最澄大师、密宗的空海大师都有极其重大功劳。感谢佛力加被，今年恰逢我们两国邦交正常化二十周年的大喜日子，又逢平成天皇和皇后二位陛下亲自访问中国的大喜事，在鉴真大师瑞像回访中土之后，八王寺大野亮雄大野宜白大和尚又亲自从中国四川请来牛头明王的瑞像，以上各项喜事因缘汇合成为今天的盛大法会，是极不寻常的，我在衷心欢喜赞叹之余，谨以至诚，回向佛慈：

愿以此功德，庄严佛净土，上报四重恩，下济三途苦！

我想，殷勤接待我们的大野大和尚和这么多的四众来宾一定都会有此同愿！敬祝竹寺法轮常转，全体宾主吉祥如意！